Sabrina Kraft

MAKE IT BIG!

Profitables Wachstum im E-Commerce

Rheinwerk
Computing

Liebe Leserin, lieber Leser,

stellen Sie sich vor, Sie könnten von den Erfolgen großer E-Commerce-Marken lernen – und diese Erkenntnisse direkt in Ihr eigenes Geschäft übertragen. Genau das möchte dieses Buch für Sie leisten.

Die Autorin nimmt Sie mit auf eine spannende Reise durch die Erfolgsrezepte namhafter Unternehmen wie Zalando, Westwing, Douglas oder IKEA. Doch es geht nicht darum, diese Beispiele zu bewundern, sondern darum, die zugrunde liegenden Strategien so aufzubereiten, dass Sie sie für Ihre eigenen Projekte nutzen können. Sie erfahren, wie Sie Trends wie Social Commerce, Personalisierung durch künstliche Intelligenz oder die Ansprache neuer Zielgruppen – von der Generation Z bis hin zu Gaming-Communities – sinnvoll einsetzen. Gleichzeitig zeigt das Buch, warum manchmal gerade altbewährte Mittel wie ein Printkatalog die entscheidende Wirkung entfalten können.

Sabrina Kraft schöpft dabei aus ihrer langjährigen Erfahrung als Marketing- und Growth-Spezialistin in führenden Unternehmen. Über 80 Interviews mit Branchenkennerinnen und -kennern fließen in ihre Analysen ein und machen das Buch zu einer praxisnahen Sammlung von Ideen und Handlungsempfehlungen. Sie erhalten Einblicke in Preisstrategien, Suchmaschinenmarketing, Omnichannel-Konzepte und vieles mehr – alles verständlich erklärt und mit Blick auf die Umsetzung in Ihrem Alltag.

Jetzt noch ein Hinweis in eigener Sache. Dieses Buch wurde mit großer Sorgfalt geschrieben, geprüft und produziert. Sollten Sie Fragen zum Buch haben, Anregungen, Lob oder Kritik loswerden wollen, schreiben Sie mir. Ich wünsche Ihnen viele wertvolle Erkenntnisse und vor allem: messbare Erfolge bei der Umsetzung!

Ihr Stephan Mattescheck
Lektorat Rheinwerk Computing

stephan.mattescheck@rheinwerk-verlag.de
www.rheinwerk-verlag.de
Rheinwerk Verlag · Rheinwerkallee 4 · 53227 Bonn

Wir hoffen, dass Sie Freude an diesem Buch haben und sich Ihre Erwartungen erfüllen. Falls Sie Anregungen, Wünsche und Kommentare haben, lassen Sie es uns wissen: **service@rheinwerk-verlag.de**.

Informationen zu unserem Verlag und Kontaktmöglichkeiten finden Sie auf unserer Verlags-website **www.rheinwerk-verlag.de**. Dort können Sie sich auch umfassend über unser aktuelles Programm informieren und unsere Bücher und E-Books bestellen.

Autorin Sabrina Kraft
Lektorat Stephan Mattescheck
Buchmanagement Felix Jüstel
Copy-Editing Sibylle Feldmann, Düsseldorf
Typografie & Layout Vera Brauner
Satz III-Satz, Kiel
Herstellung Maxi Beithe
Covergestaltung Bastian Illerhaus
Coverbild shutterstock: 1980209531©O-IAHI
Druck mediaprint solutions, Paderborn

PEFC
PEFC/04-31-0810

Dieses Buch wurde mit mineralölfreien Farben auf PEFC®-zertifiziertem Papier aus nachhaltiger Waldwirtschaft gedruckt. Hergestellt in Deutschland.

Bibliografische Information der Deutschen Nationalbibliothek:
Die Deutsche Nationalbibliothek verzeichnet diese Publikation in der Deutschen Nationalbibliografie; detaillierte bibliografische Daten sind im Internet über *http://dnb.dnb.de* abrufbar.

ISBN 978-3-367-10776-6

1. Auflage 2025

Rheinwerk Verlag GmbH • Rheinwerkallee 4 • 53227 Bonn
service@rheinwerk-verlag.de

INHALT

BIG IN BASICS

BIG IN INNOVATION

ANHANG

Einleitung

Sommer 2019. Ein Mittwochmorgen, der wöchentliche Jour fixe des C-Levels mit dem Eigentümer eines mittelständischen Pure-Online-Players. Ein Marktführer. Als Chief Marketing Officer (CMO) bin ich verantwortlich für 120 Arbeitsplätze und 93 % der Umsätze des Unternehmens.

Ich bin die erste im Meetingraum. Ich bin gestresst, und zwar seit Montagmorgen. Sonntage waren bei uns immer die umsatzstärksten Tage, insbesondere im Sommer. Die letzten Sonntage waren allerdings nicht sonderlich gut gewesen. Die Umsätze des letzten Sonntags waren für unsere Verhältnisse ein Desaster. Unser langjähriger Umsatzgarant riss Woche für Woche ein Loch in die Zahlen – und niemand konnte erklären, warum.

Ich checke die Daten, einmal, zweimal, dreimal. Google Analytics, BI-Tool, Social-Media-Kanäle. Die KPIs in Ordnung, das Suchvolumen stabil, der Traffic ebenso, die Conversion-Rate unverändert gut. Keine Probleme in der Logistik und im Kundenservice, weder schlechte Bewertungen noch ausverkaufte Topseller.

Mir wird schwindelig. Was, wenn ich das Problem bis zum Mittwochs-Jour-fixe nicht löse?

Ich spreche mit meinen Mitarbeitern, mit Kolleginnen in den anderen Abteilungen, mit Google, eBay, Amazon. Ich zerlege die Zahlen auf Kampagnenebene, auf Produktebene, nach Zielgruppen, nach Devices, über die die Kunden kauften. So geht das zwei Tage lang.

Ohne Ergebnisse sitze ich einige Zeit allein im Meetingraum. Als Letzte in den Raum zu kommen, war für mich immer schon ein Graus. Nach und nach erscheinen die Mitglieder des obersten Führungskreises – der CFO, der CTO, der COO und der CPO.

Nur einer fehlt: der Eigentümer. Wir sollten schon mal ohne ihn anfangen.

Der CFO beginnt mit seinem Bericht. Ruhig. Sachlich. Die Zahlen werden ab einem gewissen Punkt immer schlechter. Alles ist rot. Vorschläge werden gemacht, doch sie wirken verzweifelt. Man diskutiert über den Einfluss des Wetters, die Preissensibilität aufgrund der Wirtschaftslage, solche Dinge.

Alles richtig. Und trotzdem: Keiner der Anwesenden trifft den Punkt. Je länger wir diskutieren, desto mehr fühlt es sich an, als hätte ich allein versagt.

Dann betritt der Eigentümer den Raum. Leise. Ohne große Geste. Er setzt sich. Hört zu. Und zückt schließlich sein Smartphone. Ich spüre: Jetzt wird es ernst. Er sucht unser Produkt online. Ohne breite Analyse. Nur mit Instinkt und Erfahrung. Was er dort sieht, erklärt er nicht. Wir bekommen lediglich das Fazit mitgeteilt: »Wir sind zu langsam mit dem Launch neuer Produkte. Zu teuer. Unser Shop ist scheiße.« Alles ist plötzlich nicht mehr gut genug.

In diesem Moment wird mir klar, worauf er hinauswill: Unser Wettbewerb war besser. Schneller. Sichtbarer. Preisaggressiver. Präziser. Und wir hatten es nicht rechtzeitig gesehen. Nicht laut genug ausgesprochen. Nicht entschieden genug gehandelt.

ICH hatte nicht entschieden genug gehandelt.

Ich atme tief durch und spreche es aus. Ohne Euphemismen. Meine Daten zeigen: Es lag nicht an der Nachfrage. Nicht am Shop und der Conversion-Rate. Es lag nicht an der Logistik. Es lag daran, dass wir überholt wurden. Dass wir dachten, unsere Marke und unser Produktportfolio seien stark genug – und den Wind im Markt nicht bemerkt haben.

Was folgt, ist keine Panik. Wir analysieren den Wettbewerb. Die Suchtrends. Die Strategie der Player am Markt und den Markt selbst, aber auch die Kampagnen und Anzeigen anderer. Und beginnen zu verstehen, was wir tun müssen.

Diese Erfahrung im Sommer 2019 hat mich geprägt. Ich habe gelernt, wie wichtig es ist, nach außen zu blicken, anstatt mich immer nur auf interne Verbesserungen zu fokussieren. Ich habe gelernt: Wenn ich Markt und Wettbewerb in Echtzeit nicht kenne, brauche ich gar kein Marketing zu machen. Denn die größten Hebel liegen nicht in der Bewerbung der Produkte, sondern in den Marktlücken selbst. Und ich habe auch gelernt, dass echte Führung nicht darin liegt, recht zu haben – sondern darin, den Moment zu erkennen, in dem Veränderung nötig ist.

Genau darum geht es in MAKE IT BIG!: zu erkennen, wo wir stehen. Was uns bremst. Und wie wir aus Wissen, Timing und Mut echte Entscheidungen treffen auf Basis dessen, was in Markt und Wettbewerb passiert. Kurzum: wie wir erfolgreich sind und es auch bleiben.

Das Schlüsselerlebnis im Sommer 2019 war meine Eintrittskarte die Welt der professionellen Geschäftsfeldentwicklung. Mein Chef hat mir gezeigt, wie wichtig es ist, über den Tellerrand zu schauen. Zu direkten Wettbewerbern, auch zu anderen Branchen.

Diese Schule hat mir nicht nur geholfen, als CMO möglichst in Echtzeit die Marktlage zu erfassen, um Chancen zu ergreifen, die sonst keiner sieht, sie hat mir auch dabei geholfen, als Beraterin Unternehmen Hebel aufzuzeigen, die wirklich funktionieren.

Einer meiner Leitsätze lautet: »Trial and Error ist keine Strategie. Welchen Markt wollen wir besetzen oder vom Wettbewerb übernehmen? Darum geht es im E-Commerce.« Wie ich E-Commerce definiere, werde ich öfter gefragt. Ganz einfach, es ist das Verkaufen von Produkten online – darunter verstehe ich Onlineshops, Marktplätze und mobile Apps. Punkt. Und was gehört da alles dazu? Ich halte es nicht für klug, das exakt wie in einem Schulbuch zu definieren. Denn dafür ist E-Commerce zu komplex. Eine Menge Zeug gehört mittlerweile dazu.

Das Marken-Zeug – neu gedacht, neu gefühlt. Das Premium-Logo, das nicht nur attraktiv aussieht, sondern spricht. Eine Stimme, die im Kundenservice berührt. Eine visuelle Identität, die Stil und Seele vereint. Weil Marke eben nicht nur sichtbar, sondern erlebbar ist.

Dann das Business-Zeug – nicht weniger kreativ, aber radikal strukturiert. Neue Einheiten, um organische Kanäle klug zu ergänzen: Performance Marketing, Analytics, Produktkampagnen, computergenerierte Bilder, KI und Creator Marketing – nicht als Selbstzweck, sondern als notwendige Kraftverstärker auf dem Weg zur Spitze.

Das Community-Zeug ist vielleicht das lebendigste: ein Setup, das täglich 100 neue Assets auf die Straße bringt, 5.000 Direktnachrichten pro Woche beantwortet, Millionen Social Follower aktiviert, PR-Kollaborationen mit großen Namen verhandelt, Kundengeschichten erzählt, die zu Herzen gehen.

Und dann das Kreativ-Zeug – der TV-Spot, Out-of-Home-Kampagnen, neue Länder, neue Welten. Kampagnen, die so schnell, so hochwertig und mit einem so durchdachten Budget entstehen, dass ich selbst manchmal staune. Markenkooperationen, die nicht nur performen, sondern Magie versprühen.

Aber natürlich ist da auch das harte Zeug. Restrukturieren, straffen, beschleunigen. Abschied nehmen. Von Talenten, die zur Konkurrenz gehen, von Projekten, von lieb gewonnenen Routinen, von Glaubensätzen darüber, was eigentlich hätte funktionieren müssen. In einem Markt, der nichts vergibt, Entscheidungen treffen, die wehtun – und trotzdem richtig sind.

Und schließlich das persönliche Zeug. Wachsen. Lernen. Talente fördern, aufblühen sehen, Erfolge feiern. Teil eines Teams werden, das außergewöhnlich ist –

in der Leistung, in der Haltung, im Miteinander. Freundschaften schließen, die bleiben.

Ein Job wie meiner ist nie fertig. Aber wenn ich gehe, übergebe ich ein Unternehmen, das Kunden als »profitabler als je zuvor« beschreiben. Mit größerer Bekanntheit, gestärktem Eigenkapital, messbarer Verbraucherliebe. Mit ROAS auf einem Allzeithoch, mit bereinigtem EBITDA um einige Prozentpunkte verbessert, mit zurückeroberten Marktanteilen und einem klaren Wachstumsplan. Und – was mich am meisten berührt – mit einem Team, das bereit ist für alles, was kommt.

Seit ich James Kerr über sein Buch »Legacy« habe sprechen hören, begleitet mich ein Gedanke wie ein innerer Kompass: »Lass das Trikot an einem besseren Ort zurück.« Dieser Anspruch – aus dem Herzen des neuseeländischen Rugby-Teams der ALL BLACKS – wurde für mich zur stillen Leitlinie in einer Zeit voller Veränderung, Herausforderung und ungeahnter Möglichkeiten. Wenn man fertig ist, muss man zu jemandem gehen, der noch nicht so gut ist. Und wenn ich heute auf die letzten 15 Jahre zurückblicke, sehe ich nicht nur Zahlen, sondern vor allem Geschichten, Emotionen, Entwicklung, Leidenschaft.

Ich bin fest davon überzeugt, dass E-Commerce in unserer heutigen Welt für jedes Unternehmen relevant ist – egal ob B2C oder B2B. Zugleich ist es ein Geschäftsfeld, das immer komplexer wird, ständiges Lernen und Anpassen notwendig macht, kurzum: sich durch permanente Veränderung auszeichnet.

Strategie verbindet, sie fokussiert Aufmerksamkeit, stiftet Sinn, infiziert und sorgt dafür, dass der Human Touch nicht verloren geht. Wer gut in E-Commerce-Strategie ist, braucht sich um profitablen Umsatz keine Sorgen zu machen – im eigenen Shop und auf den Marktplätzen, online und in der Synergie auch offline. Wer strategisch handelt, statt nur Fragmente zu optimieren, kann überzeugen: Kundinnen, Mitarbeiter, Führungskräfte.

MAKE IT BIG! ist in sieben Teile gegliedert.

Im ersten Teil, »BIG IN GROWTH«, geht es darum, wie echtes Wachstum entsteht – planbar, messbar und nachhaltig – und welche Wachstumsfelder es gibt in den Zielgruppen, in den Kanälen, in dem, wie wir Kunden ansprechen.

Wachstum ist kein Zufallsprodukt.

Im zweiten Teil, »BIG IN BASICS«, schauen wir uns an, welche Lösungen es für klassische Basic-Probleme gibt. Hier geht es um das Fundament, das E-Commerce wirklich trägt – und warum man es nie unterschätzen sollte.

Die Basics sind nicht sexy – aber entscheidend.

Der dritte Teil, »BIG IN CHANGE«, handelt von den aktuellen Herausforderungen und wie man ihnen begegnet: asiatische Konkurrenz, die Macht der Marktplätze, Preiskämpfe und die neue Angst namens KI. Es geht darum, wie man Chancen im E-Commerce nicht nur sieht, sondern auch nutzt.

Jede Krise bringt eine Chance – aber nur für die, die sie erkennen.

Im vierten Teil, »BIG IN COMPETITION«, schauen wir uns an, wie man sich durchsetzt gegen Wettbewerber, in den Kanälen, durch Strategie. Was unterscheidet starke Marken vom Mittelmaß? Hier geht es um Positionierung, Differenzierung und die Kunst, in einem gesättigten Markt herauszustechen.

Der Wettbewerb schläft nicht – und der Kunde vergleicht ständig.

Der fünfte Teil, »BIG IN INNOVATION«, blickt darauf, welche Innovationen wie nutzbar sind. Was KI verändert und was man besser nicht denken sollte. Denkblockaden lösen und echte Innovation leben – ohne sich dabei zu verlieren.

Innovation beginnt nicht mit einem Tool – sondern mit einer Haltung.

Im sechsten Teil, »BIG IN NO RETURNS«, geht es um das Schwierigste im E-Commerce: Rentabilität. Ich zeige, wie man sie erreicht, durch Strategien für weniger Retouren, weniger Rabatte, weniger Wareneinsatz.

Retouren sind keine Nebensache – sie sind ein Geschäftskiller.

Im siebten Teil, »BIG IN LEARNINGS«, geht es um falsche Glaubenssätze und darum, wie man Genialität findet und erkennt. Learnings aus 15 Jahren E-Commerce – mit all den Stolpersteinen, Aha-Momenten und Erkenntnissen, die wirklich den Unterschied machen.

Fehler sind erlaubt – sie zu wiederholen nicht.

Natürlich vergeht kein Tag, in dem man nicht mit E-Commerce in Berührung kommt, sei es durch den eigenen Job oder weil man selbst kauft – direkt und gezielt oder indirekt, weil man in Social Media inspiriert wurde. Oder weil man ein Abo abgeschlossen hat. Manchmal ist das auch mit Frust verbunden. Kein Wunder, ein wesentliches Element ist im E-Commerce noch nicht selbstverständlich: der Kunde im Mittelpunkt. Wir haben das in Marketingfachbüchern gelernt, aber durch die Komplexität und die Vielzahl an Kanälen ist das kaum noch handhabbar. Denn nicht nur das Unternehmen verkauft. Nutzer verkaufen, indem sie Bewertungen abgeben – gute wie schlechte –, B2B-Kunden verkaufen die Markenprodukte, manchmal auch mit einem anderen Qualitätsanspruch, Mitarbeitende verkaufen und tragen zur Magie von *Word of Mouth* bei. Wir werden sehen, welche Konzepte auf welche Verkäufer einzahlen.

E-Commerce in Perfektion zu betreiben, lässt sich lernen, bringt Spaß und trägt Motivation. Es hilft, Ziele zu erreichen. Ob Eigentümer oder Geschäftsführerin, C-Level oder ambitionierte Führungskraft im Marketing: Dieses Buch richtet sich an Menschen, die online verkaufen – direkt oder indirekt – und die es richtig gut machen wollen. Es geht um mehr als nur Wachstum. Es geht darum, im Chaos der Möglichkeiten den Überblick zu behalten, in einem übersättigten Markt sichtbarer zu werden – und nicht einfach mehr zu machen, sondern das Richtige.

MAKE IT BIG! ist für alle, die das Trial-and-Error-Spiel satthaben und wissen: Zeit, Budget und Energie sind zu wertvoll, um sie zu verspielen. Hier geht es nicht um Theorie, sondern um Strategien, die in der Praxis funktionieren – weil sie dort entstanden sind. Es geht um die wahren Hebel im E-Commerce: kluge Entscheidungen, klare Positionierung und messerscharfen Fokus. Und es geht darum, zu verstehen, wie erfolgreiche Entscheider denken und handeln – nicht nur operativ, sondern strategisch. Denn E-Commerce ist nicht nur Technik oder Taktik, es ist ein komplexes Spielfeld, das Struktur, Mut und Weitblick erfordert.

Wer sich entscheidet, diese Kunst zu beherrschen, entscheidet sich auch für Werte wie Transparenz und Planbarkeit. E-Commerce funktioniert nur, wenn man laufend dazulernt. E-Commerce funktioniert nur, wenn sich das Unternehmen nicht verstellt. Und E-Commerce funktioniert auch nur mit Strategie. Jede Strategie offenbart etwas über das Unternehmen. Gerade das sorgt für Emotion und Vertrauen bei den Kunden. Authentizität ist der Schlüssel. Daraus ergibt sich ein großartiger Nebeneffekt: Die Kraft der Strategie macht das Unternehmen zum Verkäufer, ohne zu verkaufen. Zu einem Überzeuger, ohne zu überreden. Zu einem Sympathieträger, ohne dick aufzutragen.

E-Commerce ist eine Reise, die den Kunden bewegt. Ist eine Strategie genial, bringt sie die Käuferinnen und Käufer dazu, darüber zu reden und neue Kunden anzuziehen. Der Milliardär Scott Cook, Mitgründer des US-Softwareunternehmens Intuit, hat es auf den Punkt gebracht:

»A brand is no longer what we tell the consumer it is – it is what consumers tell each other it is.«

Ich wünsche euch viel Spaß beim Lesen und Verwirklichen eurer E-Commerce-Strategie!

Sabrina Kraft, München, im August 2025

Was legitimiert mich, dieses Buch zu schreiben?

Seit über anderthalb Jahrzehnten lebe und arbeite ich im E-Commerce, habe die Entwicklungen von den ersten zaghaften Schritten kleiner Onlineshops bis hin zu den heutigen milliardenschweren Plattformen miterlebt und aktiv mitgestaltet. Es ist nicht nur ein Berufsfeld für mich, sondern eine Leidenschaft, die mich jeden Tag antreibt, Neues zu lernen und innovative Wege zu finden, Unternehmen erfolgreicher zu machen.

Auf der Bühne bringe ich meine Expertise gern mit den Zahlen 15, 100 und 3 auf den Punkt. 15 steht für die Jahre, die ich inhouse für E-Commerce-Unternehmen gearbeitet habe, zuletzt als CMO mit 120 Mitarbeitenden bei einem mittelständischen Marktführer. In dieser Zeit habe ich nicht nur zugeschaut, wie sich die Branche entwickelt, sondern selbst aktiv Unternehmen skaliert, die heute mehr als 100 Millionen Euro Umsatz pro Jahr generieren. 100 – eine Leistung, die harte Arbeit, strategisches Denken und die Fähigkeit, Kundenbedürfnisse frühzeitig zu erkennen, erfordert. 3 symbolisiert die Jahre, in denen ich als Beraterin tätig bin und mittelständische Marktführer sowie ambitionierte Herausforderer begleite. In dieser Zeit habe ich bestehende Strukturen, Businesskonzepte und Verkaufskanäle eingeführt und optimiert, um Unternehmen zu helfen, ihren Platz in hart umkämpften Branchen zu finden und sich zu behaupten. Inzwischen ist ein eigenes KI-Markt- und Wettbewerbstool dazukommen, das ich eigens entwickelt habe – MARKETLEAD. Es ist ein Tool, um Transparenz über Markt und Wettbewerb zu schaffen und Marktlücken zu finden.

Bereits 2012 habe ich einen Onlineshop mit Livevideoberatung für E-Bikes eingeführt – ein Projekt, das seiner Zeit weit voraus war und mich nachhaltig geprägt hat. Damals waren E-Bikes eine echte Innovation, ein Produkt, das viele faszinierte, aber kaum jemand wirklich verstand. Fahrräder wurden klassisch im Laden gekauft, wo man sie anfassen, ausprobieren und sich beraten lassen konnte. Hinzu kam, dass die Zielgruppe, vor allem Menschen über 60, zu dieser Zeit kaum Berührungspunkte mit Onlineshopping hatte. Ihr Einkaufsverhalten unterschied sich grundlegend von dem der heutigen Generation 60+.

Die Idee, Fahrräder – speziell E-Bikes – online zu verkaufen, war schon für sich genommen ein mutiger Schritt. Doch wir wollten mehr. Wir wollten das fehlende haptische Erlebnis durch eine Livevideoberatung ersetzen – ein Konzept, das damals nahezu unbekannt war. Es gab keine etablierten Tools oder Lösungen, auf die wir zurückgreifen konnten. Stattdessen adaptierten wir Technik aus der Film- und Fernsehbranche, um ein möglichst realistisches und interaktives Beratungserlebnis zu schaffen. Kunden konnten live mit einem Experten sprechen, sich die Funktionen des E-Bikes zeigen lassen und Fragen stellen, fast so, als wären sie im Laden.

Dieses revolutionäre Konzept war eine riesige Herausforderung, sowohl technisch als auch strategisch. Die Infrastruktur für Livevideostreaming war zu dieser Zeit noch in den Kinderschuhen, und wir mussten kreative Wege gehen, um ein stabiles, nachhaltiges und hochwertiges Konzept zu finden. Gleichzeitig galt es, die Zielgruppe zu überzeugen, sich auf ein völlig neues Einkaufserlebnis einzulassen – online, interaktiv und ohne die Möglichkeit, das Produkt vor Ort auszuprobieren.

Die Erfahrung, ein solch innovatives Projekt auf die Beine zu stellen, hat mich nicht nur an den Rand meiner Energie gebracht, sondern auch nachhaltig geprägt. Ich habe gelernt, wie wichtig es ist, mutig zu sein, bestehende Grenzen zu hinterfragen und gleichzeitig den Kunden in den Mittelpunkt zu stellen. Es war eine wahnsinnige Idee, ein revolutionäres Konzept – und ein Beweis dafür, dass der richtige Mix aus Innovation, Kreativität und Entschlossenheit selbst die größten Hürden überwinden kann.

Für dieses Buch habe ich mit rund 150 Unternehmen gesprochen, die die internationale E-Commerce-Landschaft maßgeblich prägen. Diese Gespräche reichten von Hidden Champions, die mit beeindruckender Innovationskraft überraschen, bis hin zu etablierten Global Playern, die den Markt seit Jahrzehnten formen. Zu den Gesprächspartnern zählen Namen, die nahezu jeder kennt: Westwing, Flaconi, die eismann Tiefkühl-Heimservice GmbH, Zwiesel Kristallglas, Weleda, Schleich, LEGO, IKEA – und viele weitere, die auf ihre Weise bemerkenswerte Erfolgsgeschichten geschrieben haben. Jedes dieser Gespräche war eine Gelegenheit, Einblicke in die Strategien und Herausforderungen der Branche zu erhalten. Es ging nicht nur darum, Erfolgsrezepte zu sammeln, sondern auch zu verstehen, welche Stolpersteine es auf dem Weg dorthin gab.

Warum dieses Buch? Weil ich über die Jahre eine klare Erkenntnis gewonnen habe: E-Commerce ist weder ein Selbstläufer noch eine rein technische Disziplin. Es geht um Strategie, Emotionen, Mut und die Fähigkeit, auf Veränderungen zu reagieren. Zu oft habe ich erlebt, wie Unternehmen an standardisierten Ansätzen scheitern, die nicht zur Marke oder zur Zielgruppe passen. Genau hier setze ich an: mit praxisnahen, erprobten Maßnahmen, die individuell auf unterschiedliche Situationen und Herausforderungen zugeschnitten sind. Dieses Buch soll nicht nur inspirieren, sondern auch konkrete Hilfestellung geben – mit Beispielen aus der Praxis, ehrlichen Fehleranalysen und klaren Handlungsanweisungen.

Meine Erfahrungen aus 15 Jahren, meine Erfolge mit Unternehmen, die heute 100 Millionen und mehr Umsatz erzielen, und die zahlreichen Gespräche mit führenden E-Commerce-Playern bilden die Grundlage für dieses Buch. Es geht darum, nicht nur den Ist-Zustand zu beschreiben, sondern auch den Weg zu zeigen, auf dem Unternehmen wachsen, sich verändern und in einer zunehmend digitalen Welt erfolgreich bestehen können. Ich bin davon überzeugt, dass E-Commerce eine der dynamischsten und spannendsten Branchen unserer Zeit ist, und ich freue mich, mit MAKE IT BIG! mein Wissen und meine Leidenschaft mit euch zu teilen.

In einem hoch dynamischen Feld
Wo steht Deutschland im E-Commerce?

Deutschland, oft als Wirtschaftsmotor Europas bezeichnet, hat im Bereich des E-Commerce noch ungenutztes Potenzial. Während unser Land in einigen traditionellen Industrien Spitzenreiter ist, hinkt es im digitalen Handel hinterher. Diese Verzögerung birgt nicht nur Risiken, sondern auch immense Chancen. Doch warum genau sollte Deutschland den E-Commerce schnell und profitabel skalieren, und was können wir von internationalen Akteuren lernen?

Fokus, Fakten, Führung: Herausforderungen im E-Commerce

Der E-Commerce-Markt hat in den letzten Jahren ein enormes Wachstum erlebt. Doch mit dem Boom steigen auch die Anforderungen – und damit die Herausforderungen. Viele Unternehmen stoßen an ihre operativen und strategischen Grenzen. In diesem Abschnitt beleuchten wir die zentralen Pain Points, mit denen Onlinehändler heute konfrontiert sind – von steigenden Klickpreisen bis hin zu strukturellen Engpässen.

Das Problem: Hohe Klickpreise auf Werbeplattformen

- Leitsatz: »Mehr Wirkung pro Klick – nicht mehr Klicks pro Budget.«
- To-do: Qualität vor Quantität

Google, Meta, TikTok & Co. sind nach wie vor die dominierenden Kanäle zur Neukundengewinnung. Doch die Preise für Klicks sind in den letzten Jahren massiv gestiegen. Das bedeutet: Wer heute die gleiche Reichweite wie noch vor wenigen Jahren erzielen will, muss deutlich mehr investieren. Ohne eine präzise Zielgruppenansprache und datengestützte Anzeigenstrategien droht ein negativer *Return on Investment (ROI*). Besonders kleinere Unternehmen geraten hier schnell unter Druck.

Um den steigenden Klickpreisen auf Plattformen wie Google, Meta oder TikTok effektiv zu begegnen, lautet die Faustformel: »Mehr Wirkung pro Klick – nicht mehr Klicks pro Budget.« Der Fokus sollte also nicht darauf liegen, mit demselben Budget mehr Reichweite zu erzielen, sondern die vorhandenen Mittel gezielter und wirksamer einzusetzen. Qualität schlägt Quantität.

Konkret bedeutet dies, dass Unternehmen rund 80% ihrer Anstrengungen in ein tiefes Zielgruppenverständnis investieren sollten. Wer seine Zielgruppe messerscharf kennt, reduziert Streuverluste erheblich. Hierzu zählen fundierte Buyer Personas, die Auswertung vorhandener Kundendaten und das Verständnis für Customer Journeys. Nur wer weiß, wen er anspricht, kann relevante und konvertierende Werbebotschaften formulieren.

Weitere 10% sollten in Testing und Optimierung fließen. Jede Kampagne – ob Paid Social oder Search – sollte systematisch getestet werden: verschiedene Anzeigenmotive, Zielgruppensegmente oder Platzierungen. A/B-Tests sind kein »nice to have«, sondern Pflicht, um herauszufinden, was wirklich funktioniert. Die Erkenntnisse daraus bilden die Grundlage für eine effektive Skalierung der Werbemaßnahmen.

Die letzten 10% des Budgets und der Aufmerksamkeit sollten bewusst in Innovation fließen. Neue Plattformen oder Formate – etwa TikTok, Pinterest oder Retail Media – bieten häufig niedrigere Klickpreise und weniger Wettbewerb. Wer früh testet und Erfahrungen sammelt, sichert sich hier oft einen entscheidenden Wettbewerbsvorteil. Gleichzeitig reduziert eine diversifizierte Kanalstrategie die Abhängigkeit von einzelnen Plattformen wie Google oder Meta. Diese Verteilung ist kein starres Gesetz, aber eine bewährte Orientierungshilfe, um dem steigenden Kostendruck im Performance Marketing strategisch zu begegnen.

Das Problem: Ineffiziente Prozesse und mangelnde Skalierbarkeit

- Leitsatz: »Was man zweimal tut, muss automatisierbar sein – was skalieren soll, muss integriert sein.«
- To-do: Automatisierung. Punkt.

Viele E-Commerce-Unternehmen arbeiten mit Systemen und Prozessen, die aus der Gründungszeit stammen – und stoßen damit beim Wachstum an Grenzen. Fehlende Automatisierung, manuelle Workarounds und nicht integrierte Tools verursachen Reibungsverluste. Was im Kleinen funktioniert hat, ist oft nicht skalierbar. Gerade bei schnellem Wachstum entstehen Engpässe bei Lager, Logistik und Auftragsabwicklung.

Die Faustformel lautet daher: »Was man zweimal tut, muss automatisierbar sein – was skalieren soll, muss integriert sein.« Prozesse, die regelmäßig anfallen, sollten konsequent digitalisiert und automatisiert werden. Das beginnt bei der Bestellabwicklung und reicht bis zur E-Mail-Kommunikation mit dem Kunden. Gleichzeitig ist es essenziell, dass die eingesetzten Systeme miteinander sprechen – etwa Shop, ERP, CRM und Versanddienstleister. Isolierte Insellösungen führen zu Medienbrüchen und machen Skalierung unmöglich.

Die Lösung liegt nicht in der sofortigen Einführung eines komplexen ERP-Systems, sondern in einem schrittweisen, klar priorisierten Vorgehen: Zunächst sollten die Prozesse identifiziert werden, die den größten Hebel für Effizienz bieten. Im zweiten Schritt folgt die Auswahl von Systemen, die skalierbar sind und sich flexibel integrieren lassen. So wird aus einem Wachstumsbremsklotz ein Beschleuniger.

Das Problem: Fehlende Führung und strategischer Fokus

- Leitsatz: »Wachstum braucht Richtung – nicht nur Geschwindigkeit.«
- To-do: Führung. Sonst führt Wachstum zur Überforderung.

Wachstum ist gut – aber nur, wenn es geführt wird. Viele E-Commerce-Unternehmen skalieren ihre Umsätze schneller als ihre Führungsstrukturen. Die Folgen sind operative Hektik, kurzfristige Entscheidungen und fehlender Fokus. Das Tagesgeschäft übernimmt die Kontrolle, während Strategie und Vision auf der Strecke bleiben.

Die Faustformel lautet deshalb: »Wachstum braucht Richtung – nicht nur Geschwindigkeit.« Es reicht nicht, neue Mitarbeiterinnen und Mitarbeiter einzustellen oder Prozesse zu erweitern. Es braucht Führungskräfte, die klare Prioritäten setzen, Verantwortung übernehmen und Orientierung geben – sowohl strategisch als auch operativ. Teams müssen wissen, worauf sie hinarbeiten, aber auch, was sie bewusst nicht tun sollen. Dazu gehört, regelmäßig Zeit für Strategiearbeit zu reservieren, statt permanent im Reaktionsmodus zu bleiben: 80/20, also 80 % Auslastung, 20 % Zeit für Ideen und Austausch.

Das Problem: Schwache oder fehlende USPs

- Leitsatz: »Wer nicht auffällt, fällt raus.«
- To-do: USP finden. Kein USP = kein Grund zu kaufen = Exit.

Der E-Commerce-Markt ist gesättigt – in nahezu jeder Produktkategorie buhlen unzählige Anbieter um die Aufmerksamkeit der Kunden. Wer sich hier nicht klar und glaubwürdig differenziert, wird austauschbar. Viele Shops bieten gute Produkte, doch sie schaffen es nicht, einen echten Grund zu liefern, warum genau bei ihnen gekauft werden sollte.

»Wer nicht auffällt, fällt raus.« Oder anders gesagt: ohne USP – einen Grund zu kaufen – kein Überleben.

Die Lösung beginnt mit einer radikalen Kundenperspektive: Warum sollte jemand genau bei dir kaufen – und nicht bei Amazon oder einem günstigeren Anbieter? Diese Frage muss messerscharf beantwortet werden. Das bedeutet, die eigenen Produkte, Services und Markenwerte kritisch zu hinterfragen und mit den echten Bedürfnissen der Zielgruppe abzugleichen.

Ein klarer USP kann aus verschiedenen Bereichen kommen:

- Produktvorteile (z.B. Materialien, Qualität, Funktionalität)
- Servicedifferenzierung (z.B. besonders schneller Versand, exzellenter Support)
- Markenwelt (z.B. Haltung, Storytelling, Identifikationspotenzial)
- Kundenerlebnis (z.B. intuitive *Usability* (*UX*), cleveres Packaging, Überraschungseffekte)

Wichtig ist nicht nur, den USP zu definieren, sondern ihn auch konsequent zu kommunizieren – auf der Startseite, in Anzeigen, im Check-out, in E-Mails. Wiedererkennung entsteht durch Wiederholung.

Viele Shops setzen auf generische Aussagen wie »hohe Qualität« oder »schneller Versand« – doch das reicht nicht. Es braucht Zuspitzung und Mut zur Klarheit. Denn nur wer klar positioniert ist, bleibt im Kopf – und im Warenkorb.

Das Problem: Zersplittertes Marketing

- Leitsatz: »Lieber ein Orchester als eine One-Man-Band auf fünf Bühnen.«
- To-do: Marketingtakt, -struktur und -zusammenspiel schaffen – nicht bloße Vielfalt.

Die Marketingwelt im E-Commerce bietet unzählige Möglichkeiten: von Influencer-Kampagnen über bezahlte Anzeigen, SEO, E-Mail-Marketing, Social Media usw. Doch genau diese Vielfalt ist für viele Unternehmen zur Herausforderung geworden. Ohne klaren strategischen Überbau wird Marketing zum Aktionismus – jeder Kanal macht »irgendwas«, doch das Ganze wirkt weder einheitlich noch zielführend.

Die Faustformel lautet deshalb: »Lieber ein Orchester als eine One-Man-Band auf fünf Bühnen.« Statt alle Kanäle gleichzeitig und planlos zu bespielen, braucht es eine zentrale Strategie, die Ziele, Zielgruppen, Tonalität und Ressourcen klar definiert. Jeder Kanal übernimmt dabei eine klar zugewiesene Rolle im »Marketing-Orchester« – abgestimmt, harmonisch und zielgerichtet.

Die Lösung beginnt mit einer sauberen Marketing-Roadmap:

- Was ist das primäre Ziel? (Brand Building, Abverkauf, Kundenbindung …)
- Wen spreche ich wann und wo an? (Kundensegmente und Touchpoints)
- Welche Kanäle zahlen konkret auf welches Ziel ein?
- Wie sieht der medienübergreifende Content-Plan aus?

Wichtig: Weniger ist oft mehr. Lieber drei Kanäle strategisch und mit Fokus steuern, als sieben halbherzig bedienen. Außerdem muss nicht jeder Trend mitgemacht werden – TikTok, Pinterest oder neue Formate bringen nur dann Mehrwert, wenn sie zur Zielgruppe und zum Geschäftsmodell passen.

Wer sein Marketing synchronisiert statt fragmentiert aufsetzt, schafft nicht nur konsistente Markenerlebnisse, sondern auch bessere Performance, klarere Budgets und zufriedenere Kunden.

Das Problem: Datenchaos statt Datennutzung

- Leitsatz: »Daten, die du nicht verstehst, kannst du nicht nutzen – Daten, die du nicht verbindest, kosten dich Geld.«
- To-do: Klarheit + Konsistenz schaffen = Entscheidungsstärke.

Im E-Commerce ist Datenkompetenz der entscheidende Erfolgsfaktor. Viele Unternehmen scheitern genau daran. Die Daten liegen zwar vor, aber sie sind unvollständig, widersprüchlich oder in unterschiedlichen Systemen verteilt. Die Folge: Entscheidungen werden nach Bauchgefühl oder aufgrund isolierter Reports getroffen, nicht auf Grundlage solider, verlässlicher Analysen.

Die Faustformel lautet deshalb: »Daten, die du nicht verstehst, kannst du nicht nutzen – Daten, die du nicht verbindest, kosten dich Geld.« Der erste Schritt zur Lösung ist die Konsolidierung der Datenquellen: Alle relevanten Informationen – von Shop-Analytics über Werbekampagnen bis hin zu CRM- und Lagerdaten – müssen zusammengeführt werden. Ziel ist ein zentrales, verlässliches Datenfundament.

Im zweiten Schritt folgt die Standardisierung und Priorisierung:

- Welche KPIs sind wirklich geschäftsentscheidend?
- Welche Daten müssen dafür regelmäßig und sauber vorliegen?
- Wie werden sie visualisiert und interpretiert?

Ein übersichtliches KPI-Dashboard, das tagesaktuelle Zahlen aus den wichtigsten Systemen bündelt, ist der Gamechanger. Ergänzt wird es idealerweise durch regelmäßige Daten-Reviews: wöchentliche oder monatliche Auswertungen, in denen das Team gemeinsam die Entwicklung analysiert und ableitet, was gut funktioniert und was geändert werden muss.

Wichtig ist außerdem: Datenkompetenz muss nicht nur in der IT sitzen. Auch Marketing, Vertrieb und Geschäftsführung müssen verstehen, was ihre Zahlen bedeuten und wie man daraus echte Handlungsoptionen ableitet. Nur so wird aus Datenwissen eine echte Entscheidungsstärke.

Das Problem: Technologischer Dauerumbau

- Leitsatz: »Systeme sollen Wachstum ermöglichen – nicht zum Exit führen.«
- To-do: Technik als Mittel zum Zweck, nicht als Selbstzweck nutzen.

Viele E-Commerce-Unternehmen befinden sich in einem endlosen Zyklus aus Systemwechseln, Relaunches und Toolintegrationen. CRM-, ERP-, PIM- oder Shopsysteme werden ständig aktualisiert oder ausgetauscht – mit dem Ziel, effizienter zu werden. Doch in der Realität passiert oft das Gegenteil: Wochenlang werden Ressourcen in technische Projekte gesteckt, während das eigentliche Geschäft – vor allem die Optimierung der Kundenerfahrung – auf der Strecke bleibt.

Die Faustformel dazu lautet: »Systeme sollen Wachstum ermöglichen – nicht blockieren oder, im schlimmsten Fall, zum Exit des Unternehmens führen.« Technik ist kein Selbstzweck, sondern muss das operative Geschäft unterstützen und skalierbar machen. Der Schlüssel liegt in einer klaren Priorisierung: Nicht jeder neue Trend oder jedes Tool muss sofort integriert werden. Stattdessen braucht es eine langfristige Digitalstrategie, die Technik gezielt und schrittweise einführt – immer entlang konkreter Geschäftsziele.

Die Lösung liegt in drei Schritten:

1. *Technik strategisch denken*:
   - Welche Systeme zahlen direkt auf unsere Wachstumsziele ein?
   - Was bringt den größten operativen Hebel?
2. *Projekte sequenziell statt parallel planen*:
   - Nicht alles auf einmal: Ein Systemwechsel pro Jahr ist realistisch, mehrere gleichzeitig führen zur Überforderung.
3. *Customer Impact vor Feature-Liste*:
   - Entscheidungen sollten nicht nach Funktionsumfang, sondern nach Einfluss auf Kundenzufriedenheit und Umsatz getroffen werden.

Zusätzlich ist es wichtig, das operative Team frühzeitig einzubeziehen und alle technischen Entscheidungen mit echten Anwendungsfällen aus dem Alltag zu verbinden. So werden aus Tools echte Lösungen – und keine weiteren Baustellen.

Das Problem Keine Zeit für Innovation

- Leitsatz: »Nur wer atmet, kann auch rennen.«
- To-do: 80% Auslastung, 20% Kreativität – Innovation braucht Freiraum.

Im E-Commerce-Alltag regiert meist das operative Geschäft: Kampagnen müssen live, Produkte online, Retouren bearbeitet und Kundenanfragen beantwortet werden. Was dabei auf der Strecke bleibt, ist die strategische Weiterentwicklung – also genau das, was langfristiges Wachstum sichert. Innovation ist kein »nice to have«, sondern eine Überlebensstrategie in einem Markt, der sich ständig verändert.

Die Faustformel lautet daher: »Nur wer atmet, kann auch rennen.« Oder ganz konkret: 80% operative Auslastung, 20% Freiraum für Kreativität, Reflexion und Innovation. Das bedeutet: Teams sollten bewusst nicht zu 100% verplant sein. Denn wer permanent am Anschlag arbeitet, hat weder geistige Kapazitäten noch zeitliche Ressourcen, um Neues zu denken, Probleme zu hinterfragen oder zukunftsgerichtete Ideen zu entwickeln.

Die Lösung liegt in einer strukturellen und kulturellen Verankerung von Innovationszeit:

- *Zeitfenster einplanen*: z.B. wöchentliche Innovation Hours, monatliche Strategie-Sprints oder quartalsweise Ideation-Workshops.
- *Ressourcen gezielt freistellen*: Einzelne Mitarbeitende oder Teams bekommen bewusst Innovationsprojekte zugewiesen – mit Zeitbudget und Verantwortung.
- *Operative Aufgaben automatisieren, um Raum zu schaffen*: Was wiederkehrend ist, gehört automatisiert oder delegiert.
- *Erfolge sichtbar machen*: Innovationsprojekte brauchen nicht nur Raum, sondern auch Anerkennung – durch Präsentation, Umsetzung und Beteiligung.

So wird Innovation zur systematischen Disziplin statt zu einem Luxus, den man sich »vielleicht irgendwann« leistet. Denn wer nicht in Innovation investiert, zahlt langfristig drauf – mit Relevanzverlust und sinkender Wettbewerbsfähigkeit.

Das Problem: Überforderung durch zu viele Optionen

- Leitsatz: »Nicht alles machen – das Richtige machen.«
- To-do: Fokus. Fokus schlägt Fülle.

Im E-Commerce scheint es für jedes Problem ein Tool, für jeden Kanal eine Plattform und für jede Zielgruppe eine neue Möglichkeit zu geben. Das klingt nach Chancen – führt aber in der Praxis oft zur Überforderung. Statt fokussiert zu handeln, testen viele Unternehmen alles ein bisschen, investieren zu breit und verlieren dadurch an Effizienz, Klarheit und Wirkung.

Die Faustformel lautet deshalb: »Nicht alles machen – das Richtige machen.« Statt jedem neuen Trend hinterherzulaufen, ist es entscheidend, die Maßnahmen zu identifizieren, die wirklich zur eigenen Strategie, Zielgruppe und Wertschöpfung passen. Die Lösung liegt in einem strukturierten Auswahl- und Entscheidungsprozess:

Strategischen Fit zuerst prüfen:
- Passt der Kanal oder das Tool zu unserem Geschäftsmodell?
- Unterstützt es eines unserer Hauptziele (z.B. Reichweite, Conversion, Kundenbindung)?

Wirkung vor Hype bewerten:
- Bringt die Maßnahme einen echten Mehrwert oder nur zusätzliche Komplexität?
- Gibt es messbare Hebel (Kosten, Zeitersparnis, Umsatzsteigerung)?

Ressourcen realistisch einschätzen:
- Haben wir die Zeit, das Know-how und die Kapazitäten, um das Tool/die Plattform effektiv zu nutzen?

Weniger ist mehr – priorisieren statt addieren:
- Lieber drei Kanäle mit Tiefe und Exzellenz bespielen als sieben mit Mittelmaß.

Hilfreich ist dabei eine einfache Entscheidungsmatrix (z.B. Impact vs. Aufwand), um Klarheit zu schaffen und die Optionen objektiv zu bewerten. Wer den Fokus schärft, handelt effizienter – und erzielt schneller sichtbare Ergebnisse.

Der E-Commerce ist ein hoch dynamisches Feld – voller Chancen, aber auch voller Stolperfallen. Wer erfolgreich sein will, muss Prioritäten setzen, Prozesse skalieren, eine klare Strategie entwickeln und seine USPs herausarbeiten. Und vor allem: Raum schaffen für Fokus, Innovation und Führung. Dazu empfiehlt es sich erst einmal, den eigenen Status aufzunehmen, die größten Herausforderungen aufzulisten und sie zu gewichten (siehe dazu **Abbildung 1**).

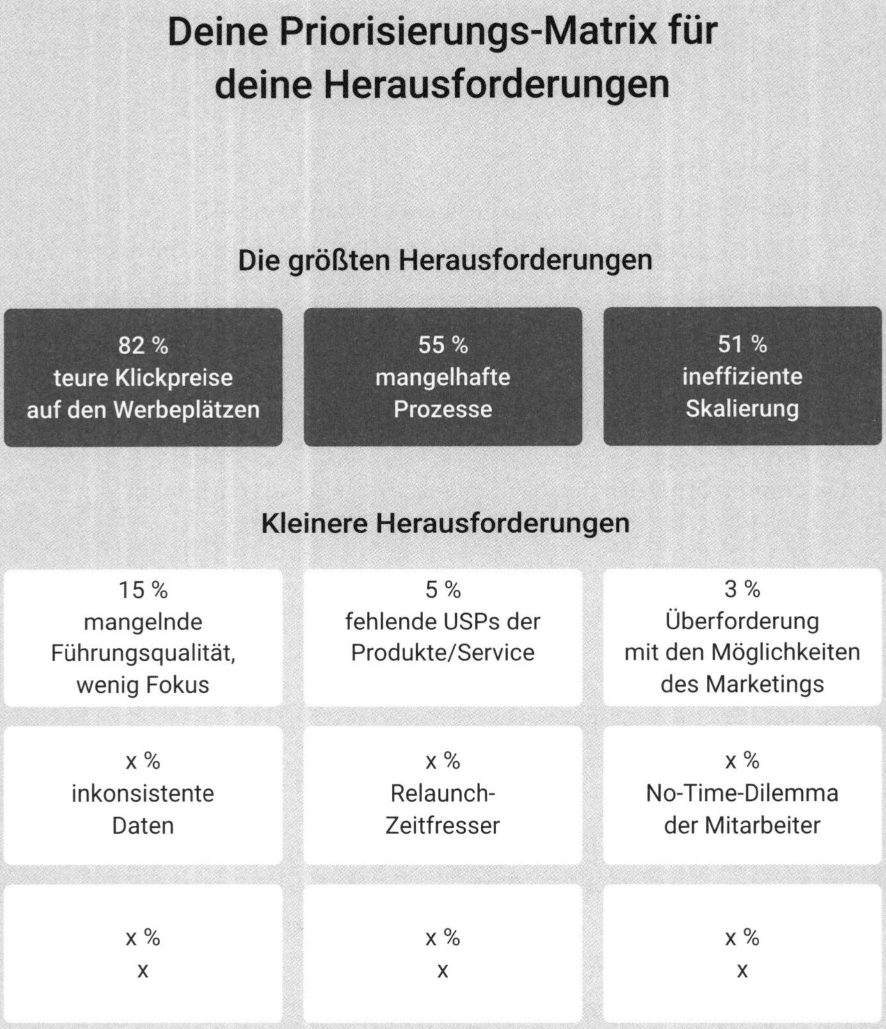

1 *Herausforderungen im E-Commerce: Wer erfolgreich sein will, muss klare Prioritäten setzen.*

Take-away

Skalierung braucht Struktur, Fokus und Mut zur Vereinfachung.
To-do: Wer wachsen will, muss Komplexität meistern, Prioritäten setzen und Ressourcen klug lenken – aber nicht alles gleichzeitig.
E-Commerce ist kein Selbstläufer. Die größten Hebel liegen nicht in noch mehr Tools, Kanälen oder Ideen, sondern in klaren Prozessen, echten USPs, strategischer Führung und konsequentem Fokus. Erfolg entsteht dort, wo operative Exzellenz und mutige Vereinfachung zusammenspielen.

Grundsolide, doch risikoscheu: Die aktuelle Lage

Deutschland hat zweifellos eine solide E-Commerce-Landschaft: Unternehmen wie Zalando, OTTO und ABOUT YOU zählen zu den erfolgreichsten Playern in Europa. Doch im internationalen Vergleich bleibt der deutsche Markt oft konservativ und risikoavers. Laut Studien des Handelsverbands Deutschland (HDE)[1] steigt der Onlineumsatz zwar kontinuierlich, jedoch langsamer als in anderen führenden Märkten wie den USA oder China.

Ein zentraler Hemmschuh ist die Zurückhaltung vieler mittelständischer Unternehmen, in die Digitalisierung zu investieren. Besonders traditionelle Branchen tun sich schwer, ihre Prozesse anzupassen und digitale Vertriebswege zu erschließen. Gleichzeitig fehlt es oft an Mut oder Kapazitäten, schnell auf neue Trends zu reagieren, wie zum Beispiel Live-Shopping, Social Commerce oder datengetriebene Personalisierung.

1 Handelsverband Deutschland (HDE) – für das Jahr 2024 rechnet der HDE im Onlinehandel mit einem Umsatz in Höhe von 87,1 Milliarden Euro. *https://einzelhandel.de/presse/zahlenfaktengrafiken/861-online-handel/1889-e-commerce-umsaetze*

Frischer Wind aus China: Bedrohung durch internationale Giganten

Während Deutschland noch überlegt, haben sich amerikanische und chinesische Konzerne längst fest im Markt etabliert. Amazon, seit 1998 in Deutschland aktiv, hat die Spielregeln für den Einzelhandel neu definiert. Mit Logistikzentren in fast jeder Region des Landes ist Amazon nicht nur ein Onlinemarktplatz, sondern auch ein Innovationsführer in Sachen Technologie, Liefergeschwindigkeit und Service. Prime-Mitgliedschaften, Same Day Delivery und personalisierte Produktempfehlungen sind längst Standard – und haben die Erwartungen der Kunden maßgeblich geprägt.

Neben den USA sorgt derzeit vor allem China für frischen Wind im E-Commerce. Unternehmen wie Alibaba, SHEIN und neuerdings Temu setzen Standards, die weit über den klassischen Onlinehandel hinausgehen. SHEIN beispielsweise hat eine Lieferkette perfektioniert, die auf Geschwindigkeit, Effizienz und datenbasierten Trends beruht. Sie schaffen es, innerhalb weniger Tage auf Kundenwünsche zu reagieren, und haben so ein Geschäftsmodell geschaffen, das kaum zu imitieren ist – mit 40 % weniger Überproduktion. Wir schauen uns das später genau an. Temu wiederum kombiniert aggressive Preispolitik mit spielerischen Features wie Gamification, um Kundenbindung auf ein neues Level zu heben.

Ebenfalls nicht zu unterschätzen sind weitere internationale Giganten wie MediaMarktSaturn, IKEA und REWE, die ihre stationären Wurzeln mit digitalem Know-how verbinden. Diese Unternehmen setzen auf Omnichannel-Strategien und bieten Kunden ein nahtloses Einkaufserlebnis, bei dem offline und online zunehmend perfekter harmonieren.

Eine Frage des Mutes: Warum du E-Commerce schnell groß machen musst, um profitabel zu sein

Die Frage ist nicht, *ob* Deutschland im E-Commerce groß werden muss, sondern *wie schnell*. Der Wettbewerb schläft nicht, und die wirtschaftlichen Vorteile eines starken digitalen Handels sind enorm: Der E-Commerce generiert nicht nur Umsätze, sondern schafft Arbeitsplätze – von IT-Spezialisten bis hin zu Logistikfachkräften. Besonders in ländlichen Regionen kann ein florierender Onlinehandel neue Impulse setzen und damit ein Wachstumsmotor für die Wirtschaft sein.

Und der zweite Punkt: Unternehmen, die sich auf ihren nationalen Markt beschränken, verlieren langfristig gegen globale Player. Nur wer agil wächst und innovativ bleibt, kann bestehen.

Dabei geht es aber nicht nur darum, den Wettlauf gegen ausländische Player zu gewinnen, E-Commerce ist generell nur profitabel, wenn er skaliert wird. Aufbau, Unterhalt und Weiterentwicklung der Plattform kosten Geld. Selbst wenn man sich den Shop selbst zusammenklickt, bleiben noch die Vermarktungskosten. Das rechnet sich kaum, wenn man lediglich ein paar Produkte verkauft, ist aber notwendig: Ein Shop ohne Bewerbung ist wie ein gedeckter Tisch ohne Gäste. Niemand wird sich bedienen:

Die meisten E-Commerce-Unternehmen scheitern zwar nicht zwangsläufig in einer bestimmten Unternehmensgröße, sondern eher in bestimmten Entwicklungsphasen. Dennoch lassen sich einige kritische Schwellen identifizieren, die für kleine, mittlere und größere Unternehmen besondere Herausforderungen darstellen.

Anzuführen wäre hier die fehlende strategische Kompetenz. Viele kleine E-Commerce-Unternehmen starten erfolgreich, scheitern jedoch, wenn sie über die Anfangsphase hinauswachsen. Häufig fehlt es an einer klaren Strategie dazu, wie der Geschäftsbetrieb skaliert werden soll, sei es in Bezug auf Systeme, Logistik, Marketing oder Kundenservice.

Wenn es diese Kompetenz gibt, kommt es dennoch oft vor, dass es an Kapital mangelt. Start-ups unterschätzen oft die hohen Kosten für Kundengewinnung (*Customer Acquisition Cost*, CAC), Technologieentwicklung und Lagerhaltung. Ohne ausreichendes Kapital oder Zugang zu Finanzierungen scheitern viele an der Wachstumsfinanzierung.

Was ich laufend beobachte, ist eine immer noch unzureichende Differenzierung. Viele Unternehmen bieten Produkte an, die nicht einzigartig genug sind, um sich gegen größere Konkurrenten wie Amazon oder etablierte Marken durchzusetzen. Das muss zwar nicht sein, aber wenn der Service oder der Preis auch nicht besser ist als der des Wettbewerbs, wird es schnell eng.

Das aber wohl am häufigsten anzutreffende Problem, das heutzutage Unternehmen klein hält, ist die fehlende technologische Expertise. Unternehmen kämpfen mit ineffizienten Technologien oder Plattformen, die nicht für ein Wachstum ausgelegt sind oder beim Wechsel unfassbare Summen verschlingen. Das ist genau der Grund, warum ab einer gewissen Umsatzgröße Know-how extern eingekauft wird, was wiederum teuer ist. Wenn dann das Kapital fehlt, weil der Umsatz nicht kommt, oder die Marge zu gering ist, bricht das Kartenhaus zusammen.

Um das zu verhindern und effizient, schnell und profitabel zu wachsen, brauchen wir aus meiner Sicht vor allem diese Dinge: Überblick über profitable Maßnahmen und die Erfahrung, die andere schon gemacht haben, Mut, neue Maßnahmen zu testen, und die Geduld, mindestens drei Monate zu optimieren und beim Projekt zu bleiben, statt zum nächsten zu springen, wenn nicht nach vier Wochen ein Erfolg eintritt. Das klingt banal und ist es im Grunde auch. Doch längst nicht gängige Praxis.

E-Commerce ist für mich mehr als ein Vertriebskanal oder ein Trend. Die Pandemie hat gezeigt, wie schnell Kunden ihre Einkaufsgewohnheiten ändern. Wer jetzt nicht investiert, verliert langfristig den Anschluss an die Zielgruppen von morgen.

Auch das Argument der mangelnden Nachhaltigkeit zählt für mich nicht. E-Commerce kann durch intelligente Logistik und gezielte Produktplanung auch ökologisch nachhaltiger gestaltet werden. Unternehmen, die diesen Aspekt frühzeitig in ihre Strategie integrieren, sichern sich langfristig Vorteile.

Die Logik des Erfolgs
Zentrale Hebel im E-Commerce

MAKE IT BIG! ist nach den Stellschrauben im E-Commerce geclustert. Die wesentlichen Stellschrauben sind Shop-Performance, Reichweite und Rentabilität. Ein Blick auf die Details:

Shop-Performance

Mit Shop-Performance meine ich die Performance der Produkte im Shop und des Shops selbst.

Die Performancelogik:

Bessere Conversion-Rate führt dazu, dass mehr Besucher des Shops kaufen und damit potenziell weniger Marketingkosten pro Kauf anfallen.

Diese Themen tragen dazu bei:

- Wie beliebt ist dein Produkt hinsichtlich *Unique Selling Point* (*USP*), Preis, Attraktivität im Sinne des Brand-Image, Qualität und Nachhaltigkeit, Personalisierung, Service?
- Wie gut ist die Usability (responsives Design, mobile first, Ladezeiten, Such- und Filterfunktion, Produkt- und Shopdesign)?
- Wie gut schaffst du es, Cross- und Upselling zu betreiben, um den Warenkorbwert möglichst hochzuhalten? Gibt es Funktionalitäten, die den Kaufabschluss fördern, wie z. B. automatische E-Mails, wenn ein Kunde den Warenkorb nicht abgeschlossen hat?
- Wie gut sind deine Check-out-Prozesse (One-Page-Check-out, Gastbestellungen möglich, automatische Adressvervollständigung)?
- Wie sehr vertrauen dir deine Kunden (Kundenbewertungen, Gütesiegel, z. B. Trusted Shops, klare Rückgabebedingungen)?

Reichweite

Mit Reichweite meine ich die Anzahl der Zuführung von Kunden in den Shop.

Die Reichweitenlogik: Höhere Reichweite führt zu mehr Besuchern im Shop und damit potenziell mehr Abschlüsse, sofern die übrigen Faktoren stimmen. Heißt: Umsatz = Reichweite × Klickrate (CTR) × *Conversion-Rate* (CR) × *Average Order Value* (AOV). Diese Themen tragen beispielsweise dazu bei:

- Wie viele Besucher kommen auf deinen Shop, die du über externe Kanäle (Google [SEO, SEA], Social Media [Facebook, Instagram, TikTok, Pinterest, Reddit usw.], Newsletter, Mitarbeiterportale, *Digital out of Home* [DOOH] und TV-Werbung etc.) erreichst?
- Kannst du mit maßgeschneiderten Botschaften und Content (Anzeigen-Creatives, Produkttexten) die Klickrate (Klick-Through-Rate – CTR) der Anzeigen steigern? Wie gut passen also Produkt, Zielgruppe und Content zusammen?

- Segmentierst du deine Zielgruppen nach dem Stand im Customer Lifecycle (z. B. Neueinsteiger vs. Bestandskunden) z. B. mit Neukundenrabatt, Premium-Bundles, Abos, und sprichst du sie gezielt an?
- Nutzt du dynamische Kampagnen und personalisierte E-Mails?
- Gibt es Funktionalitäten, die den Wiederkauf fördern? Beispielsweise den klassischen 5-Euro-Gutschein für den nächsten Einkauf?
- Wie gut sind dein Service und deine Weiterempfehlungsquote (guter Service hinsichtlich Logistik [Versandkosten und -zeiten, Retouren-Handling], Zahlarten und Kundenservice [Chat, E-Mail, Telefon, Social Media])?

Rentabilität

Mit Rentabilität meine ich die Gesamtrentabilität des E-Business (Shop und Vermarktung).

Die Rentabilitätslogik: Wie rentabel ist dein E-Business im Gesamten: Umsatz minus alle Unternehmenskosten, bestehend aus variablen Kosten: Produkteinkauf, Marketing, Versand, Payment-Gebühren, Retourenkosten und Fixkosten, also Hosting, Personal, Lagerhaltung, um den Umsatz möglich zu machen. Kennzahlen, die du dir anschauen solltest:

- *Customer Acquisition Cost* (CAC): Alle Marketing- und Vertriebskosten, um einen neuen Kunden zu gewinnen. Dieser Wert sollte stetig sinken.
- *Deckungsbeitrag pro Bestellung*: Wie viel Geld nach Abzug der variablen Kosten einer einzelnen Bestellung übrig bleibt, um die Fixkosten des Unternehmens zu decken und Gewinn zu erzielen. Ein positiver Deckungsbeitrag pro Bestellung ist wichtig, um sicherzustellen, dass die Bestellung zur Rentabilität des Unternehmens beiträgt.
- *Return on Advertising Spend* (ROAS): Wie viel Umsatz bekommst du pro Euro des eingesetzten Anzeigenbudgets zurück? Oder Kosten-Umsatz-Verhältnis (KUR): Wie viel Prozent des Umsatzes gibst du für das Anzeigenbudget aus? Dieser sollte laufend optimiert werden.
- *Customer Lifetime Value* (CLV): Erwarteter Umsatz eines Kunden über die gesamte Geschäftsbeziehung. Es ist ein wichtiger Wert, falls der Erstkauf eines Neukunden nicht rentabel ist. Er liefert ein Indiz, zu beurteilen, wann es sich gar nicht mehr lohnt, das jeweilige Segment zu bedienen.

50 Prozent mehr Bestellungen: Die drei Stellschrauben in der Praxis

Nun zeige ich dir Beispiele, wie die drei Stellschrauben zusammen wirken und sich gegenseitig beeinflussen.

1. Reichweite → Performance
   - Hoher Traffic ist nur so gut wie dein Shop: Kommt viel Traffic, aber die Seite ist langsam oder unübersichtlich, bricht die Conversion-Rate (CR) ein.
   - Beispiel: 2 % Conversion-Rate vs. 3 % bei gleicher Reichweite bedeuten 50 % mehr Bestellungen.
2. Performance → Rentabilität
   - Schnelle Ladezeiten und einfache Usability senken Absprünge, steigern die Conversion-Rate und damit den Deckungsbeitrag, weil weniger Anzeigenbudget benötigt wird, um einen Kunden zu gewinnen und Umsatz zu machen.
   - Beispiel: Wenn alle anderen Parameter gleich bleiben, wirkt sich eine relative Steigerung der Conversion-Rate um 1 % genau proportional auf den gesamten Deckungsbeitrag aus – nämlich ebenfalls um 1 %. Oft bedeutet der Absatz von größeren Stückzahlen pro Produkt aber bessere Einkaufskonditionen, sodass man häufig sogar eine überproportionale Steigerung des Deckungsbeitrag sehen kann.
3. Reichweite → Rentabilität
   - Reichweite kostet Geld: Entscheidend ist nicht, wie viel du insgesamt für Anzeigen ausgibst, sondern wie effizient diese Ausgaben sind. Je niedriger deine Kosten im Verhältnis zum Umsatz, desto höher ist dein Deckungsbeitrag.
   - Beispiel: Wenn du dich auf Kanäle mit hohem ROAS (Return on Advertising Spend) oder niedriger KUR (Kosten-Umsatz-Relation) fokussierst – nicht nur auf jene mit den meisten Klicks – und so das Kosten-Umsatz-Verhältnis senken kannst, erhöht sich dein Deckungsbeitrag bei gleichem Umsatz.

Nachhaltig profitabel skalieren: Empfehlungen für eine zielführende Optimierung

Nun möchte ich dir einige einfache erste Schritte mitgeben, mit denen du den Überblick über die Performance behältst, gezielt steuern kannst und schnell die leicht erreichbaren Erfolge – die »Low-Hanging-Fruits« – sicherst.

Messbarkeit schaffen

- Dashboard für mindestens diese KPIs: Umsatz, Impressions, Conversion-Rate, durchschnittlicher Warenkorbwert, Return on Advertising Spend (ROAS) oder Kosten-Umsatz-Verhältnis (KUR), um den Überblick zu behalten, wenn was aus dem Ruder läuft.
- Enger Testzyklus und kontinuierliche Performanceoptimierung.
- A/B-Tests an Shopelementen (z. B. Button-Design, Bilder, Layout) und an Kampagnen (Zielgruppen, Creatives), um maximale Performance zu gleichen Kosten herauszuholen. Aber auch Page Speed Monitoring, Usability-Audits und permanente technische Wartung sichern stabile Conversion-Rates.

Budget-Allokation nach ROAS

Investiere mehr in Kanäle, die dir pro Werbe-Euro den höchsten Umsatz bringen. Achtung, die Kanäle begünstigen sich auch gegenseitig. Da braucht es Media-Mix-Modelling. Es ist das zentrale Instrument, wenn du nachhaltig und datenbasiert herausfinden willst, wie sich die Kanäle gegenseitig begünstigen und du deine Werbebudgets auf die Kanäle verteilen musst, damit jeder investierte Euro den größtmöglichen Beitrag zu Umsatz und Deckungsbeitrag leistet.

Langfristiges Wachstum sichern

Erhöhe den Customer Lifetime Value durch Cross-/Upselling, Loyalitätsprogramme, Newsletter-Marketing, automatische Mailing-Strecken (Geburtstagsmail, »Du hast deinen Warenkorb vergessen«) und exzellenten Service. Neukundenakquise ist um ein Vielfaches teurer, als Bestandskunden zum Wiederkauf zu bewegen.

Nur wenn du Reichweite gezielt einsetzt, deinen Shop technisch und inhaltlich auf Top-Niveau hältst und die Wirtschaftlichkeit jeder Maßnahme im Blick behältst, lässt sich E-Commerce dauerhaft profitabel skalieren. Das sind die Grundlagen. In diesem Buch gebe ich dir darüber hinaus Strategien an die Hand, mit denen du Reichweite, Performance und Rentabilität durch strategische Maßnahmen ausbaust. Die entsprechenden Abschnitte sind nach diesen Themen geclustert:

- Reichweite
- Performance
- Rentabilität

Im Anhang biete ich eine Übersicht darüber, welche Abschnitte in diesem Buch welchen dieser Stellschrauben zuzuordnen sind.

Alles bleibt anders
Die Rolle der KI im E-Commerce

Ich bin mit der Telefonzelle aufgewachsen. Meinen Beruf gab es bis »vor Kurzem« praktisch gar nicht. Genau so, wie man heute über die Telefonzelle denkt, wird man in naher Zukunft über den E-Commerce denken, wie wir ihn heute kennen. Davon bin ich überzeugt.

Meine Karriere begann nicht im E-Commerce, sondern in einer der ältesten Branchen in Deutschland – der Automobilbranche. 2006 startete ich in einem der erfolgreichsten deutschen Familienunternehmen meine Karriere – beim Automobilzulieferer Dräxlmaier. Mein Job? Ich sollte die Trend- und Zukunftsforschung aufbauen. Die Idee? Megatrends und Trends zu analysieren und auf Basis der Erkenntnisse Kreativworkshops mit Designern und Entwicklerinnen zu moderieren, um innovative Konzepte für den Fahrzeuginnenraum der Zukunft zu entwickeln. Damals hatten wir beispielsweise bereits die Idee für den Bildschirm in der Mercedes-S-Klasse entwickelt, wie er erst heute in dieser Form auf der Straße ist.

Megatrends waren für mich damals etwas, das mich sehr faszinierte, aber wenig greifbar war. Bereits 2006 ging man beispielsweise davon aus, dass eine Million Menschen aus Afrika nach Europa einwandern werden und Autos automatisch fahren können. Beides – so unterschiedlich die Themen auch sind – damals unvorstellbar für mich und heute nicht so fern von der Realität. Mit KI werden Zukunftsszenarien noch schneller Realität werden. Sie schlagen auch im E-Commerce durch. Bereits heute gibt es eine Vielzahl an generativen KI-Tools, die die Content-Erstellung übernehmen in einer Qualität, die vor zwei Jahren nicht denkbar war. Revolutionen sind aber auch in anderen Bereichen zu erwarten, etwa in den Prozessen, in der Logistik, in der Analyse und auch entsprechend in den Möglichkeiten von Personalisierung und Service.

Ich finde es spannend, den E-Commerce in seiner heutigen Form weiterzudenken. Ein Szenario aufzumachen, wie er sich weiterentwickeln könnte, auf Basis der Trends, die sich heute schon abzeichnen, also nicht so weit weg sind – wie Megatrends damals. Ich möchte dich mitnehmen in meine Vorstellung des E-Commerce im Jahr 2035, denn nur wenn man sich über den Alltag der Menschen der Zukunft Gedanken macht, kann man auch echte Innovationen erschaffen.

Es ist ein gewöhnlicher Dienstagmorgen im Jahr 2035. Oliver sitzt am Frühstückstisch, scrollt durch die Nachrichten auf seinem Tablet und nimmt einen Schluck Kaffee. Sein smarter Assistent meldet sich mit freundlicher Stimme: »Guten Morgen, Oliver. Deine Laufschuhe haben nach 600 Kilometern die empfohlene Nutzungsdauer überschritten. Möchtest du neue bestellen? Ich habe einige Modelle ausgewählt, die zu deinem Laufstil passen.«

Oliver nickt. »Zeig mir die Optionen.« Sofort öffnet sich eine Übersicht auf seinem Tablet. Es werden nur die Modelle vorgeschlagen, die auf Basis seiner Laufdaten, die seine smarte Fitnessuhr in den letzten Monaten gesammelt hat, passen. Zusätzlich sind Kundenbewertungen und Nachhaltigkeitskriterien hervorgehoben, denn Oliver legt Wert auf umweltfreundliche Produkte. Mit einem Klick ist die Bestellung abgeschlossen – er wählt die präferierte Lieferung noch am selben Nachmittag.

Dahinter steckt eine Menge an KI-Datenverarbeitung. Die smarte Fitnessuhr sammelt kontinuierlich Laufdaten (Strecke, Tempo, Fußaufsatz, Dauer, Erschöpfungsgrad etc.). Eine KI-Plattform konsolidiert diese Daten zusammen mit dem Nutzerprofil (Größe, Gewicht, bisherige Kaufhistorie) und externen Informationen (Produktdaten, Verfügbarkeiten). Machine-Learning-Algorithmen werten Olivers Leistungsdaten aus, um seine individuellen Anforderungen an Schuhe (Dämpfung, Stabilität, Flexibilität) zu bestimmen. Durch Clustering- und Klassifikationsverfahren erkennt die KI, welche Laufschuhmodelle anderen Nutzern mit ähnlichen Laufmustern und Profilen gut gefallen haben. Ein Empfehlungssystem schlägt nur die Modelle vor, die statistisch und inhaltlich zu Olivers Laufstil passen. Reinforcement Learning kann laufend dazulernen, etwa wenn Oliver ein Modell anklickt oder verwirft. Es gibt einen Agenten, der durch Versuch und Irrtum (Trial and Error) lernt, um optimale Entscheidungen zu treffen. Die KI gewichtet Umweltparameter (z. B. CO_2-Fußabdruck, Anteil recycelter Materialien) und hebt sie für Oliver hervor, weil er Wert auf Nachhaltigkeit legt. Und Multi-Criteria Optimization sorgt dafür, dass bei der Modellbewertung neben der Performance auch ökologische Gesichtspunkte eine Rolle spielen. *Natural Language Processing (NLP)* analysiert Reviews und fasst zentrale Stärken und Schwächen zusammen (»gute Dämpfung«, »eng geschnitten«) und visualisiert sie übersichtlich. Sentiment-Analyse filtert besonders aussagekräftige oder häufig zitierte Kommentare heraus. Über Sprach- oder Touch-Interaktionen erkennt die KI Olivers Befehl »Zeig mir die Optionen« und beantwortet diesen unmittelbar mit der passenden Produktübersicht. Dialogmanagement stellt sicher, dass Folgefragen (»Zeig mir nur dunkelblaue Modelle«) sofort umgesetzt werden. Echtzeitanbindung an Lager- und Lieferkettensysteme ermöglicht eine sofortige Aussage über Verfügbarkeit und Lieferfenster (»heute Nachmittag«). *Predictive Analytics* kann Lieferzeiten optimieren, indem sie Verkehrsdaten, Fahrzeugstandorte und Packkapazitäten einbezieht. Dank gespeicherter Zahlungs- und Adressdaten in Olivers Profil kann die KI den Bestellvorgang mit einem Klick abschließen. Eine nachgelagerte KI-gesteuerte Tourenplanung sorgt dafür, dass das Paket noch am selben Nachmittag zugestellt wird. Das ist sehr anders als der heutige E-Commerce, indem ich das alles selbst recherchieren und entscheiden muss oder womöglich gar nicht beeinflussen kann – und meist aufgrund der nicht verfügbaren Informationen auch gar nicht beachten kann.

Um 14 Uhr steht Olivers Bestellung vor der Tür. Ein autonomes Lieferfahrzeug hat die Schuhe in einer kompostierbaren Verpackung geliefert. Das Lieferfahrzeug des Versanddienstleisters wartet vor der Tür, bis Oliver die Schuhe anprobiert hat. Sollten sie nicht passen, könnte er sie direkt und ohne Aufwand zurückgeben. Diese Mischung aus digitaler Effizienz und persönlichem Service ist 2035 möglicherweise Standard, ebenso wie autonomes Fahren.

Währenddessen meldet sich sein KI-Assistent erneut: »Dein Vorrat an Olivenöl ist fast aufgebraucht. Möchtest du die gleiche Marke wie letztes Mal bestellen oder etwas Neues ausprobieren?« Oliver entscheidet sich für etwas Neues. Der Assistent schlägt ein Olivenöl vor, das kürzlich von einer Kleinbauern-Kooperative in Italien eingeführt wurde und über eine Direktvertriebsplattform angeboten wird. Diese Plattform ermöglicht Landwirten, ihre Produkte ohne Zwischenhändler an Verbraucher zu verkaufen. Transparenz und fairer Handel sind 2035 für viele Konsumenten wie Oliver ein unverzichtbarer Bestandteil des Einkaufens.

Woher weiß der KI-Assistent, dass das Olivenöl aus ist und ihm Nachhaltigkeit wichtig ist? Hinsichtlich des Timings analysiert er Olivers Bestelldaten der Vergangenheit und bringt sie mit Hinweisen auf Abwesenheiten und Urlaube zusammen, macht also einen Forecast. Darüber hinaus wertet er die Daten aus Olivers bisherigen Käufen, Geschmacksvorlieben (z. B. fruchtig vs. herb) und Suchanfragen qualitativ aus, um neue für ihn passende Produkte zu identifizieren. Und wie kommt der KI-Assistent auf die Kleinbauern-Kooperative? *Social Listening* (Analyse öffentlicher Rezensionen und Social-Media-Posts) entdeckt, welche Herkunftsregionen oder Anbauverfahren gerade besonders zu Olivers Geschmack und gleichzeitig zu seiner Vorliebe, beispielsweise für kleine regionale Familienunternehmen, passt. Heißt, die Sentiment-Analyse wertet Olivers Wortwahl (»bio«, »fair«, »traditionell«) aus, um die Auswahl noch stärker auf seine Werte auszurichten.

Am frühen Abend geht Oliver in die Küche, um das Abendessen vorzubereiten. Seine digitale Einkaufsliste hat sich seit dem Morgen automatisch aktualisiert. Sie basiert auf den Rezepten, die er für die Woche ausgewählt hat, und den Vorräten, die sein smarter Kühlschrank überwacht. Fehlende Zutaten werden direkt aus einem regionalen Verteilzentrum nachbestellt, sodass alles frisch und lokal verfügbar ist. Oliver bestellt also nicht online selbst und manuell am Handy oder Laptop – der Kühlschrank löst die Bestellung automatisch oder halb automatisch aus. Über das Handy Produkte auswählen, in den Warenkorb legen und Bestellung abschicken – nicht mehr nötig.

Als Oliver in den Supermarkt geht – denn trotz aller Digitalisierung will Oliver hin und wieder selbst einkaufen –, bemerkt er, wie nahtlos sich die physische und die digitale Welt ergänzen. Seine App leitet ihn durch den Laden, zeigt an, wo die benötigten Produkte zu finden sind, und gibt Hinweise zu Sonderangeboten, die auf seine Vorlieben zugeschnitten sind. An der Kasse muss er nicht mehr warten. Seine Einkäufe werden beim Verlassen des Ladens automatisch gescannt, und der Betrag wird direkt von seinem Konto abgebucht. Die KI bringt die Daten der App mit den Daten des KI-Assistenten und den lokalen Bewegungsdaten von Oliver zusammen.

Abends, nach dem Essen, denkt Oliver an die Veränderungen der letzten Jahre. E-Commerce ist kein separater Teil seines Lebens mehr – er ist vollständig in den Alltag integriert. KI, Datenanalyse und smarte Logistik haben den Handel revolutioniert. Doch im Gegensatz zu den frühen Tagen des Onlineshoppings, als vieles auf Effizienz und Schnelligkeit ausgelegt war, geht es 2035 um persönliche Erlebnisse, Nachhaltigkeit und Komfort.

Produkte sind nicht mehr anonym – sie haben Geschichten. Oliver weiß, wer das Olivenöl hergestellt hat und dass ein Teil des Erlöses in die lokale Infrastruktur der italienischen Gemeinde fließt. Seine neuen Laufschuhe sind aus recycelten Materialien gefertigt, und der Hersteller bietet einen Reparaturservice an, um die Lebensdauer zu verlängern. E-Commerce 2035 ist nicht nur smarter, sondern auch bewusster. Für Oliver ist es die neue Normalität – eine, die er sich nicht mehr wegdenken kann. So, wie wir heute auf die Telefonzelle blicken, so könnte man zukünftig auf den klassischen Onlineshop zurückschauen. Denn Bestellungen werden nicht mehr an einem Ort im Internet getätigt.

Die Geschichte über Olivers Einkaufsverhalten liest sich für mich, als wäre sie nicht weit weg. Dahinter steckt jedoch eine Reihe von Entwicklungsschritten, und zwar sowohl technologisch als auch hinsichtlich des Userverhaltens und der Regulatorik.

Das Einkaufserlebnis der Zukunft wird sicherlich durch den Einsatz von KI und Predictive Analytics revolutioniert. KI ermöglicht es, Produktkäufe basierend auf individuellen Daten wie dem Laufstil oder den Verbrauchsgewohnheiten zu personalisieren. Predictive Analytics geht noch einen Schritt weiter und schlägt proaktiv Produkte vor, bevor der Kunde überhaupt danach sucht.

Dazu braucht es aber den Ausbau von KI-Systemen, die in Echtzeit personalisierte Produktempfehlungen liefern, sowie die Entwicklung smarter Geräte, die miteinander kommunizieren – Kühlschränke oder Fitnessuhren beispielsweise. Nicht zuletzt ist es auch eine Sache des Vertrauens der Nutzerinnen und Nutzer in KI und Assistenzsysteme. Das kann dauern.

Eine der größten Herausforderungen bis 2035 ist wohl die nahtlose Integration von digitalem und physischem Handel. Die Zukunft des Handels liegt in der Verschmelzung von Online- und Offlinewelten, um maximale Flexibilität zu bieten. Digitale Technologien wie smarte Einkaufslisten, Apps und automatische Kassenprozesse verbessern das Einkaufserlebnis. Dazu braucht es Investitionen in hybride Einkaufslösungen, die die Vorteile von Online- und stationärem Handel kombinieren, und die Entwicklung von Technologien, die das Einkaufserlebnis im stationären Handel revolutionieren, z. B. automatische Bezahlung und smarte Regale.

Viele E-Commerce-Unternehmen hätten gern Logistik als Wettbewerbsvorteil, sind aber gebunden an *Fulfillment-Unternehmen*, die ohnehin schon mehr als überlastet sind, zu teuer sind oder gestresst sind von mangelnder Personalverfügbarkeit in der internen Lager- und Logistikabteilung. Logistik ist ein entscheidender Faktor, um Kunden langfristig zu binden. Bereits heute entscheidet sich der Kauf oder Nichtkauf anhand der Schnelligkeit des Händlers. Logistik 2.0: Autonome Lieferfahrzeuge und nachhaltige Verpackungslösungen sorgen für Komfort und Umweltfreundlichkeit, aber ist das bezahlbar? Aktuell nicht, auch wenn ein direkter Service, wie die Möglichkeit einer Anprobe bei Lieferung, das Kundenerlebnis auf ein neues Level heben würde. Es braucht erst einmal die Förderung autonomer Lieferfahrzeuge und nachhaltiger Verpackungen, um unser kleines Szenario wahr werden zu lassen. Dazu kommt der Aufbau einer Infrastruktur, die Retouren direkt bei der Lieferung ermöglicht – prozessual auch nicht ohne.

Eine recht sympathische Vorstellung sind Plattformen für den Direktvertrieb. Wer gönnt kleinen lokalen Familienbetrieben nicht den Umsatz? Direktvertriebsmodelle schaffen neue Perspektiven für Kleinbauern und lokale Produzenten, indem sie Zwischenhändler umgehen und fairen Handel fördern. Regionale Produkte und ihre Geschichten werden immer gefragter. Derzeit sehe ich da aber noch wenige prominente Beispiele. Es braucht die Schaffung von Plattformen, die Produzenten und Endkunden direkt verbinden. Auch eine Entwicklung von Tools muss es geben, die Transparenz und Rückverfolgbarkeit fördern und Storytelling draufhaben, um die Entstehungsgeschichte von Produkten emotional aufzuladen.

»Bewusster Konsum« ist ein Schlagwort, das uns bereits seit Jahrzehnten begleitet. Was steckt dahinter? Kunden achten zwar zunehmend auf Herkunft und Qualität der Produkte, aber Konzepte wie Reparaturservices und Langlebigkeit sind – noch – nicht rentabel. Dieser Wandel erfordert ein Umdenken sowohl bei Unternehmen als auch auf regulatorischer Ebene. Als Entwicklungsziele könnte man hier die Förderung kleiner Produzenten durch steuerliche Vorteile oder Subventionen definieren sowie die Entwicklung von Konzepten, die bewussten Konsum für Kunden noch attraktiver und vor allem bezahlbar machen.

Ihr ahnt es. Es ist noch ein langer Weg, bis E-Commerce nahtlos in den Alltag integriert ist, anstatt als Einkauf auf einer Onlineseite gesehen zu werden.

BIG IN GROWTH

Wie und wo wachsen

Wachstum ist kein Zufallsprodukt.
Die meisten Shops skalieren nicht, weil sie nicht wissen, was sie wirklich wachsen lässt. In diesem Teil zeige ich, wie echtes Wachstum entsteht – planbar, messbar und nachhaltig.

Gummibärchen als Beautyprodukt
Das Flywheel in Schwung bringen und effektiv managen

Bears with benefits startete sein Business auf Amazon – mit einem klaren Fokus: Der Nutzen des Produkts stand im Mittelpunkt. Kundenfeedbacks hatten höchste Priorität. Auf diese ausgerichtet, wurde die Entwicklung der Nahrungsergänzungsmittel, die Spaß machen sollen, konsequent vorangetrieben.

Das Ergebnis? Über 500.000 zufriedene Kundinnen und Kunden – und ein schnelles Wachstum durch starke Bewertungen. Branding spielte in dieser Phase eine untergeordnete Rolle, auch das Logo war im Packaging kaum präsent. Der Fokus lag ganz klar auf Performance – und das zahlte sich aus.

Dann kam der nächste Meilenstein – B2B: ein Regalplatz bei Douglas – anfangs eine glückliche Fügung, später gezielt genutzt. Next? Der eigene Onlineshop. Hier verlagerte sich der Fokus: bezahlte Social-Media-Anzeigen, Google Ads, Wiederkäufer- und Influencer-Marketing – das nächste Flywheel.

Das unterliegt einer einfachen Wahrheit: Bestellungen = Traffic × Conversion-Rate (siehe **Abbildung 2**). Solange ich die Möglichkeit habe, günstig meine Reichweite zu erhöhen – also Traffic erzeuge –, gibt es viel Potenzial für das Unternehmen.

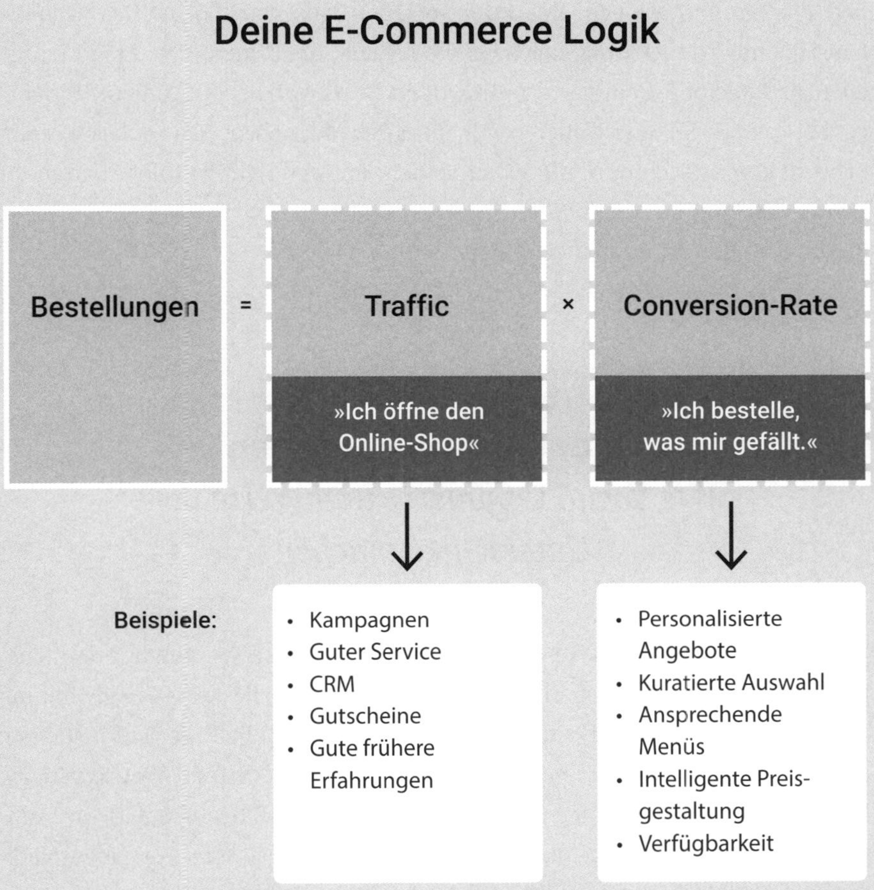

2 *Bestellungen im E-Commerce folgen dieser Logik.*

Heute expandiert Bears with benefits mit beeindruckendem Tempo, im Schnitt kommen zwei neue Länder pro Jahr hinzu, begleitet von neuen Vertriebskanälen und Produktinnovationen. Das Erfolgsrezept? Ganz klar: Fokus. Das bedeutet konsequente Priorisierung, um Geschwindigkeit aufzubauen, sagt Astrid Linser, ehemals Director E-Commerce & Growth bei Bears with benefits und CRM Manager bei Zalando SE. Wer skalieren will, muss den Mut haben, sich auf das Wesentliche zu konzentrieren. Die Basis all dessen: mit den richtigen Botschaften die richtige Zielgruppe adressieren, also unter anderem auch die wohl am meisten diskutierte: Generation Z und Gamer.

Generation Z gewinnen
Wie Social Commerce und Werte den Unterschied machen

Vada Prosquill und Freddy Strauss – beides sind aufstrebende Stimmen der Generation Z und Influencer mit einer beeindruckenden Reichweite – Freddy hat mit seinem Account Amy & Freddy im Juli 2025 ca. 64.000 Follower auf Instagram (*www.instagram.com/vada_prosquill/*) und 450.000 auf TikTok (*www.tiktok.com/@vada_pp*), und Vada folgen ca. 18.000 Follower auf Instagram (*www.instagram.com/frechundfruchtig/*) und 41.000 auf TikTok (*www.tiktok.com/@frechundfruchtig*). Beide mit einem noch beeindruckenderen Verständnis für ihre Generation.

»Also, was willst du über uns wissen?«, fragt Vada direkt und bringt das Gespräch auf den Punkt, noch bevor wir den üblichen Smalltalk abgeschlossen haben. Sie grinst, während Freddy zustimmend nickt. »Wir sind immer ehrlich. Das mag nicht jeder, aber so sind wir halt.«

Ich erzähle ihnen von meinem Interesse an ihrer Sicht auf den E-Commerce, von den Herausforderungen, die Unternehmen mit ihrer Generation hätten, und den Trends, die sie faszinieren. Während ich spreche, nicken die beiden, und Freddy schaltet sich ein: »Weißt du, das Problem mit vielen Marken ist, dass sie sich nicht in uns hineinversetzen.«

Vada schnappt sich ihre Tasse und ergänzt: »Genau. Wir kaufen nicht, weil ein Produkt teuer oder angesagt ist. Wir kaufen, weil wir uns damit identifizieren können. Wenn eine Marke nicht authentisch ist, hat sie bei uns keine Chance.«

Sie beginnt, begeistert über die neuesten Trends zu sprechen: Social Commerce, WhatsApp Communities und das Potenzial des Metaverse. »Dieser TikTok-Influencer hat das perfekt hinbekommen«, sagte sie und zeigte mir ein Beispiel auf ihrem Handy. Im Video präsentiert ein Creator eine Tasche, die innerhalb weniger Sekunden ausverkauft war. »Das ist es, was wir wollen: Unterhaltung, Community und Shopping – alles in einem.«

Freddy hebt die Hand, als wollte er etwas besonders Wichtiges betonen. »Aber nicht alles funktioniert. Live-Shopping? Sorry, aber das ist einfach cringe. Es fühlt sich an, als würde man uns etwas aufzwingen, und das geht gar nicht.«

Ich muss schmunzeln. Die Direktheit der beiden ist erfrischend, ein Weckruf. Die Generation Z ist nicht nur anspruchsvoll, sie entscheidet auch kritisch, wem sie wann ihre Aufmerksamkeit und damit ihre Zeit schenkt – und wem eben nicht.

Später im Gespräch kommen wir auf die Werte von Unternehmen zu sprechen. »Weißt du«, beginnt Freddy nachdenklich, »es reicht nicht, wenn eine Marke einfach behauptet, nachhaltig zu sein. Wir wollen Beweise. Zahlen, Transparenz, echte Initiativen.« Vada stimmt zu und fügt hinzu: »Und wenn sie sich nicht zu den wichtigen Themen äußern, dann fühlen wir uns nicht repräsentiert. Marken, die neutral bleiben, sind für uns irrelevant.«

Die Themen, die die beiden angesprochen haben, sind nicht ganz zufällig. Recherchiert man entsprechende Studien über die Generation Z, lassen sich zusammenfassend diese vier Kernerkenntnisse über das Mindset dieser Generation finden:

- Die Gen Z nutzt digitale Medien intensiv und bewegt sich vor allem in sozialen Netzwerken.
- Sie legt großen Wert auf Authentizität, Transparenz und Nachhaltigkeit, was sich direkt in ihrem Konsumverhalten widerspiegelt.
- Sie schätzt Individualität und ist bereit, für personalisierte Produkte auch mehr zu zahlen.
- Sie unterstützt aktiv gesellschaftliche und soziale Themen.

Dazu einige Zahlen. Eine Umfrage des Pew Research Centers aus dem Jahr 2024 zeigt, dass fast die Hälfte der Jugendlichen in der Altersgruppe von 13 bis 17 Jahren in den USA angeben, fast ununterbrochen in Social Media online zu sein.[1] YouTube, TikTok, Instagram und Snapchat führen die Top-Kanäle an. Laut McKinsey & Company belegen Nielsen-Studien, dass 78 % der US-Verbraucher sagen, ihnen sei ein nachhaltiger Lebensstil wichtig.[2] Diese Zahlen unterstreichen, wie stark digitale Affinität und werteorientierte Entscheidungen das Konsumverhalten der Generation Z prägen.

Mein Gespräch mit Vada und Freddy macht deutlich, dass die Generation Z eine Revolution im E-Commerce anführt. Eine Revolution, die nicht nur Technologie und Trends betrifft, sondern vor allem grundlegende Werte und Erwartungen. Unterhaltung, Community und Shopping – alles in einem und alles in sieben Sekunden, so könnte man es auf den Punkt bringen.

Ich bin davon überzeugt, dass diese Generation nicht nur fordert, sondern auch inspiriert. Sie zeigt, dass Erfolg im digitalen Handel nicht nur von Produkten abhängt, sondern von der Fähigkeit, echte Verbindungen zu schaffen. Das ist eine Chance, E-Commerce neu zu definieren. Wir alle können und werden noch viel von Vada, Freddy und ihrer Generation lernen.

Was erwartet die Generation Z eigentlich vom digitalen Handel, und welche Strategien können Unternehmen nutzen, um diese Zielgruppe zu begeistern?

Die Generation Z wächst in einer digitalen Welt auf, in der alles jederzeit verfügbar ist. Sie sind technikaffin, kritisch und wählerisch im positiven Sinne. Gleichzeitig steht ihnen oft nur ein begrenztes Einkommen zur Verfügung. Hinzu kommt, dass sie Kaufentscheidungen bewusster treffen als ihre Vorgänger. Nachhaltigkeit, Transparenz und Vertrauen spielen eine zentrale Rolle. Kurz gesagt: Der Kampf um die Aufmerksamkeit dieser Zielgruppe ist härter als je zuvor.

Eine Lösung, die sich als besonders erfolgreich erweist, ist Social Commerce – der Einkauf in sozialen Netzwerken. Plattformen wie *TikTok*, *Instagram* und *Facebook* haben längst erkannt, dass ihre Nutzerinnen und Nutzer nicht nur Inhalte konsumieren, sondern auch direkt in der App einkaufen wollen. TikTok hat es mit seiner Kombination aus Kurzvideos und nahtlosen Shopping-Funktionen in anderen Ländern bereits geschafft, eine Brücke zwischen Unterhaltung und Konsum zu schlagen. Wir werden uns das später genauer anschauen.

---

1 Quelle: *www.pewresearch.org/wp-content/uploads/sites/20/2024/12/PI_2024.12.12_Teens-Social-Media-Tech_REPORT.pdf*

2 Quelle: *www.mckinsey.com/industries/consumer-packaged-goods/our-insights/consumers-care-about-sustainability-and-back-it-up-with-their-wallets?utm_source=chatgpt.com*

Ein weiteres Beispiel sind *WhatsApp Communities* und *Instagram Broadcast Channels*, die sich aktuell als effektive Tools herausstellen, um eine enge Verbindung zu Käufern aufzubauen. Durch exklusive Inhalte und persönliche Ansprache wird der Kaufprozess zu einem Gemeinschaftserlebnis.

Was sind Broadcast Channels?

Instagram Broadcast Channels sind eine Funktion, die es Content-Erstellern ermöglicht, Nachrichten, Updates und exklusive Inhalte direkt mit ihrer Community zu teilen. Sie funktionieren wie ein öffentlicher Gruppenchat, bei dem nur der Ersteller Nachrichten senden kann, während die Abonnenten die Nachrichten lesen und darauf reagieren können. Einer der bekanntesten Instagram Broadcast Channels ist der von Mark Zuckerberg, dem Gründer von Facebook. Sein Kanal »Meta Channel« bringt es Stand Juni 2025 auf rund eine halbe Million Mitglieder. Das Pendant ist der WhatsApp-Kanal. Mark Zuckerberg hat hier 13,6 Millionen Abonnentinnen und Abonnenten.

Merkmale von Instagram Broadcast Channels:

- *Einseitige Kommunikation*: Nur der Kanalersteller kann Nachrichten, Bilder, Videos und Umfragen posten. Abonnenten können reagieren (z. B. mit Emojis), aber keine Nachrichten senden.
- *Exklusiver Zugang*: Nur Nutzer, die dem Kanal folgen, erhalten die Inhalte. Es ist eine gute Möglichkeit, eine engere Bindung zur Community aufzubauen und exklusive Inhalte bereitzustellen.
- *Verschiedene Medienformate*: Ersteller können Textnachrichten, Bilder, Videos, Sprachnachrichten und Links teilen.
- *Push-Benachrichtigungen*: Abonnenten erhalten Benachrichtigungen über neue Beiträge, sodass sie die Updates nicht verpassen.
- *Einfacher Beitritt*: Der Beitritt zu einem Kanal ist über Einladungslinks oder Benachrichtigungen möglich, wenn man dem Ersteller bereits folgt.

Vorteile für Ersteller:

- Direkter Kontakt zu ihrer Community.
- Förderung von Exklusivität und Engagement.
- Möglichkeit, neue Features, Produkte oder Inhalte anzukündigen.

Nutzungsszenarien:
- *Influencer*: Teilen von Einblicken hinter die Kulissen oder exklusiven Updates.
- *Marken*: Veröffentlichen von Produktankündigungen oder Rabatten.
- *Künstler*: Bereitstellen von Inhalten, die Fans vor allen anderen sehen können.

Broadcast Channels bieten eine neue Möglichkeit, mit einer engagierten Zielgruppe in Kontakt zu treten und exklusive Inhalte in einer weniger überfüllten Umgebung zu teilen.

Mein Interview mit den beiden Influencern Vada Prosquill und Freddy Strauss hat interessante Einblicke darin geliefert, was sich die Gen Z wünscht. Das ist vor allem eines: *Effizienz*. Sie wollen intuitiv designte Onlineshops, die eine schnelle und reibungslose User Experience ermöglichen. Apple Pay oder One-Click-Check-out sind für sie keine netten Extras, sondern Standards. »Warum sollte ich fünf Minuten mit dem Check-out verbringen, wenn es in 30 Sekunden gehen könnte?«, fragt Vada beispielsweise.

Ein Blick in die Zukunft zeigt, dass Technologien wie *Augmented Reality* (*AR*) und *Virtual Reality* (*VR*) das Potenzial haben, das Einkaufserlebnis grundlegend zu verändern. Die Gen Z interessiert sich für innovative Ansätze wie virtuelle Produkte, die direkt mit Avataren im *Metaverse* verknüpft werden können. Diese Vision eines immersiven, personalisierten Shoppings könnte bald Realität werden, wenngleich das Thema 2025 fast verschwunden scheint und vor allem vom Thema KI abgelöst wurde. Dafür poppt ein neues Thema auf, »Gaming und Gamification«, das die Bereiche AR und VR sehr gut ergänzt.

Was Unternehmen jetzt tun können, um jüngere Generationen anzusprechen, ist Folgendes:
- *Social Commerce priorisieren*: Investieren in Plattformen wie TikTok, Instagram oder WhatsApp, um Käufer dort abzuholen, wo sie sich ohnehin aufhalten.
- *Werte leben und kommunizieren*: Nachhaltigkeit und gesellschaftliches Engagement sind keine Bonuspunkte, sondern Pflicht. Authentizität und Transparenz machen den Unterschied.

- *Technologie im Auge behalten*: AR, VR und andere immersive Technologien eröffnen völlig neue Möglichkeiten für personalisierte und interaktive Einkaufserlebnisse. Es ist wichtig, dass man erfolgreiche Businessmodelle in diesem Feld im Auge behält, um frühzeitig aufspringen zu können, wenn es richtig losgeht.
- *User Experience optimieren*: Ein schneller, intuitiver und mobilfreundlicher Check-out ist ein Muss – ein Must-have!

Take-away

Authentizität und Nachhaltigkeit sind der Generation Z wichtig. Social Commerce und Communities sind ihr präferierter Weg des Einkaufens. Ihr Urteil ist ein Weckruf für Unternehmen: Wer die Gen Z erreichen will, muss echte Verbindungen schaffen, digitale Erlebnisse bieten und beweisen, dass Nachhaltigkeit mehr als nur ein Marketingversprechen ist. Unterhaltung, Community und Shopping – alles in einem und am besten in wenigen Sekunden, das ist der Anspruch, der zu erfüllen ist – zu Recht.

Von wegen Nische!

Mit Games im E-Commerce gewinnen

Als die d3con mich als Moderatorin für ein Panel anfragt, bin ich sofort on fire. Erst wenige Monate davor hatte ich meine Speaker-Ausbildung abgeschlossen. Aber wie so oft sind nur noch wenige Slots frei, die zu moderieren sind. Ein Thema fiel mir sofort auf: »Wie Marken die weltweite Gaming-Community effektiv erreichen können«. Am Start sind namhafte Persönlichkeiten allseits bekannter Marken: Andreas Billker, Pringles (Kellanova), Bruno Kollhorst, Techniker Krankenkasse, Christopher Mitchell von Razer und Thorsten Schapmann von Beiersdorf für NIVEA, Mathias Würdemann, InnoGames, Felix Harms, Tabbler. Ein hochkarätiges Panel, dachte ich mir.

Aber ... Gaming war für mich viel zu weit weg. Ich dachte zurück an meine Zeit als CMO. Hätte ein Mitarbeiter mir vorgeschlagen, die Gaming-Community anzusprechen, hätte ich es mir nicht anmerken lassen, aber ich hätte das nicht verstanden. »Alles klar, jetzt wollen wir Werbung für eine Nischen-Zielgruppe machen.« Ein erster Gedanke, der mir zwölf Monate später unglaublich und naiv erscheint. »Lieber ein anderes Thema moderieren?«

Einige Monate später würde ich auf der Bühne stehen und mit diesen Worten anmoderieren: »Ich bin so stolz, dass es dieses Thema auf die Mainstage geschafft hat.«

Warum habe ich das Thema angenommen? Weil ich bis zu diesem Zeitpunkt keine Ahnung davon hatte. Und warum war ich dann so begeistert? Weil es ein unfassbar spannendes Thema ist. Denn je länger ich darüber nachdachte, desto mehr kam die Erkenntnis: Wir sind alle Gamer. Vom achtjährigen kleinen Jungen über den E-Sportler – ja, tatsächlich Sportler, weil sie ebenfalls trainieren und Mental sowie Health-Trainer haben, um mithalten zu können – bis zum Top-Manager, dem im Flieger langweilig ist. Es gibt nahezu niemanden, der nicht Gamer ist. Sei es auch nur unter besonderen Umständen.

Das ist faszinierend, und genauso komplex und divers sind die Möglichkeiten, diese Zielgruppen anzusprechen. Ein Problem auch: Gaming hat in Deutschland einen schlechten Ruf. Nicht viele Unternehmen trauen sich deshalb an diese komplexe Zielgruppe heran. Es sind zudem völlig andere Kompetenzen gefragt als im klassischen Marketing.

Spiel ist nicht gleich Spiel: Zielgruppe Gamer kennen

Wer hat in seinem Leben noch nie ein Spiel gespielt? Die Antwort liegt auf der Hand. Keiner. Ich bin aber auch ein Fan davon, Fakten mit Beispielen zu hinterlegen. Also ein Beispiel: Über 200 Millionen Menschen[3] weltweit spielten in 2024 monatlich Candy Crush, ein kurzweiliges Gelegenheitsspiel, bei dem man Süßigkeiten zu Ketten formt, die dann in bunten Explosionen das Punktekonto des

3 Quelle: *www.theguardian.com/games/article/2024/aug/01/crushing-it-why-millions-of-people-still-cant-stop-playing-candy-crush*

Spielers erhöhen. Die Beliebtheit des Spiels zieht sich durch alle Generationen und Geschlechter. Jetzt könnte man überlegen, ob man sich nicht einfach in so einem Spiel platziert, um die breite Masse zu erreichen. So würde ich als Marketingverantwortliche aber nie an die Sache herangehen. Ich würde mich stattdessen zunächst fragen, welche Zielgruppe ich am ehesten erreichen möchte, und dann im zweiten Schritt recherchieren, welches Spiel am geeignetsten dafür ist.

Es gibt Spiele, die mehrheitlich von männlichen Spielern genutzt werden, andere sprechen hauptsächlich Nutzerinnen an. Auch beim Alter gibt es unterschiedliche Schwerpunkte. Bei manchen Spielen geht es erst bei 30 Jahren los. Und der Rentabilitätsgrad? »Je älter die Zielgruppe, desto rentabler ist sie«, sagt Mathias Würdemann auf der Bühne der d3con.

Das erinnert mich sehr an die Strategie von diversen Spielwarenhändlern, die ich auf der Spielwarenmesse kennenlernen durfte. Mein Kunde VEDES hatte mich eingeladen, mitzukommen, als auf der Spielwarenmesse in Nürnberg die neuesten Trends vorgestellt wurden – zum Beispiel von Ravensburger und Lego. Viele Spielwarenhersteller adressieren ältere Zielgruppen, hauptsächlich Männer, aber vermehrt auch weibliche Spieler.

Spiel ist aber nicht gleich Spiel. Im digitalen Spielmarkt unterscheidet man drei Kategorien: Mobile Gamer, Alltags-Gamer und E-Sports-Interessierte. Und dann gibt es noch Spezifika. E-Commerce ist mobile first, deswegen möchte ich mit Mobile Games einsteigen.

Mobile-first-E-Commerce und das Potenzial von Mobile Games

Allgemeine Handyspiele wie beispielsweise Royal Match, ein Puzzlespiel von Dream Games, hat nicht primär den Zweck, eine Marke nahbarer zu machen. Natürlich kann man sich auch in diesem Spiel über Werbung platzieren, aber es gibt auch eigens entwickelte Spiele für Unternehmensmarken – Mobile Games für große Marken, um es auf den Punkt zu bringen. Das heißt, man versteht das Spiel als einen weiteren Marketingkanal, einen Reichweiten- oder sogar Absatzkanal, ähnlich wie Facebook oder Instagram. So lassen sich weltweit Hunderte von Millionen User und damit potenzielle Kunden erreichen User und damit potenzielle Kunden erreichen.

Sind Hundert Millionen Downloads weltweit viel oder wenig, frage ich mich. Als Marketingverantwortliche denkt man in Reichweite, Bekanntheit der Marke, Marktanteil der Produkte oder Kosten-Umsatz-Verhältnis.

Dazu lohnt es sich, die Fakten über den Markt anzuschauen. Der Markt für mobile Spiele wächst weltweit kontinuierlich und verzeichnet beeindruckende Umsätze und Nutzerzahlen. Hier sind einige aktuelle Daten und Trends:

Mobile Games: die Eckdaten für Deutschland und die globalen Trends

Umsatz: Für das Jahr 2025 wird ein weltweiter Umsatz von etwa 115 Milliarden US-Dollar im Bereich Mobile Games prognostiziert. Bis 2030 soll dieser Wert auf rund 150 Milliarden US-Dollar ansteigen, was einer jährlichen Wachstumsrate von 5,4 % entspricht.[4]

Nutzerzahlen

Die Zahl der Nutzer von Mobile Games weltweit wird bis 2030 voraussichtlich 2,5 Milliarden erreichen. Die Nutzerpenetration soll von 26,6 % im Jahr 2025 auf 30,5 % im Jahr 2030 steigen.

Durchschnittlicher Umsatz pro Nutzer: Im Jahr 2025 wird 55,20 Euro erwartet.

Deutscher Markt[5]

- Umsatz: In Deutschland wird für 2025 ein Umsatz von etwa 3 Milliarden Euro im Bereich Mobile Games prognostiziert. Bis 2030 soll das Marktvolumen auf 4,1 Milliarden Euro steigen, was einer jährlichen Wachstumsrate von 6,8 % entspricht.
- Nutzerzahlen: Die Anzahl der Nutzer in Deutschland wird bis 2030 voraussichtlich 21 Millionen betragen. Die Penetrationsrate soll von 22 % im Jahr 2025 auf 25,3 % im Jahr 2030 steigen.
- Durchschnittlicher Umsatz pro Nutzer: ca. 163,28 Euro.

Beliebte Mobile Games in Deutschland[6]

Folgende Spiele gehören zu den meistgeladenen in Deutschland:

---

4 Quelle: *de.statista.com/outlook/dmo/digitale-medien/videospiele/mobile-games/weltweit?currency=eur*

5 Quelle: *de.statista.com/outlook/dmo/digitale-medien/videospiele/mobile-games/deutschland?currency=eur*

6 Quelle: *https://de.statista.com/statistik/daten/studie/1536550/umfrage/mobile-games-fuer-android-und-ios-mit-den-meisten-downloads-in-deutschland/*

- Royal Match: Ein Puzzlespiel von Dream Games, das durch farbenfrohe Grafiken und fesselndes Gameplay besticht.
- MONOPOLY GO!: Eine mobile Adaption des klassischen Brettspiels, entwickelt von Scopely, die neue Features und soziale Interaktionen bietet.
- Block Blast Adventure Master: Ein Block-Puzzlespiel von Hungry Studio, das durch einfache Mechaniken und herausfordernde Levels überzeugt.

Globale Trends

- Führende Märkte: Asia-Pacific wird voraussichtlich den höchsten Umsatz im Bereich Mobile Games erzielen.[7]
- Wachstum: Trotz einer leichten Marktkorrektur in den letzten Jahren bleibt der Mobile-Gaming-Sektor der erfolgreichste und profitabelste innerhalb der Spieleindustrie.[8]

Diese Daten, insbesondere die stetig steigenden Umsätze und Nutzerzahlen, unterstreichen die zunehmende Bedeutung von Mobile Games sowohl global als auch in Deutschland. Die ganz großen Marken haben Gaming für sich entdeckt. Coca-Cola, McDonalds, MediaMarktSaturn. Dazu kommt: Mobile Games sind nur ein Teil des Games-Markts. Ein gigantisches Potenzial und dennoch, Werbung in der Zielgruppe der Gamer – das ist sicher nicht für alle Marken machbar, oder doch?

Toxische Monster bekämpfen: Jedes Unternehmen kann Gamer erreichen

Bruno Kollhorst von der Techniker Krankenkasse kann über diese Frage nur lachen. Wohl wissend, dass er mit seinem Team etwas Geniales und Großartiges geschaffen hat. Die TK hat aus meiner Sicht bewiesen, dass jedes Unternehmen einen Weg finden kann, die Gaming-Community zu erreichen. Wie?

---

7 Quelle: *https://de.statista.com/outlook/dmo/digitale-medien/videospiele/mobile-games/weltweit?currency=eur*

8 Quelle: *https://www.blog.udonis.co/mobile-marketing/mobile-games/mobile-gaming-statistics*

Die TK sagt mit einem Konzept, das inspiriert ist vom E-Sport, Gaming-Toxicity den Kampf an. Sie gibt dem anonymen Hass ein öffentliches Gesicht. Gaming-Toxicity ist sehr verbreitet. Beleidigungen, Bedrohungen, Diskriminierung und Belästigung sind in vielen Online-Communities an der Tagesordnung – und die Betreiber tun häufig zu wenig, um toxisches Userverhalten zu unterbinden.

Fast 90 % aller Gamerinnen und Gamer waren bereits mit Hass in Videospielen konfrontiert. Viele fühlen sich alleingelassen – meist mit einem anonymen Gegner. Die Betroffenen leiden oft unter den psychischen und körperlichen Auswirkungen dieses Verhaltens. Die Techniker Krankenkasse setzt durch die Platzierung des »Toxic Monster« auf einem Messestand auf der weltweit größten Gaming-Messe, der Gamescom, 2023 ein Zeichen.

Das Toxic Monster wächst durch Hass. Es ernährt sich von realen Hasskommentaren, die von einem Webcrawler vor der Gamescom aus Gaming-Formaten gesammelt werden. Mithilfe einer spezifischen, sensiblen KI werden über 10.000 Kommentare analysiert und als toxisch oder nicht toxisch klassifiziert. Diese Daten werden direkt mit der Gestalt des Toxic Monster verknüpft. So wird sichtbar gemacht, wie viel Hass aktuell auf den Plattformen existiert.

In einem Livegame tritt die Community gegen das Toxic Monster an, indem sie ihm mit positiver Energie entgegentritt (siehe **Abbildung 3**).

3 *Online-Offline-Konzept der Techniker Krankenkasse, um die Zielgruppe »Gamer« zu erreichen*

Diese Aktion ist ein genialer Move, um die mentale Gesundheit insbesondere jüngerer Menschen zu schützen. Wie kommt man auf so eine geniale Idee, die in dieser Form um die Ecke gedacht ist? Bruno sagt: »Aus der Not heraus.«

»Die Techniker Krankenkasse, als gesetzliche Krankenkasse, rangiert bei der jüngeren Zielgruppe im Alter von 18 bis 24 Jahren gerade mal zwischen Küchenrolle und Spülmittel in der Aufmerksamkeit. Man braucht diese Produkte, aber was man aus dem Regal greift, ist irgendwie egal – vielleicht sogar ein bisschen suspekt«, sagt Bruno. Deswegen war klar: »Wir müssen in die Lebensumfelder dieser Menschen gehen, um sie zu erreichen und anzusprechen. In die Alltagskultur.« Gaming ist Teil der Jugendkultur. Insbesondere junge, gut gebildete Menschen interessieren sich stark für E-Sport. Da ist sie wieder, die jüngere Zielgruppe – unter anderem die Generation Z. Faszinierend, wie alles ineinandergreift.

Was ist E-Sport?

E-Sport, kurz für elektronischer Sport, bezeichnet den Wettkampf zwischen Spielern oder Teams in Videospielen. Dabei treten Spielerinnen und Spieler in organisierten Turnieren oder Ligen gegeneinander an und messen ihre Fähigkeiten in verschiedenen Spielgenres. E-Sport hat sich in den letzten Jahrzehnten zu einer professionellen Branche entwickelt, die weltweit Millionen von Spielern und Zuschauern begeistert.

Hauptmerkmale des E-Sports

Videospiele als Grundlage:
- Gespielt wird auf Plattformen wie PC, Konsolen oder Mobilgeräten.

Beliebte Genres:
- Strategiespiele (z. B. *League of Legends*, *StarCraft*)
- Shooter (z. B. *Counter-Strike*, *Valorant*)
- Sportspiele (z. B. *FIFA*, *NBA 2K*)
- Battle Royale (z. B. *Fortnite*, *PUBG*)

Wettbewerbscharakter:
- Einzelspieler (Solo) oder Teams treten gegeneinander an.
- Spiele erfordern Geschick, Strategie, Reaktionsfähigkeit und Teamarbeit.

Professionalisierung:
- Es gibt Profiteams, die von Organisationen finanziert werden.
- Spieler erhalten Gehälter, Preisgelder und Sponsorenverträge.
- Große Turniere, wie die *League of Legends World Championship* oder *The International* (Dota 2), bieten Preisgelder in Millionenhöhe.

Zuschauer und Streaming:

- Plattformen wie Twitch, YouTube und Facebook Gaming ermöglichen Millionen Zuschauern, live dabei zu sein.
- E-Sport-Events füllen oft große Arenen und ziehen weltweite Onlinezuschauer an.

Community und Kultur:

- E-Sport ist ein fester Bestandteil der Gaming-Kultur.
- Er fördert die Vernetzung von Spielern, bietet Fanartikel, fördert Content-Creator und sogar Karrieremöglichkeiten (z. B. als Kommentator, Analyst, Coach).

Anerkennung:

- In vielen Ländern wird E-Sport als Sportart anerkannt.
- Diskussionen über E-Sport als olympische Disziplin sind im Gange.

E-Sport ist mehr als nur ein Hobby – er verbindet Gaming-Enthusiasten weltweit, schafft Arbeitsplätze und inspiriert eine neue Generation von Sportfans. Die TK hat sich einfach darauf konzentriert, was die Menschen krank macht. Denn es ist ja auch der Job einer Krankenkasse, für Gesundheit zu sorgen. Und zwar nicht erst, wenn man schon krank ist, sondern auch davor. Das kommt gut an.

Das heißt: Egal welche Marke ich repräsentiere – ich kann durch ein cleveres Konzept meine Zielgruppe über Gaming erreichen. Und auf den Punkt gebracht: Der Schlüssel zum Erfolg ist es, die Zielgruppe ernst zu nehmen. Klingt banal, ist es aber überhaupt nicht – wie schon bei der Generation Z.

Experimentieren wie ein Start-up: Customer Journey verstehen

Der Kauf-Funnel, also der Weg von der ersten Aufmerksamkeit für die Marke bis hin zum Produktkauf, ist in dieser Zielgruppe nicht mehr klassisch der vom TV-Spot ins DM-Regal. Die Konsumenten werden sehr viel stärker von Influencern und Creatorn beeinflusst. Influencer-Marketing ist also ein Bereich, den man sich in diesem Zusammenhang genau angucken sollte. Und diese Influencer lassen sich heute eben eher in der Gaming-Community finden als auf Musikbühnen und in Sportarenen. Gaming ist der größte Entertainment-Sektor der Welt – größer als Musik und Hollywood zusammen. Früher wollten Kinder Fußballprofi werden – heute träumen sie davon, YouTuber oder Twitch-Streamer zu sein.

Aber natürlich ist der Weg vom Gaming zu Cremes ein etwas längerer als der zu Food – konkret zu Getränken, Chips & Co. Man muss schon länger darüber nachdenken, wie man die Aktionen konzipiert, sagt Thorsten Schapmann von Beiersdorf für NIVEA auf der d3con.

Die Herangehensweise von NIVEA ähnelt deshalb der eines Start-ups. Sie schaffen kleine Teams, um sich beispielsweise mit den Werbemöglichkeiten im Zusammenhang mit der Spieleplattform Roblox zu beschäftigen. Ziel ist es, zu lernen: Welche Reichweiten kann man hier aufbauen, etwa durch das Sponsoring eines Spiels? Was sind die spannenden Themen? Wie sind die Systematiken, wie kann man sich beispielsweise Detailfragen nähern, wie dem Thema User-generated Items.

NIVEAs Hauptfokus ist hier nicht nur die Reichweite – denn NIVEA hat kein klassisches Awareness-Problem. Jeder kennt NIVEA. Stattdessen geht es um das Ziel, eine Love Brand zu werden. Und das messen sie. Auf Roblox spielt übrigens auch mein zehnjähriger Sohn. Clever, dass NIVEA einen Kanal betrachtet, auf dem sie auch sehr junge Spielerinnen und Spieler abholen können. Das finde ich nicht verwerflich – im Gegenteil. Ich finde es wichtig, dass sich junge Menschen mit Hautpflege beschäftigen. Werbung wird es immer geben – wenn es eine Win-win-Situation ist wie in diesem Fall, finde ich das gut.

Wie muss man sich Werbung auf Roblox eigentlich vorstellen? Ist das mit kleinem Budget machbar? Kann sich ein kleiner Mittelständler das leisten, frage ich mich. Thorsten Schapmann von Beiersdorf umschifft die Frage gezielt. Die Art und Weise, wie er das macht, lässt vermuten, dass man schon einiges Geld in die Hand nehmen muss, um sich dort »einzubuchen.« Es ist ein teures Thema – hohe Lizenzkosten fallen an. Spiele weiterzuentwickeln, ist aufwendig und damit teuer, und die Nutzungsdauer auf Roblox ist sehr hoch. Die durchschnittliche tägliche Nutzungsdauer von Roblox beträgt etwa 156 Minuten (2,6 Stunden) pro Nutzer. Im Vergleich dazu verbringen Menschen auf TikTok durchschnittlich 95 Minuten pro Tag.[9] Roblox verzeichnet weltweit über 65 Millionen täglich aktive Nutzer. Die Plattform ist in über 180 Ländern verfügbar.[10] Das macht den Kanal

---

9 Nutzungs- und Wachstumsstatistik von Roblox: Wie viele Menschen spielen Roblox im Jahr 2021? Quelle: *www.affde.com/de/roblox-users.html*

10 Roblox Umsatz- und Nutzungsstatistiken (2024) – Geschäft mit Apps: *www.businessofapps.com/data/roblox-statistics*

wertvoll für viele Werber und damit teuer als Werbeplattform. Deshalb sollte man genau hinschauen. Wenn es nur um Reichweite geht, ist ein Umfeld wie TikTok, wo ein Schwerpunkt auf Beauty liegt, selbst für NIVEA relevanter. Dennoch ist es wichtig, Erfahrungen zu sammeln. Deshalb ist es sinnvoll, es auszuprobieren. Am Ende kommt es aufs Produkt an. Damit spielt Thorsten den Ball an Andreas Billker von Kellanova (ehemals Kellogg), der für Pringles zuständig ist.

Dose Chips plus virtuelle Leben: Pringles brillante Gaming-Omnichannel-Strategie

Pringles Kernstrategie, sagt Andreas Bilker, ist Gaming. Man konnte förmlich die Spannung im Saal fühlen. Ich habe sie gefühlt, und obwohl ich natürlich schon einiges aus den Vorgesprächen wusste, war ich dennoch total gespannt, was jetzt passieren würde. Was meint er mit Kernstrategie Gaming? Als ich die Frage stelle, fängt er an zu grinsen – siehe **Abbildung 4** – und hält eine Dose Pringles Chips in die Höhe.

Beim Kauf einer Dose Pringles gibt es Produkte zu gewinnen. Seit 2019 wurden unterschiedlichste Verlosungen durchgeführt, zum Start PlayStation- und Xbox-Modelle, die teils out of stock waren, was für enorme Aufmerksamkeit sorgte.

Wenn Pringles über Gaming spricht, dann sind die Menschen gemeint, die tatsächlich aktiv spielen. Eine Love Brand wird man durch Partnerschaften, indem man gibt. Und genau das tun sie. Geben, so könnte man sagen, ist generell ein Schlüssel.

Pringles hat beispielsweise ein eigenes Spiel entwickelt, das Unterhaltung »gibt«. Es ist ein relativ einfaches Spiel – allerdings stirbt man dort recht schnell. Und genau das weckt die Motivation, neue Leben zu bekommen. Diese neuen Leben gibt es jedoch nicht im Spiel, sondern im Supermarktregal – eine clevere Verbindung zwischen Gaming und dem Kauf von physischen Produkten. Interne Studien zeigen, dass ein signifikanter Anteil derjenigen, die vor dem Chips-Regal stehen, dann auch tatsächlich die Pringles-Produkte kauft. Ein genialer Schachzug, denke ich, weil es die Verbindung in den stationären Handel schafft. **Abbildung 5** zeigt die Systematik des Mini-Games von Pringles.

4 *Love Brand Pringles: Andreas Bilker auf der Stage der d3con im März 2025*[11]

5 *Occasion-based Marketing: Mini-Game von Pringles*

11 Quelle: *www.youtube.com/watch?v=FJoEexDE8ow*

Und wie wird strategisch an derartige Konzepte herangegangen? Das Marketingkonzept von Pringles nennt sich *Occasion-based Marketing*. Es basiert darauf, anlassbezogene Events zu nutzen. Ein Beispiel: Die Pringles-Dose ist perfekt für Gamerinnen und Gamer designt: Sie lässt sich leicht öffnen, man kann wie in einem »Autopiloten« zugreifen und erwischt garantiert immer einen Chip. Anders als bei klassischen Chips-Verpackungen, bei denen man oft ins Ungewisse greift. Und die Chips sind weniger fettig – was bedeutet, Tastatur und Maus bleiben sauber. Das war natürlich ein Lacher auf der Stage, und gleichzeitig wirkte es sympathisch und durchdacht. Man könnte also sagen, eine Marke wie Pringles probiert sich aus, versetzt sich in die Zielgruppe hinein. Testet alle Formate, um Gamer zu erreichen: von Verlosungen über Sponsoring bis hin zum eigenen Spiel. Zentral dabei: in der Community zu sein – wie die Community denken und sich ständig neu erfinden. Das schafft eine klassische Marketingabteilung kaum. Muss sie aber auch nicht, denn selbst für Andreas, ist der Schlüssel zum Erfolg *die richtige Agentur*.

Die Anzeige als Spielfeld: Zukünftige Werbeformen im Gaming

Und der Ausblick? Was sind die Trends in der Vermarktung an Gamerinnen und Gamer? Was sollte man sich genauer anschauen? Andreas Billker findet beispielsweise Playable Ads spannend. Ich auch. Warum? Playable Ads sind aus meiner Sicht hoch relevante Anzeigenformate für den E-Commerce.

Was sind Playable Ads?

Playable Ads sind eine interaktive Werbeform, die potenziellen Kunden ermöglicht, ein Produkt – häufig ein Spiel oder eine App – vor dem Herunterladen oder Kauf direkt innerhalb der Anzeige auszuprobieren. Diese Art von Anzeigen ist vor allem in der Mobile- und Gaming-Branche verbreitet, da sie den Nutzerinnen und Nutzern die Möglichkeit gibt, die Funktionalität und das Erlebnis der beworbenen App oder des Spiels kennenzulernen, bevor sie eine Entscheidung treffen.

Wie funktionieren Playable Ads?

- Kurzes Tutorial: Die Anzeige beginnt meist mit einer kurzen Anleitung, die den Nutzern zeigt, wie sie interagieren sollen.
- Interaktive Demo: Die Nutzer können eine abgespeckte Version der App oder des Spiels spielen, ohne etwas herunterladen zu müssen.
- Call-to-Action (CTA): Nach der Interaktion erscheint ein CTA, z. B. »Jetzt spielen«, »App herunterladen« oder »Mehr erfahren«.

Vorteile von Playable Ads

- Höhere Engagement-Raten: Nutzer interagieren aktiv mit der Anzeige, was die Wahrscheinlichkeit erhöht, dass sie sich an das Produkt erinnern.
- Qualifizierte Leads: Da Nutzer das Produkt ausprobieren können, bevor sie es herunterladen, ziehen Playable Ads oft Nutzer an, die wirklich interessiert sind.
- Niedrigere Abbruchraten: Apps und Spiele, die über Playable Ads beworben werden, haben oft eine geringere Deinstallationsrate, da die Nutzer bereits wissen, was sie erwartet.
- Geringere Werbekosten: Durch das gezielte Ansprechen interessierter Nutzer kann der ROI bei Playable Ads höher sein.

Anwendungsbeispiele

- Gaming-Apps: Nutzer können eine Demo des Spiels spielen, bevor sie es herunterladen.
- E-Commerce: Playable Ads könnten genutzt werden, um interaktive Produktvorschauen oder »virtuelle Anproben« zu ermöglichen.
- Bildungs-Apps: Ein kurzes Tutorial oder ein interaktives Quiz kann die Funktionsweise der App erklären.

Wo kommen Playable Ads zum Einsatz?

- Auf Social-Media-Plattformen wie Facebook und Instagram.
- In Mobile-Werbenetzwerken wie Google Ads oder Unity Ads.
- In App-Stores wie Google Play oder Apple App Store.

Playable Ads sind besonders effektiv, um potenzielle Nutzer zu begeistern und ihnen ein realistisches Bild des Produkts zu vermitteln, was sie zu einer innovativen und beliebten Form der mobilen Werbung macht. Eine Sache kommt mir dazu in den Sinn. 2025 ist Gamification in aller Munde in der Marketingwelt, insbesondere weil Temu es für ihre Marketingzwecke nutzt. Sicherlich kein Zufall.

Authentizität ist der Schlüssel: Tipps für den Einstieg ins Gaming

Was Gaming für Christopher Mitchell von Razer besonders macht, ist nicht nur die Möglichkeit, der Zielgruppe bereits im jungen Alter zu begegnen, sondern auch, sie lebenslang zu begleiten. Marken wie Lamborghini, Dolce & Gabbana und Gillette haben das Potenzial dieser Zielgruppe längst erkannt, sagt er. Razer ist seit 19 Jahren in der Gaming-Industrie aktiv, sie kennen die Zielgruppen mitunter am besten, denn das Geschäftsmodell von Razer sind Gamer – sie verkaufen Tastaturen, Mäuse & Co.

Drei Tipps für den Start

1. *Unter die Zielgruppe mischen und lernen*: Gaming findet nicht allein zu Hause statt. Einige Monate nach dem Panel durfte ich im Xperion bei MediaMarktSaturn in Berlin einen Vortrag halten. Timo Emmert, Managing Director bei MediaMarktSaturn E-Commerce Germany, hatte mich im Rahmen eines Bitkom-Events eingeladen, mein Start-up MARKETLEAD vorzustellen. Gaming hat bei MediaMarktSaturn inzwischen einen festen Ort – das Xperion ist der zentrale Treffpunkt dafür. Auf 2.300 qm haben Gamerinnen und Gamer die Möglichkeit, auf dem PC oder mit der Xbox, der PlayStation oder sogar mit VR-Brillen kostenlos zu spielen.
2. *Authentizität ist der Schlüssel – schaffe sie*: Eine Marke muss zunächst einen glaubwürdigen Grund finden, warum sie sich im Gaming-Umfeld platzieren möchte. Die TK ist ein gutes Beispiel, wie man zu diesem Grund findet.
3. *Wo sollten Unternehmen investieren?* Sponsorings von Events eignen sich hervorragend, um die Bekanntheit einer Marke zu steigern – besonders für kleinere Unternehmen. Der Invest in E-Sports-Teams oder Content-Creator ermöglicht hingegen direkte Interaktion mit der Zielgruppe. Mit einem Profifußballer kann man selten direkt interagieren, mit einem Streamer hingegen schon. Das zieht.

Die Moderation des Gaming-Panels war ein prägendes und inspirierendes Erlebnis in meiner Karriere – aus vielen Gründen. Der wichtigste: Ich habe erkannt, wie mächtig ein Thema sein kann, selbst wenn es bisher an mir vorbeigegangen war.

Take-away

Gaming ist keine Nische – es ist Mainstream. Wer heute Zielgruppen erreichen will, kommt an Spielen nicht vorbei. Vom Game in Verbindung mit Krankenkassen-Messestand bis zur Chips-Verpackung mit Extra-Leben – wer die Zielgruppe wirklich versteht, platziert sich in einem hoch relevanten Onlinekanal, der Absatzeffekte hat. Gaming kann nicht nur Aufmerksamkeit erzeugen, sondern auch direkt verkaufen – wenn Konzept, Kanal und Community zusammenpassen.

Wachsen ohne Risiko

Affiliate- oder Influencer-Marketing oder beides?

Was tun, wenn Performance-Ads nicht rentabel sind, weil meine Produkte zu günstig sind? Ein Beispiel: Für einen Schokoriegel, den ich für 1,69 Euro verkaufe, zahle ich nicht 2 Euro pro Klick bei Google Ads. Das wäre, wenn überhaupt, erst ab einem Warenkorbwert von 60 Euro profitabel. Natürlich kann ich den Customer Lifetime Value erhöhen – Bundles und Abos bieten sich dazu als Lösung an. Über Abos sprechen wir später. Bei Bundles denkt man an 2er- oder 3er-Packs oder gemischte Produktboxen.

Dennoch wird Performance Marketing auf Google & Co. immer unwirtschaftlicher, weil Klickpreise kontinuierlich steigen. VEGANZ, die Lebensmittelmarke für vegane innovative Lebensmittel aus Berlin, setzt deshalb konsequent auf organische Kanäle und analysiert intensiv, was virale Beiträge antreibt. Heißt, VEGANZ zahlt nicht pro Klick. Sie analysieren akribisch, welche Faktoren den Erfolg ausgelöst haben hinsichtlich beispielsweise Thema, Storytelling, Lichtsetzung, Schnitt, Musik … Gibt es Influencer, die ähnlich vorgehen und ähnlichen Erfolg haben? Finden sich Muster? Gibt es Formate?

Aus diesen Erkenntnissen leitet man ab, wie sich bestehender Content adaptieren oder weiterentwickeln lässt. Am Ende bleibt es zwar ein Prozess aus Versuch und Irrtum, doch es funktioniert. Wichtig ist dabei, pro Plattform separat zu analysieren und zu optimieren. »Das ist sehr aufwendig und zeitintensiv, lohnt sich aber«, sagt Moritz Möller, Vorstand Marketing und Produkt bei VEGANZ. Sie haben es bereits geschafft, virale Beiträge gezielt auszulösen. Geht ein Beitrag viral, bietet es sich an, die Kampagne mit Anzeigenbudget zu »verlängern«, also zu bewerben, um die Ausspielung weiter zu steigern. Diese Ads sind dann gut investiertes Geld, und so schließt sich der Kreis.

Statt ausschließlich eine spitze Käuferklientel oder Zielgruppe anzusprechen, zielt man zunächst auf die breite Masse – Awareness steht im Vordergrund. Auch meine Tests haben gezeigt, dass derselbe Content auf Facebook, Instagram, TikTok und Pinterest jeweils völlig unterschiedliche Zielgruppen erreicht. Die Zielgruppe dabei in der Nische genau zu treffen, ist oft gar nicht möglich.

Paradox ist: Der Content muss in erster Linie dem Algorithmus gefallen und nicht dem Kunden. Denn nur der Content, der beim Algorithmus anschlägt, findet auch seinen Weg zum Kunden. Natürlich lassen sich organische Erfolge auch durch gezielten Traffic-Zufluss über andere Kanäle pushen. Auf LinkedIn etwa haben sich WhatsApp-Gruppen und Community-Initiativen etabliert, die sich gegenseitig mit Likes, Klicks und Kommentaren unterstützen.

Die Auswahl an Kanälen ist riesig. Da verzettelt man sich schnell. Viele Unternehmen sind in nahezu jedem Social-Media-Kanal präsent, doch in keinem erfolgreich. Entscheidend ist also nicht, wie viele Kanäle man bespielt, sondern welche man erfolgreich bespielt. Anders gesagt: Wo lässt sich durch meinen Content eine gute organische Reichweite aufbauen? »Den Kanal bespielen, wo man intern Know-how besitzt«, nennt das Moritz Möller.

VEGANZ setzt darüber hinaus auf Kanäle, für die ich nur zahlen muss, wenn ich auch verkaufe. Sie haben sich beispielsweise für Affiliate-Marketing entschieden: »Hier gehen wir praktisch kein Risiko ein und gewinnen dauerhaft loyale Neukunden.«

Affiliate-Marketing (auch Partnerprogramm genannt) ist eine Online-Marketing-Methode, bei der ein Werbetreibender (Händler, Marke) Partnern (den Affiliates) eine Provision zahlt, wenn diese über ihre Marketingmaßnahmen (z. B. Website, Blog, Social Media) Kunden oder Leads an den Werbenden vermitteln.

Affiliate-Marketing ist nah am Influencer-Marketing, beide Online-Marketing-Strategien unterscheiden sich jedoch in Zielen, Vergütungsmodellen und Arbeitsweisen. In **Tabelle 1** sind die Strategien im Vergleich zu sehen:

Aspekt	Affiliate-Marketing	Influencer-Marketing
Grundidee	Pay-per-Performance: Affiliates erhalten Provision für jede vermittelte Aktion (Verkauf, Lead, Klick).	Marken zahlen Influencern für Content-Placements oder Kampagnen, auch wenn die Performance ausbleibt.
Vergütungsmodell	Leistungsbasiert (CPS, CPL, CPC, CPM).	Häufig Pauschale pro Post/ Kampagne; teils Bonus-/ Erfolgsprämien.
Tracking & Nachweis	Über Tracking-Links und Cookies genau messbar.	Reichweite und Engagement (Likes, Kommentare, Views) – weniger granular für direkte Sales.
Content-Formate	Links, Banner, Widgets, Text-Reviews, E-Mail-Promotion.	Fotos, Videos, Stories, Reels, Live-Sessions auf Social Media.
Zielgruppenansprache	Oft Keyword-basiert oder thematisch kontextualisiert.	Authentische, persönliche Empfehlung an Follower-Community.
Beziehung zur Zielgruppe	Technischer Ansatz, weniger persönliche Bindung.	Influencer genießen hohes Vertrauen und Nähe zur Community.
Markenkontrolle	Merchant stellt meist Werbemittel bereit; Bindung an Kampagnen-Assets.	Influencer kreiert selbst Content und interpretiert die Marke kreativ.
Startaufwand & Setup	Einfach: Anmeldung im Affiliate-Programm bzw. -Netzwerk.	Aufwendig: Influencer-Recherche, Verhandlung, Content-Briefing.
Langfristigkeit	Kontinuierliche, passive Einnahmequelle.	Projektbezogen; Influencer-Kooperationen enden oft nach der Kampagne.
Eignung	Gut für Performance-driven Sales.	Ideal zur Markenbekanntheit, Image-Aufbau und Engagement.

1 *Vergleich zwischen Affiliate- und Influencer-Marketing*

Wann solltest du welches Modell wählen?

Entscheide dich für Affiliate-Marketing, wenn du nur bei tatsächlichen Conversions zahlen möchtest, den ROI präzise messen willst, passive Einnahmequellen etablieren willst. Setze Influencer-Marketing ein, wenn du deine Markenbekanntheit steigern möchtest, Emotionalisierung und Storytelling im Vordergrund stehen und du von der Authentizität und Reichweite eines Meinungsführers profitieren willst. Beide Ansätze können sich auch ergänzen: Influencer teilen in ihren Kanälen Affiliate-Links und kombinieren so Performance- und Image-Effekte.

VEGANZ setzt bewusst auf Affiliate-Marketing, weil es mit geringerem Risiko verbunden ist. Dafür wurden in Affiliate-Netzwerken ansprechende Banner geschaltet, parallel wurden ein Twitch-Kanal und eine Community aufgebaut (siehe **Abbildung 6**). Ergänzt wird das durch eine Affiliate-Community aus Streamern, die exklusive Rabattcodes teilen. »Einige Influencer kooperieren sogar so eng mit uns, dass sie eigene Kollektionen lancieren«, sagt Moritz Möller.

6 *Twitch-Kanal von VEGANZ im Aufbau*

Was ist ein Twitch-Kanal?

Ein Twitch-Kanal ist die persönliche Seite eines Streamers oder einer Marke auf der Streaming-Plattform Twitch (*www.twitch.tv*). Dort können Zuschauer Live-Videos (Livestreams) ansehen und mit dem Streamer in Echtzeit interagieren – per Chat, Emojis oder sogar durch Spenden und Abonnements.

Was ist Twitch?

Twitch ist eine Livestreaming-Plattform, die vor allem für Gaming bekannt ist – inzwischen aber auch Musik, Sport, »Just Chatting«, Kochen, Politik oder Shopping umfasst. Twitch gehört seit 2014 zu Amazon.

Was bietet ein Twitch-Kanal?

Ein Twitch-Kanal besteht aus:

- Livestream (Hauptinhalt)
- Chat für Interaktion
- About-Seite mit Infos über den Streamer
- VODs (Videos on Demand = frühere Streams)
- Panels mit Links, Sponsoren, Social Media etc.
- Follower- und Abo-Funktionen (teilweise kostenpflichtig)
- Alerts und Emotes (z. B. für Spenden oder Abos)

Wer nutzt Twitch-Kanäle?

- einzelne Creator/Streamer (z. B. Gamer, Musiker, Influencer)
- Marken und Unternehmen (z. B. VEGANZ)
- E-Commerce und Marketing (für Live-Shopping, Produktpräsentationen oder Launches)

Wie könnte ein E-Commerce-Unternehmen Twitch nutzen?

- Live-Shopping-Events
- Produktvorstellungen mit Influencern
- Q&A-Sessions mit Gründern
- Behind-the-Scenes-Einblicke
- gamifizierte Sales-Aktionen

Wer sich nicht an die Gaming-Themen rantraut, kann als Awareness-Kanäle auch Presseartikel und TV-Berichte nutzen. Damit lassen sich ebenfalls enorme Effekte erzielen. Und dann ist da dieses Thema, über das niemand spricht, aber einen riesigen Unterschied machen kann: Word of Mouth (siehe dazu **Abbildung 7**). Der wohl risikoloseste »Marketing-Kanal«.

Wie funktioniert Word of Mouth

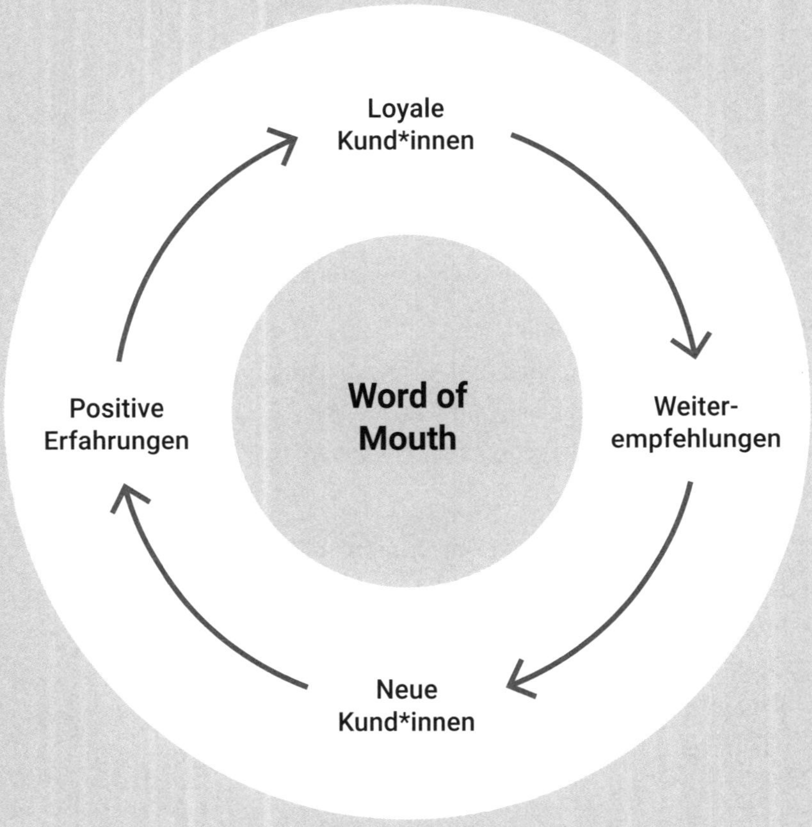

7 *Starker Schwungrad-Effekt: das Flywheel Word of Mouth*

Ich habe erlebt, dass selbst bei einem Onlineshop, der 300 Millionen Euro Umsatz macht, der zweitgrößte Kanal, der Traffic bringt, die Weiterempfehlung (Word of Mouth) ist: etwa »Des Bier schmeckt aber gut, des musst auch a mal probieren!« unter Freunden oder »Soll ich dir helfen, die Markise zu montieren, die schaut gut aus, wo hast die her?« am Gartenzaun.

Word of Mouth lässt sich sogar steuern. Der Schlüssel liegt in der konsequenten Fokussierung auf Bestandskunden, sagt Torsten Schwarz, Herausgeber der marketing-Börse. Wer als Unternehmen herausragende Arbeit leistet – sei es durch Produktqualität, Service oder Markenerlebnis –, braucht kaum Maßnahmen zur Neukundengewinnung. Mundpropaganda übernimmt diesen Job. Statt in teure Werbekampagnen zu investieren, setzen erfolgreiche Marken auf folgende Prinzipien:

1. *Stammkunden aktivieren – statt Neukunden jagen*

   Ein hoher Customer Lifetime Value entsteht, wenn Kunden regelmäßig wiederkommen. Diese Kundenbindung ist oft wertvoller als jeder einmalige Kauf eines Neukunden. Wer versteht, was seine besten Kundengruppen ausmacht, kann gezielt in diese Beziehung investieren – z. B. durch exklusive Angebote, Loyalitätsprogramme oder Premium-Service.

2. *Datenbasierte Segmentierung der Kundschaft*

   Interne Datenanalysen zeigen, welche Kundensegmente besonders aktiv sind: Welche Produkte werden wiederholt gekauft? Welche Inhalte oder Kanäle führen zu besonders hoher Interaktion? Wer sind meine »Wiederkäufer«, und welche Gemeinsamkeiten haben sie? Heißt: Eine Konzentration auf diese Gruppen statt einer breiten Streuung sorgt für maximale Effizienz – auch ganz ohne Media-Budget.

   Und natürlich die Königsdisziplin:

3. *Erfolgsfaktor Kundenclub*

   Unternehmen mit einem klaren Mehrwert im Kundenbindungsprogramm schaffen echte Loyalität. PAYBACK ist hier ein Paradebeispiel: Millionen Kunden, Relevanz durch Partnernetzwerke, personalisierte Kommunikation, Belohnungssystem mit psychologischem Effekt. Das Erfolgsgeheimnis: Relevanz, Einfachheit und echter Nutzen für den Kunden.

Take-away

Zero-Ad-Spend-Marketing ist kein Mythos, sondern eine Frage der strategischen Kundenbindung. Wer sich auf seine wertvollsten Kundengruppen konzentriert, die richtigen Daten auswertet und Mehrwert bietet, kann auch ohne Werbebudget stark wachsen. Um langfristig auf Performance-Ads verzichten zu können, muss die eigene Marke über Jahre hinweg konstant im Gedächtnis potenzieller Käufer verankert werden: Schaffe Bekanntheit, leiste hervorragende Arbeit, die Weiterempfehlungen auslöst, und binde deine Kunden mit Abonnements, E-Mail-Marketing, Apps oder Communities. Dann sparst du dir den Einsatz von Performance-Ads.

140 Millionen oder scheitern
Die Stellschrauben für profitables Wachstum

Der Handel mit Medikamenten wartet aus meiner Sicht mit einer echten Revolution in der Customer Journey auf, vielleicht sogar der ersten seit Jahrzehnten. Eine körpernahe Dienstleistung – Arztbesuch + Medikament – kann erstmals voll digital abgewickelt werden.

Immer mehr Konsumentinnen und Konsumenten entscheiden sich dafür, ihre Medikamente online zu kaufen. Diejenigen, die dringend ein Medikament benötigen, gehen weiterhin in die Apotheke vor Ort. Wer allerdings seinen Vorrat zu Hause auffüllen möchte, nutzt zunehmend den Onlinehandel. Besonders Menschen, die in ihrer Mobilität eingeschränkt sind, profitieren von der Möglichkeit, sich Medikamente direkt nach Hause liefern zu lassen.

Man könnte darüber hinaus sagen: Der zunehmende Fokus auf Gesundheit und Wohlbefinden treibt den Wandel in der Medikamentenversorgung direkt voran. Weil immer mehr Menschen ihre Gesundheit aktiv managen und Wert auf Komfort legen, suchen sie nach schnellen digitalen Lösungen – und genau diese Nachfrage beschleunigt den Umstieg vom Gang in die Vor-Ort-Apotheke hin zur Onlinebestellung. Gesundheit als Priorität schafft also erst die Bereitschaft, neue, bequeme Bezugswege zu nutzen, und dieser Wunsch nach unkomplizierter digitaler Versorgung formt wiederum den Markt und die angebotenen Services. Bemerkenswert: das Vertrauen in den Handel in einem hochsensiblen Bereich wie dem der Medikamente.

Zur Beschleunigung beigetragen haben darüber hinaus politische Weichenstellungen, die es ermöglichen, Rezepte digital einzulösen. Mit der Zulassung des CardLink-Verfahrens wird die Customer Journey vom Arzt oder Onlinearztbesuch bis zum Erhalt der Medizin deutlich einfacher. Das heißt: Ich kann auch verschreibungspflichtige Medikamente online bestellen. Die Customer Journey beginnt mit dem Arztbesuch klassisch in einer Praxis oder online bei einem Telemedizinanbieter. Bei der Onlinekonsultation melden sich Patienten über ein Telemedizinportal an, beschreiben ihre Beschwerden und werden anschließend per Video oder Telefon von einem Arzt beraten. Nach der Diagnose stellt der Arzt ein elektronisches Rezept (E-Rezept) aus. Dieses wird digital erstellt und entweder direkt auf der elektronischen Gesundheitskarte (Krankenkassenkarte) gespeichert oder dem Patienten in einer speziellen App, beispielsweise der E-Rezept-App der Krankenkassen, zur Verfügung gestellt. Alternativ kann auch ein QR-Code übermittelt werden, der das Rezept repräsentiert.

Patienten können ihr Rezept jederzeit digital abrufen. Möchten sie ihre Medikamente online bestellen, zum Beispiel beim Marktplatz DocMorris, besuchen sie die entsprechende Website oder App und loggen sich in ihr Kundenkonto ein – oder erstellen ein neues Konto, falls sie noch keines haben. Im Bestellprozess geben sie den QR-Code des E-Rezepts ein, verknüpfen ihre Krankenkassenkarte mit der Plattform oder laden alternativ ein Foto des Rezepts hoch. Der Onlinehändler überprüft die Gültigkeit des Rezepts. Ist das Rezept freigegeben, wird die Bestellung bearbeitet.

Anschließend wählen Patienten die verschriebenen Medikamente aus und können bei Bedarf zusätzliche Produkte hinzufügen. Die Bezahlung erfolgt automatisch über die Krankenkasse (verschreibungspflichtige Medikamente) oder durch den Patienten. Die Medikamente werden diskret verpackt und geliefert. Der Versand erfolgt in der Regel innerhalb von ein bis drei Werktagen im Standardversand, teilweise ist auch die Lieferung am nächsten Tag möglich.

Über die App DocMorris+ ist in einigen Metropolregionen auch eine Same Day Delivery möglich – zum Beispiel in Berlin, Bremen, Frankfurt, Köln, Leipzig und

München. Dieses Angebot wird aber nicht über den Haupt-Webshop gesteuert und ist auf die teilnehmenden Partnerapotheken und Postleitzahlen beschränkt. Dennoch, bei der Geschwindigkeit überlege ich mir zweimal, ob ich mir die Parkplatzsuche vor der Apotheke antue oder nicht.

Nach der Lieferung erhalten Patienten häufig personalisierte Produktempfehlungen, Gutscheine für zukünftige Einkäufe oder Einladungen zur Newsletter-Anmeldung. Bei regelmäßigem Medikamentenbedarf kann die Plattform auch an Folgebestellungen erinnern, um sicherzustellen, dass der Kunde gut versorgt ist. Diese durchgängige und digitale Customer Journey macht den Medikamentenkauf nicht nur komfortabel und zeitsparend, sondern auch besonders attraktiv für Menschen mit eingeschränkter Mobilität oder für diejenigen, die in Regionen mit einem begrenzten Apothekenangebot leben.

Oben verkauft – nicht billig! Retail Media statt Preiskampf

Die Kombination aus E-Rezept und Onlineapotheken ermöglicht nicht nur, den gesamten Versorgungsprozess nahtlos und komfortabel zu gestalten, sondern eröffnet auch neue Chancen für Patientinnen, Marken sowie Händler und Marktplätze. Im Fall der Marktplätze und Händler? Werbeplätze verkaufen! Marken können gezielt Retail-Media-Kampagnen auf Marktplätzen wie beispielsweise DocMorris oder Shop Apotheke buchen, ähnlich, als würdest du eine Kampagne bei Amazon in Form von Produkt- oder Brand-Anzeigen schalten. Damit werden relevante Gesundheits- und Produktinformationen dorthin gebracht, wo Patientinnen und Patienten ihre Entscheidung treffen – im Marktplatz. Das spart Zeit, reduziert Fehlkäufe und stärkt das Vertrauen in den Onlinekauf. Beispiel: Ich lege die entzündungshemmende Creme in den Warenkorb. Das Wärmepflaster ist nur zwei Klicks entfernt. Schon sind zwei Produkte ready für den Check-out.

Die Revolution ist also nicht nur eine Vereinfachung für Patienten, sondern sie eröffnet auch Chancen für Anbieter und eine riesige Möglichkeit zum Monopol für Marktplätze und Händler. Sobald sich Kunden auf der Plattform befinden, lässt sich *Cross-Selling-* und *Upselling* gezielt einsetzen. Beispielsweise kann ein Pop-up darauf hinweisen, wie viel noch eingekauft werden müsste, um kostenlosen Versand zu erhalten. Im Warenkorb werden ergänzende Produkte vorgeschlagen, und bei der Bestellbestätigung könnten Hinweise wie »Kunden kauften auch« oder »Vervollständigen Sie Ihre Bestellung« eingeblendet werden. Ein Gutschein im Paket sorgt für Anreize zum nächsten Einkauf, und zwischendurch wird die Anmeldung für den Newsletter beworben, um die Kunden langfristig an die Plattform zu binden. Unternehmen wie MyMüsli, Rituals und Zalando sind Vorreiter in diesem Bereich und demonstrieren eindrucksvoll, wie effektives Cross- und Upselling aussehen kann. Das lohnt sich.

Plattformen können dadurch zusätzlichen Produktbedarf generieren. Das ist anders als in der Apotheke selbst. Hier wurde ich noch nie gefragt, ob ich noch den Sonnenschutz für Lippen zusätzlich zur Sonnencreme kaufen will (Cross-Selling) oder das 2er-Pack Sonnencreme (Upselling). Auf Plattformen werden diese Mechanismen automatisch generiert durch Widgets, die selbstlernend Produktempfehlungen aussprechen. »Kunden kauften auch« oder »Passende Angebote zu Ihrem Produkt« sind wohl die häufigsten Trigger – die zudem neben dem Hinweis, dass man bei Einkauf von zusätzlichen Produkten Versandkosten spart, sehr gut funktionieren. Upselling ist, was auf der Plattform passiert – Retail Media ist die Möglichkeit für Marken, sich durch Werbemaßnahmen wie bessere Produktrankings oder Anzeigen auf diesen Plätzen zu positionieren. Was ist Retail Media darüber hinaus im Detail?

Retail Media: Definition

Retail Media bezeichnet die Werbeaktivitäten, die innerhalb der digitalen Plattformen von Marktplätzen und Händlern stattfinden, also direkt an den Point of Sale verlagert werden. Dabei werden Werbeflächen genutzt, die Händler oder Marktplätze auf ihren eigenen Onlinemarktplätzen, Websites oder Apps zur Verfügung stellen.

Definition und Konzept:

Retail Media ermöglicht Marken, ihre Produkte gezielt in der Nähe des Kaufentscheidungsprozesses zu bewerben. Dies geschieht meist in Form von gesponserten Produktanzeigen, Bannern oder personalisierten Empfehlungen. Player wie Amazon, OTTO oder DocMorris schaffen damit zusätzliche Einnahmequellen, während Marken den direkten Zugang zu kaufbereiten Zielgruppen erhalten.

Warum Retail Media so spannend ist:

- *Kundennähe*: Marken können Käufer genau im Moment der Kaufentscheidung ansprechen.
- *Datengetrieben*: Marktplätze und Händler verfügen über umfangreiche First-Party-Daten zu ihren Kunden (Kaufverhalten, Interessen etc.). Diese Daten verbessern die Targeting-Möglichkeiten enorm.
- *Wachsende E-Commerce-Umsätze*: Mit dem Wachstum des Onlinehandels steigt auch die Relevanz von Werbung im digitalen Verkaufsumfeld.
- *Monetarisierung für Händler und Marktplätze: Sie* verdienen zusätzlich Geld durch den Verkauf von Werbeflächen auf ihren Plattformen.

Formate von Retail Media:

- *Sponsored Product Ads*: Anzeigen für Produkte, die in den Suchergebnissen hervorgehoben werden (z. B. Amazon Sponsored Ads).
- *Display Ads*: Klassische Bannerwerbung auf Produktdetailseiten oder in Kategorien.
- *Onsite Promotions*: Platzierung von Produktaktionen oder Rabatten direkt auf der Händlerseite oder im Marktplatz.
- *Offsite Ads*: Händler und Marktplätze nutzen ihre Kundendaten für Werbung außerhalb der eigenen Plattform (z. B. auf Social Media oder Google).

Zukunft von Retail Media:

Retail Media wird aufgrund der Cookie-Ablösung und der steigenden Bedeutung von First-Party-Daten zu einer der effizientesten Werbeformen im E-Commerce. Marktplätze/Händler gewinnen dadurch eine Rolle als Medienplattformen und erschließen neue Umsatzpotenziale. Insgesamt ist Retail Media eine Win-win-Situation für alle:

- Marktplätze/Händler monetarisieren ihre Reichweite.
- Marken steigern ihre Sichtbarkeit und ihre Verkaufszahlen gezielt.

Warum ist Retail Media so spannend für die Plattformen, die sie anbieten – wie DocMorris oder die Shop Apotheke beispielsweise, aber auch für Anbieter, also für diejenigen Marken, die es als Werbemöglichkeit nutzen? Im Wesentlichen haben Unternehmen mit dem gleichen Geschäftsmodell, den gleichen Produkten und derselben Zielgruppe nicht viele Möglichkeiten, ihren Marktanteil auszubauen. Dies trifft sowohl auf die Marktplätzte zu wie auch auf die Marken, die darauf anbieten. Häufig wird dieses Problem über den Preis gelöst. Es entsteht ein Preiskampf, der äußerst zerstörerisch sein kann. Bei Preiskämpfen verlieren beide Parteien, da sich die Preisreduzierungen direkt negativ auf das Ergebnis auswirken.

Im Grunde bleibt also nur ein Hebel: eine höhere Reichweite. Sei es dadurch, dass ich als Marktplatz Reichweite verkaufe oder im Fall des Anbieter diese Reichweite nutze als Alternative zu anderen Kanälen. Denn wenn die Preise für die Produkte gleich bleiben sollen, um sich nicht vollständig aus dem Markt zu schießen, gibt es nur eine Lösung: mehr Reichweite zu einem möglichst günstigen Preis bekommen.

Im März 2024 lud mich ein Kunde ein, im Wirtschaftsrat Gesundheit der CDU e. V. in Berlin einen Vortrag zu halten. Der Titel meines Vortrags lautete: »Die Schlüsselfaktoren für den Online-Verkauf von Medizin-Produkten«. Während ich die Folien für meinen Vortrag zusammenstelle, fallen mir einige zentrale Punkte ins Auge, die ich im folgenden Abschnitt näher ausführen möchte.

Mehr organischer Traffic: SEO-Einmaleins für E-Commerce

Laut EHI-Ranking[12] der umsatzstärksten Shops in Deutschland ist DocMorris 2021 von Platz 10 mit 783,3 Millionen E-Commerce-Nettoumsatz auf Platz 17 mit 643,5 Millionen im Jahr 2022 abgerutscht, während Shop Apotheke von Platz 20 mit 517,9 Millionen E-Commerce-Nettoumsatz in 2022 auf Platz 15 mit 664,6 Millionen Euro geklettert ist.

Unfassbar. Das heißt, DocMorris hat in einem Jahr knapp 140 Millionen Euro weniger Umsatz gemacht, während die Shop Apotheke 147 Millionen Euro Umsatz hinzugewonnen haben. Wie kann es sein, dass zwei Player, die ein ähnliches Geschäftsmodell haben, dazu gleiche Produkte, den gleichen Markt und gleiche Voraussetzungen, so unterschiedlich performen?

---

12 Quelle: *www.ehi.org/news/top-100-onlineshops-in-deutschland/*

Ich beginne zu recherchieren. So eine Suche startet bei mir immer mit dem Kanal *Google* organisch (SEO). Heißt ich prüfe, wie professionell die Suchmaschinenoptimierung der Plattform ist: Wie sichtbar ist der Shop einschließlich Kategorien und Produkten in der Google Suche? Das ist einer der günstigen Werbekanäle, die es gibt. Man braucht Personal intern oder extern, aber ansonsten muss man keinen Cent an Google oder woandershin überweisen, um sichtbar zu sein.

In vielen Unternehmen macht der Umsatz durch organischen Traffic ca. 10 bis 20 % des Gesamtumsatzes des Onlineshops aus. Das kann für die Profitabilität entscheidend sein. Wenn also das Beherrschen von Basics wie beispielsweise SEO der Plattform einige Millionen Euro Umsatz Unterschied ausmachen kann, findet man dafür dann auch Daten? Ja, tut man, beispielsweise in *Sistrix* (*www.sistrix.de*) – einem SEO-Tool. Eine Grafik beeindruckte auch meine Zuhörerinnen und Zuhörer im Wirtschaftsrat sehr (siehe **Abbildung 8**).

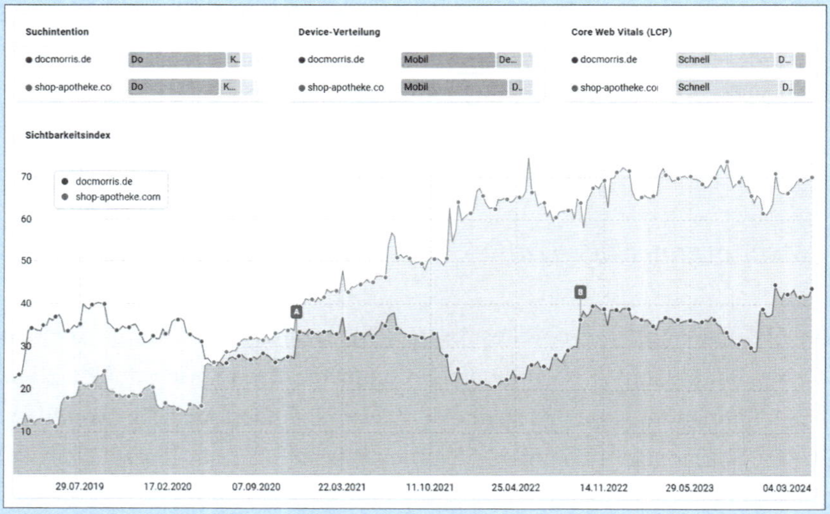

8 *Vergleich der Sistrix-Daten: organische Sichtbarkeit von docmorris.de und shop-apotheke.com auf Google*

In der Abbildung sieht man sehr klar, dass die organische Sichtbarkeit in Google des Shops shop-apotheke.com die von docmorris.de überholt hat und stetig gewinnt. Der Sichtbarkeitsindex von Sistrix ist ein Indikator, der zeigt, wie sichtbar eine Website in den Suchergebnissen von Google ist. Er basiert auf dem Suchvolumen von Keywords, für die die Website rankt. Ein hoher Indexwert bedeutet, dass die Seite in den Suchergebnissen gut sichtbar und wahrscheinlich gut besucht ist, während ein niedriger Wert auf geringe Sichtbarkeit und entsprechend wenige Besuche hindeutet. Je weniger Besuche ein Shop hat, desto weniger Umsatz macht er. Daten kennen keine Ausreden.

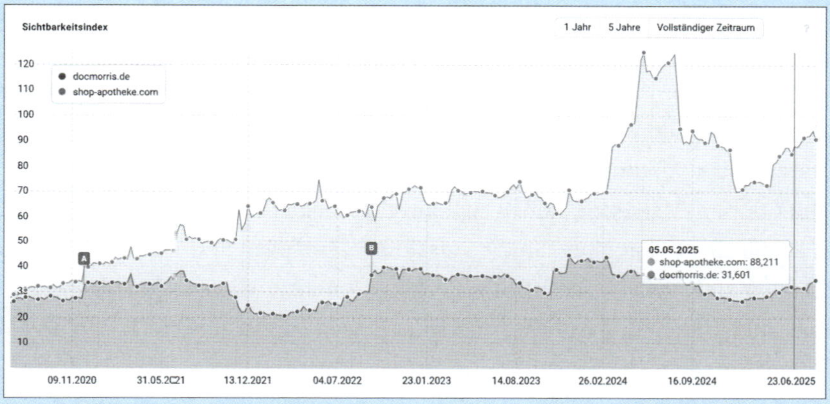

9 *Vergleich der Sistrix-Daten: organische Sichtbarkeit von docmorris.de und shop-apotheke.com auf Google*

Abbildung 9 zeigt es sehr deutlich – auch im Juni 2025 gab es dazu keine Kehrwende. Shop Apotheke konnte ihre Sichtbarkeit weiter ausbauen – DocMorris stagniert. Die Zahlen zeigen: Shop Apotheke hat derzeit in etwa dreimal so viel organischen Traffic, sie schaffen es, mehr als doppelt so viele Keywords in Deutschland und weltweit zu platzieren, und fast doppelt so viele URLs ranken bei der Shop Apotheke im Vergleich zu DocMorris. Warum ist das so dramatisch? Gutes organisches Ranking auf Google ist eines der günstigsten und nachhaltigsten Marketing-Mittel, je günstiger man Käufe herbeiführen kann, desto profitabler ist man.

Dieses Buch ist kein SEO-Handbuch, dennoch erhältst du hier einige Best Practices, die einen Einblick in die Maßnahmen geben, durch die man organisch bei Google besser gefunden wird:

Um eine hohe organische Reichweite zu erzielen, solltest du zunächst eine klare Keyword-Strategie verfolgen: Setze dabei nicht nur auf deinen Markenamen (etwa »DocMorris«), sondern optimiere gezielt für transaktionale und informationelle

Suchanfragen wie »Online Apotheke rezeptfrei« oder »Hausmittel gegen Erkältung«. Baue darüber hinaus Long-Tail-Keywords in Form von Themenclustern auf – beispielsweise Artikel zu »Symptome von Vitamin-D-Mangel« mit jeweils passenden Ratgeberseiten, um breit und gleichzeitig fokussiert sichtbar zu sein.

Technisches SEO bildet das Fundament: Deine Seiten müssen in unter zwei Sekunden laden und vollständig mobil optimiert sein (*mobile first*). Nutze strukturierte Daten nach Schema.org-Standard, um Produkte, FAQs, Bewertungen und Breadcrumbs in den Suchergebnissen besonders hervorzuheben. Achte zudem auf eine saubere URL-Struktur und ein durchdachtes internes Verlinkungskonzept, mit dem Kategorien logisch hierarchisch angeordnet sind und den Content untereinander verknüpfen.

Im Content-Marketing zahlen sich Regelmäßigkeit und Qualität aus: Publizieren ausführlicher Ratgeber, Studienzusammenfassungen und Videos, die die Verweildauer steigern und natürliches Backlink-Potenzial bieten. Zudem sollte man seine Nutzerinnen und Nutzer ermutigen, Bewertungen zu hinterlassen und Fragen einzusenden. Um es auf den Punkt zu bringen: Gib Community-Beiträgen Raum. Auf diese Weise schafft man vertrauensbildenden User-generated Content, der die eigene Relevanz in den Augen von Google und der Zielgruppe erhöht.

Der Aufbau von Domain-Autorität ist ohne ein solides Backlink-Profil kaum möglich. Veröffentlichungen von Gastartikeln auf renommierten Portalen und Kooperationen mit Fachverbänden könnten Optionen sein. Und ebenso Pressemitteilungen, um zusätzliche Sichtbarkeit und hochwertige Links zu generieren.

Schließlich sollten Usability und Conversion-Optimierung nie vernachlässigt werden: Ein Bestellprozess mit klaren Calls-to-Actions und übersichtliche Warenkörbe sind die Stichworte. Vertrauen schaffen auch sichtbare Gütesiegel, echte Kundenbewertungen und transparente Versandinformationen. All das trägt dazu bei, Besucher zu loyalen Kunden zu machen und organische Reichweite nachhaltig zu stärken.

Was Shop Apotheke richtig macht:

1. Starkes generisches Keyword-Portfolio
   Shop Apotheke führt nicht nur bei »shop apotheke« (Position 1, 1,48 Millionen Volumen, Stand Ende Juni 2025), sondern auch bei generischen Begriffen wie »apotheke«, »online apotheke« und »medikamente für den hormonhaushalt«.

2. Regelmäßige Content-Aktualisierungen
   Ein eigener Ratgeber und ein Familienmagazin sowie umfangreiche Themenseiten zu Lifestyle- und Gesundheitsthemen versorgen Nutzer kontinuierlich mit neuem Mehrwert.
3. Hervorragende technische On-Page-Optimierung
   Schnelle Ladezeiten, optimierte Metadaten nach einheitlichen Patterns (Meta-Title/-Description) und konsequente Schemaumsetzung auf allen Produkt- und FAQ-Seiten.
4. Breites Linkprofil
   Mit knapp doppelt so vielen Referring Domains, Keywords, die ranken, und dreifachem organischem Traffic hat Shop Apotheke eine hohe Domain-Autorität.
5. Optimierte Nutzerführung & Conversion
   Ein klarer Bestellprozess und ein schneller Rezept-Upload reduzieren Abbrüche. Gleichzeitig führen personalisierte Empfehlungen zu höheren Bestellwerten.
6. Multi-Channel-Streuung
   Shop Apotheke nutzt Social Media (YouTube-Ratgeber, Facebook-Community), Preisvergleichsportale und Gutschein-Sites als Referral-Kanäle – dadurch entsteht ein stabiler Traffic-Mix.

Take-away

Wie können Unternehmen mit vergleichbaren Produkten und Geschäftsmodellen dieselbe Zielgruppe erfolgreich erreichen? Durch günstigere Reichweiten. Um profitabel zu bleiben, sollte das Kosten-Umsatz-Verhältnis der Marketingmaßnahmen optimiert werden. TV-Werbung mag notwendig sein, um Bekanntheit aufzubauen, doch es sollten auch kostengünstigere Kanäle einbezogen werden, um die Gesamtkosten auszugleichen und effizienter zu werben. Retail Media für Plattformanbieter bieten Möglichkeiten, das eigene Marketingbudget aufzubessern. Für Marktplätze und Anbieter gilt darüber hinaus gleichermaßen: Basics beherrschen ist ein MUST.

Welchen Wein trinkt eigentlich Joko?
Etwas verkaufen, was die Kunden probieren wollen

Als mich ein Freund fragte, ob ich mit ihm zusammen einen Onlineshop für Wein hochziehen wollte, bin ich zusammengezuckt. Wein online zu verkaufen, ist die Königsdisziplin. Es ist aus meiner Sicht die schwierigste Produktkategorie im E-Commerce. Alkohol unterliegt diversen Restriktionen hinsichtlich der Bewerbung. Social Media Ads sind meist nicht möglich. Hinzu kommt, dass Wein etwas ist, das man schmecken und riechen muss. Und als wären das nicht schon genügend Herausforderungen: Der Versand von Glasflaschen ist teuer – sie sind schwer und fragil. Ach, und Wein bekommt man in jedem Supermarkt, wieso sollte man ihn online kaufen? Zuletzt noch: Weinkauf ist ein »Kennerkauf«, aus meiner Sicht muss man Fachwissen mitbringen, um gute Weine nicht über unendliches Trial and Error zu finden.

Wie schafft man es dennoch, Wein online zu verkaufen? Darüber habe ich mit Kristin Brüggemann gesprochen. Ludwig von Kapff, ein Weinversand, wartet hierzu mit vielen Entscheidungshelfern im Shop auf:

Es gibt einen digitalen Weinberater (siehe **Abbildung 10**), einen Konfigurator, der mir hilft, den perfekten Wein zu finden. Gefragt wird etwa: Für wen suchen Sie einen Wein? Welche Weinart bevorzugen Sie? In welchem Preissegment suchen Sie einen Wein? Für welches Gericht suchen Sie einen Wein? Auf Basis dieser Fragen wird eine liebevolle Landingpage ausgespielt. Das zahlt ein auf die Herausforderung: Weinkauf ist Kennerkauf.

Ein pfiffiger Hinweis durch eine Weinlupe führt immer wieder zur letzten Empfehlung zurück oder weist Kunden, die den Weinberater noch nicht genutzt haben, auf diesen hin (siehe **Abbildung 11** rechts unten).

Weinberater gibt es aber auch offline. In den Weinlagern von Ludwig von Kapff in elf Filialen in Deutschland sprechen Expertinnen und Experten persönliche Weinempfehlungen aus. Diese kann man im Onlineshop schon mal digital kennenlernen. Beispielsweise wird als Experte Lars Kaniok, Geschäftsführer von Ludwig von Kapff, mit seinen Vorlieben bei Weinen und Schaumweinen inklusive bevorzugter Länder, Regionen und Rebsorten vorgestellt.

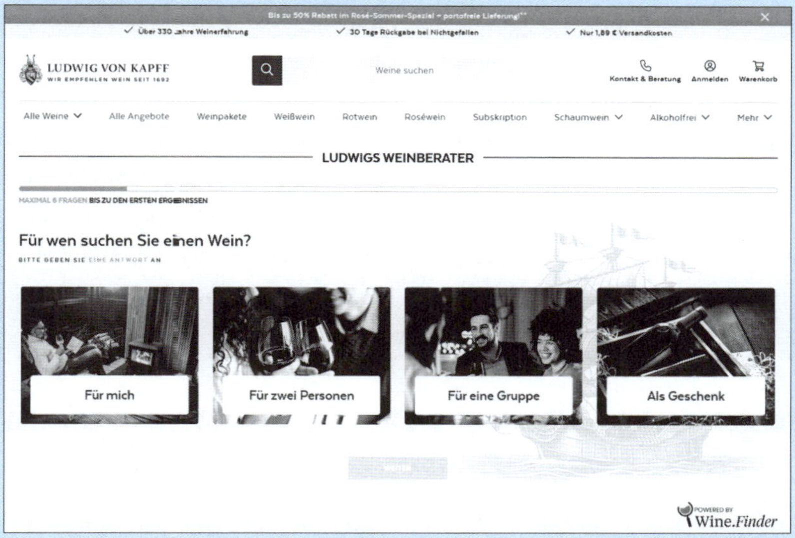

10 *Der perfekte Wein für dich: Online-Weinberater von Ludwig von Kapff*[13]

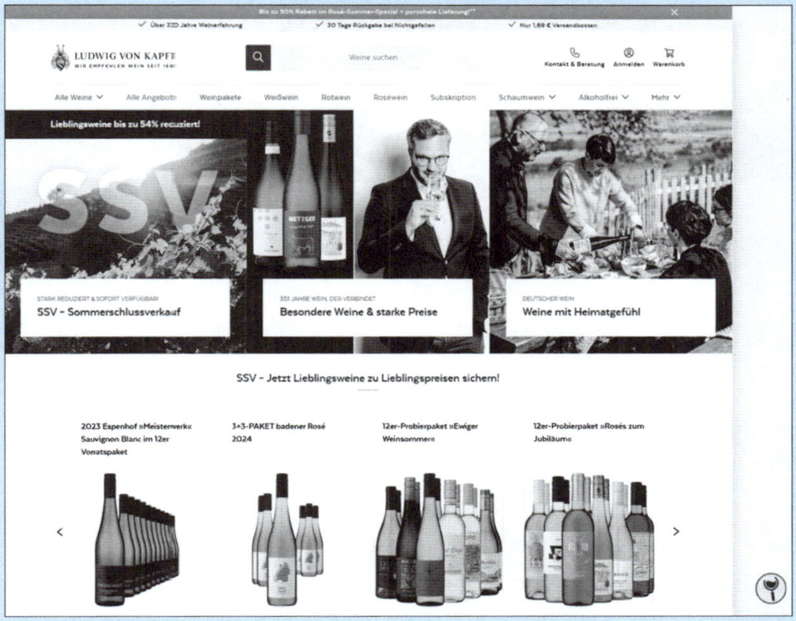

11 *Perfekte Betreuung des Kunden: Die Weinlupe (rechts unten) führt auch immer wieder zur letzten Empfehlung zurück.*

13 Quelle: *https://www.ludwig-von-kapff.de/ludwigs-weinberater*

Auch das ein charmanter Schachzug, denn dieser schafft Vertrauen und zahlt ebenfalls auf das Thema »Weinkauf ist Kennerkauf« ein. Dazu kommt eine Empfehlung vom Profi. Das hat Relevanz.

Ludwig von Kapff zieht das durch. Sie setzen nicht nur auf interne Mitarbeiterinnen und Mitarbeiter als Empfehlungsgeber für jeden einzelnen Wein, sondern auch auf das Vorstellen der Menschen hinter dem Wein und den Weingütern selbst. Promis wie Moderator Joko Winterscheidt und Schauspieler Matthias Schweighöfer geben ihrem eigenen Wein ebenfalls ein Gesicht, den Ludwig von Kapff im Portfolio hat (siehe **Abbildung 12** und **Abbildung 13**). Geschmack ist online nicht erfassbar. Menschen kaufen von Menschen.

12 *Moderator Joko Winterscheidt und Schauspieler Matthias Schweighöfer geben ihrem Wein ein Gesicht …*

Eine weitere Maßnahme, die Mut zum Kauf machen soll, erscheint dagegen schon etwas trivial: Probiergutscheine. Ludwig von Kapff könnte es Content-technisch kaum besser machen. Und dennoch ist das Unternehmen gegen die Trends der Branche nicht immun: Sinkendes verfügbares Einkommen der potenziellen Kunden in Deutschland, der Trend zum Genuss von alkoholfreien Alternativen und immer mehr nationale und internationale Konkurrenz setzen Online-Weinhändler unter Druck.

Eine gute Zeit mit III FREUNDE-Weinen

Moderator Joko Winterscheidt und Schauspieler Matthias Schweighöfer haben eine tolle Idee verwirklicht: Mit ihren III FREUNDE-Weinen schaffen sie eine Möglichkeit, zusammen mit den Liebsten eine gute Zeit zu verbringen. Dabei entstehen Erinnerungen und Momente, die bleiben. Getreu dem Motto: "Die besten Weine sind die, die wir mit Freunden trinken".

Unkomplizierter Genuss und gemeinsame Momente

Die III FREUNDE-Weine sind unkompliziert und laden zum geselligen Anstoßen ein, ohne die volle Aufmerksamkeit zu fordern. Ihr Geschmack ist fruchtbetont, vollmundig und süffig mit einer ausgewogenen Säure. So geht Easy-drinking. Das hohe Niveau sowie das ansprechende Design der Weine passen dabei perfekt zum Zeitgeist einer jüngeren Zielgruppe. Mit der Marke III FREUNDE verbindet diese nicht nur leckeren Wein, sondern auch die Momente, die beim gemeinsamen Genuss entstehen.

13 *... und stehen mit ihrem Gesicht für Geschmack und Qualität des Weins.*

Wie löst man das? Mit dem Ausbau der Reichweite über weitere Kanäle! Das Ziel: Präsenter werden und den Kundinnen und Kunden zeigen, dass eine genussvolle Auszeit und feierliches Anstoßen die großen und kleinen Momente im Leben bereichern kann – auch wenn das Budget nicht mehr ganz so locker sitzt. Anbieten tun sich dazu die Deal-Plattformen der etablierten Newsmarken, wie FOCUS online, n-tv oder SPIEGEL. Sie bieten Händlern und Partnern eine Reihe von Vorteilen:

1. Hohe Reichweite und Sichtbarkeit
   Dank Millionen von Unique Visitors pro Monat erreichen Angebote auf diesen Plattformen ein breites, kaufkräftiges Publikum – deutlich mehr als auf spezialisierten Nischenportalen.
2. Vertrauensvorsprung durch Markenbekanntheit
   Leserinnen und Leser verbinden FOCUS, n-tv und SPIEGEL mit journalistischer Seriosität. Deals, die dort beworben werden, profitieren automatisch von diesem Trust-Bonus.

3. Zielgruppengenaue Ansprache
   Durch redaktionelle Einbettung und thematische Channels (z. B. Technik-Deals, Reiseschnäppchen) werden Angebote passgenau zu Interessengebieten ausgespielt.
4. Crossmediale Vermarktung
   Neben den Deal-Bereichen auf der Website können Angebote in Newslettern, Social-Media-Kanälen, Mobile-Apps und sogar in On-Air-Hinweisen (n-tv) beworben werden.
5. Aktualität und Schnelligkeit
   Redaktionelle Teams können zeitnah auf Marktbewegungen reagieren und neue Aktionen promoten – ideal für zeitlich begrenzte Flash-Sales oder saisonale Kampagnen.
6. Starke SEO-Effekte
   Domains mit hoher Domain Authority ranken gut in Suchmaschinen. Das sorgt für zusätzliche organische Besucherströme auf die Deal-Seiten.
7. Transparente Erfolgsmessung
   Über integrierte Tracking- und Affiliate-Systeme lassen sich Klick- und Conversion-Rates exakt erfassen, um Renditen und Kampagnen-KPIs länder- und zielgruppengenau auszuwerten.
8. Geringer Aufwand bei hoher Wirkung
   Die technische Anbindung läuft über bewährte Affiliate-Netzwerke oder API-Schnittstellen; der Pflegeaufwand für Händler ist verhältnismäßig gering, während die Reichweite sofort wirkt.
9. Image-Gewinn durch Kooperation
   Eine Präsenz auf einer Premium-Plattform signalisiert Kundinnen und Kunden, dass das Angebot vertrauenswürdig und relevant ist – ein wertvoller Image-Transfer von etablierten Medienmarken.
10. Upselling- und Cross-Selling-Potenziale
    Leserinnen und Leser, die zunächst wegen eines Sonderangebots kommen, können durch gezielte Empfehlungen und dynamische Widgets auf weitere Produkte oder Services aufmerksam gemacht werden.

All diese Faktoren machen Deal-Plattformen renommierter Nachrichtenportale zu einer besonders effektiven Distributionsmöglichkeit für Händler, die ihre Aktionen breit und glaubwürdig kommunizieren möchten. Wie funktioniert das genau? Man verhandelt einen Deal mit der Plattform und wird dort als Anzeige oder Editorial ausgespielt. Native Ads ist die Bezeichnung dafür. Wie setzt man das am einfachsten um? Für mich führt dazu kein Weg an Taboola vorbei. Taboola ist eine Content-Discovery- und Native-Advertising-Plattform, die vor allem folgende Funktionen bietet:

1. Content-Empfehlungen
   Auf Tausenden von Publisher-Websites (Premium-Seiten wie Zeitungen, Magazine, Blogs) liefert Taboola unter Artikeln oder im Seitenlayout individualisierte Empfehlungen für weitere Inhalte – sowohl redaktionelle Beiträge als auch Werbeanzeigen.
2. Native Advertising
   Werbetreibende platzieren ihre Advertorials, Produkt- oder Serviceangebote in Form von »Sponsored Content« direkt im redaktionellen Look and Feel der Gastseiten. Das steigert Klickrate und Relevanz, weil die Werbung nicht als klassische Banner wahrgenommen wird.
3. Personalisierung und Targeting
   Mithilfe von Machine-Learning-Algorithmen analysiert Taboola das Surfverhalten der Nutzerinnen und Nutzer in Echtzeit und zeigt genau die Empfehlungen, die am ehesten interessieren – nach Themen, Ort, Endgerät, Tageszeit und weiteren Profilfaktoren.
4. Self-Service- und Managed-Service-Modelle
   Agenturen und Direktkunden können über ein Self-Service-Interface Kampagnen selbst aufsetzen, budgetieren und optimieren. Großkunden bekommen bei Bedarf persönliche Betreuung (*Managed Service*) mit strategischer Beratung.
5. Performance-Tracking und Reporting
   In einem zentralen Dashboard sehen Werberinnen und Werber KPIs wie Impressions, Klicks, Cost-per-Click (CPC) und Conversion-Rates. Detaillierte A/B-Tests und Geosegmente helfen, Budgets effektiv zu steuern.
6. Videoempfehlungen
   Neben Text-Teasern können auch Videoclips automatisch in redaktionelle Umfelder eingebunden werden, um Engagement und Watchtime zu erhöhen.
7. Skalierbarkeit und Reichweite
   Taboola erreicht weltweit über eine Milliarde Unique Users pro Monat. Inhalte werden auf über 10.000 Partnerseiten ausgespielt, wodurch Werbekunden schnell sehr große Zielgruppen erreichen können.

8. Taboola-Newsroom und -Trends
   Taboola bietet Publishern einen »Newsroom«, in dem sie die Performance ihrer Inhalte in Echtzeit verfolgen können, sowie Trend-Insights zu Themen, die gerade besonders beliebt sind.

Kurz gesagt, sie helfen Verlagen, ihre Seiten monetär zu optimieren, indem relevante Inhalte und Anzeigen platziert werden, und hilft Werbetreibenden, ihre Botschaften in passenden Umfeldern an eine interessierte Zielgruppe auszuliefern.

Dass Native Ads (native Werbung), eine Werbeform, die sich im Look and Feel nahtlos in das redaktionelle Umfeld einer Plattform oder Website einfügt, gut funktioniert, ist wenig überraschend. Anders als klassische Banner oder Pop-ups wirken Native Ads weniger aufdringlich, weil sie in Layout, Schriftart und Funktionalität den Umgebungsinhalten angepasst sind.

Welche anderen Plattformen ergeben Sinn, um Ad-hoc-Reichweite auszubauen? Wenn Ware übrig ist: Sales-Portale wie Veepee, aber auch Limango für Kleidung oder Corporate Benefits und INCENT. Letztere sind Plattformen, die rabattierte Angebote in geschützten Mitarbeiterportalen größerer Firmen wie beispielsweise BMW ausspielen. Aber – wahrscheinlich klar – ich bin kein Fan von Rabatten. Sie schlagen direkt negativ auf die Rentabilität durch.

Take-away

Wenn durch hochwertigen Content und digitale Entscheidungshilfen bereits eine perfekte Basis geschaffen wurde und sich dennoch sinkende Neukundenquoten zeigen, ist es Zeit für einen Strategiewechsel: Irgendwann ist am Content kein Feinschliff mehr möglich. Genau dann zahlt es sich aus, die Reichweite zu vergrößern – etwa über Deal-Plattformen, Native Ads oder Werbung in Mitarbeiterportalen.

Perfekt personalisieren

Vom Datengold auf der letzten Meile bis zur Hyper-Personalisierung

In einem Markt, in dem sich Produkte und Geschäftsmodelle immer ähnlicher werden, müssen Unternehmen ihre Alleinstellungsmerkmale klar herausstellen. Kann ich mich durch das Produkt nicht vom Wettbewerb abheben, liegt der Schlüssel darin, anderen Mehrwert zu schaffen, Service in den Mittelpunkt zu stellen und die Frage zu beantworten: Warum sollte der Kunde bei mir kaufen – und nicht bei meinem Wettbewerber? Der Service Personalisierung kann hier ein Schlüssel sein.

Angenommen, du bestellst dir online ein neues Paar Laufschuhe. Die Lieferung erfolgt schnell und zuverlässig, und darüber hinaus kennt dich der Zusteller persönlich, erinnert sich an deine vorherigen Bestellungen und empfiehlt dir passende Pflegeprodukte oder Zubehör. Dieses Szenario mag wie aus einem Science-Fiction-Roman stammen, doch es ist längst Realität für Unternehmen, die die Kunst der letzten Meile beherrschen.

In der Ära der Digitalisierung hat die Personalisierung von Kundenerlebnissen einen zentralen Stellenwert bekommen. Unternehmen investieren massiv in Technologien und Strategien, um ihre Kunden besser zu verstehen und individuell anzusprechen. Doch während die Möglichkeiten zur Datensammlung und -analyse ständig wachsen, bringt die Datenschutz-Grundverordnung (DSGVO) erhebliche Herausforderungen mit sich. Die strikten Regulierungen haben dazu geführt, dass viele Unternehmen wertvolle Kundendaten verloren haben oder nur eingeschränkt nutzen können. Der direkte Zugriff auf umfassende Informationen über die Kunden ist schwieriger geworden, was die Personalisierungsstrategien erheblich erschwert.

Inmitten dieser datenschutzrechtlichen Hürden offenbart sich eine unerwartete Chance: die letzte Meile der Lieferkette. Unternehmen, die die Kontrolle über die Endphase der Lieferung behalten – sei es durch eigene Lieferflotten oder durch enge Partnerschaften mit spezialisierten Dienstleistern –, gewinnen nicht nur an Effizienz, sondern auch an wertvollen Kundendaten. Diese direkten Interaktionen bieten einzigartige Einblicke in das Verhalten und die Bedürfnisse der Kunden, die über herkömmliche Datenquellen hinausgehen.

Durch die individuell gestaltete Lieferung entsteht eine persönliche Beziehung zwischen Unternehmen und Kunde. Zusteller können wertvolle Informationen über die Haushalte sammeln, wie beispielsweise bevorzugte Lieferzeiten, Häufigkeit bestimmter Bestellungen oder sogar individuelle Vorlieben. Diese Daten, oft unbeabsichtigt und organisch generiert, sind wahres Datengold – sie ermöglichen maximale Personalisierung, die weit über das hinausgeht, was durch anonymisierte Onlinedaten möglich ist.

Ein praktisches Beispiel: Ein Onlineshop, der seine Kunden an der Haustür trifft, kann direktes Feedback von den Kunden erhalten und dieses in Echtzeit in seine Personalisierungsstrategien einfließen lassen. Wenn ein Kunde regelmäßig bestimmte Produkte kauft, kann das Unternehmen gezielte Empfehlungen oder Sonderangebote erstellen, die genau auf die Bedürfnisse dieses Haushalts zugeschnitten sind. Diese Art der personalisierten Ansprache schafft nicht nur eine tiefere Kundenbindung, sondern steigert auch Kundenzufriedenheit und -loyalität erheblich.

Dein persönlicher Eismann: Wenn der Kundenservice klingelt statt klickt

Schauen wir uns beispielsweise die Strategien und Mechanismen eines Unternehmens an, deren Hauptstrategie die letzte Meile ist: eismann ist ein deutscher Tiefkühl-Heimservice mit Sitz in Magdeburg, der seit 1974 Tiefkühlkost direkt zu den Kundinnen und Kunden nach Hause liefert. Das Geschäftsmodell basiert auf einem Franchise-System: Rund 1.100 selbstständige Verkaufsfahrerinnen und -fahrer beliefern in ganz Deutschland (sowie in ausgewählten Nachbarländern) private Haushalte im wöchentlichen Rhythmus und nehmen zugleich Bestellungen für die nächste Lieferung entgegen. Mit rund 2.000 Mitarbeitenden und einem Jahresumsatz von über 500 Millionen Euro zählt eismann zu den Marktführern im Bereich Heimlieferservice für Tiefkühlprodukte.

Der Lieferdienst steht für Qualität, Frische und ausgezeichneten Kundenservice: Jeder Kunde hat seinen persönlichen »Eismann« als Ansprechpartner – eismann schafft es damit, eine anonyme Dienstleistung zu personalisieren. Das Unternehmen vertrieb seinen Service früher per Katalog und Telefon, heute hauptsächlich über eine Website.

Man könnte meinen, dass es sich damit die individuellen Infos abgeschnitten hat. Dem eismann Tiefkühl-Heimservice ist es aber gelungen, seinen persönlichen Kundenservice ins Onlinezeitalter zu transformieren: Jeder Kunde hat online den gleichen eigenen persönlichen »Eismann«, der an der Haustür klingelt. Er berät auf den Punkt, weil er weiß, wie die familiäre Situation und die Vorlieben des Kunden sind. Sind Kinder im Haushalt? Gibt es eine Vorliebe für vegane Produkte? Beratung wird dadurch online wie offline konsistent – durch personalisierte E-Mail-Kommunikation, Wiedererkennung durch Fotos des eigenen Eismanns und direkte Kommunikation auch online. Wie genau wirkt sich das online aus?

Für eismann Tiefkühl-Heimservice ist diese Strategie überlebenswichtig, denn Konkurrenz ist allerorts. Neben Sofortlieferdiensten wie Lieferando zur Essensbestellung bei Restaurants, die mit schnellen Lieferungen vor allem junge Kundengruppen in Großstädten ansprechen, sind nach wie vor Supermärkte meist die erste Anlaufstelle für größere Wocheneinkäufe. Und auch diese großen Supermarktketten haben das Potenzial von Lieferdiensten für den Kunden erkannt. Aldi Süd beispielsweise testete einen Lebensmittellieferservice, stellte diesen Versuch jedoch wieder ein. In einer Zeit absoluter Preissensibilität erwiesen sich die hohen Kosten für Personal, Rohstoffe und Logistik sowie die damit verbundenen Zusatzkosten für Kunden (höhere Preise, Liefergebühren) als noch nicht rentabel. Noch nicht.

REWE ist dagegen schon seit einigen Jahren erfolgreich am Markt, ebenso wie pfiffige Onlinesupermärkte mit Fokus auf Frischeprodukte wie Knuspr, aber auch HelloFresh, ein Anbieter von Kochboxen mit Rezepten und Zutaten, die keine physischen Stores haben und ihre Ressourcen effizient auf genau diese Punkte fokussieren können. Für das Kundenklientel von eismann ist eine Kombination aus Preis und Komfort ausschlaggebend dafür, dass sie sich für den Service anstatt den traditionellen Supermarkteinkauf entscheiden. Im Fall von eismann stehen besonders der persönliche Service und die Qualität im Vordergrund. Das Umsatzpotenzial, das hinter dem Wissen über den Kunden und damit der personalisierten Ansprache der Kunden steckt, ist aber nicht nur Food-Anbietern vorbehalten.

Wertschätzung des Kunden: Warum Montblanc online kühl wirkt – und eismann warm

Eine unerwartete Verbindung lässt sich auch bei Luxusmarken wie Montblanc erkennen. Füllfederhalter und Lebensmittellieferungen haben auf den ersten Blick nichts gemeinsam. Montblanc, eine international führende Luxusmarke seit über 100 Jahren, und eismann, ein Premium-Tiefkühllieferdienst, haben auch auf den zweiten Blick nicht viel gemeinsam. Dennoch bin ich überzeugt: Montblanc kann noch einiges von eismann zum Thema Personalisierung lernen!

Montblanc ist eine renommierte Luxusmarke, die vor allem für ihre Schreibgeräte, Uhren und Lederwaren bekannt ist. Seit 1906 erzielt Montblanc große Beliebtheit durch eine Kombination aus hochwertigen Produkten und erstklassigen Einkaufserlebnissen im stationären Handel. Dadurch haben sich Montblanc-Produkte zu Statussymbolen über Generationen hinweg entwickelt.

Während Montblanc-Produkte zunächst nur stationär erhältlich waren, sind sie heute auch im Onlineshop verfügbar. Und da beginnt die Herausforderung. Das In-Store-Erlebnis von Montblanc – die hochwertige Ausstattung, das schick angezogene und sehr zuvorkommende Personal, das Glas Champagner, das angeboten wird, und die hochwertige Präsentation der Produkte –, das alles kann man online nicht fühlen und erleben. Es ist, als würde einem der Füller über die Ladentheke geschmissen werden. Keine Ansprache mit Namen – keine Wertschätzung.

Auf den Punkt gebracht: Montblanc gelingt es derzeit nicht, das luxuriöse und individuelle In-Store-Erlebnis in dem Maße auf ihre E-Commerce-Präsenz zu übertragen. In den physischen Geschäften erhalten Kunden eine hochwertige Behandlung und liebevoll verpackte Produkte in perfekt designten Regalen. Online fehlt die persönliche Note; das Kundenerlebnis ist anonym und distanziert.

Was kann Montblanc von eismann lernen? Personalisierung: Produktkäufe aus dem Online-Store müssen denselben Standard wie In-Store-Käufe erfüllen. Das schließt einen persönlichen Service mit ein, sei es durch persönliche Notizen, Premium-Verpackungen oder exklusive Onlinegeschenke. Ein hochwertiges Kundenerlebnis, das beim Auspacken für Erstaunen sorgt, ist essenziell.

Darüber hinaus: Durch eine kontinuierliche Kundenansprache und Kundennähe kann die Kundenbindung gestärkt werden. Persönliche Kommunikation mit dem eigenen Ansprechpartner über Chat, Telefon oder E-Mail macht Service menschlicher und entanonymisiert den gesamten Kaufprozess. Angesichts der Tatsache, dass unzufriedene Kunden etwa zehnmal häufiger eine Bewertung abgeben als zufriedene, ist dieser persönliche Kontakt entscheidend, um positive Erlebnisse zu fördern und bei auftretenden Problemen schnell zufriedenstellende Lösungen zu finden.

Wir sind in einer Phase des E-Commerce, in der branchenübergreifende Vergleichspunkte hergestellt werden, nicht nur für Marken und Shops, sondern auch für Kundenansprache und Service. Dies ist eine große Chance. Wer sie nicht nutzt, kann damit negativ auf seine Marke einwirken.

eismann hat das verstanden und priorisiert diese Beziehungen auch online. Längst ist es an der Zeit, dass Montblanc sein In-Store-Erlebnis in die Onlinewelt übersetzt, um einen ganzheitlichen Markenauftritt zu schaffen und einheitliche Erlebnisse für Online- und Offlinekunden zu bieten. Ich bin trotzdem wegen ihrer liebevollen Produkte ein großer Fan von Montblanc. Aber nochmal: Kunden vergleichen nicht nur innerhalb der Branche, sie fokussieren sich auf ihre Erfahrungen. Das hat längst auch einer der genialsten Möbelhändler unserer Zeit verstanden.

Premium-Design und Premium-Lieferung: Westwings Antwort auf stagnierende Märkte

Rik Strubel, ehemaliger CMO von Westwing, hat mir dazu einen Blick ins »Wohnzimmer« von Westwing erlaubt. In einem Interview erläuterte er mir, vor welchen Herausforderungen der Möbelhändler steht. Während der Coronapandemie haben viele ihr Zuhause erneuert. Jetzt braucht es eine Strategie, wie Westwing weiterwachsen kann. Personalisierung und in diesem Zusammenhang die letzte Meile ist dazu auch für Westwing ein Schlüssel.

»Westwing verkauft Möbel – aber sie machen es schöner als der Wettbewerb.« Das ist der Kern der Marke, wie ich ihn sehe. Tatsächlich ist alles bei Westwing schön gestaltet: vom Onlineshop über die Produkte bis hin zu den Räumen in der Zentrale in München, die wie perfekte Wohnzimmer aussehen.

Hier kommt der Knackpunkt: Diese Schönheit wurde hands-on und mit viel Leidenschaft aufgebaut – mit eigenen Stylistinnen und Stylisten, perfekt designten Produkten, einschließlich der Eigenmarke Westwing Collection, und einer eigenen Content-Produktion. Aber was, wenn all das durch generative KI von anderen kopiert werden kann?

Genau das treibt Westwing an, die Dinge jetzt noch besser zu machen. Besonders beeindruckt war ich, als wir über die »letzte Meile« sprachen. Die Lieferung zum Kunden durch eigenes Personal kann ein Gamechanger sein. Nicht nur Markus Meyer, CDO bei eismann Tiefkühl-Heimservice, auch Rik Strubel ist davon überzeugt: persönliche Kundenbegegnungen, direktes Feedback und der Aufbau einer echten Kundenbeziehung. Das ist ein klarer Vorteil gegenüber anonymem Verkauf. Trotz vieler Daten hat man oft kein zu 100 % transparentes Bild vom Kunden. Persönliche Begegnungen ändern das.

Westwing bietet inzwischen in einigen Städten einen Premium-Lieferservice inklusive Westwing Branding an. Diese direkte Kundeninteraktion trägt bereits Früchte und führt zu höheren Bestellwerten und längerer Kundenbindung.

Damit reagiert Westwing auf weniger Neukundenpotenzial. Während der Coronapandemie lag der Fokus stark auf Effizienz. Heute ist es für Westwing zentral, den Menschen die Bedeutung des *Cocooning* zu vermitteln. Die Marke zu stärken und Bedarfe zu schaffen, ist jetzt wichtiger als ausschließlich harte Performance-KPIs. Dazu braucht es zwei Dinge: Wissen über den Kunden und eine möglichst persönliche Ansprache. Dieser Strategie-Shift – wieder mehr in Branding zu investieren – lässt sich auch bei vielen anderen Unternehmen beobachten.

Ein Mensch, der das Sofa ins Wohnzimmer trägt und für einen stilvollen Liefermoment an der Haustür sorgt – der bleibt im Kopf. Aber was ist mit dem Bot, der vorher genau wusste, welches Sofa es sein soll? Der Kundenkontakt beginnt digital, lange bevor ein Produkt überhaupt gekauft wird. Im Zentrum steht dabei ein Werkzeug, das in den letzten Jahren enorm an Bedeutung gewonnen hat: Chatbots. Richtig eingesetzt, sind sie weit mehr als nur eine Automatisierungslösung. Sie können ein zentrales Element für personalisierte, datenbasierte Kundenerlebnisse sein. Lange als seelenlose Serviceroboter verschrien, mausern sie sich plötzlich zu den besseren Beratern. Zufall? Wohl kaum.

Nie schlafen, nie schlechte Laune: Die Stärken von Chatbots

Ich lehne mich mal aus dem Fenster. Bald wird man nicht mehr erkennen, ob man am Telefon oder im Chatbot mit einem echten Menschen spricht oder einem Roboter. Die Technologie hat sich durch KI in den letzten Jahren weiterentwickelt. Manche Menschen bauen Avatare von sich selbst auf Basis von Video- und Sprachaufnahmen. Michael Praetorius hat das beispielsweise vorgemacht. Er ist seit über 20 Jahren in TV und Radio aktiv und zählt zu den bekanntesten Social-Media-Persönlichkeiten Deutschlands. Ich kenne ihn bereits seit 15 Jahren. Um ehrlich zu sein: Ich habe nicht erkannt, dass das Video, das er auf LinkedIn gepostet hat, ein Avatar von ihm ist.

Chatbots gelten oft als nüchternes Automatisierungstool – dabei sind sie, richtig eingesetzt, ein strategisches Instrument für datengetriebene Personalisierung im E-Commerce. Sie sind längst mehr als nur ein technischer Helfer zur Entlastung des Kundenservice. In Wahrheit können sie das Einkaufserlebnis entscheidend verbessern – vorausgesetzt, sie greifen auf relevante Kundendaten zu und setzen diese sinnvoll ein.

Ein zentraler Hebel ist die datenbasierte Echtzeitpersonalisierung. Chatbots können auf gespeicherte Informationen wie Kaufhistorie, Suchverhalten oder individuelle Interessen zugreifen und daraus passgenaue Antworten oder Produktempfehlungen ableiten. Statt allgemeiner Phrasen erhalten Kundinnen und potenzielle Käufer damit persönliche Hinweise, etwa: »Sie haben sich beim letzten Mal für vegane Produkte interessiert – möchten Sie ähnliche Angebote sehen?« oder »Möchten Sie wieder Ihre Lieblingsfarbe nachbestellen?«. Solche Formulierungen machen den Unterschied: Der Kunde fühlt sich verstanden statt einfach nur beraten – und das steigert nicht nur die Zufriedenheit, sondern auch die Höhe des gekauften Warenkorbs.

Trifft diese Technologie auf authentische Kommunikation, wie es Michael Praetorius geschafft hat, ist für Kunden wahrscheinlich gar nicht mehr erkennbar, ob sie jetzt mit dem echten Eismann eine Video- oder Chatberatung haben oder mit dem Avatar. Weg vom Klick – hin zur Sprache (siehe **Abbildung 14**).

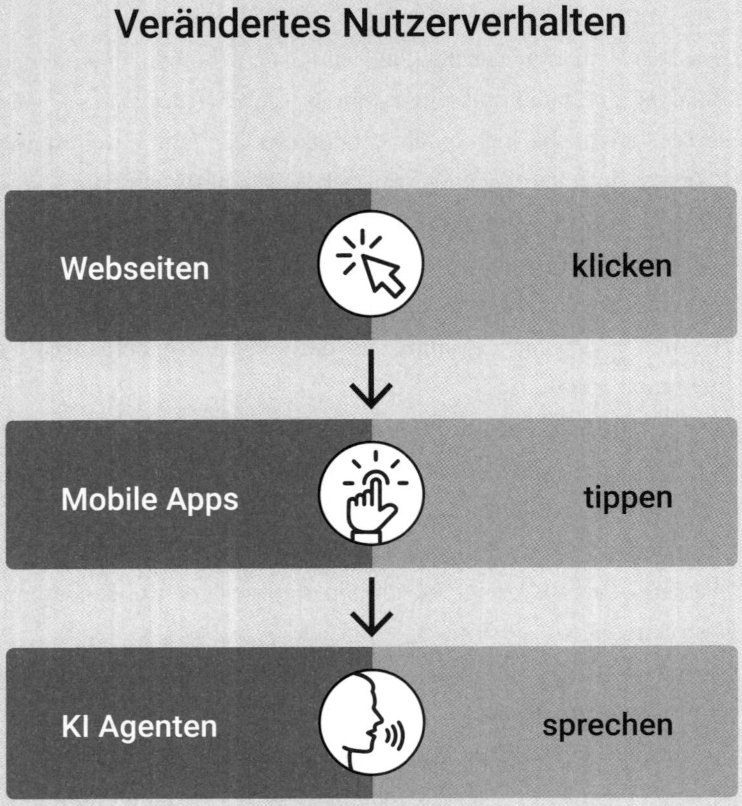

14 *Eine revolutionäre Technologie verändert alles: gut gemachte Chatbots sind für Kunden von echten Menschen kaum mehr zu unterscheiden.*

Noch ein Fall, bei dem Chatbots völlig unterschätzt werden: Serviceerlebnis nach Maß im Reklamationsfall oder bei Problemen. Bei Anfragen zu Lieferproblemen oder Rücksendungen kann der Chatbot auf externe Daten – beispielsweise der Logistik-Dienstleister – zugreifen und proaktiv reagieren, mit Aussagen wie: »Ich sehe, Sie haben vor drei Tagen Ihre Bestellung erhalten – wie zufrieden sind Sie damit?« oder »Hier ist direkt der Link zum Rücksendeetikett für Ihre letzte Bestellung.« Diese kontextbezogene Unterstützung führt zu schnellerem Support, reduziertem Frust und sorgt für ein insgesamt positiveres Markenerlebnis. Denn gerade im Service zeigt sich oft, ob eine Marke wirklich kundenorientiert denkt – oder nur automatisiert.

Und dann ist da noch dieser kleine, aber nicht ganz unwichtige Punkt: Chatbots schlafen nie. Sie sind rund um die Uhr verfügbar, haben keine schlechte Laune, keinen Feierabend und vergessen garantiert nicht, was der Kunde beim letzten Mal bestellt hat. Für viele ist das längst kein »Nice to have« mehr, sondern Standard im E-Commerce.

Fassen wir's zusammen: Chatbots bieten heute ein riesiges Potenzial für echte Personalisierung im digitalen Raum. Skalierbar, effizient – und oft überraschend menschlich. Ich lehne mich noch mal aus dem Fenster: Manche Bots kennen die Vorlieben der Kundinnen und Kunden heute schon besser als mancher Verkäufer im Store. Die merken sich einfach alles.

Was braucht sie jetzt? Die Magie der Hyper-Personalisierung

Kunden kaufen heute viel mehr bedarfsdeckend – nicht mehr stur saisonal wie früher. Ein Beispiel: »Saisonalitäten und Verkäufe hängen bei uns vom Wetter ab«, sagt Oliver Breitfeld, Chief Digital Officer bei Horze International GmbH. »Während wir im Frühling bei Regen und Sturm in Hamburg weiterhin Pferdedecken verkaufen, geht in München bei 20 °C und Sonnenschein bereits kurzärmlige Reitbekleidung – im gleichen Zeitraum. Also passen wir auch die Werbung an. Wir spielen in Hamburg Pferdedecken aus, in München Reitbekleidung für den Sommer.«

Dazu braucht es eine gute Datenbasis und Echtzeitwetterdaten, um der Kundschaft die richtigen Produkte personalisiert und punktgenau zum richtigen Zeitpunkt anzubieten, aber auch eine andere Arbeitsweise und Planung. Wenn die neuen Pferdedecken im Januar auf Lager sind, aber das Wetter nicht passt, bewerben wir sie erst dann, wenn der richtige Verkaufs-, heißt Wetterzeitpunkt gekommen ist. Sonst verpuffe der Werbeeffekt, sagt Oliver Breitfeld. Kunden schauen sich die Produkte an, behalten sie im Hinterkopf, aber kaufen dann oftmals last minute, wenn der Bedarf am größten ist. Im Worst Case jedoch woanders. Kampagnen müssen also vorgeplant werden, sollten aber erst ausgespielt werden, wenn alle Konditionen passen. Davon sind die meisten Unternehmen weit entfernt.

Wir befinden uns bei Standard-Personalisierung. Es ist der erste Schritt in Richtung individueller Kundenansprache – und für viele Unternehmen noch immer der Status quo. Sie funktioniert nach einfachen, regelbasierten Prinzipien: Wer kürzlich Produkt A angeschaut hat, bekommt eine Anzeige mit Produkt A oder B. Wer einen bestimmten Newsletter abonniert hat, erhält eine Willkommens-E-Mail mit personalisierter Anrede und einem Rabattcode. Die Grundlage bilden meist wenige Basisdaten wie Name, Geschlecht, Sprache oder kürzlich angesehene Produkte im Shop.

Diese Art der Personalisierung ist leicht umzusetzen. Viele Shopsysteme oder E-Mail-Marketing-Tools bieten sie als integrierte Funktion an – ohne tiefe Datenvernetzung oder komplexe Systeme. Auch deshalb ist sie sehr verbreitet. Ihre Wirkung ist durchaus positiv: Eine personalisierte Betreffzeile kann die Öffnungsrate steigern, das erneute Ausspielen eines Produkts an einen interessierten Nutzer kann zur Conversion führen. Für Einsteiger ist das ein einfacher, schneller Hebel, um messbare Ergebnisse zu erzielen. Aber wer kennt sie nicht, die Anzeige eines Produkts, das ich doch schon gekauft habe?

Hier liegt die Schwäche: Standard- Personalisierung bleibt oberflächlich. Sie basiert auf wenigen, oft isolierten Datenpunkten – und berücksichtigt weder den größeren Kontext noch die tieferen Bedürfnisse eines Kunden. Sie unterscheidet nicht zwischen einmaligen Besuchern und treuen Stammkunden, nicht zwischen preisbewussten Schnäppchenjägern und qualitätsorientierten Markenliebhabern. Sie ist dieselbe Logik für alle – nur mit anderem Namen. Und im Fall der Anzeige erfolgt sie ohne *CRM*-Daten (*Customer Relationship Management*).

Für Konsumentinnen und Kunden, die personalisierte Erlebnisse von großen Plattformen wie Netflix, Spotify oder Reiseanbietern gewöhnt sind, wirkt Standard-Personalisierung schnell generisch – austauschbar, vorhersehbar, wenig überzeugend. Sie erkennen, dass sie angesprochen werden, aber fühlen sich nicht wirklich gemeint.

Standard- Personalisierung ist daher vor allem eines: ein Einstieg. Sie kann und sollte als Grundlage dienen – aber sie ersetzt keine echte, tiefgreifende Personalisierungsstrategie. Wer in einem zunehmend wettbewerbsintensiven Markt bestehen will, muss weiterdenken. Denn Relevanz entsteht heute nicht mehr durch den Vornamen in der E-Mail, sondern durch echtes Verständnis und situativ passende Kommunikation. Genau dort beginnt der Weg in Richtung Deep Personalization.

An dieser Stelle wird es wichtig, zwei Begriffe zu unterscheiden, die im Alltag oft gleichgesetzt werden: *Deep Personalization* und *Hyper-Personalization*. Beide Ansätze verfolgen das Ziel, Kundinnen und Käufer individueller und relevanter anzusprechen – doch sie tun das auf unterschiedliche Weise.

Deep Personalization basiert auf einem langfristigen Verständnis für den einzelnen Kunden. Sie nutzt Daten aus dem CRM, Transaktionshistorien, bevorzugte Produktkategorien, Rücksendeverhalten, Preis- und Markenpräferenzen sowie sogar psychografische Merkmale wie Nachhaltigkeitsorientierung oder Stilrichtungen. Auf dieser Basis entstehen segmentübergreifende, hoch individuelle Profile, die über oberflächliche Einordnungen weit hinausgehen. Deep Personalization bedeutet: Ich weiß, wie mein Kunde denkt, was ihm wichtig ist – und wie ich über die Zeit hinweg eine Beziehung zu ihm aufbaue.

Hyper-Personalization ergänzt dieses tiefe Verständnis um eine entscheidende Dimension: den Moment. Sie nutzt Echtzeitdaten, um aktuelle Kontexte in die Personalisierung einzubeziehen – etwa den Aufenthaltsort, die aktuelle Uhrzeit, das Wetter, das verwendete Gerät oder die aktuelle Aktivität im Shop. Sie beantwortet nicht nur die Frage »Wer ist dieser Kunde?«, sondern auch: »Was macht er gerade – und was braucht er in genau diesem Moment?« Dafür kommen Technologien wie KI, Predictive Analytics und dynamische Content-Ausspielung zum Einsatz. Das Ziel: maximale Relevanz – jetzt.

Ein Beispiel: Eine Kundin, die regelmäßig natürliche Hautpflegeprodukte kauft, erhält zum Monatswechsel eine Produktempfehlung für ein neues Serum – abgestimmt auf die Jahreszeit, ihren Hauttyp und ihre bisherige Markenpräferenz. Dazu eine passende Story in der Tonalität, die sie anspricht – nicht als Newsletter, sondern als Push-Nachricht in ihrer bevorzugten App. Übrigens ist der Gehaltseingang am Monatsende bei vielen E-Commerce Unternehmen deutlich am Tagesumsatz zu erkennen.

Den Unterschied bringt **Tabelle 2** auf den Punkt:

Kategorie	**Standard-Personalisierung**	**Deep Personalization**	**Hyper-Personalization**
Fokus	einfache Wiedererkennung, regelbasiert	langfristiges Kundenverständnis	kontextbezogene Echtzeitreaktion
Datennutzung	Basisdaten (Name, Klicks, Käufe)	Verhalten, Historie, Präferenzen	Echtzeitdaten, Stimmung, Standort, Gerät
Technologie	CRM, einfache Regeln und Trigger	Segmentierung, Machine Learning	KI, Predictive Analytics, dynamische Content Engines
Ziel	Steigerung von Öffnungen und Wiederkäufen	Relevanz über die Zeit hinweg	maximale Relevanz im Moment der Entscheidung
Beispiel	»Hallo Lisa, hier unsere Bestseller für dich.«	»Hallo Lisa, deine Lieblingsmarke hat eine neue Kollektion – passend zu deinem Stil.«	»Hallo Lisa, 22 °C in München – perfekt für deinen neuen Sommerlook von XYZ.«

2 *Personalisierungsgrade im E-Commerce*

Beide Ansätze, Deep Personalization und Hyper-Personalization, haben ihre Berechtigung – und sie ergänzen sich. Deep Personalization schafft Vertrauen und emotionale Bindung durch Wiedererkennung und Verlässlichkeit. Hyper-Personalization aktiviert den Kunden genau im richtigen Moment, steigert die Conversion und macht digitale Erlebnisse spürbar persönlicher. Aber Achtung: Es muss tatsächlich perfekt und positiv sein. Jeder kennt die Geschichten von verärgerten Urlaubsbuchern, die feststellen, dass nach dem dritten Aufrufen der Seite die Preise gestiegen sind. Hyper-Personalization muss gut gemacht sein, aber Standard-Personalisierung – wie etwa Produktempfehlungen, die auf dem Kaufverhalten anderer basieren – reicht nicht mehr aus, um sich im Wettbewerb abzuheben. Die Erwartung ist, dass sich Marken an sie erinnern, sich weiterentwickeln und mitdenken. Wer das ernst nimmt, muss beginnen, Daten nicht nur zu sammeln, sondern intelligent zu verknüpfen, zu interpretieren und in Aktionen zu übersetzen.

Technologie spielt dabei eine wichtige Rolle – aber sie ist kein Selbstzweck. Es geht nicht um möglichst viele Tools, sondern um die gezielte Auswahl und den klugen Einsatz. Personalisierung beginnt mit einer klaren Strategie: Wen will ich wie erreichen – und in welchem Moment?

Der Einstieg kann klein sein: mit der Verknüpfung bestehender Daten, mit smarter Segmentierung, mit A/B-Tests. Wichtig ist der Mut, Dinge auszuprobieren, Erkenntnisse zu sammeln und daraus zu lernen. Denn Personalisierung ist kein einmaliges Projekt, sondern ein laufender Prozess. Der Bedarf von Horze ist heute machbar. Nicht einfach, aber es geht.

Hyper-Personalization zu schaffen, bedeutet, Daten, Technologie und Prozesse so zu orchestrieren, dass Kundinnen und Kunden in Echtzeit das sehen, was genau jetzt für sie relevant ist. Das klingt komplex – und ist es auch. Aber mit der richtigen Herangehensweise ist es machbar.

Hier sind die wichtigsten Schritte, mit denen Unternehmen Hyper-Personalization in der Praxis umsetzen können:

1. Daten in Echtzeit erfassen und nutzbar machen
   Hyper-Personalization beginnt mit Daten – nicht nur historischen, sondern auch kontextuellen und aktuellen Informationen: Standort, Uhrzeit, Wetter, verwendetes Gerät, aktuelles Surfverhalten, vorherige Interaktionen, Kaufkraft- und Preissensitivitätsmuster. Wichtig: Diese Daten müssen in Echtzeit erfasst und verarbeitet werden und sofort für die Ausspielung verfügbar sein.
2. Technologie-Stack aufrüsten
   Ohne passende Tools geht es nicht. Wichtige Komponenten sind:
   - *CDP* (*Customer Data Platform*): zum Zusammenführen und Aktivieren von Daten aus allen Quellen
   - *Recommender Engines*: für intelligente Produktempfehlungen
   - *KI* und *Predictive Analytics*: um Verhalten vorherzusagen
   - *Trigger-basierte Automatisierungen*: für sofortige, kontextbasierte Aktionen
   - *Dynamische Content-Plattformen* (*DCO*): zur Echtzeitanpassung von Bannern, Mailings, Website-Elementen

3. Use Cases definieren
   Nicht alles muss sofort passieren. Starte mit konkreten, wertstiftenden Anwendungsfällen, das sind z. B. wetterbasierte Produktempfehlungen, »Back in Stock«-Alerts für Favoriten (ich meine nicht auf Basis eines E-Mail-Verteilers, in der sich Kunden eintragen), preisrelevante Trigger (z.B. wenn der Preis unter den Wunschpreis fällt), Reminder kurz vor dem erwarteten Wiederkaufdatum.
4. Inhalte dynamisch ausspielen
   Personalisierte Inhalte müssen nicht nur passen, sondern auch im richtigen Moment auftauchen: Website-Elemente verändern sich je nach Besucherprofil, E-Mails werden nicht nur personalisiert, sondern zum optimalen Zeitpunkt versendet, Ads zeigen je nach Region andere Produkte (z.B. Sommer vs. Winter).
5. Testen, lernen, wiederholen
   Hyper-Personalization ist kein »Set and forget«-System. Sie lebt von kontinuierlichem Lernen:
   - A/B-Tests für unterschiedliche Trigger oder Content-Versionen
   - Analyse von Öffnungs-, Klick- und Kaufverhalten in Echtzeit
   - Anpassung der Regeln und Algorithmen auf Basis von Nutzerreaktionen
6. Grenzen respektieren
   Hyper-Personalization darf nie als übergriffig empfunden werden. Transparenz, Datenschutz (z.B. DSGVO) und Respekt vor der Privatsphäre sind essenziell.

Hyper-Personalization ist dort erfolgreich, wo Technologie, Daten und Kundenzentrierung zusammenspielen. Sie beginnt nicht mit dem Tool, sondern mit der Frage: Was will mein Kunde in genau diesem Moment – und wie kann ich das liefern, ohne sie oder ihn zu stören?

Take-away

Wir kaufen nicht mehr nach Kalender, sondern nach Kontext. Wer heute noch mit starren Saisonkampagnen plant, verkauft an den Bedürfnissen vorbei. Erfolgreiche Personalisierung denkt wetterabhängig, datenbasiert und punktgenau – und zwar nicht irgendwann, sondern genau dann, wenn der Bedarf entsteht. Nicht mehr. Nicht weniger.

BIG IN BASICS

Die Grundlagen beherrschen

Die Basics sind nicht sexy – aber entscheidend. Viele Marken scheitern nicht an großen Ideen, sondern an kleinen Versäumnissen. Hier geht es um das Fundament, das E-Commerce wirklich trägt – und warum man es nie unterschätzen sollte.

Timing ist alles
Wie Krüger Dirndl den E-Commerce-Grand-Prix fährt

On point verkaufen! Damit meine ich, einen großen Teil des Jahresumsatzes innerhalb weniger Wochen zu realisieren und abzuwickeln. Krüger Dirndl steht genau vor dieser Herausforderung.

Zunächst gilt es, die technische Infrastruktur rechtzeitig hochzufahren: Server und Datenbanken brauchen mehr Leistung. Von der IT bis hin zu Logistik und Kundenservice muss alles im Vorfeld auf Hochbetrieb ausgelegt werden. Dazu braucht es professionelle Planung, aber auch einen genauen Forecast.

Deshalb erstellt Carl-Frederic Korn, Head of E-Commerce & Online-Marketing bei Krüger Dirndl GmbH beispielsweise eine wochenbasierte Umsatzprognose (*Weekly Forecast*). »Man muss die richtigen Produkte zum richtigen Zeitpunkt in ausreichender Menge auf Lager haben«, sagt er. Heißt: Bei den Mega-Events Oktoberfest und Wasen muss alles perfekt laufen. Zwar existieren auch kleinere regionale Veranstaltungen, doch der Großteil des Jahresumsatzes fällt rund um diese beiden Großereignisse an. Und weil Krüger »on point« beherrscht, trauen sie sich auch an die Zusammenarbeit mit Influencerinnen und Influencer heran, die Millionenreichweiten erzielen. Auch da muss alles sitzen.

In dieser Phase gehen zahlreiche Express-Bestellungen ein, und eingehende Retouren müssen sofort bearbeitet werden, damit die Ware umgehend wieder verfügbar ist. Ein Must-have für Krüger: die Funktionalität »Back in Stock« – Kunden können sich für eine E-Mail-Benachrichtigung eintragen, wenn das Produkt temporär nicht auf Lager ist, und werden benachrichtigt, wenn sich das ändert. Eine Funktion, die sich nicht nur in diesem Fall lohnt, sondern immer gut funktioniert und einfach einzurichten ist.

Ein weiterer Schlüssel zum Erfolg ist das frühzeitige Erkennen von Makrotrends. Welcher Stil und welches Produkt genau nachgefragt wird, also welches grüne Dirndl genau, entscheidet schließlich darüber, ob man bieten kann, was die Kunden kaufen wollen. Für »einmal einen Trend verschlafen« gibt es keine zweite Chance. Das Team von Carl-Frederic Korn führt deshalb quartalsweise umfassende Trendchecks durch.

Und damit sind wir beim Timing: Auch Produkt-Launches müssen perfekt auf die Influencer-Kooperationen und Mega-Events abgestimmt werden – zu früh oder zu spät in den Saisonstart zu gehen, kostet richtig viel Umsatz. Das schlägt sich direkt ins Jahresergebnis durch. Klingt schon herausfordernd genug? Einige »Merkzettel« kommen noch hinzu:

Branding-Budget für TV- und Out-of-Home-Kampagnen in ausgewählten Städten und Bundesländern wird nur punktgenau zum Event investiert. Das gilt es im Blick zu behalten. Aber noch wichtiger:

Der Google-Algorithmus muss gemanagt werden, insbesondere gegen Saisonende. Er arbeitet dann häufig »erfolgsbesoffen«, wie Carl-Frederic Korn mit einem Schmunzeln sagt, und geht davon aus, dass die Umsätze ungebremst weiterwachsen. Ein bis zwei Wochen nach den Events fällt der Umsatz jedoch deutlich ab. Daher werden die ROAS-Ziele (*Return on Advertising Spend*) manuell neu justiert, um Budgetverschwendung bei der Schaltung von Google Ads zu vermeiden. Die Performance-Marketing-Maßnahmen bleiben zwar das ganze Jahr über aktiv, um kontinuierlich Traffic und Umsatz zu generieren, aber der Algorithmus hat kein Wissen über die Zukunft. Wenn während eines Events viel verkauft wird, denkt er, das ginge immer so weiter. Der Algorithmus würde auf viel zu hohem Niveau weiter »investieren« bzw. Geld rausschmeißen – der Umsatz würde dann aber nicht mehr folgen. Erfahrung bleibt also trotz all der Technik weiterhin ein Garant fürs Marketing. Bauchgefühl und Erfahrung ist im Marketing noch nicht ersetzbar.

Diese Learnings sind nicht nur relevant, wenn man den Großteil des Umsatzes in wenigen Wochen macht. Sie sind immer relevant. Je besser man diese Stellschrauben beherrscht, desto rentabler ist man.

On point verkaufen: So geht's

Stell dir vor, dein Onlinebusiness ist wie ein Formel-1-Rennteam, das sich auf die entscheidenden Runden vorbereitet:

- IT, Logistik, Service (Setup und Check-up) entsprechen dem Feintuning des Motors und der Bremsen vor dem Rennen – ohne perfekt abgestimmte Technik läuft kein Rennwagen, ebenso stockt dein Shop, wenn Server und Lager nicht rechtzeitig hochgefahren sind.
- Inventar und »Back in Stock« (Reifenauswahl und -wechsel) sind vergleichbar mit der Entscheidung für Slicks, Intermediate oder Regenreifen: Nur wer die richtige Mischung aus Produkten in passender Menge rechtzeitig verfügbar hat, bleibt auf der Ideallinie und verliert keine Zeit durch »Boxenstopp«-Retouren.
- Trendchecks (Wetter- und Streckenanalyse) gleichen der Vorabanalyse von Streckenzustand und Wetterprognose: Wer weiß, welche Reifenmischung – also welche Produkte – gerade am besten greifen, holt das Maximum aus jeder Kurve (Kundenwunsch).
- Zeitlich abgestimmte Launches und Influencer-Kooperationen laufen wie der perfekte Boxenstopp ab: Hebt man zu früh den Wagen hoch oder sitzt der Reifenwechsel nicht auf Anhieb, verliert man wertvolle Sekunden und damit Marktanteile.
- ROAS-Anpassungen (Renntaktik während der Runde) sind vergleichbar mit der Strategieentscheidung an der Boxenmauer, etwa wann man für Push-Phasen Sprit spart oder attackiert – wirst du zu offensiv, verbrauchst du zu viel Budget, bist du zu defensiv, lässt du Umsatz liegen.
- Erfahrung und Bauchgefühl (Fahrer und Crew) sind schließlich das Wissen aus 1.000 Runden auf der Strecke: Nur wer weiß, wie sich der Wagen (Markt) in kritischen Phasen verhält, kann im entscheidenden Moment blitzschnell reagieren und Rennen (Hochsaison) gewinnen.

Premium-Geschirr und Badartikel
Übergreifender Shop oder Einzel-Shop

Was, wenn ich als Unternehmen komplett unterschiedliche Zielgruppen erreichen will? Mache ich dann einen eigenen Shop pro Zielgruppe, oder baue ich einen übergreifenden Brand-Shop? Das ist keine triviale Frage. Wahrscheinlich eine der komplexesten Entscheidungen, die man treffen kann.

Diana Schuhmacher, Head of Marketing & E-Commerce bei HUNTER International GmbH ist klar im Team »separater Shop«. wirliebenhunter.de fokussiert sich auf Hundebesitzer. Darüber hinaus haben sie für die Katzenwelt auf eine eigene Shop-Brand – stylecats.de – gesetzt. Man könnte meinen, die Zielgruppe, die Hunde hat, ist nicht so weit weg vom Thema »Katze«. Das ist nicht zwangsläufig so, aber dennoch gibt es Käufer und Tierbesitzerinnen, die sowohl im Hunde- als auch im Katzenshop kaufen wollen. Dafür gibt es technische Lösungen. HUNTER hat mit Shopify zusammen einen geteilten Warenkorb umgesetzt. Kunden können zwischen den Seiten hin- und herspringen. Es gibt einen prominenten Link vom HUNTER-Onlineshop zum stylecats-Shop (siehe **Abbildung 15** rechts oben).

15 *Fokus auf Hunde: wirliebenhunter.de mit Link auf stylecats.de*

Das Produkt aus der einen Welt bleibt im Warenkorb, wenn man in der anderen weitershoppt (siehe **Abbildung 16**). »Wir sehen anhand der entscheidenden Warenkörbe und dem Mix im Warenkorb, dass es auch wirklich funktioniert«, sagt Diana Schuhmacher. Das ist Cross-Selling über die eigenen Produktmarkenshops hinaus, ohne gleich einen ganzen Marktplatz aufbauen zu müssen, in dem sich die einzelnen Produktmarken verlieren würden. Ich denke, das ist eine stringente und effiziente Möglichkeit, das Beste herauszuholen.

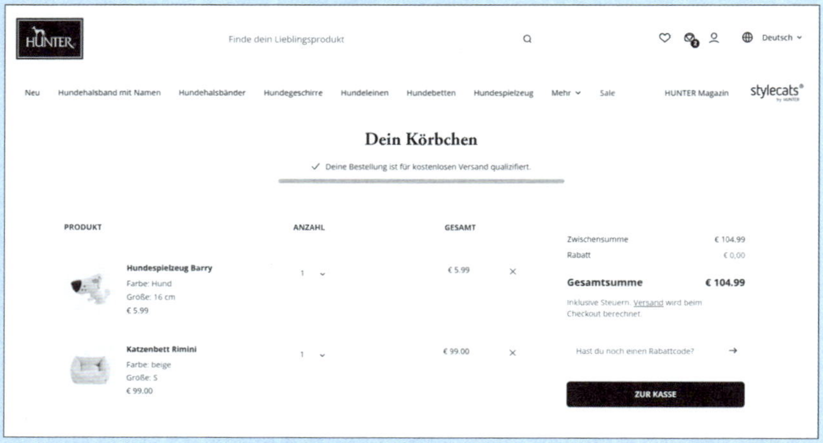

16 *Hunde UND Katzen: gemischter Warenkorb aus beiden Shops*

Wer macht es komplett anders? Villeroy und Boch. Geschirr und WC-Sitze in einem Shop? Will man das wirklich? »Es gibt überwiegend positives Feedback«, sagt Mark Hoffmann, Head of E-Commerce Solutions bei Villeroy & Boch. »Und wir sehen keine Einbrüche im Umsatz.« Und das, obwohl auf der Plattform sogar B2C- und B2B-Produkte angeboten werden, Letzteres zwar auf der Plattform planbar, aber für Endkunden nicht kaufbar.

»Unsere Kunden sind vorher von der einen Plattform zur anderen gesprungen, waren plötzlich im E-Shop und konnten nicht mehr zurück. Es gab also ganz viele Dead Ends. Das wollte Villeroy & Boch ändern. Wir haben einen Kunden mit einer Customer Journey. Videointerviews haben ergeben, dass in unserem Fall der Need ein anderer ist. Villeroy & Boch setzt auf Zusammenbringen statt auf Trennung der Produktwelten. Die Frage war, ob wir eine inspirative Website mit Kaufoption oder einen Onlineshop mit inspirativem Content sein wollen«, sagt Mark Hoffmann.

Wenn beide Konzepte funktionieren können, gibt es dann einen strategischen Unterschied in der Ausgangssituation? Aus meiner Sicht nicht. Villeroy & Boch hat eine sehr starke Marke. HUNTER auch. Die HUNTER-Brand-Stores sind beispielsweise eine echte Erfolgsgeschichte. Weltweit eröffnen in immer kürzer werdenden Abständen weitere Geschäfte, die das Image und die HUNTER-Philosophie eindrucksvoll in die Welt tragen. Darüber hinaus bieten über 1.000 Händler die Marke an. Die Zielgruppen sind nicht hundertprozentig trennscharf – weder bei Villeroy & Boch noch bei HUNTER.

Um zu entscheiden, welcher Weg für dein Unternehmen ideal ist, solltest du dir vor allem folgende Fragen stellen (technische Probleme lassen sich immer lösen, und der Aufwand wird handhabbar, wenn der Umsatz passt):

- Wie stark unterscheiden sich die Bedürfnisse und Erwartungen der Zielgruppen?
- Wie ausgeprägt ist das Cross-Interest zwischen diesen Gruppen (kaufen z. B. Hundebesitzer tendenziell auch Katzenartikel)?
- Wie steht es um Ressourcen (Budget, Personal, IT-Kapazität) für Einrichtung und Pflege mehrerer Frontends?
- Ist die Dachmarke bereits so stark, dass sie alleinstehend alle Produkte tragen kann, oder sind Sub-Brands nötig, um Nischenexpertise zu signalisieren?

Wenn man zu diesen Punkten konkrete Antworten hat, lässt sich relativ klar ableiten, ob man besser mit separaten Shops oder einem Unified Brand-Shop fährt. Im Fall von Villeroy & Boch versus HUNTER sind es vor allem die Beantwortung der letzten Frage und die vielen Dead Ends durch zu viele unterschiedliche Plattformen bei Villeroy & Boch, die vermutlich den Ausschlag gegeben haben, alle Produkte unter einer URL zu bündeln.

Die Entscheidungskriterien im Überblick:

Kriterium	Separate Shops	Unified Brand-Shop
Marken- & Produktarchitektur	– Klare Trennung von Markenwelten (z. B. HUNTER vs. Stylecats). – Verhindert Verwässerung der Sub-Brand-Identitäten.	– Marken- und Produktarchitektur.

3 *Entscheidungshilfe: separater Shop versus ein Shop*

Kriterium	Separate Shops	Unified Brand-Shop
Zielgruppenspezifische Bedürfnisse & Customer Journey	- Voll auf die jeweilige Nische (Hund vs. Katze) zugeschnittene UX/UI möglich. - Maximaler Fokus auf Eigenheiten der Zielgruppe.	- Ein Shop für alle Nutzer: Inspiration + Kaufoption nahtlos kombinierbar. - Shared-Cart-Technik für Cross-Interest-Kunden (z. B. Fans von Villeroy & Boch über alle Produktkategorien).
Operativer Aufwand & Komplexität	- Mehrere Frontends/ Pflegeaufwand (Design, Wartung, Updates). - Backend kann technisch zentral bleiben, Frontends müssen separat betreut werden.	- Single Backend/Frontend (weniger Pflege). - Einheitliches CMS, zentrale Inventar- und Bestellverwaltung.
SEO- & Traffic-Überlegungen	- Spitzer Keyword-Fokus pro Domain (z. B. »Outdoor-Hundebekleidung« vs. »Designer-Katzenmöbel«). - Aufbau eigener Domain-Autorität pro Shop.	- Alle Backlinks auf einer Domain (Stärkung der Hauptdomain). - Risiko: Themenvielfalt kann On-Page-Relevanz streuen.
Usability/User Interface & Customer Experience	- Zielgruppenspezifische Navigation ohne Ablenkung. - Kein »Überfrachtungsrisiko« durch fremde Kategorien.	- Einheitliche Navigation, keine Domain-Wechsel (Dead Ends vermeiden). - Inspiration und Shopprozesse in einem Fluss.
Budget & Ressourcen	- Höherer Marketing- und Entwicklungsbudgetbedarf für mehrere Shopsysteme. - Eigene Kampagnen und Inhalte pro Shop nötig.	- Geringerer Aufwand für Content, Kampagnen und technische Betreuung. - Skaleneffekte bei Ressourcen (Team, Budget).

3 *Entscheidungshilfe: separater Shop versus ein Shop (Forts.)*

Kriterium	Separate Shops	Unified Brand-Shop
Long-Term-Vision vs. Short-Term-ROI	– Schnelle Markteinführung neuer Sub-Brands möglich. – Kurzfristig klare Abgrenzung, aber langfristig höhere Kosten je Shop.	– Höherer initialer Aufwand, langfristig geringere Betriebskosten. – Starke Dachmarke kann über alle Kategorien hinweg wachsen.

3 *Entscheidungshilfe: separater Shop versus ein Shop (Forts.)*

Take-away

Die Entscheidung zwischen separatem Shop und Unified Brand-Shop hängt stark von Markenarchitektur, Zielgruppentrennung und internen Ressourcen ab. HUNTER zeigt, wie separate Shops mit geteiltem Warenkorb individuelle Kundenbedürfnisse bedienen, ohne auf Cross-Selling zu verzichten. Villeroy & Boch dagegen nutzt eine starke Dachmarke, um inspirativen Content und Kaufprozesse nahtlos zu vereinen. Beide Wege können funktionieren – entscheidend sind Zielgruppenlogik, technisches Setup und Markenstrategie.

Echte Beziehungen, lebenslang

Die Customer Lifetime verändert die DNA des Unternehmens

Wenn alles nur einen Klick entfernt ist und Konkurrenz überall lauert, reicht es längst nicht mehr aus, einfach nur Produkte zu verkaufen oder punktuell Aufmerksamkeit zu erzeugen. Wer heute bestehen will, muss größer denken – nicht in Kampagnen, sondern in Kundenleben.

Die klassische *Customer Journey*, also der Weg vom ersten Kontakt bis zum Kauf, greift dabei zu kurz. Sie endet oft da, wo es eigentlich erst spannend wird: nach dem Kauf. Wer sich nur auf diese Strecke konzentriert, verpasst das große

Potenzial, das in der gesamten Beziehung zu einem Kunden steckt – von der ersten Lebensphase bis weit darüber hinaus.

Genau hier setzt das Prinzip der *Customer Lifetime* an: Unternehmen, die sich entlang des gesamten Lebenszyklus ihrer Kundinnen und Käufer organisieren – vom ersten Bedarf über neue Lebensabschnitte bis hin zu langfristiger Loyalität –, bauen echte Beziehungen auf. Sie verkaufen nicht nur Dinge, sie werden zum Begleiter im Alltag.

Das Ergebnis: Nicht nur einzelne Verkäufe steigen, sondern die gesamte Wertschöpfung pro Kunde über Jahre hinweg. Der sogenannte Customer Lifetime Value wächst – und mit ihm Stabilität und Zukunftsfähigkeit des Geschäftsmodells.

Die Parent-Journey: Denken in Lebensreisen, statt Warenkörben

Ein hervorragendes Beispiel für cleveres Kundenverständnis liefert Babymarkt. Hier wird nicht einfach auf Produktverkauf, sondern auf echte Lebensbegleitung gesetzt – und das beginnt bereits in der Schwangerschaft. Mit passgenauem Content – »Wie kann ich meine Haut in der Schwangerschaft schützen« – und hilfreichen Services – »Diese App beschreibt die Entwicklungsstufe Ihres Babys passgenau zur Schwangerschaftswoche« – holt Babymarkt werdende Mütter frühzeitig ab. Was dann passiert, ist absehbar – aber strategisch genial umgesetzt: Mit jeder neuen Entwicklungsstufe des Kindes entstehen neue Bedürfnisse. Vom ersten Kindersitz bis zum Spielzeug für Fünfjährige – Babymarkt bleibt die ganze Reise über relevant.

Eine smarte Life-Stage-Segmentierung von Babymarkt clustert die Zielgruppen nach Produktinteressen in den Lebensphasen. So können sie individuell und treffsicher kommunizieren – je nachdem, ob Kunden ein Kind erwarten, ein Neugeborenes zu Hause haben oder bereits ein Kindergartenkind. Wie Jenny Fleischer, CEO von Babymarkt, erklärt: »Wir denken in Lebensreisen, nicht in Warenkörben.«

Dazu braucht es ein hoch professionelles *Category Management*: Hier wird nicht nur nach rentablem Sortiment geschaut, sondern ganzheitlich in Themenwelten gedacht. Beispiel: Die Herausforderung »Mein Kind schläft nicht« wird nicht mit einem Produkt gelöst, sondern mit einem Themenpaket, das von Pucksäcken über Spieluhren bis zu Aromaölen reicht.

Diese Produkte werden in sogenannten Themenwelten und Key Moments gebündelt – so wird aus einem klassischen Händler ein echter Alltagsbegleiter und die Preferred Choice für Eltern. Der übergeordnete Purpose: »Eltern das Leben erleichtern, damit sie die wertvollen Momente genießen können.« Das gelingt nur durch eine klare Strategie, abteilungsübergreifende Zusammenarbeit und KPIs, die sich am echten Leben orientieren, nicht nur am Umsatz. Und natürlich auch, wenn die Organisation richtig aufgestellt ist. Der wahre Clou steckt hinter den Kulissen: Das Unternehmen hat seine internen Strukturen komplett an der Customer Journey und gleichzeitig an der Customer Lifetime ausgerichtet. Die Teams arbeiten nicht mehr nach klassischen Funktionsbereichen, sondern entlang dieser drei Phasen:

1. *Akquisition*: Sichtbarkeit schaffen, Vertrauen aufbauen – Neukunden abholen.
2. *Discovery Onsite*: Kauferwägung begleiten und den Abschluss erleichtern – potenzielle Käufer zum Abschluss bewegen.
3. *Retention*: Bestehende Kundinnen und Käufer halten und zur Wiederkehr motivieren – Customer Lifetime Value sicherstellen.

Letztere Abteilung kümmert sich um die Lifetime Journey des Kunden über alle Funktionsbereiche hinweg (Einkauf, Category Management, Marketing).

Was ist die Customer Journey?

Der Kundenlebenszyklus beschreibt die verschiedenen Phasen, die ein Kunde im Laufe seines Kaufs bei einem Unternehmen durchläuft – von der ersten Wahrnehmung bis hin zur möglichen Abwanderung oder Wiedergewinnung. Er ist ein zentrales Konzept im Marketing und im Customer Relationship Management (CRM), um gezielte Maßnahmen für Kundenbindung und -entwicklung zu planen.

Die typischen Phasen des Kundenlebenszyklus:

1. *Awareness* (Aufmerksamkeit)
   Der potenzielle Kunde wird erstmals auf das Unternehmen oder das Produkt aufmerksam.
   Ziel: Reichweite aufbauen, Sichtbarkeit erhöhen (z.B. durch Werbung, Social Media, PR).

2. *Consideration* (Interesse/Überlegung)
   Der Kunde beschäftigt sich aktiv mit dem Angebot, vergleicht Alternativen.
   Ziel: Vertrauen aufbauen, Nutzen kommunizieren (z.B. durch Beratung, Content-Marketing).
3. *Purchase* (Kauf)
   Der Kunde tätigt einen Kauf.
   Ziel: Conversion durch einen reibungslosen und überzeugenden Kaufprozess.
4. *Retention* (Bindung/Nutzung)
   Der Kunde nutzt das Produkt oder die Dienstleistung regelmäßig.
   Ziel: Zufriedenheit sichern, Service bieten, Kundenloyalität fördern (z.B. durch Support, Community, Loyalty-Programme).
5. *Loyalty* (Treue/Wiederkauf)
   Der Kunde kauft erneut, empfiehlt das Unternehmen weiter.
   Ziel: Langfristige Kundenbindung, Markenbotschafter schaffen.
6. *Churn* (Abwanderung)
   Der Kunde entscheidet sich gegen das Unternehmen.
   Ziel: Ursachen analysieren, Rückgewinnung prüfen, Abwanderung minimieren.
7. *Reactivation* (Rückgewinnung)
   Versuche, inaktive oder abgewanderte Kunden zurückzugewinnen.
   Ziel: Ehemalige Kunden reaktivieren durch gezielte Kampagnen oder Anreize.

Traditionell organisierten sich viele Firmen entlang von Produktlinien oder Vertriebswegen: Marketing, Vertrieb, Kundenservice – jede Abteilung fokussiert auf ihr eigenes Ziel. Doch in einer vernetzten Welt mit unzähligen Informationsquellen wird das Kundinnen und Kaufinteressenten nicht gerecht. Jemand, der sich beispielsweise für Bio-Joghurt interessiert, recherchiert online, vergleicht Marken, liest Rezensionen, lässt sich im Supermarkt beraten und entscheidet schlussendlich aufgrund von Verpackung, Preis und Markenimage. Anschließend könnte er oder sie sich bei Fragen zu Inhaltsstoffen an den Kundenservice wenden oder Rezepte auf den Social-Media-Kanälen des Herstellers suchen.

Nur Unternehmen, die jeden dieser Berührungspunkte entlang von Customer Journey und Customer Lifetime verstehen und optimieren, können langfristig als »Kompass« für ihre Zielgruppe fungieren. Menschen erwarten konsistente Erlebnisse – vom ersten Anzeigenkontakt über On-Site-Erlebnisse bis hin zum After-Sales-Service. Und natürlich hat es Vorteile für die Skalierbarkeit: Wer die Phasen der Zielgruppe versteht, kann neue Produktkategorien leichter einführen, da das Vertrauen und die Mechanismen bereits bestehen.

Jeden Schritt genau kennen: Danones Erfolgsrezept

Danone hat aus genau diesem Grund eine Parent-Journey aufgebaut, um zu verstehen, wo sie mit ihren Produkten und der Marke präsent sein müssen. »Wir betrachten die gesamte Reise junger Eltern – von dem Moment an, in dem jemand den Entschluss fasst, schwanger werden zu wollen, bis hin zu dem Zeitpunkt, an dem das Kind keine Milch mehr trinkt. In jeder dieser Phasen müssen wir genau verstehen, wo sich Mutter und Vater informieren und welche Bedürfnisse sie gerade haben. Nur so können wir mit relevanten Inhalten und Angeboten präsent sein, ohne uns selbst zu verzetteln«, sagt Hendrik Dettmann, Director E-Commerce, Data & Analytics bei Danone.

Eine Parent-Journey kann so aussehen:

1. Intentionsphase (Entscheidung, schwanger werden zu wollen)
   - *Informationskanäle*: Google-Suchanfragen (»Erste Anzeichen einer Schwangerschaft«, »Fruchtbarkeitsvorbereitung«), Social-Media-Plattformen (Instagram, Pinterest), themenspezifische Foren und Apps (z. B. Zyklus-Tracker, Schwangerschaftskalender).
   - *Content-Kooperationen*: Influencer, Hebammen und Gynäkologen, die in eigenen Kanälen über Gesundheitsthemen, Ernährungstipps und erste Vorbereitungen für eine gesunde Schwangerschaft sprechen. Hier treten wir in einen gegenseitigen Content-Austausch (*Barter-Deals*): Wir bieten Reichweite in unserem Newsletter, sie gewähren uns Einblicke in ihre Zielgruppe.
2. Schwangerschaftsphase (0.–9. Monat)
   - *Informationskanäle*: Ratgeber-Websites, Blogs, YouTube-Tutorials (»Wie funktioniert richtiges Stillen?«, »Hilfsmittel bei Stillproblemen«), Podcasts von Expertinnen.
   - *Influencer-Integration*: Hebammen und Stillberater, die praktische Tipps geben oder Hilfsmittel vorstellen. Idealerweise produzieren wir gemeinsam Video-Tutorials oder Live-Q&A-Sessions, in denen Fragen rund um die Ernährung in der Schwangerschaft und die ersten Wochen nach der Geburt beantwortet werden.

- *App-Kooperationen*: Schwangerschafts-Apps, die wöchentlich Entwicklungsschritte visualisieren und gleichzeitig Empfehlungen für passende Produkte (z. B. Nahrungsergänzung, Stillzubehör) liefern. Auch hier tauschen wir Content, damit unsere Informationen dort stehen, wo die werdende Mutter sie erwartet.

3. Frühphase nach der Geburt (0–6 Monate)
   - *Informationskanäle*: Amazon-Produktrecherche (»beste Pre-Milchnahrung«, »Flaschensauger Test«), Fachblogs und Online-Elternforen.
   - *On-Site-Präsenz*: Wenn Kundinnen bei Amazon nach Babynahrung suchen, müssen unsere Markeninfos und Bewertungen sofort sichtbar sein. Produktbeschreibungen, Siegel und Kundenrezensionen sollten alle Fragen beantworten, noch bevor sie gestellt werden.
   - *Connected TV und Onlinevideo*: Anstelle klassischer Fernsehwerbung setzen viele auf Connected-TV-Kampagnen (Streaming-Plattformen), die präzise auf junge Eltern zugeschnitten sind. Kurze, emotionale Spots wecken das Vertrauen: »Mit Milchmarke x gut aufgehoben – weil die Gesundheit Ihres Babys an erster Stelle steht.«
   - *Hebammen- und Stillkooperationen*: Auch nach der Geburt begleiten wir Hebammen, indem sie über Stillprobleme aufklären und Produktempfehlungen (»Was hilft, wenn es beim Stillen nicht klappt?«) neutral und sachkundig vorstellen.
4. Übergangsphase (6–12 Monate)
   - *Informationskanäle*: Instagram-Accounts zu Beikostrezepten, YouTube-Livedemos zur Zubereitung von Babybrei, Bloggerinnen, die über Entwicklungsschritte (Krabbeln, erstes Sitzen) berichten.
   - *Content-Kooperationen*: Koch-Influencer, die rezeptieren, wie man die Folgemilch in gesunde Mahlzeiten integriert. Beauty- oder Hautpflegemarken, die Tipps zur sanften Babypflege geben (z. B. verträgliche Cremes, keine Duftstoffe).
   - *Community Building*: Aufbau eines geschlossenen Elternclubs, in dem sich frischgebackene Mütter und Väter austauschen, Erfahrungen teilen und direktes Feedback zu unseren Produkten geben können.
5. Kleinkindphase (1–3 Jahre)
   - *Informationskanäle*: Pinterest-Boards mit Bastel- und Spielideen, Elternmagazine und Apps, die altersgerechtes Spielzeug empfehlen.

- *Kooperationen mit Spielzeug- und Haushaltspartnern*: Gemeinsam mit ausgewählten Spielzeuganbietern zeigen, wie Produkte (z. B. kindersichere Trinkflaschen oder Joghurtsnacks) zum aktiven Familienalltag passen. Beauty-Marken liefern Tipps dazu, welche sanften Pflegeprodukte Familien mit kleinen Kindern nutzen.
- *Apps und Zusatzservices*: Integration in Baby- und Kleinkind-Tracker-Apps, die Impfkalender, Ernährungstagebuch und Schlafprotokolle anbieten. Wir platzieren Produktempfehlungen (z. B. Vollmilchjoghurt), wenn das Kind beginnt, feste Nahrung zu essen.

6. Langfristige Begleitung (ab 3 Jahren und darüber hinaus)
   - *Informationskanäle*: Elternblogs zum Thema »Schule und Ernährung«, Onlineshops für Kinder- und Jugendprodukte, Social-Media-Communities für Schulanfang und Freizeitgestaltung.
   - *Kooperationen*: Kinderclubs, Sportvereine und Freizeiteinrichtungen, um Ernährungstipps zu geben (»Wie gestalte ich ein gesundes Pausenbrot?«).

Hier könnte man noch weitermachen, wir sprechen später beim Thema Spielwaren darüber. Spielwarenhändler haben die Herausforderung, dass die Käufer nicht die Nutzer sind. Eltern kaufen für ihre Kinder. Das ist eine Herausforderung. Kinder sehen im TV, auf YouTube oder in einem Spiel die Werbung – wie bewegt man jetzt die Eltern dazu, zu kaufen? Dazu später mehr im Abschnitt »Der eigene Shop als CRM-Tool: Wie Schleich seine Kunden zu Insidern macht«.

Warum diese Herangehensweise so wichtig ist:

- *Ganzheitliches Verständnis*: Wir müssen wissen, an welchem Touchpoint sich die Eltern gerade befinden. Nur so können wir relevante Inhalte ausspielen, die echte Bedürfnisse erfüllen.
- *Markenvertrauen*: Unser wichtigstes Versprechen – die Sicherheit und Gesundheit von Mutter und Kind – muss in jeder Phase spürbar sein. Ob virtuell auf Pinterest, in der App oder am *Point of Sale (POS)*: Die Marke muss glaubwürdig vermitteln, dass wir »für die ganze Familie da« sind.
- *Skalierbarkeit durch Kooperationen*: Wir können nicht alle Inhalte selbst produzieren. Deshalb binden wir Experten (Hebammen, Blogger, Influencerinnen) und passende Partner (Spielzeuganbieter, Beauty-Labels, Apps) ein, um die Journey effizient und authentisch zu gestalten. Barter-Deals (z. B. Content-Austausch in Newslettern), Co-Branding-Aktionen und gemeinsame Kampagnen sichern uns Reichweite ohne massive Eigenproduktionen.

Sollte jedes Unternehmen in Customer Lifetime denken? Wie sieht es beispielsweise mit einem Dirndl-Anbieter aus? Darüber habe ich lange nachgedacht. Ich finde aber schon. Natürlich könnte ein Dirndl-Anbieter Dirndl für ältere und für jüngere Damen anbieten – wenn sich die Bedarfe der Zielgruppe im Alter ändern, wenn es zur Marke passt, wenn es rentabel ist. Man würde nicht schreiben: »Dirndl für 60+«, sich aber vielleicht clevere Zusatzprodukte oder Schnitte einfallen lassen, die zur Zielgruppe passen. Fällt mir dazu ein Produkt ein? Ja, viele. Krüger Dirndl bietet beispielsweise Trachten-Sneaker an. Damit lässt sich bequemer laufen – in jeder Altersklasse. Oder als Idee: Kompressionsstrümpfe in einer schicken und leicht komprimierenden Art – warme Strümpfe mit Zusatznutzen für alle Zielgruppen. Andere Kommunikationskanäle, andere Kooperationen – auch dafür hätte ich Ideen: Die Apotheken Umschau als Medium, mit einem »Wiesn-Ratgeber« hinsichtlich Schuhe und Strümpfe für die älteren Damen als Anzeige oder Advertorial.

Take-away

Wenn die Lifetime Journey zum Geschäftsmodell wird, verändert sich die DNA eines Unternehmens. Der Fokus verschiebt sich von punktuellen Absatzsteigerungen hin zu einer dynamischen, datengetriebenen Begleitung der Kundinnen und Kunden über den gesamten Lebensweg hinweg. Unternehmen können so nahezu jede Produktkategorie erobern. Sie sind immer einen Schritt voraus, weil sie wissen, was ihre Zielgruppe als Nächstes benötigt. Die Lifetime Journey ist damit kein nettes Zusatzkonzept, sondern tatsächlich das Geschäftsmodell.

Lückenlose Erfolgsmessung von Werbung

Mit Big Data und KI das Spiel ändern

Als E-Commerce-Beraterin stehe ich oft vor einer scheinbar unüberwindbaren Herausforderung: Wie können Unternehmen den Einfluss von TV- oder Onlinewerbung auf den stationären Retail-Umsatz nachweisen? Der klassische Medienbruch zwischen digitaler und klassischer Werbung macht es schwer, eine lückenlose Erfolgsmessung zu betreiben – bis Big Data und künstliche Intelligenz (KI) ins Spiel kamen, war das alles sehr in den Kinderschuhen. Jetzt eröffnet sich eine völlig neue Tiefe an Möglichkeiten.

Ist der TV-Spot erfolgreich? Develey und das 360-Grad-Bild des Kunden

Ich erinnere mich noch gut an ein Gespräch mit dem Marketingverantwortlichen eines traditionsreichen Marktführers aus der Food-Branche – Develey. Er klagte: »Wir wissen, dass unsere TV-Spots und Onlinekampagnen Wirkung zeigen, aber wie können wir den direkten Zusammenhang mit unseren Verkaufszahlen belegen?« Dieses Problem – der sprichwörtliche Medienbruch – ist in der Welt des Omnichannel-Marketings allgegenwärtig. Die Herausforderung besteht darin, Daten aus unterschiedlichsten Quellen miteinander zu verknüpfen, um ein 360-Grad-Bild des Kunden zu erhalten.

In solchen Fällen zeigen sich Big Data und KI als absolute Gamechanger. Durch den Einsatz modernster Analysetools und Machine-Learning-Algorithmen lassen sich riesige Datenmengen aus Online- und Offlinequellen zusammenführen. Der unsichtbare Faden zwischen den Kanälen wird sichtbar – und das in bisher unerreichter Detailtiefe.

Develey stand vor der Herausforderung, den Effekt seiner klassischen TV-Werbung nachvollziehen zu wollen. Und das ist heute möglich. Mithilfe von Big Data können Kassendaten aus Verkaufsstellen mit Werbung in Social Media und TV-Spots zusammengebracht werden. KI-Algorithmen helfen dabei, saisonale Trends, regionale Unterschiede und sogar externe Einflüsse wie Wetterdaten zu berücksichtigen. Das Ergebnis: eine präzise Attribution der Marketingmaßnahmen, die zeigt, dass TV-Kampagnen nicht nur die Markenbekanntheit steigern, sondern auch den Absatz in den Einzelhandelsgeschäften direkt beeinflussen.

Werbelücken identifizieren und besetzen: Schluss mit dem Henne-Ei-Problem im Regionalmarketing

Auch Schweiger Bräu, ein traditionsreiches Brauereiunternehmen aus Markt Schwaben bei München, hat diese Herausforderung, nicht genau zu wissen, welche Marketingmaßnahmen wirken. Wenn Marken nur lokal verkaufen, wird es spannend. Onlinewerbung regional einzugrenzen, ist zwar kein Problem, aber wie kann man den Kauf im Getränkemarkt zuordnen? Der Biermarkt ist sehr speziell. Meist sind Kooperationen mit den lokalen Händlern nicht so einfach zu verhandeln oder sehr teuer. Der klassische Weg – ich mache einen Gutschein und gucke, wie oft er eingelöst wird – ist aus vielerlei Gründen deshalb schwierig. Was man aber immer messen kann, ist, ob regionale TV-Spots in Kombination mit gezielten Social-Media-Kampagnen zu einem signifikanten Anstieg der Suche nach der Marke führen. Je bekannter eine Biermarke, desto eher wird sie im Laden gekauft.

Das ist nämlich die Krux an der Sache. Eine Biermarke, die nicht viele kennen, wird im Getränkemarkt oder Point of Sale nicht nachgefragt, deswegen wird sie nicht ins Produktportfolio aufgenommen. Und da sie nicht im Laden steht, wird sie wiederum weniger gekauft. Wie kann man dem »Henne-Ei-Prinzip« begegnen und vor allem, wie kann man die getroffenen Maßnahmen auswerten?

Schweiger Bräu aus dem bayerischen Ort Markt Schwaben besteht seit den 1930er-Jahren und hat sich über die Zeit zur führenden Biermarke in der Region entwickelt. Das Unternehmen ist heute in der vierten Generation im Familienbesitz und sowohl als Arbeitgeber als auch als Anbieter eine echte Institution in der Region. Insbesondere Familienzusammenhalt, die bayerischen Wurzeln sowie die hohe Qualität sind Werte, die bei Schweiger Bräu täglich gelebt werden.

Trotzdem ist Schweiger Bräu nicht immun gegen den Wandel im Markt: Der Konsum von alkoholhaltigen Getränken ist seit Jahren rückläufig. Gleichzeitig herrscht durch die starke Position der Großbrauereien im angrenzenden München ein Verdrängungswettbewerb auf dem Markt für Bierprodukte, der zu einem starken Preis- und Konkurrenzdruck geführt hat. Darüber hinaus drängen seit rund 20 Jahren ausländische Konzerne auf den Markt, die über deutlich höhere Marketingbudgets verfügen und kleinere lokale Mittbewerber verdrängen.

Für Schweiger Bräu liegt eine zusätzliche Herausforderung in ihrer Kundenstruktur: Ein Großteil der Abnehmer befinden sich in der Metropolregion München. Dort verkauft das Unternehmen seine Produkte vor allem an Gaststätten,

Hotels und auch im Lebensmitteleinzelhandel. Überregional ist das Bier nur über den Getränkegroßfachhandel zu beziehen. So steht Schweiger Bräu in direkter Konkurrenz mit den Münchner Großbrauereien, die deutlich bekannter sind. »Wir haben erkannt, dass wir langfristig eine andere Strategie entwickeln müssen, wenn wir weiter wachsen wollen«, sagt Julian Schweiger, CMO bei der Privatbrauerei Schweiger. »Unser Gedanke war, digitale Kanäle stärker für die Vermarktung und zur Erschließung neuer Zielgruppen zu nutzen, um den stark umkämpften Münchner Markt besser penetrieren zu können«, so Julian Schweiger weiter.

Wie lösen das große Player wie beispielsweise Adelholzener? »Als große Food-Marke mit dem Hauptabsatzkanal im Retail kommt man an Digital-out-of-Home und TV-Werbung nicht vorbei«, sagt Silke Reuter, Geschäftsführerin und CEO von Adelholzener Alpenquellen GmbH. Damit tut sich ein weiteres »Henne-Ei-Prinzip« auf, denn das Budget dafür können kleinere Unternehmen nicht aufbringen.

Die Basisstrategie wurde bei Schweiger Bräu deshalb auf drei Säulen gestellt (siehe **Abbildung 17**). Es wurden drei entscheidende Stellschrauben identifiziert, um die Marktpräsenz zu verbessern. »Gerade wenn man sich als kleineres Unternehmen gegen Mitbewerber mit großen Budgets positionieren muss, ist es der Schlüssel zum Erfolg, Werbelücken zu identifizieren, die man besetzen kann. Es zeigten sich vor allem drei Bereiche mit Potenzial:

1. Entwicklung einer Performance-Branding-Strategie im *Upper Funnel* zusammen mit einer verbesserten Händlersuche, um die Awareness bei Endkunden insbesondere in Social Media zu steigern und neue Zielgruppen zu erschließen. Konkret: Die KI bringt diese Daten zusammen: An welchen Standorten wird viel Bier gekauft – werbe ich lieber in Bayern oder in Berlin? In welchen Kanälen informieren sich die Kunden an diesen Orten zu wie viel Prozent – Facebook, Instagram, Google, Digital out of Home oder TV –, und wie verteile ich mein Budget auf die Kampagnen in den Kanälen? Ein Beispiel: Sagen wir, in Berlin kaufen viele Menschen Bier, die Zielgruppe sind junge Männer, sie informieren sich hauptsächlich in TikTok, ein bisschen auf YouTube. Dann weiß ich genau, welche Anzeige ich wo regional und wo auf TikTok und YouTube schalten muss. Zielgruppenanalysen, Standortanalysen, Abverkaufsanalysen, Ort der B2B-Händler, Performance der Kanäle, das alles lässt sich heute mit KI zusammenbringen. Die Kunden schauen auf TikTok, klicken auf die Anzeige, kommen auf eine Landingpage, finden ihren regionalen Händler.

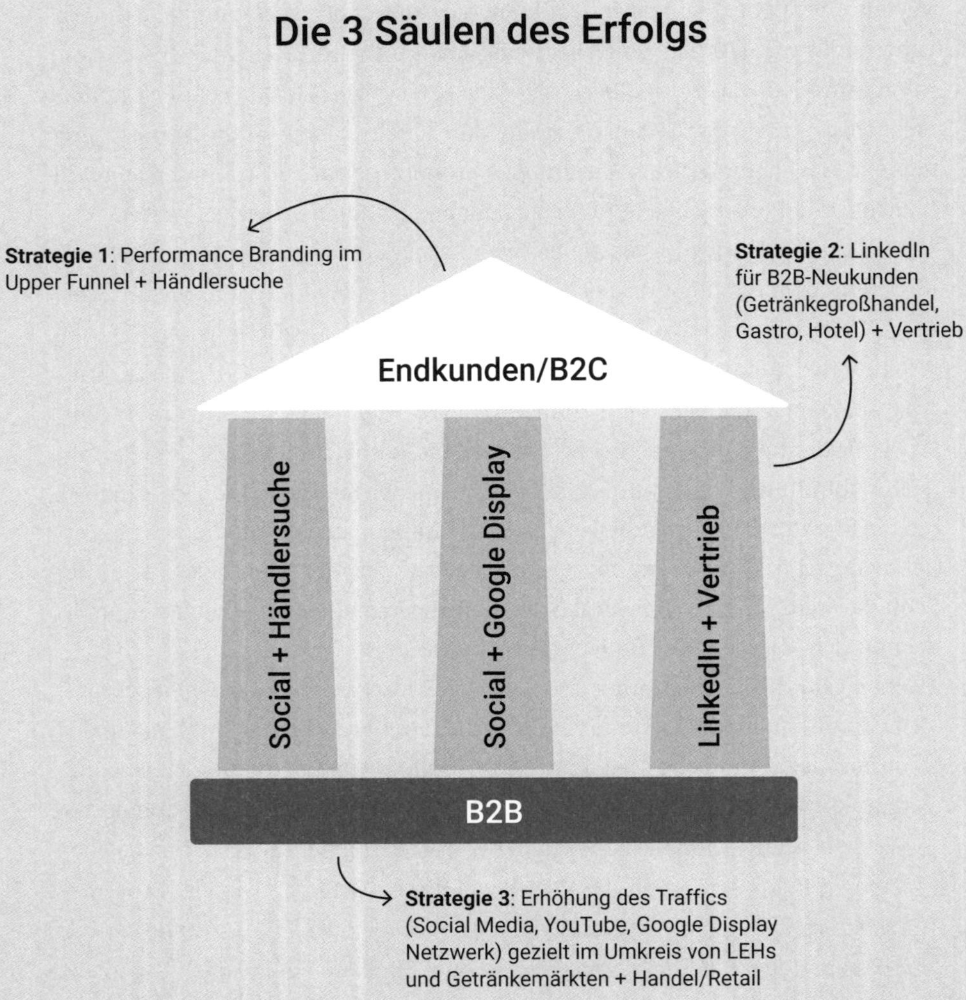

17 *Digitale Kanäle für neue Zielgruppen: die Strategie von Schweiger Bräu für lokale Kunden in einem hart umkämpften Markt*

2. Darüber hinaus gilt es, neue B2B-Partner zu erschließen. Die finde ich nicht nur durch klassisches Klinkenputzen, sondern auch online auf LinkedIn. Jedes Unternehmen sollte den Ausbau seiner LinkedIn-Aktivitäten zur Gewinnung von B2B- und B2C-Neukunden vorantreiben.
3. Auch wichtig: den regionalen Händlern Rückenwind geben. Kunden bringen. Durch gezielte Anzeigen im Umkreis des Lebensmitteleinzelhandels und den Getränkemärkten.«

Auf wen wirkt das Ladenschaufenster? Montblancs Datenauswertung

Vor einer ähnlichen Herausforderung steht Montblanc. Sie wünschen sich einen 360-Grad-Blick auf die Customer Journey und die Kaufmotivationen. Wo ist der Knackpunkt? Auszuwerten, wer aufgrund des Schaufensters in den Laden kommt, ist schwer zu messen. Für Montblanc ist es besonders wichtig, den Einfluss von hochpreisigen Werbekampagnen auf den stationären Verkauf in Flagship-Stores nachzuvollziehen. Dazu gehört eben auch das Schaufenster als einer von vielen Touchpoints der Marke mit Kundinnen und Fans. Big Data ermöglicht mittlerweile, Kundenprofile über verschiedene Kanäle hinweg zu erstellen (welcher Facebook-Account gehört zu meinem Kunden?), während KI-Algorithmen die Interaktionen der Zielgruppe in Echtzeit analysieren (welcher Kunde hat gerade auf meine Anzeige/Ad geklickt?). Diese 360-Grad-Transparenz hilft Montblanc, den Erfolg seiner Kampagnen zu belegen, aber auch, zukünftige Marketingstrategien optimal anzupassen. Mein Gedanke dazu ist: Hätte man die Bewegungsdaten der Kundschaft, wäre so etwas noch genauer auszuwerten. Der Schaufensterbesuch wäre dann erfassbar. Allerdings wird sicherlich nur ein Bruchteil der Kunden Bewegungsdaten freigeben – selbst wenn man sie hätte.

Wie schafft man es trotzdem? Hierfür ist es notwendig, mehr Marketingkanäle zu modellieren, um ein breiteres Verständnis der Effizienz des Marketings zu erhalten, das nicht auf die eigenen Kanäle und Medien beschränkt ist, beispielsweise »Presse – also die Daten, wo über meine Marke oder das Produkt gesprochen wird, Event-Teilnehmerdaten wie auch Daten der Markenbotschafter«, sagt Manuel Azevedo, Senior Manager Digital Performance & Analytics bei Montblanc.

Ebenfalls essenziell sind das Messen und Bewerten der Langzeiteffekte von Marketingmaßnahmen, konkret die Nutzung eines zweistufigen Modells, das sowohl die kurzfristigen als auch die langfristigen Auswirkungen des oberen und unteren Trichters (Upper und Lower Funnel) bewertet, indem es den Einfluss auf Interesse und Verkäufe der Produkte modelliert. Ein Kanal des Upper Funnels ist beispielsweise Instagram. Auf Instagram sind User nicht primär, um zu kaufen, sondern sie lassen sich unterhalten und inspirieren.

Der Upper Funnel oder konkret eine Instagram-Anzeige hat aber Einfluss auf die Anzeige im Lower Funnel. Eine Google Ad gehört zum Lower Funnel. Auf Google suchen potenzielle Kunden gezielt nach Produkten. Heißt: der Upper Funnel schafft generelle Awarness – Aufmerksamkeit für die Marke und das Produkt. Der Lower Funnel bedient einen konkreten Bedarf: »Ich will dieses Produkt kaufen.«

Wenn jemand bei Google »Montblanc kaufen« eingibt, hat er ein konkretes Kaufinteresse. Wie kommt der Einfluss der Instagram Anzeige auf die Google Anzeige zustande? Kunden, die eine Anzeige in Instagram sehen, klicken vielleicht nicht drauf, sondern gehen auf Google und suchen nach der Marke. Diese Effekte kann man auswerten.

Oft fehlt aber etwas Banales: das Vergleichen und Lernen aus den Ergebnissen der oben genannten Analysen. Das ist vermutlich eine der größten Herausforderungen, denn dazu braucht es das konsequente Beschäftigen mit den Daten. Oft machen das CMOs nebenbei. Heißt, nicht alle Unternehmen schaffen dafür eine Position im Unternehmen, was aber besser wäre.

Früher Bauchgefühl, heute Beweisführung: KI verändert alles

Die Fallbeispiele von Develey, Schweiger Bräu und Montblanc verdeutlichen, dass der Einsatz von Big Data und KI in der heutigen Marketingwelt keine nette Ergänzung, sondern ein entscheidender Wettbewerbsvorteil ist. Die Fähigkeit, den Medienbruch zu überwinden und eine lückenlose Transparenz über alle Kanäle hinweg zu erreichen, ermöglicht den Unternehmen, den wahren Einfluss ihrer Marketingmaßnahmen zu messen und strategisch optimal zu steuern.

Da schließt sich der Kreis, denke ich. Als CMO hat man sich früher an diesen Themen die Zähne ausgebissen, heute, nur drei Jahre später, hat KI alles verändert. Heute kann man sich alle Daten beschaffen, die Bauteile sozusagen, und wenn man diese zusammenbringt, entsteht ein Bild vom großen Ganzen. Damit versteht man, wie Käufe zustande kommen und welche Kanäle welchen Einfluss auf die Kaufentscheidung nehmen. Das kann man dann lesen wie ein Buch. Man versteht und agiert, statt im Dunkeln zu stochern und so das leidige Try-and-Error-Spiel für Marketingmaßnahmen zu spielen.

Ob TikTok beispielsweise als Kanal für ein Unternehmen infrage kommt, kann man heute vorab datengestützt beweisen oder widerlegen. Die Zukunft des Marketings liegt in der nahtlosen Integration aller Datenpunkte – und Big Data und KI sind die Werkzeuge, die uns diese Zukunft erschließen. Der neue Weg für modernen Onlineverkauf und modernes Online-Marketing sozusagen.

Take-away

Big Data und künstliche Intelligenz ermöglichen Unternehmen, Datenlücken zu schließen und eine 360-Grad-Transparenz im Omnichannel-Marketing zu erreichen. Durch die Integration von Online- und Offlinedaten lassen sich Kausalzusammenhänge zwischen Werbemaßnahmen und Verkaufszahlen präzise analysieren. Die Fallbeispiele von Develey, Schweiger Bräu und Montblanc zeigen, dass der klassische Medienbruch überwunden werden kann.

»Möchten Sie Ihren Kassenbon per Mail erhalten?«

Analoge mit digitalen Daten verknüpfen

Wie können Kundendaten digitalisiert und die Customer Journey lückenlos abgebildet werden, wenn die Stammkunden (darunter viele 70 Jahre und älter) fast ausschließlich im Laden kaufen, keine E-Mail-Adresse hinterlassen und das Filialpersonal aus Sorge vor Abwanderung der Kunden in den Onlineshop keine weiteren Kontaktdaten erhebt?

Niklas Adamkiewicz, Geschäftsführer und Director E-Commerce bei E-GERRY WEBER Digital GmbH, bringt es auf den Punkt: »Das Onlinenutzungsverhalten der Generation 70+ ist nur mäßig ausgeprägt, und das Personal befürchtet, dass Newsletter oder Push-Nachrichten Kunden vom Besuch im Store abhalten.«

Statt allein auf E-Commerce-Conversion zu setzen, geht es darum, digitale Erreichbarkeit aufzubauen: Kunden aktiv für E-Mail, SMS oder App-Push zu gewinnen, ohne sie zum Onlinekauf zu drängen. So lassen sich personalisierte Angebote verschicken, Bindungen können erhöht und zugleich Store-Besuche gefördert werden – etwa durch exklusive In-Store-Coupons.

Im folgenden systematischen Fahrplan schauen wir uns an, wie sich rein postalisch erfasste Kunden nahtlos in digitale Kommunikationskreise überführen lassen – und wie man das Filialpersonal bei diesem Kurswechsel unterstützen kann, statt es zu verunsichern.

Um das Filialpersonal aktiv in den Digitalisierungsprozess einzubinden und mögliche Bedenken abzubauen, ist es wichtig, zunächst die konkreten Vorteile sichtbar zu machen: Wer Kundendaten digital verknüpft, erhält wertvolle Einsichten in Kaufverhalten und Vorlieben, die vor Ort zu einer noch passgenaueren Beratung führen. Jeder kann also seinen Job besser machen.

Mit gezielten Coupons, die über E-Mail oder SMS verschickt werden, lassen sich zusätzliche Impulskäufe im Laden auslösen. Reportings dokumentieren ganz klar den Mehrumsatz, der durch solche digitalen Kampagnen entsteht. Auch das kann das Personal motivieren: wenn ihnen der Umsatz, der digital gemacht wird, ebenso zugeschrieben wird. Schließlich kauft der Kunde nicht nur ein Produkt, sondern ein Markenimage. Und dieses wird auch wesentlich von der Erfahrung von Mensch zu Mensch geprägt. Ist der Verkäufer im Laden nett, kaufe ich auch gern online.

Darauf aufbauend, setzt man Anreize, die das Thema für das gesamte Team attraktiv gestalten. Ein Bonusmodell oder ein interner Wettbewerb, bei dem beispielsweise das Team mit den meisten Neukontakten oder dem höchsten Gesamtumsatz – online wie offline – einen Preis erhält, spornt genauso an wie eine spielerische Rangliste à la »Digitalisierungschampion des Monats«.

Damit alle Mitarbeitenden souverän auftreten können, braucht es kurze, praxisorientierte Schulungen: Schon fünf Minuten in der Morgenrunde genügen, um den Ablauf zu erklären und typische Einwände zu trainieren. Ein kurzes Standardskript erleichtert das Gespräch: »Möchten Sie Ihren Kassenbon digital erhalten und künftig exklusive Angebote per E-Mail beziehungsweise SMS bekommen?« Ergänzend sorgt ein kompaktes FAQ-Sheet dafür, dass auf alle Fragen schnell eine passende Antwort parat ist.

Zuletzt schafft Transparenz Vertrauen: Den Mitarbeitenden sollte bewusst sein, dass eine digitale Registrierung keinesfalls den stationären Verkauf kannibalisieren muss. Beispiele aus dem Alltag zeigen, dass viele Kunden, gerade in der Alterskategorie 70+, digitale Services zwar nutzen, aber nach wie vor gern im Laden einkaufen.

Mit diesen Maßnahmen wird das Filialpersonal zu aktiven Botschaftern der digitalen Kundengewinnung – motiviert, informiert und überzeugt, dass ihre Rolle im Laden durch die Digitalisierung nicht geschwächt, sondern gestärkt wird und letztendlich ihr Job damit sicherer wird, statt zu wackeln.

Und welche Maßnahmen sind geeignet, um Postadressen um digitale Kundendaten zu erweitern? In der folgenden Tabelle einige Beispiele:

Hebel	**Beschreibung**	**Aufwand**	**Wirkung**
1. QR-Postkarte versenden	An alle postalisch gespeicherten Adressen eine Postkarte mit individuellem QR-Code schicken, der zum Registrierungsformular führt.	mittel	hoher Rücklauf, weil physischer Anreiz
2. SMS-Opt-in	Beim Kassenvorgang Telefonnummer abfragen und per SMS eine kurze URL zur digitalen Registrierung schicken.	gering	hohe Öffnungs- und Klickrate
3. Digitaler Kassenbon per E-Mail	Optional E-Mail beim Bezahlvorgang anbieten (»Ihr Kassenbon digital und papierlos«).	gering	einfache Einwilligung, unmittelbarer Nutzen
4. In-Store-Tablet/-Kiosk	Registrierung vor Ort per Tablet (z. B. am POS oder im Beratungsbereich) mit kleinen Sofortvorteilen (z. B. 5 % Rabatt).	mittel	direkte Ansprache, persönliche Hilfestellung

4 *Geeignete Maßnahmen, um Kundendaten zu digitalisieren*

Hebel	Beschreibung	Aufwand	Wirkung
5. Gewinnspiel/ Gutscheinaktion	Gewinnspiel oder Sofortgutschein (»Jetzt registrieren und 10 € sparen«), Teilnahme nur digital möglich.	mittel	starker Anreiz, schnelle Datenanreicherung
6. Social-Media-Log-in	Auf Landingpage Log-in via Facebook/Google/Apple anbieten – vereinfacht Registrierung.	gering	One Click, weniger Abbrüche
7. App-Launch mit Push-Anreiz	App herausbringen und bei Download sowie Log-in kleine Willkommens-Push-Vorteile (z. B. Gratisversand).	hoch	langfristige Bindung, Push-Marketing

4 *Geeignete Maßnahmen, um Kundendaten zu digitalisieren (Forts.)*

GERRY WEBER schafft ein nahtloses Omnichannel-Erlebnis, indem die stationäre Kundenkarte direkt mit dem Onlinekonto verknüpft wird. Nach der Registrierung können Kundinnen und Kunden in ihrem Profil nicht nur ihre Onlinebestellungen, sondern auch sämtliche Einkäufe aus den Stores einsehen – und zusätzlich von digitalen Angeboten profitieren.

Damit die Anmeldung so einfach wie möglich gelingt, stehen in allen Stores Tablet-Stationen bereit, über die sich neue Kunden in wenigen Schritten registrieren können. Als Willkommensgeschenk erhalten sie einen 10-Euro-Gutschein, der online und offline einlösbar ist.

Auch das Verkaufspersonal wird aktiv eingebunden und profitiert davon: Wenn eine Kundin ihre Kundenkarte nutzt oder nutzen möchte, zeigt das Kassensystem automatisch an, ob bereits eine E-Mail-Adresse hinterlegt ist. Ist dies nicht der Fall, erscheint ein Hinweis inklusive einer vordefinierten Vorteilsargumentation. Das Ziel: digitale Kontaktdaten vollständig erfassen.

Um diesen Prozess zu fördern, wurde ein gezieltes Incentive-Modell eingeführt: Für die Erfassung von E-Mail-Adresse und Mobilnummer: 2,50 Euro, für die Erfassung nur eines der beiden Datenpunkte: 1,50 Euro. Die Erfassung wurde nicht auf einzelne Mitarbeitende, sondern auf die jeweilige Filiale heruntergebrochen und dann nach geleisteten Stunden anteilig verteilt – DSGVO-konform und fair.

Das Ergebnis: messbar erfolgreicher. Ein großer Teil der zuvor rein stationären Kundschaft konnte erfolgreich digitalisiert werden. Diese Kunden waren im Anschluss über digitale Kanäle wie E-Mail erreichbar – und zeigten ein deutlich verändertes Kaufverhalten: Ihr kombinierter Umsatz (online + Filiale) lag rund 10 % höher als bei jenen, die rein stationär einkauften und nicht digital eingebunden waren.

Was sind die Next Steps, um so etwas anzugehen? Ich bin ein Fan davon, erst einmal einen *Proof of Concept* im Kleinen zu schaffen.

1. Zwei bis drei Hebel wählen (z. B. QR-Postkarte + digitaler Kassenbon + Gewinnspiel) für einen Piloten in zwei bis drei Filialen.
2. KPIs definieren Registrierungsrate, eingelöste digitale Coupons, zusätzlicher Umsatz.
3. Schulungsplan für Filialteams aufsetzen und Incentive-Modell festlegen.
4. Pilotphase nach vier Wochen auswerten, gegebenenfalls anpassen und auf Roll-out in allen Filialen vorbereiten.

Mit diesem Vorgehen kannst du schnell testen, den Erfolg vorab absichern, Kundinnen und Kunden dort ansprechen, wo sie sind – im Laden –, und sie schrittweise in digitale Kanäle einführen, ohne das ganze Team – alle Mitarbeitenden in allen Filialen – zu beschäftigen.

Den Wettlauf um den besten Preis gewinnen

Wie stationärer Handel das Onlinegeschäft ausbalancieren kann

Wenn Produkte vergleichbar sind, ist der reine Onlinehandel oft einem erbitterten Preiskampf ausgesetzt. Digitale Marktplätze und spezialisierte Onlineshops agieren oft mit aggressiven Preisstrategien. Davor sind auch die Unternehmen nicht gefeit, die als Mutterkonzern einen der größten Onlineshops in Deutschland haben – zum Beispiel Mytoys, das zum OTTO-Konzern gehörte.

Service schlägt Schnäppchen: Die stille Stärke von VEDES und das Mytoys-Aus

Das Schicksal von Mytoys war meiner Meinung nach ein eindrücklicher Weckruf, eine Warnung aus der E-Commerce-Welt. Mytoys, einst ein vielversprechender Akteur im Onlinespielzeugsegment, steht exemplarisch für die Schattenseiten eines rein preisgetriebenen Geschäftsmodells. In einem Umfeld, in dem Preise das Hauptargument sind, fällt es schwer, sich nachhaltig von der Konkurrenz abzuheben und vor allem profitabel zu sein.

»Die Entscheidung, den Geschäftsbetrieb der Mytoys.de GmbH aufzugeben, ist Folge einer gründlichen Analyse der Geschäftsentwicklung. So hat das Unternehmen seit Jahren – die mit den Coronamaßnahmen einhergehenden Wachstumseffekte der Geschäftsjahre 2020/21 und 2021/22 ausgenommen – trotz mehrfacher strategischer Neuausrichtung und hohen Investitionen keine solide wirtschaftliche Performance und die erforderliche, nachhaltige Rentabilität erreicht.« So heißt es in der offiziellen Pressemitteilung.[1]

»Der Erfolg eines unbedingt erforderlichen Turnarounds, verbunden mit weiteren hohen Investments und steigendem Kosten- und Marktdruck, ist vor diesem Hintergrund weder seriös planbar noch realistisch. Zudem ist das hart umkämpfte und zugleich niedrigmargige Segment Spielwaren leichter innerhalb des Marktplatzes von OTTO profitabel zu bewirtschaften – mit der entsprechenden Diversifizierung in den Sortimentsfeldern, als es einem Pure Player wie Mytoys möglich ist.« So heißt es weiter.

Wie kann es dann aber sein, dass VEDES noch am Markt ist? Sie kämpfen ebenso mit niedrigen Margen und der Konkurrenz auf den großen Plattformen wie beispielsweise Amazon. Seit seiner Gründung am 6. März 1904 in Leipzig hat sich VEDES – ursprünglich als Vereinigung Deutscher Spielwarenhändler – zu einem international vernetzten Verbund entwickelt. Mit über 900 Fachgeschäften in mehreren europäischen Ländern bildet VEDES ein dichtes Netz an Spielwarenangeboten, das Konsumenten nicht nur online, sondern auch vor Ort erleben können.

Anders als Mytoys konzentriert sich VEDES nicht ausschließlich auf den Preis. Im Gegenteil, sie sind oft wesentlich teurer als der Hauptkonkurrent Amazon.

---

1 OTTO Group: Mytoys.de GmbH stellt Geschäftsbetrieb ein und schließt alle Filialstandorte – die Marke Mytoys wird weiterhin auf der Plattform otto.de angeboten. Quelle: *www.ottogroup.com/de/medien/newsroom/meldungen/mytoys.de-gmbh-stellt-geschaeftsbetrieb-ein-und-schliesst-alle-filialstandorte.php*

Aber wie kann das gehen? Dazu muss man sich den Need der Kunden anschauen. Wenn ich als Mutter Zeit habe, ein Spielzeug zu organisieren, kaufe ich es da, wo es am günstigsten und bequemsten ist. In der Regel bei Amazon. Wenn ich einen Geburtstag vergessen habe und morgen ein Spielzeug brauche oder sofort, fahre ich in den Laden. Der Onlineshop von Vedes bildet dazu die Brücke, denn heutzutage kann ich nicht sicher sein, dass ein kleiner regionaler Spielwarenladen genau das hat, was ich suche. In der Regel schauen die Kunden also bei VEDES online, ob der Spielwarenhändler in der Nähe hat, was sie suchen. Sie reservieren es online und holen es lokal ab. Damit gehen sie auf Nummer sicher, dass sie nicht umsonst hinfahren.

VEDES bietet seinen angeschlossenen Fachhändlern ein breites Spektrum an Dienstleistungen: von zentraler Einkaufsregulierung und Logistik bis hin zu individuell angepasstem Ladenbau, Marktforschung, Marketing und moderner IT-Infrastruktur. Dieser umfassende Rundumservice stärkt den stationären Handel und ermöglicht den Partnern, sich auch in einem preissensitiven Marktumfeld zu behaupten.

VEDES hat es geschafft, sich gegenüber Amazon abzugrenzen, seine historische Identität zu bewahren und gleichzeitig in moderne Systeme zu investieren. VEDES trotzt auch hartnäckig den vielfältigen Herausforderungen – etwa der Integration der mehr als 40 verschiedenen Warenwirtschaftssysteme der lokalen Händler oder dem unterschiedlichen Pricing der verschiedenen Standorte. Diese Probleme sind herausfordernd, wie Dr. Thomas Märtz, damaliger CEO der VEDES AG, auf dem Digitalgipfel 2023 in Baden-Württemberg betont. Dennoch zeigt die strategische Ausrichtung, wie ein Unternehmen trotz enormer Herausforderungen im digitalen Wandel bestehen kann. Und das, obwohl sie teurer sind als die reine Onlinekonkurrenz.

Die Needs des Kunden: Im Schatten von Amazon erfolgreich bleiben

Die kontrastreichen Beispiele von Mytoys und VEDES machen deutlich, dass der Schlüssel zum Erfolg im heutigen Handelsumfeld in der Balance liegt, etwa in der Diversifikation als Risikoabsicherung. Ein reiner Fokus auf den Onlinehandel und aggressive Preispolitik können ein Unternehmen anfällig für Marktveränderungen machen. Die Einbindung des stationären Handels bietet nicht nur eine zusätzliche Einnahmequelle, sondern stärkt auch Markenpräsenz und Kundenbindung.

Service und Beratung als Differenzierungsmerkmale, statt ausschließlich über den Preis zu konkurrieren, ergeben Sinn. Das Angebot wurde durch zusätzlichen Service, personalisierte Beratung und maßgeschneiderte Konzepte erweitert. Dem Need des Kunden nicht nur in Form von Beratung, sondern eben auch wenn sofort ein Spielzeug gebraucht wird, wird entsprochen. Im Vergleich zu Amazon scheint ein Unternehmen wie VEDES unterlegen, aber durch die Nutzung der Synergien zwischen online und offline haben sie es geschafft, sich am Markt zu halten. Was aber passiert, wenn eine Delivery von 90 Minuten zum neuen Standard wird? Das schauen wir uns später im Abschnitt »Ein neues Handy in 25 Minuten: Onlineeinkäufe nahezu in Echtzeit geliefert mit Instant Retail« an.

Take-away

Der Wettlauf um den besten Preis ist ein zentrales Merkmal des modernen Handels. Während reine E-Commerce-Unternehmen in einem preissensitiven Umfeld oft unter enormem Druck stehen, zeigt das Beispiel VEDES, wie eine sinnvolle Integration von stationären und digitalen Geschäftsmodellen zu einem nachhaltigen Wettbewerbsvorteil führen kann.

Weg vom teuren Klick
Profitabilität revolutionieren mit Apps und Elastic Offering

Wer dauerhaft profitabel sein will, muss sich unabhängiger von bezahltem Traffic machen – insbesondere von Google Ads. Eigene Apps spielen dabei eine Schlüsselrolle. Sie ermöglichen nicht nur direkte Kundenkontakte, sondern schaffen auch Raum für kreative Strategien zur Nutzergewinnung.

Ein EM-Trikot, um unabhängiger von Google zu werden: Die Langzeitstrategie von CHECK24

München, Juni 2024. Die Stadt ist im Ausnahmezustand. Die Sonne strahlt, die Biergärten sind voll, und überall schallen Fußballgesänge durch die Straßen. Es ist Europameisterschaft, und die Stimmung könnte nicht besser sein. Während ich an meinem Küchentisch sitze und versuche, mich in die Arbeit zu vertiefen, kommt mein Sohn mit einem fragenden Gesichtsausdruck herein. »Mami«, sagt er nachdenklich, »in der Schule haben jetzt alle ein EM-Trikot von CHECK24. Ist das Betrug?«

Verwirrt blicke ich ihn an. CHECK24 und EM-Trikots? Ich brauche einen Moment, um den Zusammenhang zu verstehen, bis mir einfällt, dass sein Freund – der Sohn eines CHECK24-Geschäftsführers – sicherlich eines dieser Trikots besitzt. Vielleicht hat mein Sohn angenommen, dass jeder eines bekommen hat. Noch schenke ich dem Gedanken nicht allzu viel Aufmerksamkeit, doch in den kommenden Tagen kann ich nicht anders, als es selbst zu bemerken: Immer mehr Menschen in der Stadt tragen tatsächlich diese Trikots.

Jetzt bin ich auch neugierig. Ich setze mich an den Laptop und beginne zu recherchieren. Überall poppen Artikel über die Aktion von CHECK24 auf. Das Unternehmen hat Millionen von Deutschland-Trikots zur Europameisterschaft verschenkt – eine Alternative zum teuren Originaltrikot und eine Werbekampagne, die das Land im Sturm erobert hat. Besonders in den sozialen Medien: TikTok ist voll von Menschen, die ihre neuen Trikots präsentieren, Memes machen die Runde, und die Aktion wird zum viralen Hit. Cleveres Marketing, denke ich mir. Aber wie bekommt man so ein Trikot?

Auf einer Plattform finde ich ein Video, das erklärt, wie einfach es ist: zuerst die kostenlose CHECK24-App herunterladen, sich registrieren und am EM-Gewinnspiel teilnehmen. Danach kann man seine Trikotgröße auswählen und das Trikot kostenlos bestellen. Eine einfache, aber geniale Methode, um Millionen Menschen dazu zu bringen, die App zu installieren. Dazu gibt es noch die Chance, täglich Gewinne im Gesamtwert von 24 Millionen Euro zu gewinnen, darunter Pauschalreisen, Hotelgutscheine und Mietwagen. Das Ergebnis: eine riesige Steigerung der Markenbekanntheit und die langfristige Bindung der Nutzer an die App. Ein absoluter Erfolg für CHECK24.

Aber was mich noch mehr interessiert: Was kostet so eine Aktion? Das lässt sich kalkulieren: Die Herstellungskosten für ein offizielles DFB-Trikot belaufen sich auf etwa 11 Euro, die Puma-Trikots von CHECK24 dürften etwas günstiger sein. Hinzu kommen Versand- und Logistikkosten sowie ein erhebliches Marketingbudget. Ich schätze die Gesamtkosten auf rund 100 Millionen Euro. Eine beachtliche Summe, doch wenn man bedenkt, dass die App auf Platz 1 der App-Store-Charts steht und Millionen neuer Nutzer erreicht wurden, ist es eine Investition, die sich auszahlt.

Neugierig, mehr über die Hintergründe zu erfahren, setze ich mich mit Stephan Eckhardt, dem Geschäftsführer für das Vergleichsportal Finanzen von CHECK24, in Verbindung. Dank der Freundschaft unserer Söhne lässt sich das Treffen schnell organisieren.

Seit seiner Gründung im Jahr 1999 hat sich CHECK24 von einem kleinen Vergleichsportal für Kfz-Versicherungen zu einem der führenden digitalen Unternehmen Deutschlands entwickelt. Heute bietet das Unternehmen Vergleichsmöglichkeiten in nahezu allen Lebensbereichen – von Versicherungen über Stromtarife bis hin zu Krediten und Reisen. Die Idee dahinter ist einfach: Den Nutzern wird es ermöglicht, die besten Angebote zu finden, um Zeit und Geld zu sparen. Finanziert wird das Ganze durch Provisionen, die CHECK24 von den Anbietern erhält, wenn ein Kunde über die Plattform einen Vertrag abschließt. Für die Nutzer bleibt die Plattform vollkommen kostenlos.

Als ich mich mit Stephan treffe, wird mir schnell klar, dass die Trikotaktion ein wesentlicher Teil einer Langzeitstrategie ist. »Unser Ziel war es nie, nur kurzfristig Aufmerksamkeit zu erregen. Wir wollten eine langfristige Beziehung zu unseren Nutzern aufbauen«, erklärt er. »Die App spielt dabei eine zentrale Rolle.« Durch die App kann CHECK24 seine Nutzer personalisiert ansprechen, Push-Nachrichten senden und maßgeschneiderte Angebote anbieten. »Wir wollen, dass CHECK24 für Vergleiche das wird, was Google für Suchen ist.«

Doch die Kampagne hatte auch noch ein anderes Ziel: Unabhängigkeit von Google. »Es geht uns nicht nur darum, neue Nutzer zu gewinnen. Wir wollen langfristig unsere Abhängigkeit von Google reduzieren«, sagt Stephan. »Wir investieren enorm viel Geld in Google Ads, um Kunden auf unsere Plattform zu bringen. Je mehr Menschen jedoch direkt über unsere App kommen, desto weniger müssen wir für Werbung bei Google ausgeben. Das stärkt unsere Eigenmarke und macht uns unabhängiger.«

Die Trikotkampagne hat gezeigt, wie stark eine Marke werden kann, wenn sie ihre Kunden direkt erreicht. Millionen von Menschen haben sich die App heruntergeladen, und viele davon werden auch nach der EM weiterhin CHECK24 nutzen. »Es ist wie bei Tempo und Taschentüchern«, sagt Stefan lächelnd. »Unser Ziel ist es, dass Menschen bei Preisvergleichen automatisch an CHECK24 denken.«

Während unseres Gesprächs kommen wir auch auf andere Unternehmen zu sprechen, von denen CHECK24 gelernt hat. Booking.com zum Beispiel hat es geschafft, sich als unverzichtbare Marke im Reisebereich zu etablieren, und das vor allem durch die starke Usability ihrer Website und App. Es gibt viele Dinge, die man einfach abschauen kann, zum Beispiel auch die Versandbestätigungsseiten von Amazon – wenn 40 Millionen Deutsche diese Seite mehrmals im Jahr sehen und sie nicht geändert wird, dann weiß man, dass sie funktioniert. Warum sollten wir da etwas anderes machen?

Das Spiel-Stopp-Gutschein-Prinzip: Wie Temu in Köpfe und Warenkörbe kommt

Wenn die App der Schlüssel ist, um nie wieder Geld an Google zu überweisen, ist es nur logisch, warum asiatische Player wie Temu agieren, wie sie agieren. Sie arbeiten ebenfalls sehr intensiv daran, Kunden in die App zu bringen. Die App als Schlüsselinstrument – das Prinzip ist klar: Wer die App auf dem Handy hat, bleibt oft länger an die Marke gebunden. Und kann jederzeit von Temu per Pushnachrichten zum Kauf animiert werden. Wie schafft Temu das? Die Customer Journey beginnt bei Google. Wenn man bei Google »Haarreif Tracht« eingibt, passiert beispielsweise Folgendes: Sofort erscheinen viele Treffer, darunter einige Angebote von Temu.

Wenn man auf das Bild des Haarreifs klickt, taucht ein Spinnrad auf zusammen mit einem Button, auf dem STOPP steht. Die meisten Menschen würden da wohl neugierig draufklicken – und siehe da, sie haben ein »100-Euro-Gutscheinpaket« gewonnen! Noch bevor sich Kunden darüber wundern können, startet das Rad erneut von selbst. Mit einem weiteren Klick auf STOPP bleibt es stehen. Jetzt wird angezeigt, was der Gewinn ist. Ein 200-Euro-Gutscheinpaket etwa – allerdings kann man das nur über die Temu-App einlösen. Der dazugehörige Button leitet direkt in den Google Play Store, wo die App mit einem Klick installiert werden kann.

Kaum ist die App auf dem Handy, wird freundlich darauf hingewiesen, dass der Gutschein jetzt einlösbar ist. Eine clevere Strategie: Durch das kleine »Gewinnspiel« haben sie einen Kunden erfolgreich in die App gelotst – und ab da ist man mittendrin im Temu-Universum.

Dabei ist Temu gar kein so großer Vorreiter, wie oft behauptet wird. Viele der Strategien, für die Temu so viel Aufmerksamkeit bekommt, sind nicht neu. Auch bei uns in Deutschland gibt es längst Unternehmen, die ähnliche Mechanismen anwenden, um Kunden in ihre Ökosysteme zu bringen. Kleinanzeigen.de, OBI, CHECK24 und viele andere verfolgen schon seit Jahren erfolgreich eine Strategie, die auf App-Nutzung, Kundenbindung und clevere Anreize setzt. Die Mechanismen sind vergleichbar – nur die Verpackung ist anders. Das Spiel-Stopp-Gutschein-Prinzip ist aggressiv, erfolgreich und wird zur Eintrittskarte für die Marke, um Kunden täglich mit Push-Nachrichten zum Kauf zu animieren. Und das machen sie – ständig und penetrant –, täglich bekommt man Erinnerungen an Produkte und den nicht abgeschlossenen Warenkorb. Sollte man das als Marke tun? Ja und nein, man sollte seine Kunden in die eigene App holen, aber liebevoll, nicht aggressiv und nervend.

Chatten, Shoppen, Banking: Pros und Cons der All-in-one-Apps

Aber wie steht es mit den One-for-all-Apps? WeChat ist die Eier legende Wollmilchsau unter den Apps. Chinesinnen und Chinesen können damit unter anderem chatten, Taxis bestellen, Lebensmittel oder Essen ordern, shoppen und bezahlen. Die Idee, eine Vielzahl von Funktionen in einer App zu bündeln, hat auch in den USA Fans. So will Elon Musk X (vormals Twitter) zu einer Everything App umbauen. Und auch Facebook-Gründer Mark Zuckerberg träumt davon, WhatsApp zur zentralen Anlaufstelle des Onlinelebens zu machen.

Wie attraktiv finden Konsumenten in Deutschland dieses Konzept? Um diese Frage zu beantworten, hat YouGov kürzlich rund 2.200 Menschen befragt. Davon sagen 29 %, dass sie so eine Super-App wahrscheinlich nutzen würden (siehe **Abbildung 18**).

18 *Jüngere Zielgruppen werden immer offener: Eine All-in-one-App findet zunehmend Akzeptanz. (Quelle: Statista)*

Besonders hoch ist der Anteil bei den 18- bis 44-Jährigen wie der Blick auf die Statista-Grafik zeigt. Dagegen zeigt sich die Altersgruppe 45 plus eher ablehnend. Welche Funktionen die One-for-all-Apps-Freunde nutzen würden, zeigt **Abbildung 19**.

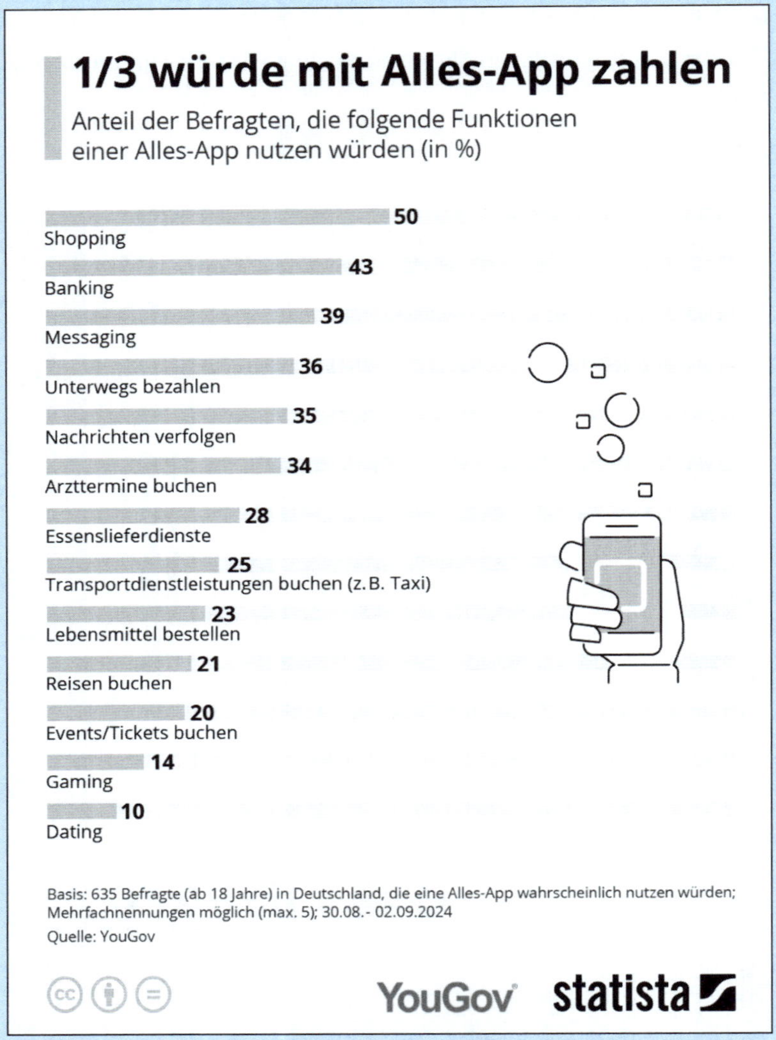

19 *Wünsche an Apps: Shopping führt die Liste der Nutzungswünsche an. (Quelle: Statista)*

29 % der von YouGov in Deutschland befragten Verbraucherinnen und Verbraucher würden eine App, die ähnlich wie WeChat eine Vielzahl von Funktionen hat, wahrscheinlich nutzen. Die Erhebung zeigt, dass die beliebtesten Funktionen einer solchen Alles-App das Bezahlen unterwegs (36 %), das Verfolgen von Nachrichten (35 %) und das Buchen von Arztterminen (34 %) wären. Weitere attraktive

Funktionen könnten Essenslieferdienste (28 %), Transportdienstleistungen wie Taxi oder Bahn (25 %) und das Bestellen von Lebensmitteln (23 %) sein. Ihr erinnert euch an den Abschnitt über die Onlinesupermärkte? Eine Super-App könnte diesen Markt völlig neu aufrollen. Am wenigsten Interesse besteht an Gaming (14 %) und Dating (10 %). Dass nur eine Minderheit eine Multifunktions-App nutzen würde, deutet darauf hin, dass es Bedenken hinsichtlich des Konzepts gibt.

Eine All-in-one-App mag praktisch sein, aber wer seinen Alltag von Chatten über Shoppen bis Banking über eine einzige Anwendung organisiert, wird zum gläsernen Kunden. Genau das scheint den Befragten der YouGov-Umfrage aber auch klar zu sein. Datenschutz wird sowohl von Männern als auch von Frauen als das größte Risiko einer Super-App à la WeChat benannt. Ähnlich viele Menschen haben allgemeine Sicherheitsbedenken. Bei beiden Antwortoptionen zeigen sich Frauen besorgter als Männer. Erst an vierter Stelle wird bei dieser Frage die Abhängigkeit von einer einzigen Plattform genannt, gefolgt von einer Monopolbildung des App-Anbieters, die Männer deutlich kritischer sehen. Ein zentraler Punkt westlicher Kritik an WeChat scheint den Verbrauchern hingegen kaum Bauchschmerzen zu bereiten. Nur 15 % sehen ein Zensurrisiko – wobei deutlich mehr Männer (19 %) als Frauen (12 %) hier ein Problem sehen.

Super-App? Super-Idee – aber nur, wenn sie auch wirklich bei den Massen ankommt. Und Hand aufs Herz: Das schaffen nur die ganz Großen – Marken ab Kaliber WhatsApp aufwärts.

Elastic Offering: Profitabilität durch Ausweiten oder Einschränken des Produktangebots!?

Fehler im Produktportfolio kann eine App auch nicht kompensieren. Ein Beispiel: Koffer kauft man im Durchschnitt nur alle fünf bis zehn Jahre neu. Deshalb muss jeder einzelne Verkauf nicht nur die Produktions- und Vertriebskosten decken, sondern auch Marketing-, Logistik- und Serviceaufwand profitabel schultern. Beim ersten Kauf eines Neukunden profitabel zu sein, wird zunehmend schwieriger, insbesondere durch steigende Werbekosten bei Google und Meta. »Im E-Commerce sind eben Wiederholungskäufer extrem wichtig, idealerweise innerhalb kurzer Zeit«, sagt Luca Michas, CMO der Smile Versicherung.

Im Fall einer Koffer-Brand kannst du dein Sortiment um Reisetaschen, Rucksäcke oder Organizer-Sets erweitern, um den durchschnittlichen Warenkorbwert zu erhöhen. Wir hatten das bereits beim Thema Customer Lifetime als Geschäftsmodell besprochen. Solche Produktlinien sind aus meiner Sicht sinnvolle Ergänzungen, aber nicht die allein mögliche Lösung. Es gibt noch andere Möglichkeiten:

Personalisierungsservice ist eine Option. Individualisierungen sind ein starker Kaufanreiz: Monogramme, eingravierte Reisemotive oder hochwertige Farbakzente heben dein Angebot von der Stange ab. Die Zusatzmarge bei solchen Extras ist hoch – und der Kunde fühlt sich mit seinem Unikat noch stärker gebunden. Auf der OMR wurden beispielsweise individualisierte Notizbücher im Look and Feel der OMR angeboten: ein normales Notizbuch – Design der OMR, Möglichkeit den eigenen Namen einzugravieren – 30 Euro bitte.

Limited Editions, Markenkooperationen und Sammlerreihen: Regelmäßig lancierte Sondereditionen in den Trendfarben oder in Zusammenarbeit mit Designern, Sportlerinnen oder Influencern schaffen für ein bestimmtes Käuferklientel einen Anreiz. Bestandskunden greifen bei neuen Auflagen schneller zu, weil sie ihre Kollektion vervollständigen wollen. So erzielst du erneute Kaufimpulse auch lange nach dem ersten Verkauf. Der Koffer mit FC-Bayern-Logo oder Minecraft-Design für Kinder? Vorstellbar.

Koffer sind ein typischer Worst Case im Einmal-Produkt-E-Commerce. Mit konsequenter Ergänzung um Dienstleistungen und Community-Konzepten verwandelst du dein Geschäftsmodell in eine nachhaltige, wachstumsfähige Maschine. So wird aus dem Einmalkauf ein langfristig profitables Zusammenspiel aus Verkauf und Service.

Und dann gibt es die Ausnahme von der Regel, bei der man weder Produktportfolio noch Services erweitern sollte: Der Markt ist riesig, der Bedarf ist riesig, ich kann mich auf ein einziges Produkt fokussieren. Ein Beispiel? Die »Barfußschuh«-Welle boomt: Rund 200.000 Google-Suchanfragen pro Monat in Deutschland, in der Spitze sind es bis zu 670.000. Überlegt man, wie viele Einwohner es in Deutschland gibt, ist das unfassbar. Doch statt dem Hype blind zu folgen, grenzt Joe Nimble sich strategisch klar ab: »Wir setzen bewusst auf Zehenfreiheit in Kombination mit Dämpfung und Technologie«, sagt Gründer Sebastian Bär. Denn dünne Sohlen sind nicht für jeden gut, schon gar nicht für Läufer. Sebastian und sein Team stellen daher vor allem die Großzehe in den Mittelpunkt ihrer Produkte, da diese biomechanisch beim Laufen zentrale Aufgaben übernimmt: Sie muss stabilisieren, führen, abstoßen. Joe Nimble – The Big Toe Company bietet daher keine klassischen Barfußschuhe, sondern High-Performance-Schuhe, die kompromisslose Zehenfreiheit bieten und die Großzehe in ihrer Funktion unterstützen. Das spricht gezielt Läufer an, die möglichst gelenkschonend, verletzungsfrei und effizient laufen wollen. Sie haben den Hype um den Barfußschuh genutzt, aber eine profitable Nische geschaffen. Das Ergebnis: klarere Markenwahrnehmung, höhere Abverkaufszahlen – und ein Paradebeispiel dafür, wie man durch Fokussierung zur echten Kategoriegröße wird.

Ich nenne das *Elastic Offering*, ein Begriff, den ich gerade eben erfunden habe. Was meine ich damit? Du musst deine Produktstrategie an den Markt anpassen. Radikal. Die Basis: den Markt und den Wettbewerb zu jeder Zeit im Blick behalten, und zwar durch das Beobachten der Suchvolumen für Produkte, der Aktionen und Strategien der Wettbewerber und der eigenen Performance im Vergleich zum Markt. Das beste Produkt, die beste Marke braucht keine teuren Google Ads. Wer sich strategisch perfekt aufstellt, wird unabhängig von den großen Werbeplatzanbietern – von Google, Meta, TikTok und anderen Kanälen.

Soll ich Brand Ads auf Google schalten? Einfache Antwort auf die meistgestellte Frage

Wenn ich schon keine generischen Anzeigen auf Google mehr schalten soll – warum dann aber Brand Ads? Generische Ads richten sich an allgemeine Suchbegriffe wie »Laufschuhe Damen« oder »bequeme Sportschuhe« und zielen darauf ab, neue Kundinnen zu gewinnen, die noch keine konkrete Marke im Kopf haben. Brand Ads bei Google sind Anzeigen, die auf markenspezifische Suchbegriffe abzielen – z.B. »Adidas Laufschuhe« – und dienen dazu, die eigene Markenpräsenz zu schützen und Kunden gezielt zur Marke zu führen. Der Hauptunterschied liegt also im Intent der Suchanfrage: Brand Ads sprechen bereits markenaffine Nutzer an, während generische Ads für Reichweite und Neukundengewinnung sorgen.

Sollte man Brand Ads schalten? Das ist die Frage, die mir wohl am meisten in meinem Leben gestellt wurde. Wenn du deine Brand-Anzeigen bei Google stoppst, verlagert sich der Umsatz auf SEO und andere Marktplätze wie beispielsweise Zalando – SEO, weil das das erste Ergebnis im Suchergebnis zu deinem

Shop ist, und Letzteres, weil die Marktplätze auch oft auf die Händler-Brand bieten. Das bedeutet dann allerdings Provisionszahlungen. Ein konkretes Beispiel nötig? Der Kompromiss bei GERRY WEBER ist laut Niklas Adamkiewicz, Geschäftsführer und Director E-Commerce: »Wir setzen ein extrem niedriges Gebot von 0,05 Euro auf unseren eigenen Brands und zahlen im Schnitt nur 0,03 Euro. So bleiben wir sichtbar, erzielen zusätzliche SEO-Umsätze und geben einen Teil der Verkäufe an Marktplätze ab. Dennoch erzielen wir so das beste Kosten-Umsatz-Verhältnis.« Lange Antwort auf den Punkt gebracht: Ja, Brand Ads immer schalten, aber nicht zu jedem Preis.

Wachstum ohne Budget: Die langweilige Lösung, die alle schlägt

Nähern wir uns dem Thema nun von einer anderen Seite. Was sind denn die heutigen »versteckten Erfolgskonzepte« und Geschichten der erfolgreichen E-Commerce-Unternehmen? Beginnen wir mit einer Rückblende:

Es ist Ende November 2020, und das bedeutet für mich als CMO: Budgetzeit. Oder wie ich es liebevoll nenne: der vorweihnachtliche Wahnsinn. Drei Dinge stehen jetzt auf meiner To-do-Liste: Erstens, alle Projekte abschließen, die wir uns für dieses Jahr vorgenommen haben (und die, die wir uns spontan draufgepackt haben). Zweitens, erklären, warum einige Ziele leider utopisch waren (hallo, Erwartungsmanagement). Und drittens, das Budget für das nächste Jahr planen – eine Aufgabe, bei der Diplomatie auf Realität trifft. Die Budgetrunde ist der alljährliche Drahtseilakt zwischen Vision und Realität.

Ich denke zurück an letztes Jahr. Es lief, nun ja ... interessant. Unser Eigentümer, wie ihr aus der Einleitung wisst, ist ein Macher, aber auch ein charismatischer Optimist mit einem Hang zu großen Zielen. Er eröffnet die Runde wie gewohnt: »Sabrina, unser Ziel ist die Weltherrschaft.« Ein Scherz, klar. Aber manchmal habe ich das Gefühl, er meint es halb ernst. Denn als ich ihm erklären will, dass 20 % Wachstum ohne neue Produkte kaum machbar sind, nickt er zwar, aber sein Blick sagte: *»Und warum nicht?«*

Nun, theoretisch wäre es mit einem entsprechenden Budget durchaus machbar gewesen. Also plane ich. 8 % Marketingbudget vom geplanten Umsatz – sportlich, aber notwendig, vor allem angesichts steigender Klickpreise und einer Konkurrenz, die nicht schläft. Und dann ab zum CFO, der wie immer höflich lächelt, während er mir erklärt, dass meine Kalkulation zwar beeindruckend sei, aber leider nicht ins Ausgabenziel passe. Die Verhandlungen beginnen. Ich will realistisch bleiben, der CFO muss seine Kennzahlen einhalten, und der Eigentümer will sportliche Ziele setzen, um die Mannschaft zum Großdenken zu motivieren.

Er hat eine Gabe: Selbst wenn er Forderungen stellt, die kaum umsetzbar scheinen, tut er das mit so viel Empathie, dass man ihn bewundert. Ich will mitziehen, will Großes leisten – aber wie schafft man Wachstum mit weniger Budget, denselben Produkten und einer hart umkämpften Zielgruppe?

Damals kam ich auf vier Ansätze:

1. Besser organisch wachsen:
   Das bedeutet, smarte Konzepte für organisches Wachstum der Social-Media-Kanäle und ein top SEO-Team.
2. Kooperationen nutzen:
   Reichweiten tauschen mit Unternehmen, die zwar die gleiche Zielgruppe und ähnliche Reichweite in den Kanälen haben, aber ein völlig anderes Produkt. Es fließt kein Geld. Ich darf in deinen Newsletter, du in meinen.
3. Neue Zielgruppen oder Märkte erschließen:
   Das, was in DACH funktioniert hat, in anderen Regionen zweitverwerten oder in einer anderen Zielgruppe adaptieren – gleiche Kanäle, andere Ansprache.
4. Und gnadenlos auf Newsletter-Marketing setzen!

Klingt langweilig? Ist es, aber zugleich auch hoch profitabel.

Diese Kanäle werden aber oft vernachlässigt, weil sie zu normal sind. Immer wieder frage ich als Moderatorin das Panel, ob der Newsletter noch der performanteste Kanal ist. Heißt, ob er der Kanal ist, der das beste Kosten/Aufwand-Umsatz-Verhältnis hat. Und jedes Mal – auch in 2025 – ist die Antwort die gleiche wie vor zehn Jahren: JA. Egal, wen man fragt.

Als Moderatorin des Panels »Was macht Werbung erfolgreich? Best Practices und Erfolgsfaktoren einer Winning Campaign« durfte ich dem Publikum im Oktober 2024 in München zu Gast bei Microsoft für die Digital Bash einen tiefen Einblick in die Welt des modernen Advertisings geben. Das war einerseits unterhaltsam, andererseits haben unsere hochkarätigen Expertinnen und Experten mit Leidenschaft diskutiert, was erfolgreiche Kampagnen wirklich ausmacht und wie Kreativität und KI Hand in Hand gehen, um aus Kampagnen echte Gewinner zu machen. Mit dabei waren: Astrid Linser von Bears with benefits, Kai Schmidt von der HolidayCheck AG, Andreas Cüppers von PAROOKAVILLE und Nico Winkelhaus von PAYBACK. Auch sie habe ich gefragt. Und die Antwort? Ihr ahnt es schon: Newsletter ist der performanteste Kanal.

Take-away

Sich unabhängig von Plattformen und Werbeanbietern zu machen, ist ein cleverer Schachzug. Die Basis? Ein Produktportfolio, das viele Käufe ermöglicht. Die Kür? Kanäle zu schaffen, die Bestandskunden immer wieder zum Kauf inspirieren – durch Newsletter & Co.

Fake-Produkte und -Shops überfluten das Web

Originale durch Relevanz schützen

Fake-Produkte und Fakeshops sind eine stetige Herausforderung, die viele Unternehmen und Marken betrifft. Heute meldet man einen Fake-Shop, morgen taucht derselbe Shop unter anderem Namen wieder auf. Egal ob bei Google, Amazon oder auf anderen Verkaufsplattformen. Es fühlt sich an wie ein Kampf gegen eine Hydra.

Ich habe mich mit Carl-Frederic Korn von Krüger Dirndl und Katharina Alberter von Stabilo über dieses Problem unterhalten. Die Fakten sind alarmierend:

- Acht von zehn Angeboten für Dirndl auf Google Shopping sind Produkte auf Fake-Shops.
- Auf Amazon tauchen täglich Fake-Anbieter auf, die gefälschte Stabilo-Stifte verkaufen. Diese Produkte führen oft zu schlechten Rezensionen, die dann auf die Marke selbst zurückfallen.

Ein brisantes Thema sind auch Plattformen wie Temu und SHEIN, wo ebenfalls gefälschte Produkte aus China angeboten werden. Stabilo hat hier klare Konsequenzen gezogen: keine Verkäufe über diese Plattformen, sondern Fokus auf Kundenbindung und die Vermittlung des Mehrwerts der Originalprodukte. Warum?

Stabilo-Produkte zeichnen sich durch Qualität und Sicherheit aus. Einige Stifte sind so unbedenklich, dass sie sogar von Kindern in den Mund genommen werden können. Bei Fälschungen? Lieber nicht ausprobieren! Was können Marken tun?

Hochwertige Inhalte schaffen durch professionelle Bilder und Videos, die zeigen, wie das Original schreibt oder das Original-Dirndl passt und liebevoll verarbeitet wird. So wird die Marke gestärkt. Darüber hinaus? Transparenz in der Produktion: Made in Germany oder Europa und nachhaltige Fertigung schaffen Vertrauen. Und nicht zuletzt: strategischer Plattformfokus. Damit meine ich die Zusammenarbeit mit Plattformen, die sich gegen Fakes einsetzen. Amazon A10 ist schon mal ein erster kleiner Schritt. Amazon A10 ist der Name des aktuellen Suchalgorithmus von Amazon, der entscheidet, welche Produkte in den Suchergebnissen auf dem Marktplatz angezeigt werden – und in welcher Reihenfolge. Er analysiert viele Faktoren, um das relevanteste und verkaufsstärkste Produkt für eine Suchanfrage zu zeigen. Im Vergleich zum Vorgänger (A9) legt A10 mehr Gewicht auf organische Relevanz und Kundenerfahrung statt rein auf das Werbebudget. Das ist eine positive Nachricht für alle Händler und eine schlechte für alle Anbieter von Fake-Produkten.

Natürlich bleibt die Frage: Wie kommen wir aus der Spirale täglicher Fake-Meldungen heraus? Der Weg führt über Innovation, Kundenaufklärung und gezielte Maßnahmen, die über reaktive Lösungsansätze hinausgehen. Ist Back to the Roots eine Option?

Back to the Roots!
Printkataloge und Geschenke als Wettbewerbsvorteil

In den Marketingabteilungen dreht sich derzeit vieles um die Trends von morgen. Generative KI, personalisierte Ansätze und der stetige Fokus auf Brand Building dominieren die Diskussionsthemen. Dabei wird häufig vergessen: Man verkauft am besten, wenn man punktgenau beim Kunden ist. Genau hier setzen traditionelle Printkataloge an, und ich habe selbst erlebt, wie sie wirken können – ganz abseits der digitalen Flut. So absurd es klingen mag: Ich habe im Sommer Lebkuchen bestellt und im Winter Bademode.

Lebkuchen im Hochsommer: Wie ein Katalog Kaufverhalten knackt

Um ehrlich zu sein, bin ich als typische Online-Nerdin fast erschüttert, dass Katalogmarketing bei mir funktioniert. Ich kaufe alles online – vom Auto über den Weihnachtsbaum bis hin zu diversen Lebensmitteln. Kataloge, Shopping-Malls, Tupperpartys – analog ist nicht meine Welt.

Aber dieser Moment, als ich vor einiger Zeit einen Katalog in den Händen hielt, hat mein bisheriges Denken grundlegend verändert. Zunächst hatte ich Lebkuchen in Nürnberg entdeckt, als ich für einen Kunden dort war. Ich musste warten, parkte zufällig vor dem Outlet von Lebkuchen Schmidt, ging aus Langeweile hinein. Und dann habe ich für meinen Sohn Lebkuchen gekauft. Der war begeistert. Ich habe sie auch probiert, und dann nahm das Schicksal seinen Lauf. Sie haben es mir angetan, und ich suchte nach einer Möglichkeit, sie online nachzubestellen.

Interessanterweise funktioniert das ähnlich wie bei Luxusschmuck: Touristen kommen in die Stadt, kaufen sich für 30.000 Euro Ohrringe und bestellen später online nach, wie mir Sophie Friedl, langjährige CEO und Leaderin für diverse Luxusmarken wie Salvatore Ferragamo, Freywille, ROECKL Handschuhe & Accessoires und TAMARA COMOLLI erzählte. Hier zeigt sich, dass der Kaufimpuls oft erst durch den persönlichen, emotionalen Kontakt ausgelöst wird. Das kann vor Ort im Laden sein oder durch Empfehlung eines Bekannten erfolgen.

Durch die Onlinebestellung wurden meine Kontaktdaten gespeichert, und irgendwann einige Monate später kam ein Katalog bei mir zu Hause an. Ich erinnere mich gut, es war ein heißer Sommertag. 35 Grad Außentemperatur. Lebkuchen im Sommer bestellen, soll ich das wirklich machen? Wieso eigentlich nicht? Normalerweise hätte ich im Sommer nie an Lebkuchen gedacht, aber der Katalog tat genau das, was er sollte – er erreichte mich auf einer persönlichen Ebene und ganz ohne digitale Ablenkung. Der Katalog von Lebkuchen Schmidt hat es geschafft, bei mir einen Kaufimpuls auszulösen, den ich mir in dieser Form gar nicht hätte vorstellen können. Ich vermute, dass das Unternehmen selbst nicht einmal zu 100 % nachvollziehen kann, wie groß der Einfluss dieses Mediums sein kann. Aber die Botschaft ist klar: Kataloge funktionieren.

Dabei mag man meinen, das seien nur Einzelfälle – doch die Erfahrungen sprechen eine andere Sprache. Ein ähnliches Phänomen habe ich mit der Marke Lascana erlebt. Ich habe im Winter Bademode bestellt. Für mich als diejenige, die normalerweise auf die etablierten Onlineshops wie Zalando, Ted Baker oder Patrizia Pepe zurückgreift, war es ein echter Aha-Moment, mich bewusst für Lascana zu entscheiden. In vielerlei Hinsicht ist meine Bestellung ein Gewinn für das Unternehmen. Wenn ich im Winter Bademode bestelle, bestelle ich sie sicherlich nicht drei Monate später zum Sommeranfang bei der Konkurrenz. Selbst wenn ich im Winter in den Süden fliege, zeigt es, dass es auch außerhalb der erwarteten Saisons unkonventionelle Kaufentscheidungen geben kann.

Nicht mein Drink, aber mein Onlinekauf: Lantenhammers Likörprobe

Wenn ich ehrlich bin, geht es nicht nur um Kataloge, die zum Kauf führen. Es gibt auch jene unerwarteten Momente, die zu einer Kundenbeziehung führen. In der Give-away-Tüte des Ludwig-Erhard-Gipfels fand ich einen kleinen Likör der Lantenhammer Destillerie GmbH. Obwohl ich normalerweise keinen Alkohol trinke, hatte ich an jenem kalten Tag Hunger, Durst und Neugier – und so nahm ich den Impuls an. Was dann folgte, überraschte mich: Innerhalb weniger Monate tätigte ich mehrere Onlinebestellungen, bei denen es um Geschenke im Gesamtwert von etwa 200 Euro ging. Es ist fast schon ironisch, dass ich als überzeugte Onlinekäuferin, die zudem eigentlich nie Alkohol trinkt, den Impuls durch ein kleines Geschenk bekam. Lantenhammer wird wohl niemals verstehen, wie ein solch unscheinbarer Moment zu einer Kette von Bestellungen führen kann – aber die Erfahrung spricht für sich. Und jetzt kommt's. Sowohl Lantenhammer als auch Lebkuchen Schmidt und Lascana – sie alle haben völlig außerhalb der Konkurrenz verkauft. Online hätten sie keine alleinige Bühne. Hätte ich Bademode online gesucht, hätten sie zig Konkurrenten bei Google ausstechen müssen. Hätte mich eine Social Media Ad animiert, Bademode zu kaufen, hätte ich sofort online verglichen. Nicht so, als ich den Katalog aufschlug. Das ist natürlich auch etwas, das Fake-Anbieter und den ganz normalen Wettbewerb ausstechen kann.

Der entscheidende Punkt dabei ist, als Unternehmen die Customer Journeys nachzuvollziehen. Trotz des offensichtlichen Medienbruchs – von offline zu online oder umgekehrt – lässt sich nachvollziehen, dass der gedruckte Katalog einen Kaufimpuls ausgelöst hat. Wie macht man das genau? Im Fall von Lantenhammer

Destillerie ließe sich beispielsweise ein Abgleich der Teilnehmenden des Ludwig-Erhard-Gipfels mit der Kundenliste der darauffolgenden Monate machen. Ebenso wie Montblanc es vorschlägt: Langzeitauswertungen mit weiteren Datenquellen zusammenbringen. So kann man feststellen, was aufgrund der Aktion gekauft wurde. In gleicher Weise lassen sich auch Zusammenhänge zwischen Print-, TV- oder Außenwerbung und dem Onlinekauf herstellen. Diese Synergien zwischen den Kanälen machen deutlich: Print- und Digitalwerbung schließen sich nicht aus – sie verstärken sich gegenseitig.

Der Gedanke, dass Printkataloge in der heutigen digitalen Welt noch eine Rolle spielen können, mag zunächst widersprüchlich erscheinen. Doch gerade weil online täglich so viele Informationen auf einen einprasseln, bietet ein gedruckter Katalog einen echten Wettbewerbsvorteil: Er wird zu Hause genutzt in einem Umfeld, das frei ist von ständigen digitalen Ablenkungen. In diesen Momenten, in denen man in aller Ruhe blättert und sich von den sorgfältig gestalteten Seiten inspirieren lässt, entsteht eine besondere Art der Kundenansprache. Diese persönliche Ansprache ist es, die den Unterschied macht – sie erreicht den Kunden genau dann, wenn er bereit ist, eine Entscheidung zu treffen – die Ruhe dafür hat.

Aus meiner Sicht ist es diese Kombination aus Klassischem und moderner digitaler Integration, die den Erfolg im Marketing ausmacht. Unternehmen, die sich allein auf die neuesten digitalen Trends stützen, übersehen oft, dass Timing beim Kunden der entscheidende Faktor für den Verkaufserfolg ist. Ein gedruckter Katalog, der zu Hause liegt, bietet manchem Kunden einen Moment der Ruhe und ermöglicht ihm, in seinem eigenen Tempo Entscheidungen zu treffen – ein Konzept, das in der schnelllebigen digitalen Welt immer seltener geworden ist.

Die Geschichte meiner eigenen Kaufentscheidungen – von Sommer-Lebkuchen bis Winter-Bademode – zeigt, dass es nicht immer die neuesten Technologien oder innovativen Apps sind, die den Ausschlag für einen Onlinekauf geben. Vielmehr ist es ein sehr altes, fast vergessenes Marketingmittel, das in einer Welt voller flüchtiger digitaler Eindrücke einen bleibenden Eindruck hinterlässt.

Während digitale Medien oft in Sekundenbruchteilen konsumiert werden, hat der Printkatalog die Fähigkeit, den Kunden über einen längeren Zeitraum hinweg zu begleiten. Viele von uns bewahren den Katalog auf, blättern immer wieder darin und lassen sich jedes Mal von der Marke inspirieren – lange nachdem die neueste Onlinekampagne vergessen ist.

Die Erfahrung, ein Produkt physisch zu erleben, bleibt im Gedächtnis und schafft eine emotionale Verbindung, die den digitalen Kaufprozess begleitet. Genau das verdeutlicht, dass es nicht darum geht, die analoge Welt auszuschließen, sondern vielmehr darum, diese greifbare emotionale Erfahrung mit der Onlinewelt, dem eigenen Onlineshop, zu verbinden. Es geht vor allem darum, den Kunden dort zu erreichen, wo er sich befindet – und das ist oft in seinem eigenen Zuhause, fernab von der digitalen Hektik.

Take-away

Trotz der aktuellen Trends hin zu generativer KI, Personalisierung und starker Markenzentrierung bleibt der direkte, punktgenaue Kundenkontakt der entscheidende Faktor im Verkauf. Meine persönlichen Erfahrungen zeigen, dass Printkataloge auch bei Onlinekäufern überraschende Impulse auslösen können. Die synergetische Kombination aus traditionellem Print und moderner digitaler Integration ermöglicht es, die gesamte Customer Journey präzise zu gestalten und sich so langfristige Wettbewerbsvorteile zu sichern.

Made in Schwarzwald

Wie schafft man es, als mittelständisches Traditionsunternehmen im E-Commerce zu bestehen?

SHW Schmiedetechnik (SHW) gibt es seit 1596. Die Firma zählt zu den ältesten Industrieunternehmen in Deutschland. Alt zu sein, kann auch eine Herausforderung sein. Ich war Head of Marketing bei Roeckl Handschuhe & Accessoires GmbH & Co. KG, einer Luxus-Handschuhmarke, die seit 1839 traditionelle Handwerkskunst, Funktionalität und Fashion-Expertise vereint. Königlich-bayrischer Hoflieferant damals. Zu den Kunden zählten König Ludwig II. von Bayern und Kaiserin Sisi. Die Marke und auch das Unternehmen selbst haben die beiden Weltkriege überstanden. Ich erinnere mich sehr gut daran, als Frau Roeckl mir das Familienarchiv im Dachboden des Hauptsitzes in München zeigte. Ich konnte das Erbe förmlich auf meinen Schultern spüren. Wie es wohl für Frau Roeckl damals war?

Und heute? Handschuhe sind nur noch Accessoires – keine Statussymbole mehr wie anno 1839. Fashionmarken stehen stark unter Beschuss durch ausländische Konkurrenz aus Fernost. Es ist beeindruckend, wenn Unternehmen so viele Generationen überstehen. Allerdings kann diese Verantwortung auch ein extremer Hinkelstein auf den Schultern der Entscheider sein. Es steht die Familienhistorie auf dem Spiel. Niemand möchte der Enkel oder Erbe sein, der 180 Jahre historisches Erbe in den Sand setzt. Beeindruckend ist ebenfalls, wie es manche Unternehmen schaffen, so lange zu bestehen, ohne dass ihr Geschäftsmodell abgelöst wird – insbesondere in der heutigen Zeit, in der viele Mittelständler mit Bürokratie kämpfen, während uns Temu gefühlt überrollt – ohne politische Hürden.

Bürokratie bremst, Temu schiebt: Wie SHW trotzdem vorne bleibt

SHW steht für Tradition und Fortschritt gleichermaßen. Stand 2025 stellen ca. 95 Mitarbeiterinnen und Mitarbeiter Produkte wie Zinken, Messer und Schlegel für die Landtechnikbranche her. Darüber hinaus produzieren die Baiersbronner Handgeräte für den Garten sowie für die Bau-, Forst- und Landwirtschaft. Die Produkte werden weltweit in jedes Land exportiert, in dem Landtechnik bzw. Landwirtschaft einen wichtigen Wirtschaftszweig darstellt. Mit einem Exportanteil von über 75 % können sie sich zu Recht als international agierendes Unternehmen bezeichnen. Um schnelle Lieferzeiten und bestmöglichen Kundenservice zu bieten, haben sie Lager in Little Rock, Arkansas (USA), sowie in Retford (UK) aufgebaut. Mit der kontinuierlichen Verbesserung und Modernisierung ihrer Herstellungsmethoden verbinden sie Tradition mit Fortschritt – immer mit dem Ziel, die hohe Qualität ihrer Produkte im Fokus zu behalten. Um diesem Anspruch gerecht zu werden, verwendet SHW Schmiedetechnik ausschließlich hochwertigste Spezialstähle, die mit modernster Schmiedetechnik verarbeitet werden.

»2019 hat unsere Firma mit E-Commerce begonnen – zunächst über Amazon, seit 2020 mit einem eigenen E-Commerce-Shop«, sagt Miriam Laux, Head of E-Commerce bei SHW Schmiedetechnik. Die Herausforderung? Sie kämpft vor allem mit Bürokratie. Insbesondere die neue EU-Produktsicherheitsverordnung

(*General Product Safety Regulation*, GPSR), die seit Dezember 2024 EU-weit gilt und die Sicherheit von Verbraucherprodukten regelt, stellt Handwerksbetriebe, die solche Produkte herstellen und online vertreiben, vor neue Pflichten.

Ebenso herausfordernd ist das Barrierefreiheitsstärkungsgesetz (BFSG), das erstmals Wirtschaftsakteure zur Barrierefreiheit verpflichtet, damit Produkte und Dienstleistungen für Menschen mit Behinderungen, Einschränkungen und ältere Menschen gleichermaßen zugänglich sind.

Beides ist für mittelständische Unternehmen eine echte Herausforderung – noch schlimmer ist aber der Preisdruck durch Wettbewerber aus Asien. Es ist schon etwas skurril: Der eigene Mittelstand wird durch Bürokratie gelähmt, während man scheinbar machtlos gegen große Player wie Temu ist, die beispielsweise eine Hacke für 3 Euro anbieten statt wie SHW für 40. Dabei setzen sie auf all das, was eigentlich zählt: Qualität, Nachhaltigkeit, Umweltschutz und Menschlichkeit.

Am Ende entscheidet doch bei manchen Verbrauchern der Preis, weshalb die Herausforderung darin besteht, das Produkt so zu präsentieren, dass der Qualitätsfaktor »Made im Schwarzwald« vermittelt wird – etwa mit Filmen, die die Produktion zeigen. Ich fand das Gespräch mit Miriam Laux sehr spannend, denn bisher hatten traditionelle Mittelständler – abgesehen von den Fashionplayern – geschlossen gesagt, dass sie kein Problem mit Temu haben, da ihre Kundschaft ohnehin einen höheren Anspruch hätte und deshalb nicht bei Temu oder anderen Billiganbietern aus Asien kaufen würde.

Kein Platz auf Temu: Die Angst, den eigenen Ruf zu ruinieren

Wenn der Wind der Veränderung weht, bauen die einen Mauern und die anderen Windmühlen. Ist es denkbar, dass sich SHW auch auf Temu platziert, um zumindest auf dem Marktplatz präsent zu sein und von der Reichweite zu profitieren? »Nein«, sagt Miriam, »denn es gibt auch in Deutschland Wettbewerber – namhafte Marken, die wir alle aus dem Baumarkt kennen –, die ebenfalls Produkte mit schwacher Qualität anbieten.« Davon möchte man sich abheben. Die Angst, dass der schlechte Ruf von Temu auf die eigene Marke abfärbt, ist verständlich, aber auch zu kurz gegriffen, da jeder weiß, dass auch auf Amazon asiatische Anbieter billige Produkte offerieren. SHW war von Anfang an auf Amazon präsent.

Zahlen des Branchenspezialisten MarketplacePulse vom Januar 2025 propagieren, dass im vergangenen Jahr auf Amazon.com der Anteil der Seller aus China erstmals eine beachtliche Marke von 50 % geknackt hat.[2]

Dass sich asiatische Anbieter auf Amazon listen und einen wesentlichen Anteil des Geschäfts ausmachen, schadet Amazon nur teilweise, wenn die Diskussion wieder aufkommt. Eines ist aber klar und wurde bereits im Oktober 2024 deutlich: Es lässt sich nicht verhindern, dass Wholesale-Bestände von Marken auf asiatischen Marktplätzen gelistet werden. Adidas war eines der ersten Unternehmen, das davon betroffen war – andere werden folgen. Ein Reminder, warum Wholesale auch als »Uncontrolled Distribution« bezeichnet wird.

Was also tun, um der Macht von Temu & Co. entgegenzuwirken? SHW produziert in Deutschland, daher sind ihre Kosten deutlich höher. Damit fällt es schon mal aus, preislich mitzuhalten mit den Billiganbietern.

Für mich bleibt ausschließlich starkes Brand Building. Echte Mitarbeiter sollen auf allen Werbekanälen zu Wort kommen, die Liebe zum Detail in der Produktion soll gezeigt werden. Garantien sind ein gutes Thema, bergen aber auch finanzielle und abwicklungstechnische Risiken. Das Argument, dass man bei Werkzeugen nicht auf die Marke achte, ist ebenfalls unsinnig, denn Handwerker werden sehr wohl erneut beauftragt, wenn sie professionelle Arbeit mit professionellen Werkzeugen leisten und schätzen. SHW hat also eine gute Chance, langfristig zu bestehen.

Wer ist eigentlich der heimische Wettbewerb im deutschen Markt? Zu nennen wären etwa Dehner, Krumpholz und Fiskars. Dehner, ein echter Hidden Champion, genießt bereits hohe Bekanntheit – auch wenn die Informationspolitik sehr restriktiv ist. Der CPO der Dehner Holding GmbH & Co. KG und Geschäftsführer im Category Management ist zwar der Mann einer Freundin, dennoch war es für mich unmöglich, weiterführende Informationen aus ihm herauszubekommen.

Was man von außen sehen kann? Allein die Sichtbarkeit bei Google organisch ist überwältigend: Dehner erzielt beispielsweise fast eine Million organischen Traffic pro Monat, während andere Player maximal 15.000 erreichen – und das, obwohl der Konkurrent, die Fiskars Group, gegründet 1649, mit einem Nettoumsatz von 1.157,1 Millionen Euro im Jahr 2024 und 6.850 Mitarbeitern in ca. 450 Läden in 29 Ländern ebenfalls beeindruckende Zahlen vorweisen kann. Könnten

---

2 Quelle: *www.marketplacepulse.com/articles/american-sellers-lost-amazon-to-china*

also die Präsenz und Sichtbarkeit der Marke – sei es online oder offline – eine Art Selbstverteidigung gegenüber der Konkurrenz aus Asien sein? Zu einem gewissen Grad sicherlich, denn Brand Building gelingt am besten im direkten Eins-zu-eins-Kontakt mit dem Kunden oder wenn man ständig im Kopf bleibt. Wie in, »Back to the Roots!«, schon beschrieben: Das persönliche Erlebnis mit dem Produkt ist oft ein unterschätzter Wettbewerbsvorteil, den man sich sichern sollte. Sichtbarkeit ist ein Thema, das stark unterschätzt wird. Was tun? Sichtbar sein um jeden Preis? Nein, aber maximale Sichtbarkeit zum verfügbaren Budget. Verfügbares Budget? Das ist der Anteil am Umsatz, der noch rentabel ist. Damit schließt sich der Kreis. Sichtbarkeit + Branding = Selbstverteidigung.

Take-away

Trotz der Herausforderungen durch zunehmende Bürokratie, wie die EU-Produktsicherheits- und Barrierefreiheitsgesetze, und dem Preisdruck durch asiatische Mitbewerber haben Unternehmen, die einen starken Fokus auf Qualität, authentisches Brand Building, Sichtbarkeit und lokale Präsenz, sowie transparente Einblicke in die Produktionsprozesse bieten, eine echte Chance, gegen die asiatische Konkurrenz zu bestehen.

BIG IN CHANGE

Chancen nutzen

Jede Krise bringt eine Chance – aber nur für die, die sie erkennen. Ob Marktveränderung, neue Zielgruppen oder technologische Umbrüche: Dieser Teil zeigt, wie du Chancen im E-Commerce nicht nur siehst, sondern sie auch nutzt.

Die Macht der Marktplätze
Warum Retail Media eines der wichtigsten Werbethemen ist

Der Trend, auf den aktuell alle blicken: Retail Media. Was ist Retail Media in einem Satz? Marktplätze machen Werbung über ihre Online- und Offlinekanäle für Marken. Die Herausforderung für Marken? Sie liegt nicht nur in der Frage, wo – also auf welchem Marktplatz – das Budget sinnvoll eingesetzt werden sollte. Vielmehr betrifft sie auch die interne Organisation: Wer übernimmt welche Aufgaben? Wer trägt die Verantwortung? Ist es Marketing, Sales oder doch das Trade Marketing? »Genau das ist die eigentliche Challenge«, sagt Riccardo Magno, Global Head of E-Commerce bei Red Bull. Crossfunktionale Teams, *Datengovernance* und ein klarer Verantwortungsrahmen sind notwendig, um dieses Thema angehen zu können. Die Lösung? Man sollte sich nicht verlieren in den Themen. Die Herangehensweise an ein komplexes Thema wie Retail Media ist, sich die Themen zurechtzulegen – Fragen zu definieren und sich dann gezielt darin einzuarbeiten. Was sind die bisherigen Learnings, auf die man aufbauen kann?

In **Tabelle 5** habe ich sie zusammengefasst:

Thema	**Erkenntnis**
Ad-Formate	Sponsored Products bleiben Kern; Brand Pages, Display, CTV & Social sind im Aufwind.

5 *Learnings für Retail Media*

Thema	Erkenntnis
Daten und Targeting	*First-Party-Daten* ermöglichen Targeting, Personalisierung und *Closed-Loop-Attribution* (dank durchgängiger Kampagnenmessung kann man exakt nachvollziehen, welche Werbemaßnahme zum Kauf geführt hat).
Messbarkeit	*Incrementality* (welchen zusätzlichen Effekt hat eine Werbekampagne auf das Verhalten von Konsumenten im Vergleich dazu, was ohne die Maßnahme passiert wäre) und iROAS (inkrementeller Umsatz/Werbekosten) im Fokus; Anforderungen steigen deutlich.
Kanal-Mix	On-Site, Off-Site, In-Store und CTV/Social als kombinierte Full-Funnel-Strategie.
Technologie	*Real-Time Bidding* – also Echtzeitgebotsverfahren, AI analysiert Verhaltens-, Kauf- und Suchdaten von Nutzern auf Retail-Plattformen und automatisierte Ausspielung der Anzeigen nötig für Effizienz und Skalierung.
Organisation	Crossfunktionale Teams, Datengovernance und klarer Verantwortungsrahmen notwendig.
Wirtschaftlichkeit	Hochmargige Erlöse für Retailer; *Retail Media Networks (RMN)* (Infrastruktur, über die Händler wie z.B. Amazon oder Shop Apotheke, ihre eigene Website, App, E-Mail-Newsletter, In-Store-Screens oder Off-Site-Kanäle nutzen, um Anzeigenformate bereitzustellen – und das auf Basis ihrer eigenen Kundendaten (First-Party-Daten)) entwickeln sich zur wichtigen Einnahmequelle.

5 *Learnings für Retail Media (Forts.)*

Eine Deloitte-Umfrage unter 450 Führungskräften von US-Einzelhandelsunternehmen ergab, dass Marken und Einzelhändler gleichermaßen das Versprechen dieser neuen Werbemöglichkeit nutzen: 64 % der Befragten gaben an, dass sie planen, bis Ende 2024 ein RMN einzuführen, und 78 % der Befragten gaben an, dass sie planen, im gleichen Zeitraum eine Ausschreibung für einen RMN-Plattformanbieter zu veröffentlichen.[1]

Angesichts des eskalierenden Marktwettbewerbs, der Herausforderungen beim Datenschutz und der Abschaffung von Cookies von Drittanbietern sind Retail Media Networks (RMNs) zu einem leistungsstarken Instrument für Marken geworden, die Kunden über digitale und stationäre Werbeerlebnisse erreichen möchten.

1 Quelle: *https://deloitte.wsj.com/cmo/retailers-brands-tap-into-the-power-of-retail-media-networks-b3bd5078*

Dabei geht es nicht nur um klassische Produktanzeigen, sondern auch um personalisierte Empfehlungen, strategisch platzierte Promotions und Sponsored Content direkt am digitalen Point of Sale. Sponsored Content ist bezahlter Inhalt, der wie ein redaktioneller Beitrag aussieht, aber von einem Unternehmen finanziert wurde, um eine bestimmte Marke, ein Produkt oder eine Botschaft zu platzieren. Unternehmen, die hier nicht aktiv mitspielen, laufen Gefahr, unsichtbar zu werden und Marktanteile zu verlieren. Es heißt mitzuspielen oder zu verlieren.

Die Herausforderung für Marken und Händler besteht darin, sich innerhalb dieser Systeme zu behaupten. Die Spielregeln werden von den Plattformbetreibern diktiert, und Zugang zu wertvollen Werbeplätzen gibt es nicht zum Nulltarif. Doch die Alternative – der Verzicht auf Retail Media – bedeutet oft, dass eigene Produkte in der schier endlosen Flut der Angebote untergehen. Das haben Marktplätze erkannt.

Der Marktplatz DocMorris hat sich als Onlineapotheke stark im Bereich Retail Media positioniert. Durch Werbeplatzierungen innerhalb ihres Marktplatzes haben sie nicht nur ihre Eigenmarken gepusht, sondern auch Partnern die Möglichkeit gegeben, gezielt Werbung auszuspielen. Das Ergebnis: eine gesteigerte Kundenbindung sowie ein erheblicher Umsatzhebel durch den Verkauf datengetriebener Werbeplätze – und zwar genau da, wo die Kunden gewillt sind, die jeweilige Produktkategorie zu kaufen.

Axel Sonnenstuhl hat in seiner Funktion als Leiter Digitale Marketingkommunikation, E-Commerce und Retail Media bei der Orthomol pharmazeutische Vertriebs GmbH bereits 2020 die erste Retail-Media-Kampagne des Unternehmens mit der Shop Apotheke initiiert. »Das hat mega gut funktioniert«, sagt er, »und wurde in der Folge ausgebaut. Auch auf anderen Marktplätzen wie DocMorris.« Gemeinsam mit DocMorris gehörte Orthomol damit zu den First Movern in diesem Bereich – vor allem dank des engen Austauschs mit den Digital-Retail-Media-Partnern. »Wir hatten einen sehr direkten Draht und konnten dadurch frühzeitig Formate wie Sponsored Ads und Sponsored Products testen – mit einem extrem guten ROAS«, sagt Axel. Retail Media auf Plattformen wie Shop Apotheke und DocMorris ist und bleibt ein enormer Wachstumshebel. Dies ist nicht nur für den Konzern selbst hochprofitabel, sondern auch für Werbetreibende, die ohne Streuverluste ihre Zielgruppen erreichen können. Auf der d3con, einer der wichtigsten Konferenzen für datengetriebenes Marketing, wurde deutlich: Retail Media ist gekommen, um zu bleiben. Weg von Gießkannenwerbung hin zu effizientem Einsatz der Werbedollars mit Fokus auf Return on Ad Spend (ROAS) ist die Devise.

Wachstum Marktplätze versus Brand-Shops

These:
Im Jahr 2030 werden Verbraucher einen viel größeren Anteil ihrer Käufe direkt auf den Websites der Marken tätigen.

Falsch!
Der Prozentsatz der Verkäufe über D2C-Seiten wird relativ konstant bleiben.

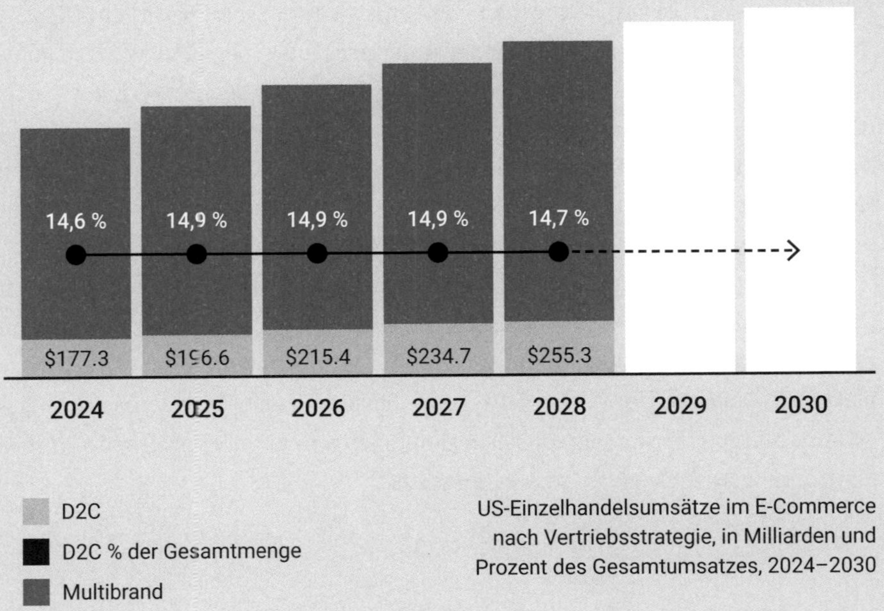

20 *Verkäufe der Brand-Shops bleiben nahezu konstant – Marktplätze gewinnen mehr Anteile am E-Commerce. (Quelle: EMARKETER Forecast, Mai 2024)*

Das ist wohl auch der Grund, warum viele Marktplätze aufspringen, nicht nur die ganz großen wie OTTO. Auch kleinere Unternehmen wie Weber (Grills)[2] bieten heute schon Möglichkeiten, sich als Werber zu platzieren. Im Jahr 2035 werden Verbraucher wahrscheinlich einen viel größeren Anteil ihrer Käufe direkt auf den Marktplätzen tätigen (siehe **Abbildung 20**).

Social Shopping & Co.: Retail Media endet nicht im Onlineshop

Werbung findet längst nicht mehr nur im Onlineshop statt: Off-Site- und In-Store-Lösungen gewinnen stark an Bedeutung. Damit wird Omnichannel auch im Bereich Retail Media Realität: Digitale Regalflächen, Bildschirme am Point of Sale und interaktive Displays werden verstärkt getestet – und natürlich: Digitale Außenflächen zählen zu den am schnellsten wachsenden Segmenten. Dazu kommen weitere Formate auf Social Media: Social Shopping, aber auch Connected TV (CTV) etablieren sich als leistungsstarke Retail-Media-Kanäle. Machen wir es mal konkret: Egal ob du im Supermarkt bist, an der Bushaltestelle wartest oder zu Hause auf der Couch sitzt und TV guckst oder in deinem Instagram-Account scrollst – überall kannst du mit dieser Werbung bespielt werden.

In der digitalen Handelswelt hat sich eine fundamentale Wahrheit etabliert: Daten sind die neue Währung. Wer sie besitzt, versteht seine Kunden besser, kann präzisere Marketingstrategien entwickeln und letztlich mehr verkaufen. Marktplätze wie Amazon, DocMorris, OTTO oder Zalando haben diese Dynamik längst erkannt und nutzen ihre gigantischen Datenmengen, um hochprofitable Werbeplattformen aufzubauen: Das ist Retail Media.

Einkaufsverhalten im Blick: First-Party- statt Third-Party-Daten

Unternehmen stehen aktuell vor der Herausforderung, ihre Abhängigkeit von Drittanbietern zu verringern. Der Fokus verschiebt sich klar hin zu First-Party-Daten – also den eigenen direkt erhobenen Kundendaten. Entsprechend bauen viele Firmen systematisch eigene Datenpools auf.

---

2 Quelle: *www.btob-uk.weber.com/trade-marketing*

Besonders im Handel zeigt sich, wie wertvoll diese Entwicklung ist: Händler nutzen ihre Daten, um selbst als Werbetreibende aufzutreten – Retail Media. Dieser Boom wäre jedoch undenkbar, wenn nicht gleichzeitig das Bewusstsein gestiegen wäre, dass man aktiv mit den eigenen Daten arbeiten muss. Denn Retail Media funktioniert als Kooperationsmodell: Händler stellen ihre Zielgruppeninformationen zur Verfügung – und erhalten im Gegenzug wertvolle Insights zurück.

Ein zentraler Bestandteil dabei sind sogenannte *Data Clean Rooms*. Sie ermöglichen den sicheren Austausch von anonymisierten Daten, ohne personenbezogene Informationen preiszugeben. Marken erfahren so etwa, wie sich ihre Zielgruppe im Einkaufsverhalten konkret verhält – etwas, das zuvor oft im Dunkeln blieb.

Bank wirbt für Sneakers: Die Zukunft datengetriebener Werbung heißt Commerce Media

Und das ist noch nicht das Ende. Mit Commerce Media kommt ein neues Thema auf, das einen weiteren Joker im Kartendeck bereithält. Commerce Media ist ein datengetriebener Ansatz im digitalen Marketing, der Werbung gezielt entlang der gesamten Customer Journey platziert, basierend auf First-Party-Daten von Onlineshops und Marktplätzen bis hin zu *Publishern*.

Publisher sind Unternehmen oder Personen, die Inhalte (Content) erstellen, veröffentlichen und verbreiten – klassisch oder digital. Sie stellen Reichweite zur Verfügung und verdienen ihr Geld meist über Werbung, Sponsoring oder Abonnements. Klassisch gehören dazu: Zeitungsverlage, Zeitschriften, Buchverlage – also Der Spiegel, Die Zeit, Gruner + Jahr – oder digital: Onlinemedienhäuser, Blogs, YouTube-Kanäle, Plattformen mit hoher Reichweite – also t-online.de, Chefkoch, Influencer mit großer Follower-Zahl.

Retail Media ist ein Teilbereich von Commerce Media – während Retail Media sich auf Werbung innerhalb von Händlerplattformen und Händlerkanälen fokussiert, umfasst Commerce Media alle datengetriebenen Werbeformen entlang der gesamten Customer Journey mit direktem Kaufbezug – kanalübergreifend und plattformunabhängig. Der Bundesverband Digitale Wirtschaft (BVDW) e. V. beschreibt es so:

Definition von Commerce Media des Bundesverbands digitale Wirtschaft (BVDW)[3]

Commerce Media beschreibt Werbeplatzierungen auf kommerziellen Plattformen, auf denen Transaktionsprozesse geschehen.
Ein Teilbereich hiervon ist Retail Media, was Werbeplatzierungen auf Retailer-Seiten bezeichnet. Während die Transaktionen beim Retail Media physische Güter bzw. den Handel von Waren betreffen, sind bei anderen Kategorien von Commerce Media auch Dienstleistungen, Transportwege oder weitere Services im Vordergrund. Beispiele hierfür sind Reise- und Mobilitätsportale, Payment Anbieter, Food Delivery oder Classifieds. Dabei steht konkret die Anbahnung und Durchführung von kommerziellen Prozessen sowie die damit verbundene Ansprachemöglichkeit transaktionsgetriebener Zielgruppen und Bereitstellung von kommerziellen Daten als Reporting- und Aktivierungsbasis im Fokus.

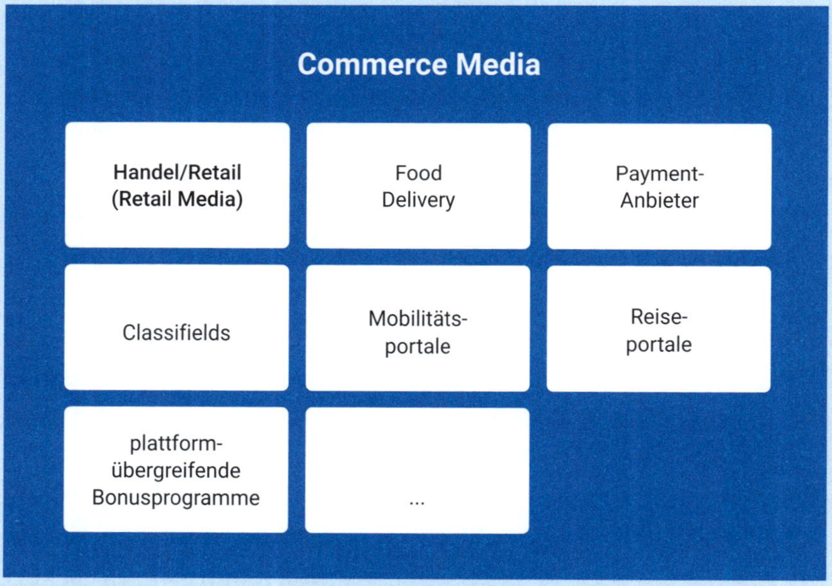

21 *Zusammenhang von Commerce Media & Retail Media (Quelle: BVDW)*

3 Quelle: *www.bvdw.org/wp-content/uploads/2025/02/250212_RM_Commerce_Media.pdf*

Analog Retail Media können die Werbeplatzierungen bei Commerce Media auf Onsite- sowie Offsite-Inventaren stattfinden.
Commerce Media kann somit auch als übergreifende Disziplin verstanden werden, welche dedizierte retailerbasierte Werbeprodukte innerhalb von Retail Media als Teilbereich unter sich vereint.

Ein starkes Beispiel für Commerce Media im Bankensektor ist Chase Media Solutions von JPMorgan Chase. Dabei handelt es sich um eine Finanz-Media-Plattform, die auf den Transaktionsdaten von über 80 Millionen Card-Inhabern basiert. Marken können über die Chase-App oder -Website gezielt Angebote und Rabatte platzieren – und zahlen nur, wenn ein Kunde das Angebot tatsächlich nutzt.[4] **Tabelle 6** zeigt, warum das ein Paradebeispiel ist.

Merkmal	Beschreibung
First-Party-Daten	Chase nutzt das komplette Ausgabeverhalten seiner Kunden – nicht nur die Einkäufe bei einem Händler.
Performancebasiert	Werbekunden zahlen nur bei tatsächlicher Inanspruchnahme (Cost-per-Action-Modell).
Nahtlose Integration	Ads und Deals erscheinen direkt in der App/Website, ohne dass eine externe Plattform nötig ist.

6 *Media-Konzept von Chase Media Solutions*

Um im Beispiel zu bleiben: Man wird nicht nur im Laden, draußen, vor dem TV oder in Social Media mit Werbung konfrontiert, sondern demnächst vielleicht auch, wenn man auf der Website des eines Finanzdienstleisters unterwegs sind. Theoretisch wäre es möglich, dass du jedes Mal, wenn du in einen Bildschirm schaust, egal ob online oder offline, die gleiche Anzeige siehst. Das hat eine Werbewirkung, die beeinflussen kann, und zwar stark.

Dabei wird die Werbewirkung nicht nur anhand von Sichtbarkeit (Impressions), sondern auch anhand direkter Kaufabschlüsse gemessen.

4 Quelle: *https://www.chase.com/mediasolutions/home?jp_cmp=cc/launchpressrelease/ext/na/na*

Commerce Media umfasst:

- *Retail Media* – Werbung direkt auf E-Commerce-Plattformen (z. B. gesponserte Produkte auf Amazon).
- *Programmatic Advertising* – automatisierte Anzeigen, die auf Kaufabsichten basieren.
- *Performance Marketing* – Kampagnen, die auf Conversions optimiert sind.
- *Data-driven Advertising* – Nutzung von First-Party-Daten zur gezielten Kundenansprache.

Warum ist Commerce Media relevant? Zu einer hohen Werbeeffizienz durch direkte Verknüpfung mit Kaufdaten kommt die Unabhängigkeit von Third-Party-Cookies durch die Nutzung von First-Party-Daten der Publisher. Oder einfacher gesagt: Mit Commerce Media können Werbetreibende ihre Anzeigen gezielt an Menschen ausspielen, die wirklich Interesse an ihren Produkten haben, und zwar auf Plattformen und Onlinemedien, die sie nutzen. Dafür gibt es bereits eine ganze Industrie, wie **Abbildung 22** des BVDW zeigt.

Das war aus meiner Sicht auch eines der spannendsten Themen der Masterclasses auf der d3con, die ich 2025 moderieren durfte. Diskutiert haben Irina Schmitz vom Bundesverband Digitale Wirtschaft (BVDW) e. V. und die Experten Nico Winkelhaus, PAYBACK, Corinna Hohenleitner, Director CEU bei Criteo und Vice President beim BVDW, und Dennis Götze, Marketing of Moments. Ich bin gespannt, wohin sich dieses Thema entwickelt. Langweilig wird das nicht. Wenn demnächst auch mein Finanzdienstleister für Turnschuhe Werbung macht, bin ich auf die Erfolgskennzahlen gespannt. Dieses Thema sollte man auf jeden Fall im Blick behalten.

Take-away

Daten sind die alte und die neue Währung im digitalen Handel. Marktplätze nutzen sie gezielt, um hoch relevante Werbung auszuspielen – ein Muss für Marken, die sichtbar bleiben wollen. Retail Media optimiert Werbung direkt am digitalen Point of Sale, während Commerce Media das Potenzial hat, den gesamten Kaufprozess datengetrieben zu begleiten. Der Trend geht weg von Streuverlusten hin zu maximaler Effizienz durch First-Party-Daten.

22 *Eine eigene Welt: BVDW Market Landscape – Commerce Media*[5]

5 Quelle: *https://www.bvdw.org/wp-content/uploads/2025/02/250212_RM_Commerce_Media.pdf*

Preiskämpfe gewinnen

Wie Premium-Marken Temu und SHEIN standhalten

Dezember 2023. Ich sitze an meinem PC und gehe meine LinkedIn-Nachrichten durch. Eine Anfrage finde ich spannend: Ob ich mir Temu anschauen und eine Einschätzung dazu abgeben könnte, was E-Commerce-Strategen und Händler in der EU von ihnen lernen können? In den folgenden Wochen tauchen immer mehr Artikel über Temu in den Medien und auf LinkedIn auf. Temu sei der neue E-Commerce-Star, Wachstumsraten gehen durch die Decke, gigantische Sichtbarkeit.

Temu und SHEIN, zwei der bekanntesten asiatischen Onlineshopping-Portale, gewinnen in Deutschland rasant an Beliebtheit. Laut dem Kölner IFH-Handelsforschungsinstitut sind beide Marken bei über 90 % der Verbraucher bekannt, und 43 % nutzen ihre Dienste aktiv. Temu, das erst seit April 2023 in Deutschland verfügbar ist, landete in Rekordzeit in den Download-Charts der App-Stores. Bis Februar 2024 verzeichnete Temu in Deutschland bereits 29 Millionen Seitenbesuche – und steht damit hinter den Onlinegiganten Amazon und OTTO auf Platz drei.[6]

SHEIN hat es im Vergleich zum Vorjahr sogar geschafft, die Bestellfrequenz zu verdoppeln: 22 % der deutschen Onlinekäufer shoppen hier mindestens einmal im Monat. Diese Zahlen sind nicht nur beeindruckend, sondern auch alarmierend. Die asiatischen Billiganbieter erobern den deutschen Markt mit einer kaum zu stoppenden Dynamik.

Wie beeinflusst dieser Trend Markenartikler? Müssen mittelständische deutsche Unternehmen jetzt um ihre Existenz bangen? Aus meiner Sicht nicht. Warum, darauf gehe ich im nächsten Abschnitt ein.

Zufriedene Kunden ordern nach: Warum Zwiesel keine Angst vor Temu hat

Ich bin ländlich aufgewachsen, und Weihnachten bedeutete immer, dass sich die ganze Familie bei meiner Oma traf – Onkel, Tanten, Cousins und Cousinen. Ein

---

6 Verbraucherinnen und Verbraucher in Deutschland shoppen immer häufiger bei Temu und SHEIN: *www.ifhkoeln.de/bekanntheit-und-nutzung-von-temu-shein-und-co-immens-gestiegen.*

fester Bestandteil dieser Zusammenkünfte war das Beschenken der Mädchen mit hochwertigem Haushaltsgeschirr für die Aussteuer: Teller, Besteck und auch Gläser – edle Gläser von Zwiesel Kristallglas beispielsweise. Meine Oma fuhr persönlich zum etwa 80 Kilometer weit entfernten Werksverkauf, um die besten Stücke auszuwählen. So entstand im Laufe der Jahre eine Sammlung für die spätere Ehe. »Damit man sich das nicht mehr kaufen muss, wenn man dann verheiratet ist«, pflegte sie zu sagen. Aus heutiger Sicht kaum vorstellbar. Aber so war es damals.

Zwiesel Glas gibt es immer noch, und ist als Unternehmen sehr solide aufgestellt. Schon der erste Eindruck auf der Webseite vermittelt ein Bild von Eleganz und Qualität. Professionell inszenierte Fotos zeigen edel gedeckte Tische mit Blumendekorationen, feinen Häppchen und perfekt gefüllten Gläsern. Es ist sofort klar, dass die Zielgruppe aus Menschen mit Sinn für Schönes und überdurchschnittlichem Einkommen besteht, die ihren Gästen ein harmonisches und stilvolles Ambiente bieten möchten. Liebevoll ausgewählte Tischware ist ein Statussymbol, wenn gute Freunde zu Besuch kommen.

Scrollt man weiter, findet man eine beeindruckende Auswahl an Produkten – von Glasserien über Wohnaccessoires wie Vasen und Windlichter bis hin zu stilvollen Geschenkboxen. Prominente wie der Sternekoch Tim Raue und die Moderatorin und Weinexpertin Theresa Olkus präsentieren ihre persönlichen Favoriten und unterstreichen die Exklusivität der Marke. Auch die Texte sprechen klar die Kundschaft an, die Wert auf ein perfektes Getränkeerlebnis legt: Weißwein im zarten Weißweinglas, Rotwein im großzügigen Rotweinglas und Whisky im soliden Tumbler.

Es ist nicht nur eine durchdachte Produktpalette, sondern auch eine rundum gelungene Markenpräsentation. Ich frage mich, wer wohl gerade für den Onlineshop verantwortlich ist. Bei meiner Recherche stelle ich fest, dass Zwiesel Glas jemanden vom FC Bayern an Bord geholt hat. Ich beschließe, mich mit Christian Seidel, dem ehemaligen Head of E-Commerce bei Zwiesel Kristallglas, heute Head of Digital Sales bei der Faber-Castell Group zu treffen, um herauszufinden, wie das Unternehmen aufgestellt ist, welche Herausforderungen es in der digitalen Welt zu bewältigen hat und ob Temu da ein Thema ist.

Im Gespräch erklärt Christian, dass das Unternehmen nach wie vor einen starken B2B-Anteil hat, insbesondere in der Gastronomie: »Gastro ist ein Selbstläufer«, meint er. »Wenn eine Hotelkette unsere Gläser einmal nutzt und zufrieden ist, wird immer wieder nachgeordert und weiterempfohlen.« Da ist es wieder:

Word of Mouth – Weiterempfehlung als hoch relevanter Kanal. Doch Zwiesel Glas will mehr – es geht darum, die Marke auch im Privatkundengeschäft (B2C) zu stärken. Online spielt dabei eine zentrale Rolle.

»Der digitale Weg ist für uns ein sehr wichtiger Hebel«, sagt Christian. Newsletter, Anzeigen in Zeitschriften und SEO (Suchmaschinenoptimierung) sind für Zwiesel Glas wesentliche Bestandteile der Marketingstrategie. »Unsere Zielgruppe ist etwas älter, und mit gut gestalteten Bildwelten sprechen wir sie gezielt an«, fügt er hinzu. Diese Mischung aus traditionellen und digitalen Marketingkanälen scheint für Zwiesel Glas erfolgreich zu funktionieren – ähnlich wie der Katalog des Lebkuchenherstellers, der mich kürzlich dazu brachte, das traditionelle Weihnachtsgebäck auch im Sommer zu bestellen.

Darüber hinaus setzt Zwiesel Glas auf Anzeigen auf Amazon und arbeitet mit Markenbotschaftern wie Tim Raue zusammen, um die Reichweite zu erhöhen. Raue betont in seinen Beiträgen, wie sehr er den Rotwein aus einem Bordeauxglas der Enoteca-Serie von Zwiesel Glas Handmade genießt. Dies verleiht der Marke zusätzliche Authentizität und hebt sie vom Wettbewerb ab.

Muss sich Zwiesel Glas über Konkurrenten wie Temu Sorgen machen? Christian verneint. Temu bedient eine völlig andere Zielgruppe. Zwiesel-Gläser sind ein Luxusprodukt, das hauptsächlich von älteren, wohlhabenden Kunden gekauft wird, die unabhängig von Inflation oder wirtschaftlichen Krisen bereit sind, in Qualität zu investieren.

Ein weiterer entscheidender Faktor, der Zwiesel Glas zukunftssicher macht, ist das Thema Nachhaltigkeit. Zwiesel Glas legt großen Wert auf eine ressourcenschonende Produktion und kurze Transportwege. Die Produkte werden mit minimalem Ressourcenaufwand hergestellt, und regionale Rohstoffe sorgen für eine umweltfreundliche Lieferkette. Selbst bei der Energieversorgung setzt Zwiesel auf regionale Lösungen, um die Energiebilanz zu optimieren. Auch die Verpackungen sind FSC-zertifiziert und biologisch abbaubar.

Wenn man sich anschaut, wie stark Nachhaltigkeit bei Zwiesel Glas verankert ist, stellt sich die Frage, wie asiatische Anbieter wie Temu und SHEIN in diesem Punkt abschneiden. Nachhaltigkeit ist bei diesen Billiganbietern offensichtlich kein Kernanliegen, könnte man meinen. Hier könnte Zwiesel Glas langfristig einen deutlichen Vorteil haben, insbesondere bei jüngeren Zielgruppen wie der Generation Z und der Generation Alpha, die viel Wert auf ethisch und umweltbewusst produzierte Produkte legen.

Mehr Kaschmirpullover für 100 Euro: Der radikal nachfrageorientierte Ansatz von SHEIN

Es ist Juni 2024, und ich befinde mich auf der K5 FUTURE RETAIL CONFERENCE in Köln. Eine der Rednerinnen, auf die alle gespannt sind, ist Christina Fontana, Head of EMEA Brand Operations bei SHEIN. Der chinesische Onlinehändler, über den alle sprechen, ist das Pendant zu Temu für Mode und Sportartikel. Die Gelegenheit, die Strategie von SHEIN direkt aus erster Hand zu hören, interessiert mich besonders – schließlich hat das Unternehmen ähnlich wie Temu den Markt in beeindruckendem Tempo erobert.

»Unsere Mission ist es, die Schönheit der Mode für alle zugänglich zu machen«, beginnt Fontana ihre Präsentation. Die Art, wie sie den Satz formuliert, erinnert mich auch ein wenig an die Erfolgsgeschichte von VW – Autos für die breite Masse bezahlbar und damit verfügbar zu machen. Sie erklärt den nachfrageorientierten Ansatz von SHEIN: Das Unternehmen analysiert, welche Produkte die Kunden auf der Plattform suchen. Wünschen sich die Konsumentinnen und Konsumenten plötzlich vermehrt dunkelblaue Kaschmirpullover, wird dies den Zulieferern mitgeteilt, es wird eine erste kleine Charge dieser Pullover produziert und auf der Webseite angeboten. Alle Lieferanten sind mit Tools ausgestattet, die ihnen in Echtzeit mitteilen, was gefragt ist. Das Geschäftsmodell von SHEIN basiert auf Flexibilität und Reaktionsfähigkeit – die Lieferanten wissen genau, was sie in welcher Stückzahl produzieren müssen.

An sich ein cleverer Schachzug, der es ermöglicht, Trends schnell aufzugreifen und den Markt gezielt zu bedienen. Und dann kommt's. Christina Fontana beginnt, SHEIN als nachhaltiges Unternehmen zu promoten. Ich bin schockiert. Sie argumentiert, dass SHEIN keine 20 bis 40 % Überkapazitäten produziere, wie es in der traditionellen Modebranche oft der Fall sei. Das finde ich unfassbar, denn ich hätte eher gedacht, SHEIN umschiffe das Thema Nachhaltigkeit, für das chinesische Hersteller traditionell oft schlecht in den Schlagzeilen abschneiden. Mutig. Wenn ein Kaschmirpullover plötzlich nur noch 100 statt 300 Euro kostet, kaufen sich Gutverdiener eben nicht nur einen, sondern gleich mehrere. Dadurch wird dieses Luxusmaterial für breitere Käuferschichten erschwinglich, was ich zwar prinzipiell begrüße, aber der Aspekt der Nachhaltigkeit bleibt dabei völlig auf der Strecke. So sehe ich das. Mehr Schein als Sein.

Das ist so anders als die Nachhaltigkeitsstrategie von Zwiesel Glas. Darf man Masse bei gleichzeitig weniger Überproduktionen als Nachhaltigkeit verkaufen? Kaufen die Käufer das wirklich ab, und interessiert das überhaupt jemanden? Was zählt für die Kunden langfristig? Sind es wirklich Preis und Verfügbarkeit, oder spielen Vertrauen, Image und Glaubwürdigkeit der Plattform eine größere Rolle?

Unter der Zollschwelle: Wer stoppt den EU-Wahnsinn?

Ich analysiere dazu eine Studie des IFH. Laut dieser Studie kennen vor allem junge Erwachsene zwischen 18 und 29 Jahren Plattformen wie SHEIN und Temu aus den sozialen Medien und lassen sich durch Gamification-Elemente wie Coupons oder Glücksräder zum Kauf verleiten. Sie schätzen in erster Linie die extrem günstigen Preise (65 %) und die riesige Produktauswahl (72 %) dieser Anbieter. Doch die Studie zeigt auch: 51 % der Konsumenten fühlen sich oft manipuliert, und nur 16 % vertrauen der Datensicherheit. Was die Nachhaltigkeit angeht, haben 47 % der Kunden Bedenken.

Das Fazit der Studie ist eindeutig: Eine Mehrheit der deutschen Verbraucher (66 %) möchte in Zukunft aufgrund von Qualitätsmängeln, Sicherheitsbedenken und fehlender Nachhaltigkeit nicht mehr bei solchen asiatischen Marktplätzen einkaufen.[7] Auch wenn SHEIN sich bemüht, das Bild einer nachhaltigeren Marke zu präsentieren, bleibt bei vielen Verbrauchern Skepsis zurück. Das ist auch mein Gefühl. Ich hoffe, die Politik reagiert. Angeblich sollen neue EU-Regelungen Billigimporte eindämmen.

Der ungehinderte Warenverkehr von Plattformen wie Temu, SHEIN & Co. basiert größtenteils auf einer aktuellen Regelung der Europäischen Union, die Importe unter 150 Euro von Zöllen befreit. Diese Regelung ermöglicht Billiganbietern, ihre Produkte einzeln zu versenden und so potenziell höhere Importzölle zu umgehen. Dadurch ist ein regelrechter Zustrom von Billigwaren in den europäischen Markt entstanden – begleitet von Vorwürfen des Steuerbetrugs aufgrund mangelhafter Einhaltung steuerlicher Vorschriften.

Alexander Bartz von der SPD-Bundesfraktion warnte in einem Spiegel-Artikel, dass diese Praxis zu milliardenschweren Einnahmeausfällen für die europäischen

7 Quelle: *www.ifhkoeln.de/bekanntheit-und-nutzung-von-temu-shein-und-co-immens-gestiegen*

Staaten führt. Um diesen Missbrauch zu stoppen, fordern politische Stimmen zunehmend, dass die EU die Zollbefreiungsgrenze überdenkt. Bereits 2025 könnte diese Regelung abgeschafft werden, anstatt wie ursprünglich geplant erst 2028. Ziel dieser Reform ist es, den Verbraucherschutz zu stärken und gleichzeitig faire Wettbewerbsbedingungen für europäische Unternehmen zu gewährleisten, die sich an lokale Gesetze und Vorschriften halten müssen.

Ende Juni 2024 lese ich dazu einen Bericht der EU-Kommission. Aufgrund einer Beschwerde von Verbraucherorganisationen forderte die Kommission die Onlinemarktplätze Temu und SHEIN dazu auf, bis zum 12. Juli detailliert offenzulegen, wie sie die neuen EU-Vorschriften für digitale Dienste umsetzen. Die Untersuchungen laufen noch. Im Fokus steht dabei der Schutz der Verbraucher vor illegalen Produkten und manipulativen Praktiken. Sollten die Plattformen die Vorgaben nicht erfüllen, drohen hohe Bußgelder. Ein Rückzug von Temu und SHEIN aus Europa ist damit jedoch vorerst nicht zu erwarten. Und wenn Verbraucher erst mal Vertrauen in diese Plattformen gefasst haben, ist es auch nicht mehr so leicht, sie davon abzubringen.

Preiskampf vs. Premium: Amazons Reaktion auf die Konkurrenz

Was mich besonders interessiert, ist, wie Amazon auf die Konkurrenz aus Asien reagiert. Amazon verfolgt eine duale Strategie, indem es sowohl günstige als auch luxuriöse Produkte anbietet, um ein möglichst breites Kundenspektrum anzusprechen. Weniger kaufkräftige Kunden können in der Preisklasse unter 20 Euro oder in Blitzangeboten stöbern, während Amazon über seine Luxury Stores sogar gebrauchte Luxusartikel verkauft, wie bei der Kooperation mit Hardly Ever Worn It.[8]

Bei meiner Suche nach »Weingläsern« zeigt mir Amazon eine riesige Auswahl: von simplen IKEA-Gläsern bis hin zu den edlen Produkten von Zwiesel Glas. Es gibt für jeden Geldbeutel etwas – eine durchdachte Strategie, die den wachsenden wirtschaftlichen Unterschied zwischen Arm und Reich widerspiegelt und Amazons Position als vielseitige Produktsuchmaschine stärkt.

---

8 Amazon.de, hewi – Hardly Ever Worn It: *www.amazon.de/stores/luxury/page/C9BC777C-66B6-409B-BE64-CAEC1D19793A*

Was bietet Amazon deutschen Händlern im Vergleich zu Temu? Amazon bietet Händlern vor allem eines: eine enorme Reichweite und Sichtbarkeit. Besonders für kleinere Unternehmen eröffnet die Plattform Möglichkeiten, die sie mit einem eigenen Onlineshop kaum erreichen könnten – nicht nur in Deutschland, sondern auch weltweit. Die Palette der verfügbaren Lösungen reicht von einem einfachen Basiskonto über das professionelle Verkäuferkonto bis hin zu Fulfillment by Amazon (FBA) und optionalen Werbeanzeigen. Je nachdem, für welches Modell sich ein Händler entscheidet, profitiert er von Amazons umfangreicher Suchmaschinenoptimierung, gezieltem Marketing, Produktbewertungen, einer Vielzahl von Zahlungsoptionen und eben auch vom guten Image von Amazon selbst. Kunden wissen, dass Amazon in den meisten Fällen für sie entscheidet und gegen den Händler. Das trägt in Wesentlichen das gute Image.

Ray-Ban und Adiletten auf SHEIN: Durch Kundenzugang gewinnen

Viele deutsche Unternehmen nutzen diese Möglichkeiten deshalb, um günstig in den Onlinehandel einzusteigen, denn mit den Services von Amazon spart man sich teures Personal. Ein Paradebeispiel dafür: SNOCKS. Der Sockenhersteller promotete regelmäßig auf den Konferenzen, wie viel profitabler der Verkauf über Amazon für sie sei im Vergleich zum eigenen Onlineshop. Amazon als Plattform bietet eine attraktive Infrastruktur, um schnell in den E-Commerce einzusteigen. Doch die Frage bleibt: Reicht diese Strategie aus, damit Amazon auch langfristig seine Spitzenposition unter den Onlineplattformen behaupten kann? Zwiesel nutzt die Plattform gern, um sich dort hochwertig zu präsentieren. Würden sie ihre Produkte auch auf Temu platzieren, frage ich mich. Wohl eher nicht.

Tatsächlich wird auf den Konferenzen schon heiß spekuliert, ob Markenhersteller ihre Produkte auf Temu oder SHEIN listen werden oder nicht. Im September 2024 ist es dann so weit. Die Platzierung erster Marken wird populär auf LinkedIn. Produkte von Adidas, Ray-Ban, Tissot und Puma sind auf SHEIN erhältlich. Über kurz oder lang werden wir auf den Plattformen aus China fast alle großen Marken sehen – so vermuten es viele Experten. Wie heute oft bei Amazon, so ist es auch bei SHEIN: Nicht die Marken selbst listen die Produkte, sondern Dritthändler.

Adidas verkauft also keine Adiletten und Sambas direkt, sondern einer von ihren vielen Händlern. Wenn Marken ihre Ware palettenweise in den Großhandel geben, verlieren sie die Kontrolle darüber, wo und zu welchem Preis ihre Produkte letztlich auftauchen. Sobald die Charge einmal auf dem Markt ist, kann sie überall landen – eben auch auf Plattformen wie SHEIN oder Temu.

Wie vor zehn Jahren bei Amazon versuchen die Hersteller, diese Entwicklung zu verhindern, doch die Realität ist: Es ist fast unmöglich. Auf Händler verzichten können die meisten Brands nicht. Ein rein selektives Vertriebsmodell haben nur wenige Marken – oft im Luxusbereich oder in der Nische. Die meisten Marken müssen in großen Mengen verkaufen, um profitabel zu sein. Dafür brauchen sie Händler. Für sie ist wiederum der Reiz von SHEIN & Co. als Angebotsplattform nachvollziehbar: niedrige oder keine Listing-Gebühren (zumindest am Anfang), keine hohen Verkaufsprovisionen wie bei Amazon, dafür aber ein direkter Zugang zu Millionen von Käufern. SHEIN und Temu pushen dieses Modell aggressiv mit großen Vertriebsteams hier in Europa – die Plattformen lernen schnell, wie sie das Geschäft aufbauen müssen. Am Ende gilt wie immer: Wer den Kundenzugang hat, gewinnt.

Temu hat trotz seiner Schwächen eine wichtige Marktveränderung erkannt: Die traditionelle Mittelschicht in Deutschland ist nicht mehr so kaufkräftig wie früher. Indem sie sich gezielt auf das untere Preissegment konzentrieren, profitieren Temu und SHEIN von der zunehmenden sozialen Spaltung zwischen Arm und Reich. Dies stellt eine Herausforderung für Amazon dar, die sich zwar als Produktsuchmaschine Nummer eins etabliert hat, aber zunehmend von diesen Billiganbietern unter Druck gesetzt wird. Die Frage, wie lange Amazon diese Position noch halten kann, drängt sich auf.

Als ich einen Artikel zur Depot-Insolvenz auf LinkedIn veröffentlichte, die natürlich ebenfalls mit der Konkurrenz aus Asien zu kämpfen hatten, erhielt ich in den Kommentaren einen Hinweis auf einen Artikel von Golem. In diesem wird beschrieben, dass Amazon auf den zunehmenden Erfolg chinesischer Plattformen wie Temu und SHEIN reagiert, indem es plant, selbst ein niedrigpreisiges Sortiment zu launchen. In einer Veranstaltung für chinesische Händler stellte Amazon Pläne vor, markenlose Produkte zu Preisen unter 20 US-Dollar anzubieten, die direkt aus China geliefert werden sollen. Mit einer angepeilten Lieferzeit von elf Tagen soll dieses Angebot zunächst nur in den USA verfügbar sein.

Eine Strategie, die Zwiesel aufgrund einer anderen Preis- und Zielgruppenstrategie kalt lassen dürfte. Sie sind safe in zweierlei Hinsicht: Die Produkte, die auf Temu gelistet sind, sind keine Konkurrenz, Amazon hat in ihrem Sinne reagiert, und sie selbst haben Erfahrung und Strategien entwickelt, damit kaufkräftige Kunden ihre Produkte auf der Plattform kaufen.

Was können mittelständische deutsche Unternehmen von Zwiesel Glas lernen?

1. *Positionierung im Markt*: Fokussierung auf Premium-Produkte und eine klar definierte Zielgruppe (vermögende Kunden und Gastronomiebetriebe) helfen, sich von Niedrigpreisanbietern abzuheben und eine treue Kundenbasis aufzubauen – besonders in Zeiten, in denen günstige Anbieter wie Temu und SHEIN den Markt dominieren.
2. *Lösungen aus einer Hand*: Die Ausweitung des Portfolios, wie sie bei Zwiesel durch die Kooperation mit Fortessa Tableware erfolgte, ermöglicht es, neue Kundengruppen zu erreichen und die Abhängigkeit von bestimmten Märkten zu reduzieren. Ein vielfältiges Angebot sorgt zudem für eine stabilere Marktposition.
3. *Digitaler Vertrieb*: Eine starke digitale Strategie, die auf E-Commerce, SEO, gezieltes Marketing und den Aufbau von Markenbotschaftern setzt, ist heute unerlässlich, um die Sichtbarkeit und Reichweite der eigenen Produkte zu steigern. Gleichzeitig sollten traditionelle Kanäle wie Newsletter und Printmedien nicht vernachlässigt werden, da sie weiterhin eine wirksame Methode zur Kundenbindung darstellen.
4. *Nachhaltigkeit als Wettbewerbsvorteil*: Nachhaltigkeit ist ein entscheidender Faktor, besonders bei jüngeren Konsumenten. Deutsche Unternehmen wie Zwiesel haben hier einen klaren Vorteil gegenüber Billiganbietern aus Asien, die oft unter fragwürdigen Produktionsbedingungen arbeiten. Durch nachhaltige Praktiken sichern sich Unternehmen wie Zwiesel Glas nicht nur Markentreue, sondern gewinnen auch umweltbewusste Kunden.
5. *Anpassungsfähigkeit an Marktveränderungen*: Unternehmen müssen ihre Strategien regelmäßig evaluieren und anpassen, um mit neuen Trends und Wettbewerbern Schritt zu halten. Besonders in schnelllebigen Branchen wie dem E-Commerce sollten Überprüfungen häufiger erfolgen –

monatlich oder vierteljährlich –, um flexibel auf Marktveränderungen reagieren zu können. Zwiesels Erfolg seit Gründung 1872 zeigt, dass in einem sich wandelnden Markt proaktive Anpassungen der Schlüssel dazu sind, auch in Krisenzeiten zu bestehen.

Take-away

Premium-Marken müssen nicht beim Preiskampf mitspielen, um konkurrenzfähig zu bleiben. Stattdessen gewinnen sie mit klarer Positionierung, exzellentem Service, starker Markenführung und echtem Mehrwert. Wer Vertrauen, Qualität und emotionale Bindung liefert, bleibt relevant – auch in Zeiten von Temu und SHEIN.

KI kontern!
So navigieren Möbelhändler strategisch durch die Marktveränderungen

»Westwing verkauft Möbel – aber sie machen es schöner als der Wettbewerb.« Das ist der Kern der Marke, den ich bereits an anderer Stelle vorgestellt habe. Diese Schönheit wurde mit eigenen Stylisten, perfekt designten Produkten einschließlich der Eigenmarke und einer eigenen Content-Produktion aufgebaut. Aber was, wenn all das durch KI von anderen kopiert werden kann?

Natürlich profitiert Westwing von der Möglichkeit, hochwertigen Content zu minimalen Kosten zu produzieren, von automatisiertem Targeting durch KI und von der kontinuierlichen Anpassung an Marktbedürfnisse durch bessere Daten. Aber durch generative KI, die auch für den Wettbewerb schöne Bilder gestalten und gute Texte schreiben kann, verlieren sie ein Stück weit ihren Wettbewerbsvorteil – den sie sich zurückholen können, wenn sie KI anders nutzen. Konkret: der generativen KI, die die schönen Bilder macht, eine analytische KI vorschalten, also auf Basis von Daten steuern, welche Bilder erstellt werden sollen und wie.

Businessfrau mit Sofa versus Familie mit Sofa, in welcher Umgebung, in welchem Alter, welcher Stil usw. Wie muss man sich das vorstellen?

Um sich den Wettbewerbsvorteil dennoch zu sichern, muss man verstehen, was KI kann und was nicht und wie man sie nutzen sollte, um noch mal einen Schritt weiter voraus zu sein. Es gibt viele Arten von KI – und genau das ist die Herausforderung. Denn wenn die falsche KI-Art zum Einsatz kommt, wird's schnell zur Spielerei statt zur Lösung. Wir müssen lernen, unsere KI-Toolbox richtig zu sortieren. Denn erst wer die Werkzeuge kennt, kann damit echten Mehrwert schaffen.

Man kann sich das ganz einfach vorstellen:

- *Analytische KI* ist der Nerd – sie liebt Zahlen, erkennt Muster und gibt datengestützte Empfehlungen zu Content, Channels, Formaten, Budget, Timing und Platzierung.
- *Generative KI* ist der Zauberkünstler – sie erschafft Texte, Bilder, Ideen. Schnell, kreativ und verblüffend.
- *Robotische Prozessautomatisierung* (*RPA*) ist der Pragmatiker – sie führt Prozesse effizient aus – ohne Murren.

Richtig spannend wird es, wenn diese drei zusammenspielen. Die analytische KI liefert datenbasierte Empfehlungen: Wo soll die Anzeige laufen? Wann? Mit welchem Budget? Die generative KI setzt diese Strategie kreativ um und produziert die passenden Werbemittel. Die Prozessautomatisierung bringt alles in die Ausspielung. Und wenn's gelaufen ist? Dann prüft die analytische KI den Erfolg – und gibt frische Insights zurück ins System. Das Ganze wird zum Kreislauf: lernen, verbessern, skalieren.

Lässt man einen Baustein weg, wird's schief. Wer beispielsweise auf die analytische Komponente verzichtet, bekommt von der generativen KI zwar schöne Bilder – aber eben ohne Erfolgswissen. Das ist dann wie Marketing aus dem Bauch heraus: »Blau sieht nett aus, Grün vielleicht auch?« – kann funktionieren, muss aber nicht. KI wird erst dann wertvoll, wenn man sie nicht nur einsetzt, sondern versteht.

Unternehmen, die verstehen, wann sie welche KI einsetzen müssen, werden nach wie vor einen Wettbewerbsvorteil haben, denn sie kombinieren die Fähigkeiten der einzelnen KIs zu einer ständig lernenden Maschine. Wie das aussehen kann, zeigen **Abbildung 23** und **Tabelle 7**.

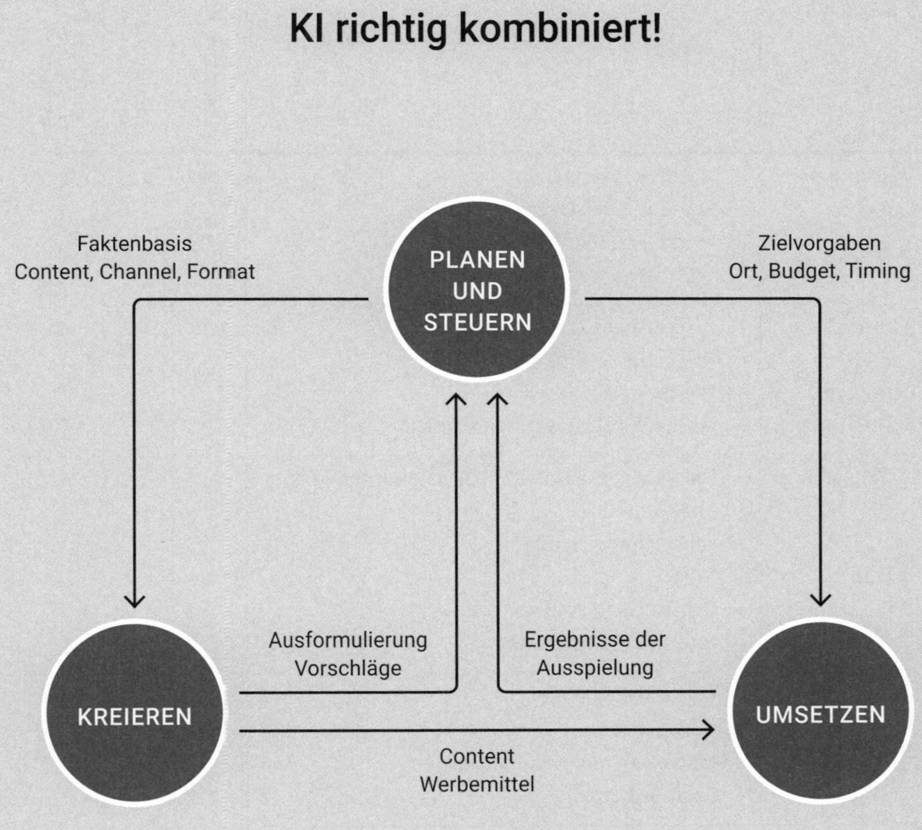

23 *Die Kombination zählt: das KI-Erfolgsrezept. (Quelle: Hase & Igel)*

Anwendungsbereich	Beispiele	generative KI	analytische KI	robotische Prozessautomatisierung
Situationsanalyse	– Nachfrage verstehen – Standorte bewerten – Marktverständnis – Wettbewerbsanalye	nein	ja	nein
Entwicklungsprognose	– KI-gestützte Trendanalysen – KI-gestützte Prognosen – Wettbewerbs-Entwicklung – äußere Einflussfaktoren/Erfolgstreiber	nein	ja	nein
Zielplanung	– Data-Driven-Decisions (Decision Intelligence) – Marktanteil – Umsatzentwicklung – EBIT – Bekanntheitsgrad – Internationalisierung	ja	ja	nein
Strategieplanung	– Leistungsportfolio – Preisgestaltung – Marketing und Kommunikation – Positionierung	ja	ja	nein
Maßnahmenplanung	– Media- und Contentplanung – Distributionsplanung	nein	ja	nein
Umsetzungsphase	– Lead-Generierung/Neukunden-Gewinnung – Multichannel-Steuerung – Prozessautomatisierung	ja	ja	ja
Kontrolle und Optimierung	– Data-Driven-Decisions (Decision Intelligence) – Multichannel-Steuerung – KI-gestütztes, dynamisches Benchmarking, KI-gestützte Optimierungsempfehlungen	ja	ja	ja

7 *Anwendungsbereiche: Wann welche KI einsetzen? (Quelle: Hase & Igel)*

Wie arbeiten wir aktuell in den Marketingabteilungen? Wir analysieren manuell, meist monatlich oder quartalsweise, diskutieren drüber, setzen um. Dann analysieren wir wieder, diskutieren, setzen um. Das ist langsam. Die KI kann automatisch lernen und laufend, in Echtzeit, justieren. So steigt der ROI (Return on Investment) nicht mehr linear, sondern exponentiell. Kann man zu Beginn des Einsatzes sogar auf historische Daten zurückgreifen, aus denen die KI lernen kann, wird dieser Effekt noch einmal erheblich verstärkt (siehe **Abbildung 24**).

Ein Beispiel aus dem Marketing mit diesem Ziel: mehr Werbewirkung. Wie? Optimierung laufend statt quartalsweise. Ergebnis: über 90 % weniger Personalintensität für Analyse, Reports und Optimierung, 63 % mehr Budgeteffizienz in zwei Jahren. Wie geht das konkret?

1. Das Unternehmen verbindet Werbesysteme, Analytics (Onlinekanäle, Callcenter, POS), CRM sowie externe Reportings (z. B. Händler, Agenturen) zu einem lernenden System in einer analytischen KI-Cloud.
2. Das System reichert die Daten automatisch um externe Umfelddaten an (Nachfrage, Wettbewerb, Bevölkerungsstruktur, Kaufkraft, Wetter etc.) und ermittelt über die Zeitreihe das beste Modell.
3. Die KI definiert realistische Erwartungswerte, bewertet die Ergebnisse, attribuiert die Wirkung von Maßnahmen und empfiehlt den optimalen *Media-Mix*.
4. Ein verbundenes Marketingportal für automatische Werbemittelgenerierung und Werbebuchung setzt die KI-Planung um, die Ergebnisse trainieren das Modell weiter.

Fazit: KI kontert man mit KI. Besser gesagt, mit der richtigen KI für die richtige Aufgabe.

Keine besseren Menschen: Was KI (noch) nicht kann

So beeindruckend die Fortschritte im Bereich der künstlichen Intelligenz sind, es gibt zentrale Bereiche, in denen Maschinen uns Menschen nicht ersetzen können. Denn was KI nicht kann, ist das, was uns zutiefst menschlich macht. Verantwortung etwa: Nur Menschen können sich Ziele setzen, mutige Entscheidungen treffen und bereit sein, die Konsequenzen dafür zu tragen.

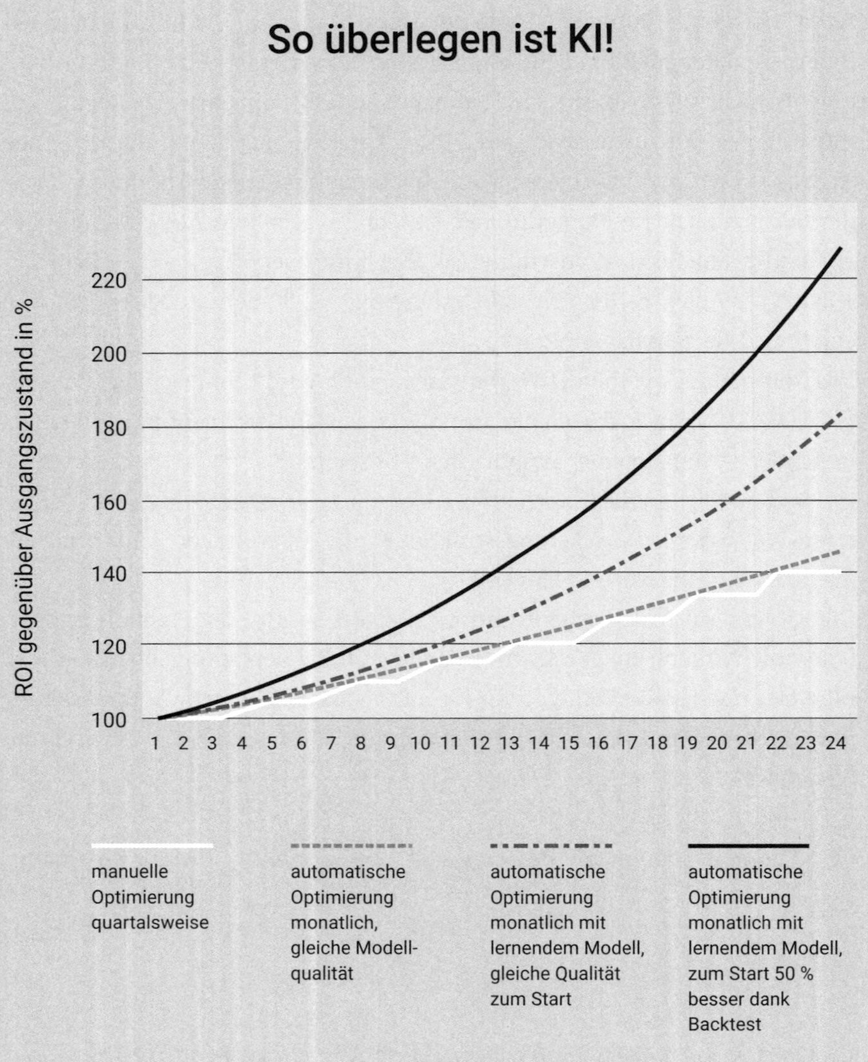

24 *So steigt der ROI mit KI: schnell, smart, lernend. (Quelle: Hase & Igel)*

Sinnstiftung ebenfalls: Es braucht ein menschliches Bewusstsein, um Werte zu definieren, ethische Urteile zu fällen und Geschichten zu erzählen, die verbinden und bewegen. Und nicht zuletzt Empathie: Wirkliche Begegnung, echtes Mitgefühl, das Zulassen von Verletzlichkeit – all das geschieht im menschlichen Miteinander, nicht im Code. KI kann viel. Aber sie kann nicht in der Welt sein – so wie wir es sind. Was meine ich damit? Jeder sieht die Dinge anders, jeder lebt in seiner eigenen Welt. Jeder agiert und entscheidet auf Basis dieser Sicht und der eigenen Wertvorstellungen. Die KI liest Fakten, wir entscheiden größtenteils auf Basis von Emotionen. Und genau darin liegt der größte Unterschied.

IKEAs Antwort auf Bots: Erst die Basics, dann der nächste Schritt

Wie löst einer der dominantesten Möbelhändler, IKEA, diese Herausforderung? IKEA verbindet Ladenflair und Weberlebnis. IKEAs E-Commerce-Ansatz unterscheidet sich stark von klassischen Onlineshops. Das Konzept basiert darauf, Menschen zu inspirieren. Wer schon einmal durch ein IKEA-Einrichtungshaus gelaufen ist, kennt das Phänomen: Man betritt den Store mit einer kurzen Einkaufsliste und verlässt ihn mit weit mehr Artikeln, als ursprünglich geplant. Dieses einzigartige Erlebnis, bei dem Kunden sich durch gestaltete Räume bewegen, Produkte in einem realistischen Kontext sehen und schließlich alles bequem aus dem Regal mitnehmen, möchte IKEA in Perfektion auf den Onlineshop übertragen.

Online bedeutet das: Kundinnen und Kunden entdecken Räume, lassen sich durch hochwertige Bilder, 360°-Ansichten und Videos inspirieren und können mit kostenlosen Tools ihre eigenen Wohnräume gestalten. Das Einkaufserlebnis ist nahtlos und visuell ansprechend.

Natürlich gibt es auch Herausforderungen – hohe Versandkosten, eingeschränkte Verfügbarkeiten oder lange Lieferzeiten sind nicht gerade ideal. Doch IKEA setzt auf das, was für viele am wichtigsten ist: ein gutes Produkt zu einem sehr guten Preis. Transparenz ist dabei ein zentraler Faktor – von der Preisgestaltung über die Handhabung bis hin zur Herkunft der Produkte.

Die größte Herausforderung liegt in der Verbindung der physischen Stores mit der digitalen Welt. Wie lässt sich eine wirklich nahtlose Customer Journey schaffen? Große Marken wie Adidas oder Nike stehen vor ähnlichen Herausforderungen: Wenn Kunden im Laden einen Barcode scannen, sollte dieses Produkt direkt in der App gespeichert sein. Der Wechsel zwischen Store, App und Website muss reibungslos funktionieren.

Das Ziel ist, die beiden Welten – stationär und digital – vollständig zu verschmelzen. Aber wie weit kann das gehen? Besonders das Loyalty-Programm spielt eine Schlüsselrolle als verbindendes Element. Auf der d3con im März 2025 betonten viele große Player die Bedeutung von Apps für die Kundenbindung – darunter OBI, PAYBACK, die Telekom, die Deutsche Bahn und Kleinanzeigen. Während es vor zehn Jahren ein gewisses Risiko war, sich für eine App anstelle eines responsiven Webdesigns zu entscheiden, stellt sich diese Entweder-oder-Frage heute nicht mehr. Die meisten Unternehmen setzen auf beides.

Natürlich könnte man unzählige KI-Tools nutzen und beeindruckende Dinge damit umsetzen. Doch bevor man auf jeden Trend aufspringt, müssen die Grundlagen stimmen. Das Credo ist: »Get your shit done.« Erst wenn die Basics sitzen, ergibt es Sinn, den nächsten Schritt zu gehen. Besonders die nahtlose Kommunikation ist eine große Herausforderung – nicht nur innerhalb der eigenen Kanäle, sondern auch in der Vernetzung mit externen Plattformen. Denn nur wenn alle Systeme miteinander sprechen, Inhalte konsistent ausgespielt werden und Daten in Echtzeit fließen, entsteht ein Kundenerlebnis, das sich wirklich integriert anfühlt. Dabei geht es längst nicht mehr nur um technische Schnittstellen, sondern um ein strategisches Zusammenspiel von Touchpoints, Markenbotschaften und Nutzererwartungen. Brüche in der Kommunikation, widersprüchliche Informationen oder doppelte Prozesse führen schnell zu Frustration – sowohl auf Kundenseite als auch intern. Gerade bei Marken wie IKEA, die stationär wie digital stark auf Inspiration setzen, ist es entscheidend, dass die Übergänge zwischen Showroom, App, Website und externen Plattformen nicht nur funktionieren, sondern sich für die Nutzer wie ein einziger durchgängiger Prozess anfühlen.

Hier sind die wichtigsten strategischen Hebel, die die Herausforderung von IKEA anschaulich macht:

1. **Ein zentrales Kundenkonto – kanalübergreifend nutzbar**
   Ob online, in der App oder im Store: Alles läuft über ein Konto – mit voller Transparenz über Käufe, Merklisten, Retouren, Punkte etc.

Beispiel: Im Laden gescannte Artikel tauchen automatisch im Onlinekonto auf – inklusive Verfügbarkeiten, Lieferoptionen und weiterführenden Produktempfehlungen.

2. **Mobile App als Verbindungsglied**
   Die App wird zum persönlichen Assistenten: Produktinfos, Einkaufsliste, Navigation im Store, Push-Benachrichtigungen.
   Loyalty-Vorteile, Gutscheine, Click & Collect oder Echtzeitinfos zu Lagerbeständen werden zentral gebündelt.
3. **Inhalte und Services synchronisieren**
   Konsistente Inhalte auf allen Plattformen (App, Web, POS-Screens, Social Media): gleiche Preise, gleiche Texte, gleiche Empfehlungen.
   Digitale Tools, z.B. Raumplaner oder Inspirationsfeeds, sollen im Store ebenso zugänglich sein wie online – z.B. über Tablets im Showroom. Vielleicht zukünftig auch eine AR-Vorschau: In der App kannst du z.B. ein Regal oder Sofa auswählen und via AR-Funktion direkt in deinem Zimmer visualisieren. Du siehst: Passt es in die Ecke? Wie wirkt die Farbe im Tageslicht?
4. **Kommunikation und Daten in Echtzeit vernetzen**
   CRM, Warenwirtschaft, Payment, Kundenservice, Loyalty – alles muss über Schnittstellen nahtlos integriert sein.
   Beispiel: Ein Kunde fragt im Store nach einem Produkt, der Mitarbeiter scannt den Barcode und sieht Kundenhistorie, Onlineverfügbarkeit, passende Alternativen.
5. **Buy anywhere, fulfill anywhere**
   Kunden sollen wählen können: im Store anschauen oder online anschauen, online bestellen oder per App reservieren, nach Hause liefern oder vor Ort abholen.
   Click & Collect, Same-Day-Pick-up oder dezentrale Lagerlösungen sind echte Servicevorteile.
6. **Daten nutzen, um echte Mehrwerte zu schaffen**
   Nicht nur den Warenkorb kennen, sondern auch den Kontext: Wohnsituation, Stilpräferenzen, Lebensphase.
   Ziel: personalisierte Erlebnisse und Empfehlungen, die sich nicht wie Werbung anfühlen, sondern wie Hilfe beim Einrichten.

7. **Einheitliches Markenerlebnis – visuell und emotional**
   Vom Store bis zum Instagram-Post: Farben, Tonalität, Bildsprache, Angebotsstruktur und Usability müssen markenkohärent sein.
   Die Marke bleibt emotionaler Markenanker – egal über welchen Kanal man einsteigt.

Diese Basics done – dann next: KI. Eine kluge Strategie? Ja.

Take-away

Westwing setzt auf Schönheit und Stil als Wettbewerbsvorteil – doch generative KI macht es zunehmend einfacher, hochwertigen Content zu kopieren. Deshalb liegt die Zukunft nicht nur in exzellentem Design, sondern auch in der Nutzung der richtigen KI für die richtige Aufgabe. Während Westwing seinen kreativen Vorsprung verteidigt, geht IKEA einen anderen Weg: Inspiration und ein nahtloses Online-Offline-Erlebnis stehen im Fokus. Die zentrale Herausforderung für beide bleibt, digitale und physische Erlebnisse intelligent zu verbinden – und dabei stets einen Schritt voraus zu sein.

BIG IN COMPETITION

Sich durchsetzen

Der Wettbewerb schläft nicht – und der Kunde vergleicht ständig.
Was unterscheidet starke Marken vom Mittelmaß?
Hier geht es um Positionierung, Differenzierung und die Kunst,
in einem gesättigten Markt herauszustechen.

Abos entscheiden über Profitabilität!
Wie du sie erfolgreich verkaufst

Die Könige der Abos sind aus meiner Sicht Unterhaltungsanbieter. Preissensibilität spielt im Bereich Unterhaltung eine große Rolle. Viele Kundinnen und Kunden sind durchaus bereit, für Inhalte zu zahlen – aber nur, wenn der Preis stimmt. Die Herausforderung für Unternehmen liegt also darin, ein Modell zu finden, das sowohl attraktiv als auch langfristig profitabel ist. Die Lösung? Neue Geschäftsmodelle, flexible Preismodelle und freie Content-Auswahl.

Das Geschäft mit der Angst, etwas zu verpassen, funktioniert dabei besonders gut. Kennst du das? Du hast ein Audible-Abo und bereits 15 offene Hörbuch-Downloads. Doch anstatt zu kündigen, lässt du das Abo weiterlaufen – aus Angst, deine bestehenden Inhalte oder das noch nicht eingelöste Guthaben zu verlieren. Also pausierst du das Abo für ein paar Monate, nur um es dann doch wieder zu aktivieren, weil du dir einredest, dass du irgendwann all die großartigen Hörbücher hören wirst, die dir noch zustehen. Die Realität? Jeden Monat kommt neues Guthaben dazu, und der Stapel ungehörter Bücher wächst weiter.

Genial, oder? Unternehmen wie Audible, Netflix oder Amazon Prime Reading haben eines verstanden: Kundenbindung funktioniert besonders gut, wenn man ihnen das Gefühl gibt, etwas zu verlieren, sobald sie kündigen.

Der Schlüssel liegt in der psychologischen Bindung an das Abo. Kunden haben oft das Gefühl, schon so viel investiert zu haben, dass ein Ausstieg nicht mehr infrage kommt. In der Verhaltensökonomie nennt man das den Sunk Cost Fallacy –

das bezeichnet das Phänomen, weiterhin Zeit oder Geld in etwas zu investieren, weil man bereits viel hineingesteckt hat.

Zusätzlich nutzen diese Unternehmen eine geschickte Preisgestaltung:

- Flatrates und Paketpreise, die den Einzelkauf unattraktiv machen.
- Freemium-Modelle, die eine gewisse Nutzung kostenlos ermöglichen, um Kunden in das System zu ziehen.
- Dynamische Preise, die sich an Nachfrage und Nutzerverhalten anpassen.
- Abo-Pausen statt Kündigungen, um den Absprung zu verhindern.

Ich möchte dir dazu passend das spannende Konzept der New York Times zeigen.

Von der New York Times lernen

Das Besondere am New-York-Times-Abo ist die geschickte Kombination aus qualitativ hochwertigem Journalismus, exklusivem Zugang und einer datengetriebenen Abo-Strategie. Hier sind die wichtigsten Erfolgsfaktoren:

- *Metered Paywall*: Nutzer können eine begrenzte Anzahl an Artikeln kostenlos lesen, bevor sie ein Abo abschließen müssen. Dadurch werden Gelegenheitsleser in zahlende Abonnenten umgewandelt.
- *Mehr als nur Nachrichten*: Das Abo umfasst nicht nur Artikel, sondern auch Premium-Angebote wie NYT Cooking, NYT Games (z. B. Wordle) und Wirecutter (Produktbewertungen). Diese Zusatzangebote sorgen für höhere Bindung.
- *Dynamische Preisstrategie*: Die NYT nutzt datenbasierte Preisgestaltung und individuelle Angebote, um Abos attraktiver zu machen (z. B. niedrige Einstiegspreise mit späteren Erhöhungen).
- *Psychologischer Druck*: Personalisierte Pop-ups mit »Letzter kostenloser Artikel« oder »Jetzt Rabatt sichern« erhöhen die Conversion-Rate.
- *Langfristige Kundenbindung*: Die NYT setzt gezielt auf jährliche statt monatlicher Abos mithilfe eines sehr günstigen Preises, um Kündigungen zu reduzieren.
- *Datengetriebenes Marketing*: Durch KI und Nutzeranalysen optimiert die NYT, wann und wem sie welche Abo-Angebote macht.
- *FOMO-Marketing*: »Unser bestes Angebot. Der Verkauf endet bald« ist ein Beispiel, um Druck durch zeitliche Verknappung auszulösen.

> Die New York Times hat ihr Abo-Modell so optimiert, dass Nutzer fast »gezwungen« sind, langfristig dabei zu bleiben – sei es aus Gewohnheit, Bequemlichkeit oder der Angst, wertvolle Inhalte zu verpassen.

Das funktioniert auch fantastisch, wenn die Gewinnung von Neukunden sehr teuer ist. Klickpreise auf den großen Werbeplattformen steigen. Da ist die Gewinnung eines Neukunden, wenn er nur einmal kauft, in der Regel nicht rentabel. So sind Unternehmen gezwungen, Kunden mindestens zu einem weiteren Kauf zu überreden. Deshalb setzen Unternehmen mit günstigen Produkten, die regelmäßig benötigt werden, oft auf die Abo-Strategie. Sie verkaufen ein Abo statt ein Einzelprodukt, um Kunden langfristig zu binden und in der Summe dann profitabel zu sein. »Zu finden ist dieses Modell häufig bei Anbietern von Nahrungsergänzungsmitteln oder bei Lebensmitteln wie Kaffee«, verrät Christoph André Müller, Managing Director & CTO bei Coffee Circle. Produkte, die immer wieder bestellt werden, sind prädestiniert dafür.

Ob Netflix, Spotify, Amazon Prime, die New York Times oder Produkt-Abos: Abonnement-Modelle sind längst fester Bestandteil unseres Alltags. Sie versprechen Bequemlichkeit, Zugriff statt Besitz und einen kontinuierlichen Strom an Inhalten, Produkten oder Dienstleistungen. Doch sie sind mehr als nur ein cleverer Vertriebskanal. Abos sind aus betriebswirtschaftlicher Sicht Dauerschuldverhältnisse – mit weitreichenden Konsequenzen für Anbieter wie für Kunden.

Die sogenannte *Subscription Economy* basiert auf einem einfachen Grundprinzip: Der Kunde zahlt nicht mehr für ein einzelnes Produkt, sondern für den regelmäßigen Zugang zu einem Service oder einer Lieferung. Das Modell bietet Planungssicherheit, regelmäßige Umsätze und Kundenbindung auf Dauer. Unternehmen wie Netflix, Spotify oder Amazon Prime sind Paradebeispiele.

Die Vorteile für Anbieter:
- ein wiederkehrender Umsatz (MRR = Monthly Recurring Revenue)
- ein höherer Customer Lifetime Value (CLV)
- vorhersehbare Planungs- und Produktionszyklen

Die Vorteile für Konsumenten:
- Bequemlichkeit (kein erneuter Kauf nötig)
- Preisvorteile gegenüber Einzelkäufen
- ein stetiger Zugang zu Sortiment oder Service

Abo ist nicht gleich Abo. Es gibt zahlreiche Modelle, die sich in Zielgruppe, Nutzung und Preisgestaltung unterscheiden:

1. **Einzel-Abo**
   Klassisches Modell für Einzelpersonen. Beispiel: Netflix Basis, Spotify Individual, DIE ZEIT Digital.
2. **Familien- oder Gruppen-Abos**
   Ein Zugang, mehrere Nutzer, oft günstiger pro Person. Beispiel: Spotify Family, Netflix Standard mit mehreren Streams.
3. **Studenten-, Senioren- oder Sozialtarife**
   Preislich rabattierte Varianten für definierte Zielgruppen. Beliebt zur Markenbindung.
4. **Spar-Abos/Liefer-Abos**
   Amazon bietet sogenannte Spar-Abos, z. B. für Haushaltswaren, Babyprodukte oder Druckerpatronen. Hierbei wird in regelmäßigen Abständen automatisch geliefert – oft mit einem kleinen Rabatt.
5. **All-you-can-use-Modelle**
   Besonders bei digitalen Inhalten beliebt. Beispiel: Netflix (unbegrenzter Zugriff auf Filme/Serien), Kindle Unlimited, Readly für Magazine.
6. **Mikro-Abos/Pay-per-Use-Flatrates**
   Kurzzeit-Abos oder nutzungsabhängige Tarife. Beispiel: Audible mit Credits oder Monatskarten bei E-Scooter-Anbietern.

Ein Abo ist nicht nur ein Zahlungsmodell, sondern auch eine Vertrauensbeziehung. Die Schwelle zum Einstieg ist oft niedrig, die Hürde zum Ausstieg aber bewusst höher gestaltet. Viele Anbieter setzen auf eine Mischung aus: Convenience (alles läuft automatisch), Gamification (Belohnungen, Fortschritte, Nutzungsstatistiken), Exklusivität (besondere Inhalte oder Vorteile nur für Mitglieder). Der emotionale Anker Man will nicht außen vor sein, sondern dazugehören.

Ein interessantes Gegenbeispiel zu den *Mass-Subscription-Modellen* ist DIE ZEIT. Die Wochenzeitung verfolgt einen Premium-Ansatz: Die digitalen Abos kosten deutlich mehr als bei anderen Medienhäusern. Dennoch funktioniert das Modell. Warum? Qualität statt Quantität: hochwertiger Journalismus als Differenzierungsmerkmal. Zielgruppenbewusstsein: Bildung, Status, politisches Interesse. Community-Gedanke: Leser fühlen sich als Teil einer Wertegemeinschaft. Hier zeigt sich, dass Preis nicht das Problem ist – Relevanz, Vertrauen und Identifikation sind die wahren Erfolgsfaktoren.

Klingt, als wären Abos ein klassischer No-Brainer? Nicht ganz. Subscription-Modelle bringen auch Risiken: Kündigungsbarrieren können negativ wahrgenommen werden. Dennoch liegt in klug aufgebauten Abo-Modellen enormes Potenzial – besonders wenn sie echten Mehrwert bieten, regelmäßig weiterentwickelt werden und transparente Kommunikation mitbringen. Abos sind mehr als ein Preismodell – sie sind ein strategischer Ansatz für nachhaltige Kundenbeziehungen.

Zahnbürste mit Ersatzköpfen im Bundle: Warum die kleine Schwester der Abos eine Falle sein kann

Zu günstiges Produkt? »Wir machen Bundles.« – ist das damit erledigt? Ein Bundle ist Zahnbürste + Ersatzköpfe + Reiseetui oder alternativ drei gleiche Produkte im Set. Bundles sind für mich die kleine Schwester der Abos. Es ist ein Paketangebot, bei dem mehrere Produkte oder Leistungen gebündelt und zu einem gemeinsamen Preis angeboten werden – meist günstiger als beim Einzelkauf. Das Ziel: Mehrwert für Kunden schaffen, den durchschnittlichen Warenkorb erhöhen, Up- und Cross-Selling fördern. Für den Shop kann das definitiv eine Lösung sein, um den durchschnittlichen Warenkorb auf mindestens 60 Euro zu erhöhen. Aber dann kommt das ABER! Auf Amazon kann das ein echter Showstopper werden.

»Besonders spannend ist die Erkenntnis aus den letzten drei Monaten: Unsere Amazon-Kunden haben im Schnitt dreimal so viele einzelne Ostmann-Produkte gekauft, wie sie bei den 4er-Packs gekauft hätten. Wir büßen auch keine Marge ein«, sagt Johannes Lankowsky-Daut, Head of E-Commerce & Digital Marketing bei der Fuchs Gruppe. Das Listing vorher und nachher zeigt **Abbildung 25**.

Die Fuchs Gruppe hat mit der Marke Ostmann ca. 300 SKUs (Stock Keeping Units – Artikelnummern) auf Amazon, die Fuchs Gruppe gesamt 1.600 SKUs. Wenn sie dreimal so viel verkaufen, lohnt sich das. Welche These steht dahinter? Gewürze kauft man nicht auf Vorrat. Es schreckt ab, drei weitere Dosen rumstehen zu haben. Mein Fazit: Bundles ja, aber nur, wenn es aus Kundensicht inhaltlich Sinn ergibt. Meist gibt es gar kein »entweder – oder«! Wenn man beides anbietet, ist man auf der sicheren Seite.

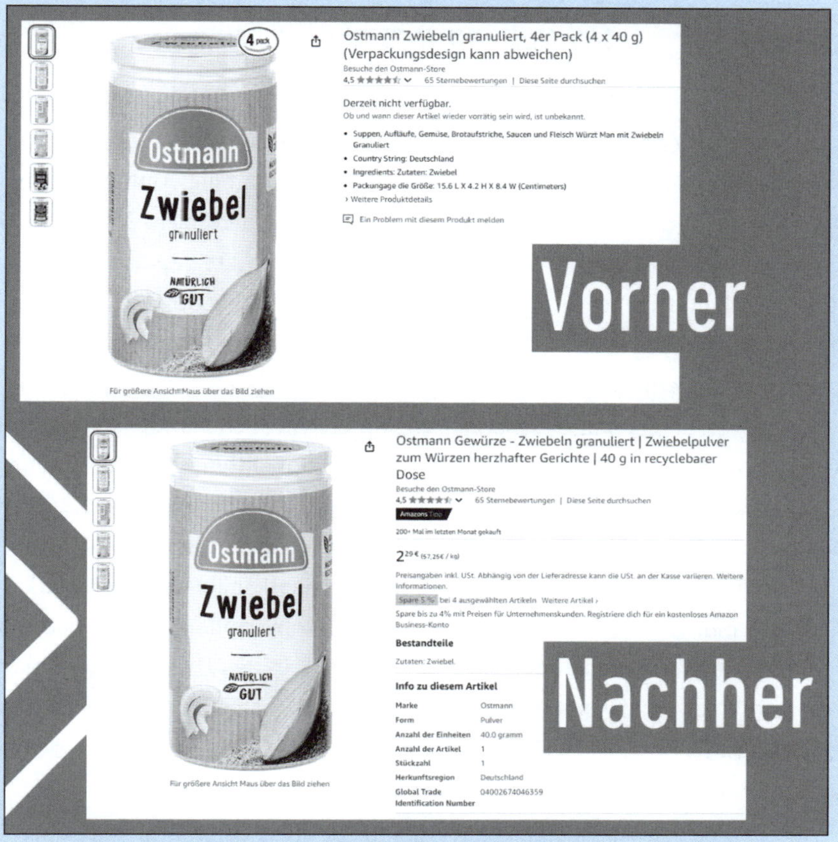

25 *Listing von Ostmann auf Amazon – vorher und nachher*

Take-away

Die Zukunft gehört nicht mehr nur dem klassischen Einmalkauf, sondern intelligenten, flexiblen Preismodellen, die Kunden an eine Plattform oder ein Produkt langfristig binden. Bei einem Angebot, das schwer aufzugeben ist – sei es durch exklusive Inhalte, Guthaben oder eine durchdachte Preisstrategie –, ist ein Abo-Modell rentabler als der Einmalverkauf eines Produkts. Die erfolgreichsten Unternehmen setzen dabei auf psychologische Effekte. Die Angst, etwas zu verpassen, ist dabei oft das beste Verkaufsargument.

Intelligente Internationalisierung
Schnell, smart, skalierbar

Internationalisierung gilt als eine der effektivsten Strategien, um das Risiko von Marktschwankungen auszugleichen und das Wachstum eines Unternehmens zu skalieren. Doch dieser Schritt ist nicht ohne Herausforderungen. Zahlreiche Unternehmen haben sich an der Expansion in fremde Märkte versucht – und sind dabei gescheitert. Die Gründe? Finanzielle Fehleinschätzungen, mangelndes Marktverständnis und operative Überforderung. Die Lösung für eine erfolgreiche Internationalisierung? Lokale Expertise durch Agenturen im Zielland.

Viele Unternehmen unterschätzen, wie unterschiedlich Märkte ticken. Erfolgreiche Strategien aus dem Heimatland lassen sich nicht eins zu eins auf andere Länder übertragen. Kundenverhalten, Wettbewerb, Regulierungen und kulturelle Nuancen machen jede Expansion zu einer neuen Herausforderung.

Ein typisches Beispiel: Marketing- und Vertriebskanäle variieren stark von Land zu Land. Während in Deutschland Google Shopping dominiert, sind in China Plattformen wie Tmall oder WeChat essenziell. In den USA führt an Amazon kaum ein Weg vorbei, während Frankreich stark auf lokale Marktplätze wie Cdiscount setzt. Wer hier nicht flexibel agiert und auf die falschen Kanäle setzt, verbrennt schnell viel Geld.

Aber in welches Land gehen wir überhaupt? Andreas Osler, Geschäftsführer bei Weisshaus, bestätigt: »Es braucht einen professionellen Bewertungskatalog pro Land, um die richtigen Länder zu identifizieren, die am meisten Potenzial haben und einfach zu erschließen sind. In jedem Land funktioniert Werbung unterschiedlich, und auch das Produkt funktioniert anders bezüglich des Timings. Italienische Konsumenten springen beispielsweise auf Trends zu einem späteren Zeitpunkt auf.« Diese Systematiken kann man gezielt nutzen, um Ware perfekt zu planen. Internationalisierung erhöht zwar die Komplexität, birgt aber auch gute Chancen, beispielsweise eine Ware abzuverkaufen, die in einem anderen Land nicht mehr im Trend ist.

Go global, but bring a local: Bauerfeinds effiziente Expansion mit Agenturen und Partnern

Ein Unternehmen, das die Herausforderungen der Internationalisierung sehr erfolgreich meistert, ist Bauerfeind, ein deutscher Hersteller medizinischer Hilfsmittel wie Bandagen, Orthesen und Kompressionsstrümpfe. Bauerfeind erkannte früh, dass der direkte Markteintritt in verschiedenen Ländern ohne lokales Know-how nicht effizient ist. Statt eigene, kostenintensive Strukturen aufzubauen, setzt das Unternehmen auf Agenturen und Partner vor Ort, die den Markt genau kennen.

Diese Strategie hatte mehrere Vorteile:

- *Schneller Marktzugang*: Lokale Partner kennen die Vertriebskanäle und gesetzlichen Anforderungen und vermeiden kostspielige Fehler.
- *Kulturelle Anpassung*: Marketingstrategien und Kommunikation werden von Experten entwickelt, die wissen, was in ihrem Land funktioniert.
- *Kosteneffizienz*: Anstatt hohe Investitionen in eigene Niederlassungen zu tätigen, arbeitet Bauerfeind mit bestehenden Strukturen.
- *Flexibilität*: Falls ein Markt nicht wie erwartet performt, könnte das Unternehmen die Zusammenarbeit mit der Agentur anpassen.

Das ist in jeden Fall sinnvoll, wenn es um ein stark reguliertes Produkt wie Medizintechnik oder Produkte in der Medizin geht. Bei den Feinheiten in den Vorschriften und wenn es um Produkte geht, die über die Gesundheit entscheiden, sollte es keine Missverständnisse geben.

Viele Unternehmen versuchen, Internationalisierung mit internen Teams zu steuern. Doch ohne tiefgehendes Wissen über den lokalen Markt kann das – ich kann es nicht oft genug betonen – ein kostspieliges Experiment werden.

Same Ad, different Country?
Rahmenbedingungen richtig einschätzen

Edvin Dizdaric, International Expansion Lead bei SNOCKS, hat ebenfalls wie Bauerfeind mit Socken zu tun und mir auf dem Speaker Dinner der d3con verraten, dass hinsichtlich der Werbung in vielen Ländern die gleichen Dinge gut funktionieren. Es gibt eine Universal-Strategie für das Thema Internationalisierung. Diese Gedanken sollte man bei der Abwägung, ob Know-how intern genutzt oder extern eingekauft werden sollte, mit in den Ring werfen. Habe ich ein relativ einfaches Produkt, dass keinen strengen Regularien unterworfen ist, kann ich von diesen Mechanismen profitieren:

- *Globale Werbetrends und Best Practices*: Viele Werbestrategien basieren auf universellen psychologischen Prinzipien (z. B. soziale Bewährtheit, Verknappung, Storytelling). Dadurch funktionieren ähnliche Ansätze über verschiedene Länder hinweg.
- *Homogenisierung der Zielgruppen*: Durch Globalisierung und Social Media gleichen sich Konsum- und Medienverhalten immer mehr an, besonders in westlichen Märkten. Eine erfolgreiche Ad-Kampagne in Deutschland könnte also in Frankreich oder den Niederlanden genauso gut performen.
- *Plattformdominanz (Google, Meta, TikTok)*: Da viele Unternehmen auf denselben Werbeplattformen aktiv sind, gelten oft ähnliche Algorithmen und Erfolgsfaktoren. Was in einem Markt gut konvertiert, hat oft auch anderswo Potenzial.
- *Standardisierte Creatives mit lokalen Anpassungen*: Manche Unternehmen nutzen einheitliche Werbemittel, die mit minimalen kulturellen Anpassungen in verschiedenen Ländern funktionieren.

Es kommt also auf die Rahmenbedingungen an. Unterschiedliche Regularien in den Ländern oder komplexer Markt? In jeden Fall sollten immer lokale Partner gefunden werden. Unkritische Produkte in einfachen Märkten können zentral einheitlich vom Headquarter gesteuert werden.

Ready for Take-off: So wird aus Internationalisierung kein Langstreckenflug

Der schnellste und effektivste Weg zur Internationalisierung führt nicht über eigene Niederlassungen in jedem Land und auch nicht über ausschließlich eigene Mitarbeitende im Headquarter, sondern über eine clevere Kombination aus Tempo, Skalierbarkeit und minimalem Risiko. Die Kombination dieser drei Ansätze haben sich in der Praxis besonders bewährt.

Der erste Ansatz ist der Einstieg über bestehende Marktplätze wie Amazon oder Mercado Libre. Letzteres ist das größte E-Commerce- und Fintech-Unternehmen Lateinamerikas – oft als das »Amazon Südamerikas« bezeichnet – und besonders stark in Ländern wie Brasilien, Mexiko, Argentinien oder Chile. Der große Vorteil: Der Marktzugang gelingt schnell und ohne den Aufbau eigener Strukturen. Die Plattformen bieten bestehende Reichweite, geringe Eintrittsbarrieren, eine bestehende Zahlungsabwicklung und Nutzervertrauen – genau das, was man in einem neuen Markt braucht. Oder alternativ, wie es Philip Clas, Chief Digital & Marketing Officer bei TEVEO beschreibt: »Wir internationalisieren über die Influencer im jeweiligen Land.« Heißt, TEVEO fokussiert ein Land, sucht sich passende Influencer in den Ländern und konzipiert einen Testballon mit den einzelnen Influencern – einem nach dem anderen. Wer funktioniert, wird »behalten«, war die Kooperation nicht erfolgreich, wird sie ersetzt durch eine andere.

Dazu kombiniert man den zweiten Ansatz – man setzt auf lokale Distributoren oder Agenturen. In der Praxis bedeutet das: Ein Netzwerk aus beispielsweise 60 Distributoren – jeweils mit einem eigenen E-Commerce-Manager im Land – wird zentral gesteuert von einer Person in der Zentrale, etwa über monatliche Calls. Ziel ist es, sicherzustellen, dass alle Märkte strategisch »in line« mit der globalen Ausrichtung bleiben. Die lokalen Partner betreuen vor Ort den Vertrieb, verkaufen an Händler, an Plattformen wie Walmart, Amazon oder Mercado Libre und übernehmen das komplette B2B-Handling. Damit entfällt für das Unternehmen vorerst der Aufwand, eigene Strukturen aufzubauen, ohne auf Marktnähe und operativen Erfolg verzichten zu müssen.

Der dritte Ansatz: Die Rolle der Zentrale ist die Konzentration auf das Business Development. Wo lohnt sich ein Markteintritt? In welchem Land hat die Marke bereits einen großen Marktanteil, und wo ist noch Potenzial oder zeigt die Wachstumskurve des Markts nach oben? Welche Plattformen gewinnen gerade rasant an Relevanz? Und welche Kanäle bieten das größte Potenzial für den nächsten strategischen Schritt?

Kurz gesagt: Internationalisierung bedeutet heute nicht, überall präsent zu sein, sondern dort, wo es schnell, smart und skalierbar möglich ist. Wer die richtigen Partner und Plattformen wählt, spart Zeit, Geld und Nerven – und gewinnt Märkte, bevor andere überhaupt starten.

Take-away

Internationalisierung kann ein mächtiger Wachstumstreiber sein – wenn sie richtig angegangen wird. Unternehmen, die auf lokale Agenturen und Partner setzen, profitieren von schnellerem Markteintritt, reduziertem Risiko und kosteneffizienter Expansion. Wer in neue Märkte expandieren will, sollte sich daher nicht auf Trial and Error verlassen, sondern direkt mit den richtigen Expertinnen und Experten zusammenarbeiten.

Warum eigentlich nicht?

Erfolgreich neue Geschäftsmodelle integrieren

Die Spielregeln im E-Commerce verändern sich rasant. Früher hätte man gesagt: »Das ist nicht unser Geschäftsmodell.« Heute heißt es: »Warum eigentlich nicht?« Zalando, jahrelang die unangefochtene Modeplattform, bietet mittlerweile B2B-Dienstleistungen für Marken an. ABOUT YOU baut ein Seller Central ähnlich dem von Amazon, um sich als Marktplatz direkt für Hersteller zu etablieren und neue Händler ab Werk anzulocken. Medizintechnikunternehmen vermarkten direkt an Endkundinnen, ohne den klassischen Vertriebsweg über Sanitätshäuser zu gehen. Und dann gibt es völlig überraschende Entwicklungen: flaschenpost verkauft Autos. »Warum eigentlich nicht?«

Was auf den ersten Blick unglaublich erscheint, ergibt auf den zweiten Blick durchaus Sinn. Unternehmen expandieren in neue Geschäftsfelder, weil sie eines erkannt haben: Die eigentliche Währung ist nicht das Produkt, sondern Reichweite und der Zugang zur Zielgruppe. Heißt: Es ist egal, was du verkaufst, wenn du genügend Reichweite und Zugang zur Zielgruppe hast.

Der strategische Ausbau – ob in Marketing, Organisation oder Geschäftsmodell – folgt in der Regel einem klar strukturierten Regelwerk, das sicherstellt, dass Wachstum nachhaltig, effizient und zielgerichtet erfolgt. Hier sind die wichtigsten Grundprinzipien und Regeln, die dabei beachtet werden müssen:

1. Zielorientierung vor Aktionismus
   Regel: Jeder Ausbau muss einem klaren, messbaren Ziel dienen (z.B. Marktanteil erhöhen, Customer Lifetime Value steigern, neue Kanäle erschließen).
   → Ohne Ziel kein Fokus, ohne Fokus kein nachhaltiges Wachstum.
2. Datenbasierte Entscheidungsfindung
   Regel: Entscheidungen über den Ausbau basieren auf validierten Daten, Analysen und Prognosen, nicht auf Bauchgefühl oder Hype.
   → Nur wer versteht, wo er steht, kann sinnvoll skalieren.
3. Kundenzentrierung als Leitstern
   Regel: Der strategische Ausbau folgt den Bedürfnissen und Verhaltensweisen der Zielgruppe – entlang ihrer Customer Journey.
   → Der Ausbau ist kein Selbstzweck, sondern Mittel zur besseren Kundenerfahrung.
4. Ressourcen- und Skalierbarkeitsprüfung
   Regel: Wachstum muss mit vorhandenen Ressourcen (Team, Technologie, Prozesse) umsetzbar sein – oder diese werden vorher strategisch aufgebaut.
   → Skalierbarkeit ist Bedingung, kein Nebeneffekt. Das macht man nicht neben dem operativen Geschäft.
5. Iteratives Vorgehen und Lernzyklen
   Regel: Der strategische Ausbau erfolgt schrittweise mit klaren Hypothesen, Tests und kontinuierlicher Optimierung.
   → »Build – Measure – Learn« statt »Alles auf einmal«.
6. Balance zwischen Innovation und Kerngeschäft
   Regel: Der Ausbau darf das bestehende Geschäftsmodell nicht gefährden, sondern muss es sinnvoll ergänzen.
   → Kein Wachstum auf Kosten der Stabilität.
7. Governance und Verantwortlichkeit
   Regel: Jeder strategische Ausbau braucht klare Rollen, Zuständigkeiten & KPIs.
   → Transparenz und Verantwortlichkeit sichern Umsetzung und Steuerung.

Strategischer Ausbau ist kein »Mehr vom Gleichen«, sondern gezieltes, sinnvolles und nachhaltiges Wachstum. Er folgt Regeln, nicht Reaktionen – und wird damit zu einem echten Wettbewerbsvorteil. Die Grundlage: Reichweite und Zugang zur Zielgruppe.

Mami, stopp, da ist MrBeast-Schokolade! Reichweite verkauft alles

Mein Sohn trottet wie immer leicht gelangweilt neben mir durch die Gänge des Supermarkts – bis wir an der Süßwarenabteilung vorbeikommen. Und plötzlich ist da eine Energie in dem Kind, wie ich sie lange nicht – vielleicht zuletzt an Weihnachten – gesehen habe. »Mami, STOPP! Da ist MrBeast! Guck mal! Da!« Ich drehe mich um und sehe: eine Tafel Schokolade. Bunt verpackt, mit einem etwas zu coolen Design. Obendrauf prangt tatsächlich: MrBeast. »Kann ich die haben, bitte?« Der Preis? »Ähm … ist da Gold drin?«, frage ich trocken. »Nein. Aber man kann was gewinnen! Und es ist MrBeast!«, sagt er – als wäre das völlig selbsterklärend. Ich seufze, rechne kurz im Kopf, wie oft ich für diesen Preis in meiner Kindheit Schokolade kaufen konnte – und natürlich wie viel D-Mark das heute wären. Gleichzeitig überlege ich, wie lange ich mir das jetzt anhören muss, wenn ich es nicht tue. Also ja. Zack, gekauft.

Der Mann hat's geschafft. Mein Sohn? Ja, der auch – aber vor allem MrBeast. Bis zu diesem Zeitpunkt hatte ich noch nie von ihm gehört. Ich wusste nicht, wer das ist. Wie ich heute weiß: MrBeast, bürgerlich James Stephen »Jimmy« Donaldson ist ein US-amerikanischer YouTuber und Unternehmer. Er gilt als Pionier von YouTube-Videos, die teure Stunts, aufwendige Wettbewerbe und lukrative Verlosungen beinhalten. Mit über 400 Millionen Abonnenten betreibt er den erfolgreichsten Kanal der Plattform.

Die MrBeast-Schokolade Feastables erzielte 2024 einen Umsatz von ca. 215 bis 250 Millionen US-Dollar – und damit etwa die Hälfte der Einnahmen von Beast Industries. Und das mit Gewinn im Vergleich zu MrBeasts eher verlustträchtigem Mediengeschäft. Das Schokoladenimperium verdient mehr Geld als sein YouTube-Kanal.[1] Wer die Reichweite hat, hat die Macht. Stimmt!

---

1 MrBeast's chocolate empire is making more money than his YouTube channel – Fast Company: *www.fastcompany.com/91296813/mrbeast-chocolate-empire-making-more-money-than-youtube-channel*

Ist es Zufall, dass Mr. Beast Schokolade gewählt hat? Nein. Tafelschokolade hat abgesehen von Grundnahrungsmitteln wie Fleisch, Gemüse, Obst und Backwaren das höchste Marktvolumen (weltweit) unter den Food-Produkten. Passt es zur Zielgruppe? Ja. Ist es leicht zu beschaffen? Ja. Ist es skalierbar? In jedem Fall. Ist MrBeasts Kernkompetenz die Schokoladenproduktion? Nein. Das zählt aber nicht. Das Einzige, was zählt, ist Reichweite in der passenden Zielgruppe.

Take-away

Die Spielregeln im E-Commerce verändern sich rasant – Marktgrenzen verschwimmen, neue Geschäftsmodelle entstehen. Erfolgreiche Unternehmen erkennen: Nicht das Produkt ist die eigentliche Währung, sondern Reichweite und Kundenzugang. Wer seine Zielgruppe versteht und antizipiert, was sie morgen braucht, kann neue Märkte erschließen und langfristig wachsen.

Amazon strategisch managen

Warum du deinen B2B-Kunden die Buybox gönnen solltest

Viele Unternehmen, die nicht direkt an Amazon verkaufen, sehen sich mit einem unerwarteten Problem konfrontiert: Ihre eigenen B2B-Kunden treten als Konkurrenten auf der Plattform auf. Die zentrale Frage lautet also: Wer gewinnt die *Buybox* – der Hersteller selbst oder seine Händler?

Torsten Dall, Head of Marketplace Marketing & E-Commerce Analytics bei der WMF Group, bringt es auf den Punkt: »Die Königsdisziplin ist es, ein eigenes Portfolio für Amazon zu haben und ein separates für alle anderen Kunden.« Der Schlüssel zum Erfolg liegt darin, gezielt Nachfrage auf das Amazon-Portfolio zu lenken – ein Kunststück, das laut Torsten nur wenige meistern. Warum? Weil die Kaufentscheidung oft nicht erst auf Amazon getroffen wird. Kunden wissen bereits, was sie wollen, und wählen Amazon als Einkaufsplattform wegen der schnellen Lieferung und des guten Preises. Das ist also zu schwierig.

Die Herausforderung für Hersteller besteht darin, dass ihre B2B-Kunden auf Amazon oft günstiger anbieten und damit die Buybox gewinnen. Das ist insofern ein Dilemma, weil sie oft größere Mengen einkaufen und damit einen guten Preis vom Hersteller erhalten. Das heißt, die Marge ist für die Hersteller geringer, und zusätzlich kämpfen sie mit den B2B-Kunden um die Platzierung in der Buybox – also um die Endkunden. Gleichzeitig bleibt der Hersteller über das Brand-Registry-Programm inhaltlich Herr über die Produktdarstellung. Das ist zwar gut, aber hochwertiger Content kostet.

Spielt es wirklich eine Rolle, wer verkauft, solange verkauft wird? In der Praxis schon. Ein Unternehmen, das eine andere Haltung dazu hat, ist Zwiesel. Für sie ist es zweitrangig, ob Händler auf Amazon verkaufen – solange die hochwertige Produktpräsentation gewahrt bleibt und das Premium-Versprechen eingehalten wird.

Der eigene Shop als CRM-Tool: Wie Schleich seine Kunden zu Insidern macht

Spielwarenhersteller Schleich verfolgt eine ganz eigene Strategie, um sich dem Preiskampf auf Amazon zu entziehen. Dazu muss man das große ganze verstehen. Chief Marketing Officer Kristina von Troschke erklärt: »Unser Fokus liegt nicht nur auf dem Verkauf, sondern auf dem Aufbau einer treuen Community.« Der eigene Onlineshop dient dabei weniger als Umsatztreiber, sondern vielmehr als CRM-Tool. So bietet Schleich exklusive Produkte und Pre-Releases an, die Hardcore-Fans innerhalb von Stunden kaufen – und sofort bewerten. Diese Fans sind keine gewöhnlichen Käufer, sondern Multiplikatoren, die mit Begeisterung ihre Erfahrungen teilen.

Das Hauptgeschäft von Schleich findet in der Weihnachtszeit statt – eine enorm wichtige Phase für den E-Commerce. Impulskäufe hingegen erfolgen überwiegend im stationären Handel, etwa durch Quengelware an der Kasse, und sind kein klassisches E-Commerce-Geschäft. Kleine Geschenke zwischendurch, etwa zu Geburtstagen, sind eine weitere wichtige Kaufgelegenheit. Alle drei Anlässe funktionieren komplett unterschiedlich.

Schleich hat zudem eine klare Gatekeeper-Zielgruppe: Eltern, Onkel und Tanten sowie sonstige Verwandten kaufen für die Kinder. Das heißt, Schleich vermarktet nicht nur an den Endkunden, die Kinder, sondern hauptsächlich an die, die schenken – die Erwachsenen.

Wer zum Beispiel den »Löwen von Schleich« googelt, findet ihn häufig günstiger als im offiziellen Schleich-Shop. Doch den Preiskampf will das Unternehmen bewusst nicht mitgehen – ähnlich wie VEDES. Für Schleich ist es in Ordnung, wenn Kunden sich zunächst auf ihrer Plattform informieren und dann bei Amazon oder VEDES kaufen. Das eigentliche Ziel ist, Erstkäufe zu fördern und Kunden langfristig an die Marke zu binden.

Der eigene Onlineshop dient dabei, wie gesagt, in erster Linie als CRM-Tool. Natürlich muss er einen gewissen Umsatz erzielen – das gelingt unter anderem durch exklusive Artikel, die nur hier oder früher als anderswo erhältlich sind. Besonders loyale Fans kaufen direkt bei Schleich, weil sie beispielsweise die neuen Pferdemodelle bereits vier Wochen vor dem offiziellen Marktstart haben möchten. So gewinnt Schleich seine treuesten Kunden. Diese »Insider«, wie Schleich sie nennt, sind eine Gruppe von »Fanfamilien«, die sich für besonderen Zugang beworben haben. Sie erhalten in ausgewählten Aktionen frühzeitig Produkte und arbeiten eng mit Schleich zusammen. Im Gegenzug geben sie regelmäßig Feedback, nehmen an Umfragen teil oder diskutieren eine Stunde lang über Produktentwicklungen. Ein Vertrag existiert nicht – es funktioniert über eine Art Clubprinzip: Wer sich aktiv einbringt, erhält Vergünstigungen.

Diese Hardcore-Fans fiebern jeder Neuheit entgegen. Innerhalb weniger Stunden nach dem Launch sind die ersten Modelle ausverkauft, und bereits nach einem Tag gibt es zehn Top-Bewertungen. In diesen Rezensionen beschreiben die Fans detailliert, was sich an den neuen Pferden verändert hat und wie sie sich im Vergleich zu bestehenden Modellen schlagen. Dabei geht es nicht um hohe Verkaufsvolumina, sondern um Multiplikatoren, die eine enge Bindung zur Marke haben.

Das Ergebnis? Eine besonders starke Kundenbindung – und eine Retourenquote von unter 3 %. Das heißt, die eigenen Onlinekanäle werden eher als Branding-Tool genutzt, und Schleich ist fein damit, wenn die Händler, also B2B-Kunden, den Umsatz über andere Plattformen erzielen. Für Schleich ist es also offenbar unproblematisch, wenn Kunden lieber bei Amazon kaufen, und auch, ob bei Schleich direkt oder bei den B2B-Händlern, die auf Amazon listen, gekauft wird. Die eigenen Onlinekanäle sind Branding-Kanäle, keine Abverkaufskanäle.

Keine Konkurrenz auf Amazon: Exklusives Vendor-Sortiment vs. separates Seller-Sortiment

Einen anderen Weg geht Nila McCallum, E-Commerce Account Managerin bei ghd. Sie setzt auf eine klare Trennung zwischen Vendor- und Seller-Geschäft. In ihrer früheren Position bei Knirps Doppler fuhr sie eine Strategie, die perfekt funktionierte: ein exklusives Sortiment als Vendor und ein separates als Seller – eine der besten Lösungen, um den eigenen B2B-Kunden Raum zu lassen und gleichzeitig die eigene Markenpräsenz zu steuern.

Ob durch ein eigenes Amazon-Portfolio, exklusive Angebote oder den Aufbau einer treuen Fan-Community – Unternehmen müssen strategisch entscheiden, wie sie mit Amazon und ihren eigenen B2B-Kunden umgehen. Die Herausforderung ist neben der Buybox eine langfristige Markenstrategie. Wer sie meistert, gewinnt nicht nur auf Amazon, sondern auch darüber hinaus. Player, die strategisch sehr gut aufgestellt sind, gönnen ihren B2B-Kunden die Buybox.

Hier sind die Vor- und Nachteile der genannten Optionen:

Exklusive Produkte für den eigenen Amazon-Kanal

Vorteil:

- Kein Wettbewerb innerhalb der eigenen B2B-Kunden.

Nachteil:

- Erhöhter Kosten- und Organisationsaufwand für weitere Produktentwicklungen und Vermarktung.

Zeitliche Vorteile für Käuferinnen und Käufer im eigenen Shop versus B2B-Kunden

Vorteile:

- Anreiz für Endkunden, direkt beim Hersteller zu kaufen.
- Verbesserung der eigenen Marge durch mehr eigene Verkäufe im Vergleich zu Verkäufen von Zwischenhändlern.

Nachteil:

- Kann für Frustration bei B2B-Kunden sorgen, da sie nicht bevorzugt behandelt werden.

B2B-Kunden vertraglich von Marktplätzen ausschließen

Vorteile:

- Vermeidung von Preiskämpfen und unerwünschten Rabatten.
- Schutz der eigenen Markenstrategie und Preisgestaltung.

Nachteile:

- Schwierig durchsetzbar, da manche Händler dennoch auf Marktplätzen verkaufen.
- Einschränkung der Absatzmöglichkeiten für B2B-Kunden.

Exklusives Sortiment als Seller und als Vendor (Knips-Doppler-Modell)

Vorteil:

- Klare Differenzierung der Produkte und bessere Kontrolle über Preisstrukturen.

Nachteile:

- Höhere Produktions- und Lagerhaltungskosten durch getrennte Sortimente.
- Gefahr, dass ein Kanal das exklusivere oder attraktivere Sortiment erhält, was zu Unzufriedenheit führt.

Vendor oder Seller? Die Strategie entscheidet

Wer auf Amazon erfolgreich verkaufen will, braucht vor allem eins: die Buybox. Das wissen wir bereits. Rund 90% aller Verkäufe auf Amazon laufen über diesen prominenten Button mit der Aufschrift IN DEN EINKAUFSWAGEN. Wer ihn besetzt, ist nicht nur sichtbar, sondern hat gegenüber anderen Anbietern desselben Produkts einen massiven Vorteil. Kein Wunder also, dass Marken und Händler alles daransetzen, genau diese Platzierung zu gewinnen – und zu halten. Neben der Diskussion, ob man den Button B2B-Kunden gönnen sollte, führt kein Weg an einer strategischen Grundsatzentscheidung vorbei: Seller bleiben oder Vendor werden?

Beide Ansätze haben ihre Stärken – und ihre Tücken. Doch wenn es um Sichtbarkeit, Preiskontrolle und Kundenzugang geht, lohnt sich ein genauer Blick auf die Mechanismen hinter der Buybox. Denn wer sie strategisch bespielt, sichert sich nicht nur Reichweite, sondern auch Vertrauen – und am Ende den Verkauf.

Als Vendor auf Amazon zu verkaufen, ist ein völlig anderes Spiel als das klassische Seller-Modell. Während das Vendor-Programm früher nicht immer die attraktivste Option war – insbesondere wegen der starken Abhängigkeit von Amazons Einkaufentscheidungen und Margenvorgaben –, hat sich das in den letzten Jahren geändert. Heute bietet das Vendor-Modell aus meiner Sicht erhebliche Vorteile.

Vendor vs. Seller – der grundsätzliche Unterschied

Vendor-Modell: Hier verkauft das Unternehmen direkt an Amazon, das dann als Händler (First-Party-Seller) auftritt. Die Produkte tragen das Label »Verkauf und Versand durch Amazon« – ein starkes Vertrauenssignal für viele Kunden.

Seller-Modell: Hier verkauft die Marke über Seller Central selbst auf Amazon. Sie steuert Lagerbestand, Preisgestaltung und Versand – entweder eigenständig oder über Fulfillment by Amazon (FBA).

Beide Modelle haben ihre Daseinsberechtigung – doch in Bezug auf die Buybox bieten sie unterschiedliche Vor- und Nachteile.

Die Buybox ist kein Zufall. Sie ist Strategie. Wer hat die besseren Chancen auf die Buybox? Tendenziell ist es als Vendor einfacher, die Buybox zu gewinnen. Warum hat der Vendor oft die besseren Startchancen? »Verkauf und Versand durch Amazon« erzeugt bei Kunden mehr Vertrauen – ein wichtiger Buybox-Faktor. Amazon priorisiert Produkte, die es selbst verkauft (Vendor), da es am Absatz direkt verdient. Amazon steuert Logistik und Preis – das sorgt für hohe Verfügbarkeit und schnelle Lieferung, was wiederum die Buybox begünstigt. Heißt: Vendor-Produkte sind oft »Buybox-favorisiert« – vor allem bei Standardprodukten mit hoher Nachfrage. Die Bank (Amazon) gewinnt nicht immer, aber häufig.

Vendor lohnt sich für etablierte Marken mit starken Produktionskapazitäten, die Amazon als Großkunden beliefern möchten. Seller ist flexibler und rentabler für Marken, die die Kontrolle über Preis, Marke und Kundenbeziehung behalten wollen. Die Buybox-Wahrscheinlichkeit und damit der garantierte Verkauf ist eher über das Vendor-Modell zu erreichen. Und dann diskutiert man auch nicht mit B2B-Kunden.

Take-away

Egal ob dein Kunde ein Endkunde, ein B2B-Partner oder Amazon selbst ist – am Ende zählt der Verkauf. Statt um die Buybox zu kämpfen, sollte deine Strategie darauf ausgerichtet sein, dass dein Produkt optimal präsentiert und profitabel verkauft wird. Wer die Buybox gewinnt, ist zweitrangig, entscheidend ist, dass dein Unternehmen davon profitiert – zumindest strategisch!

Social Media bedeutet Verbindung

Wie passen Abverkauf und Community zusammen?

Social Media ist mehr als nur ein weiterer Kanal, um Menschen zu bündeln und ihnen später was zu verkaufen – es ist ein pulsierender Lebensraum, in dem Menschen sich begegnen, austauschen und gemeinsam wachsen. Je mehr Content produziert wird, desto besser muss er sein. Wenn Content King ist, zeigt sich, dass der Schlüssel zum Erfolg nicht in plumper Verkaufsmaschinerie liegt, sondern in der Kunst des Community Building und des Storytellings. Unternehmen wie Zooplus und Super Streusel gehen das sehr unterschiedlich an. Zooplus steht darüber hinaus vor der zusätzlichen Herausforderung der 26 Absatzländer, aber beide eint: Sie haben eine clevere Social-Media-Strategie und investieren eine gehörigen Portion Herzblut, um den Markt zu erobern – immer mit dem Ziel, echte Verbindungen zu schaffen.

Community first – Sales second: Wie Zooplus Social Media denkt

Eine dezentrale Welt – globale Ambitionen, so lässt sich die Herausforderung von Zooplus betiteln. Bei Zooplus wird der Social-Media-Auftritt nahezu vollständig inhouse organisiert. Von der Content-Erstellung – sei es in Form von Texten oder Videos – über das *Publishing* bis hin zum Management nutzergenerierter Inhalte wird hier jeder Kanal mit einem gemeinsamen Ziel betreut: sich mit der Community auszutauschen und sie zusammenzuhalten. Wie organisiert man das? Die Social-Media-Landschaft von Zooplus erstreckt sich über 26 Länder – ein echtes multikulturelles Abenteuer. Während Zooplus auf Facebook und Instagram auf Länderebene agiert, also eigene Kanäle pro Land bespielt, übernimmt TikTok die globale Bühne. Zooplus ist daher global zentral nur durch einen Kanal organisiert. Auch Pinterest wird dezentral nach regionalen Bedürfnissen geführt.

Unterschiedliche Sprachen, kulturelle Eigenheiten und regionale Vorlieben machen das Management zu einer echten Führungsaufgabe. Der Schlüssel zum Erfolg ist dabei, dass Werte wie gemeinsame Visionen, Vertrauen und Teilhabe dominieren. Anstatt von oben herab zu delegieren, wurde eine Kultur geschaffen, in der alle Beteiligten das gleiche Framework nutzen und regelmäßig in Abstimmungsmeetings ihre Erfahrungen austauschen. Kennzahlen statt Dogma ist hier die Devise. Es zählt nicht die starre Überprüfung der Zielerreichung, sondern das gemeinsame Interesse an Erfolgskennzahlen und die Offenheit, ständig zu lernen und anzupassen.

Bei Zooplus stehen Performancekennzahlen wie *Reichweite*, *Interaktionen*, *Videoviews* und die *Community-Größe* im Fokus. Doch anders als klassische Verkaufsstrategien zählt hier nicht der unmittelbare Umsatz – es geht um den langfristigen Aufbau einer loyalen Community, die direkt und auch indirekt über andere Kanäle wie etwa Google organisch zu Erfolg und Umsatz beiträgt.

Die Herausforderung eines klassisches Social-Media-Teams: Es muss heute weit mehr als nur Produkte anpreisen – es muss Geschichten erzählen, die Emotionen wecken und eine Gemeinschaft formen.

Zu viel klassischer Sales-Content schreckt ab, sagt Sarah Sunderbrink, ehemalige Head of Social & Influencer Marketing bei Zooplus. Sie hat festgestellt, dass Angebote oft einfach weggescrollt werden. Stattdessen wird auf emotionales Storytelling gesetzt – der Content soll den Alltag mit den tierischen Freunden widerspiegeln und authentisch begeistern.

Social Media heißt hier vorrangig *Community Building*. Es geht darum, einen Raum zu schaffen, in dem sich Menschen nicht nur als Kunden, sondern als Teil einer großen Familie fühlen.

Unternehmen bauen Communities mit dem Mindset, zunächst möglichst viele Menschen zu versammeln, um ihnen dann etwas verkaufen zu können. Aber das ist keine Community. Eine Community entsteht erst, wenn ein Gefühl von Zusammengehörigkeit existiert – basierend auf einem gemeinsamen Thema, einer Emotion, und nicht auf dem nächsten Preisangebot. Deshalb sind Social-Media-Communities immer erfolgreicher, wenn sie sich darauf besinnen, was sie sind: ein Raum für Austausch. Was daraus entsteht, ist völlig klar: Je stärker es gelingt, Menschen an ein Unternehmen zu binden, das ihnen diesen Austausch und das Gefühl der Zugehörigkeit ermöglicht, desto bessere Kunden werden sie sein.

Zooplus hat sogar eine Studie durchgeführt und herausgefunden, dass die Mitglieder der Community mehr und häufiger kaufen und einen längeren Kundenlebenszyklus aufweisen. Und das nicht, weil Zooplus sie ständig mit Sales-Content überschüttet, sondern weil ihnen genau der Content geboten wird, auf den sie Lust haben, wenn sie auf den Social-Media-Kanälen unterwegs sind. Es geht eben um den süßen Katzen- und Hunde-Content, der den Lebensalltag mit dem Tier widerspiegelt – und nicht um den Aufruf, jetzt noch schnell 20 % Rabatt zu nutzen.

Ein interessantes Experiment von Zooplus war der »Zootalk« – ein Live-Shopping-Test, bei dem Experten aus Bereichen wie Hundetraining oder Darmgesundheit bei Katzen ihr Wissen teilten – immer mit einem feinen, nicht aufdringlichen Verweis auf Angebote. Das Ergebnis? Eine engagierte Community, die zwar Fragen stellte und interagierte, aber auch deutlich machte, dass sie vor allem den Mehrwert eines kostenlosen tierärztlichen Checks suchte. Kann Authentizität auch in Kombination mit Performance funktionieren? Dazu haben Daniela Sichting, Gründerin, und Jan Lühring, der E-Commerce-Verantwortliche von Super Streusel, einen interessanten Vortrag auf der DMEXCO in Berlin im Jahr 2025 gehalten.

Community à la Super Streusel: Abverkaufen durch Live-Shopping

Während Zooplus den langfristigen Community-Aufbau in den Mittelpunkt stellt, gibt es offenbar Unternehmen, die diese Strategie mit einer Abverkaufsstrategie kombinieren. Super Streusel, ein junges Unternehmen aus Hamburg, das Streusel für den Kuchen verkauft, hat sich in kürzester Zeit einen beeindruckenden Ruf aufgebaut – und das mit einer Menge Zuckerstreusel, Charme und einer guten Portion Kreativität.

Super Streusel hat Live-Shopping als einen sehr performanten Abverkaufskanal für sich entdeckt. Gearbeitet wird mit Content-Formaten wie Launches, das Packen von Paketen für Kunden live vor der Kamera, How-tos und Testimonials. Ich würde das als hartes Abverkaufen bezeichnen – die Botschaft lautet: »Wir machen unser Ding, weil wir lieben, was wir tun.« Diese authentische Herangehensweise hat zu einer starken Community geführt, die Stand Juli 2025 knapp 24.000 Follower auf TikTok, ca. 260.000 auf Instagram, knapp 50.000 Follower auf Facebook und 3.400 auf Pinterest zählt.

Es sind vor allem vier Faktoren, die den Erfolg ausmachen: rechtzeitige Ankündigung der Live-Sessions, perfektes Timing – die Zielgruppe sitzt auf dem Sofa und das Kind ist im Bett –, Mehrwert durch Kooperationen und die exklusive Gestaltung von Angeboten. Durch geschickte Verknappung – »Jetzt sind nur noch 50 Stück da!« – und Überraschungsmomente entsteht ein Hauch von Exklusivität, der das Engagement zusätzlich ankurbelt. Wiedererkennung ist ein Thema, aber vor allem viel Liebe zu dem, was sie machen und verkaufen. »Das kann man auch nicht so einfach kopieren«, betont Daniela Sichting.

Extrem spannend bei den Live-Shopping-Events finde ich, dass Super Streusel den Videostream nahtlos in den Onlineshop integriert. Wenn sie auf Instagram live sind, sieht man den Screen im Shop, wie in **Abbildung 26** gezeigt. Kunden erleben einen kontinuierlichen Fluss von Informationen, Countdown-Timer und Interaktionsmöglichkeiten – ein Erlebnis, das nicht nur den Medienbruch verhindert, sondern auch die Verweildauer erhöht.

Es gibt aber noch einen anderen Weg, um Abverkäufe im Social-Media-Universum zu generieren. Neben organischem Traffic, der durch guten Content entsteht und bei dem der authentische Austausch und der Aufbau einer langfristigen Beziehung zählt, können auch Social Media Ads geschaltet werden. Paid Social Media wird bei Zooplus in einer separaten Abteilung gemanagt. Eine gewisse Sensibilität für das Thema zeigt sich darin, dass man beides nicht vermischen will, denn Social Media Ads werden in der Regel mit Performancekennzahlen wie ROAS oder KUR ausgesteuert. Das heißt, das alleinige Ziel ist tatsächlich oft der Umsatz.

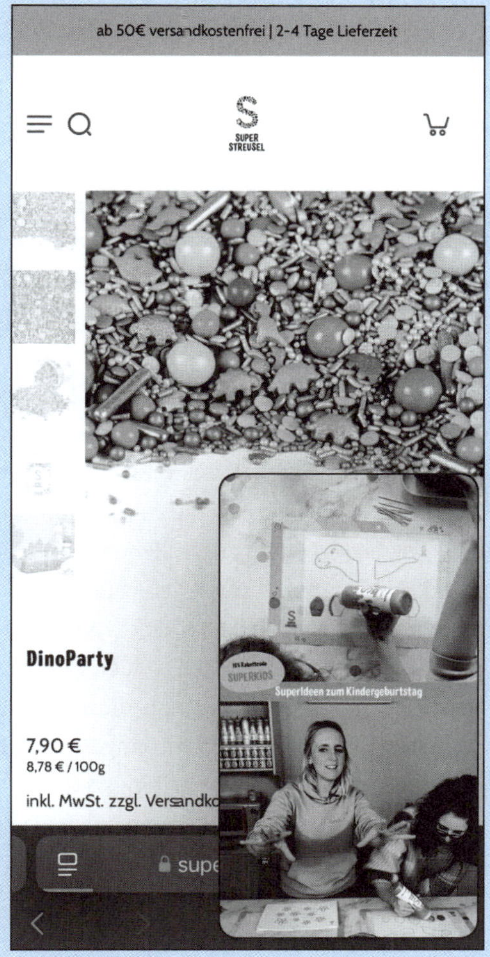

26 *Live-Shopping als lukrativer Absatzkanal: Einbindung direkt im Onlineshop*

Wichtig ist dabei, den Einfluss bezahlter Kampagnen auf andere Kanäle zu beobachten – etwa wie sich Investitionen in Social Media auf die organische Suche und letztlich auf den Umsatz auswirken. Viele Unternehmen feiern bereits ein Kosten-Umsatz-Verhältnis von rund 50 % als Erfolg – ein Benchmark, der stets im Blick behalten wird.

Markenführung und Performance: Untrennbar miteinander verbunden

»Wie schreibe ich eigentlich Marken-Guidelines, die gleichzeitig auch auf TikTok funktionieren?«, fragt sich Lars Zirpins, bis Anfang 2025 Chief Marketing Officer bei Weleda, jetzt Geschäftsführer & Chief Marketing Officer bei LOGOCOS Naturkosmetik. Das Karussell an Social-Media-Inhalten dreht sich so schnell, dass man kaum hinterherkommt. Die zentrale Frage ist: Lässt sich hier nachhaltig Markenstärke aufbauen – mittel- und langfristig –, oder bleibt es nur ein kurzlebiger Performance-Peak?

Ein spannender Vergleich: Zahlreiche junge Marken haben zunächst großen Erfolg durch Performance Marketing, aber teilweise nur gering ausgebaute Markenwerte und stagnieren deshalb irgendwann auf einem Plateau. Bei den bisherigen Marken von Lars Zirpins, wie NIVEA und Weleda, ist die Marke hingegen kraftvoll ausgebaut, und Kanäle wie TikTok bieten einen zusätzlichen Hebel, um Performance weiter zu steigern. Am Ende benötigt man sicherlich beides.

Ein Beispiel? Das Weleda-Haartonikum: »Als das Weleda-Produkt 100 Jahre alt wurde, entstand damals plötzlich auf TikTok ein Hype um das Produkt, ausgelöst von echtem Verbraucherinteresse. Als Reaktion haben wir damals diesen positiven Trend für unser Produkt mit eigenen Onlineanzeigen verlängert. Solche Chancen hätten wir vor vielen Jahren, zum Beispiel in meiner Anfangszeit bei NIVEA, nur schwerlich so einfach nutzen können, ohne intensiv über die damals bestehenden Brand Guidelines zu diskutieren«, sagt Lars Zirpins. Hier hat sich das Markenmanagement in wenigen Jahren fundamental geändert. Gerade zeigt sich, dass der Schlüssel im Mix liegt: eigener Content, *User-generated Content*, und Content, der durch Influencer gestreut wird, spielen eine ebenso wichtige Rolle wie klassischer Markenaufbau. Vielleicht sind sie sogar das neue Brand Building.

»Als Markenverantwortlicher lege ich bei der Influencer-Auswahl einen Markenfilter an«, sagt Lars Zirpins. »Passen die Werte dieser Person zu unseren angestrebten Markenwerten? Und dann kommen diese Erkenntnisse: Die mit Abstand erfolgreichste Partnerschaft war natürlich mit jemanden, bei dem ich sagte, die Person passe auf gar keinen Fall zur Marke. Die Performancedaten haben mich eines Besseren belehrt: Man muss sich einfach reinwerfen und schnell anfangen zu lernen. In einer Welt mit Millionen Touchpoints verliert man schnell das Gefühl dafür, was überhaupt noch funktioniert. Und dann gibt es die unplanbaren viralen Stories wie etwa diese während der Fußball-EM 2024 in Deutschland: Kylian Mbappé wird von seinem Physiotherapeuten mit Arnika-Öl von Weleda – das seit 1926 im Markt ist – behandelt. Der Physiotherapeut reicht Mbappé die Flasche, um ihn mit beiden Händen zu massieren. Jetzt hält also der damals teuerste Fußballer der Welt im TV zur besten Sendezeit eine Weleda-Flasche in der Hand. Und dieses Bild geht dann viral.« (siehe **Abbildung 27**). »Wir waren damals mitten in der digitalen Transformation und haben intensiv auf Effektivität und Effizienz hingearbeitet, und dann entsteht quasi die erfolgreichste Kampagne ohne unser Zutun. Die Kunst ist dann, über Nacht zu reagieren und das Momentum konsequent zu nutzen.«

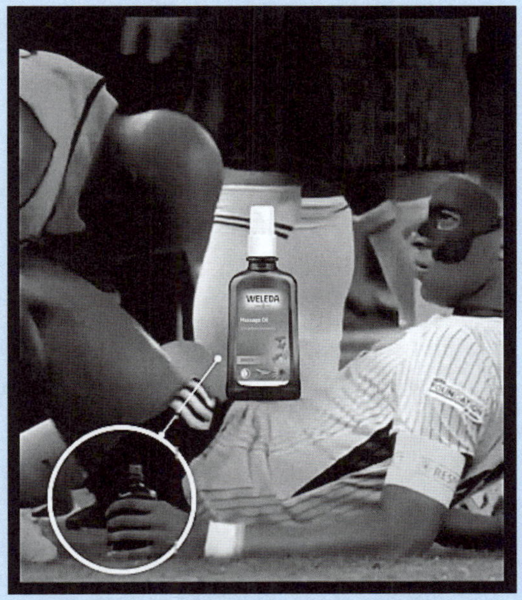

27 *Weledas viraler Hit: Kylian Mbappé wird von seinem Physiotherapeuten mit dem Weleda-Arnika-Öl massiert.*[2]

2 Quelle: *www.facebook.com/reel/754939883292297*

Wenn man nichts planen kann und auch die Systematiken undurchsichtig sind, wie kann man dann eine Marke erfolgreich steuern? Marke zahlt ganz klar auf Word of Mouth, Trust und Kundenloyalität, also im Endeffekt auf Wiederkaufsraten, Customer Lifetime Value und damit auf Reichweite, Performance und Profitabilität ein. Ein Hattrick sozusagen. Auf den Punkt gebracht: Maßnahmen, die auf Branding einzahlen, zahlen auch auf Performancemaßnahmen ein, sie verbessern die Kennzahlen im Performance Marketing.

Markensteuerung in der Onlinewelt heißt heute »Always-on-Branding meets Performance Marketing«. Ein stabiler Markenaufbau (TV, Owned Content, User-generated Content) schafft die Basis, auf der agile, datengetriebene Performancemaßnahmen (Influencer, Social Ads, virale Spots) ihr volles Potenzial entfalten können. So wird aus spontanen Peaks langfristige Markenstärke und messbarer Geschäftserfolg.

»Always-on« gelingt, wenn man kontinuierlich und modular Content produziert, datengetrieben und agil testet sowie Budgets flexibel managt. Ein integriertes Reporting klärt auf, wie Brand-Investitionen kurz- und langfristig auf Sales-Ziele einzahlen. Und den Markenfit kann man beispielsweise durch eine Post-Purchase Survey (auf Deutsch etwa »Kundenbefragung nach dem Kauf«) prüfen, eine kurze, gezielte Umfrage, die die Kundschaft unmittelbar nach dem Kauf oder der Nutzung eines Produkts oder einer Dienstleistung erreichen soll.

»Woher kennen Sie uns, und welche Markenwerte schreiben Sie uns zu?«, wäre beispielsweise eine Fragenkombination, die direkt prüfen könnte, ob ein verlängerter TikTok-Trend der Kaufgrund war und ob sich deshalb die Wahrnehmung eines Markenwerts verschoben hat. Wenn Sie mich fragen, sind andere Befragungsformen, wie Tiefeninterviews von Kunden, und Studien zur Markenbekanntheit heutzutage nicht mehr zeitgemäß, weil sie oftmals nicht schnell genug umsetzbar sind.

Take-away

In der heutigen Onlinewelt lässt sich Markenführung nicht mehr losgelöst von Performance denken. Ein stabiler »Always-on-Markenaufbau« über Owned Content, User-generated Content und selektive Influencer-Stories schafft das Grundrauschen, auf dem agile, datengetriebene Maßnahmen wie Social Ads oder virale Gelegenheitsmomente ihr volles Potenzial entfalten. Wichtig ist dabei, Budgets flexibel zu halten, kontinuierlich zu testen und mit Post-Purchase Surveys oder *Social Listening* zu überprüfen, ob Touchpoints tatsächlich die gewünschten Markenwerte transportieren. Marken- und Performancekampagnen sind dabei keine Gegensätze, sondern zwei Hebel desselben Erfolgszyklus: Vertrauen, Reichweite und Profitabilität wachsen nur im Zusammenspiel.

Was ist User-generated Content?

UGC steht für *User-generated Content* (zu Deutsch: nutzergenerierte Inhalte). Damit sind alle Inhalte gemeint, die von den Nutzerinnen und Nutzern einer Marke, Plattform oder Community erstellt und geteilt werden – im Gegensatz zu Inhalten, die zentral vom Unternehmen oder von professionellen Produzenten kommen. Typische Formen von UGC sind:

- Social-Media-Posts (Fotos, Videos, Stories auf Instagram, TikTok, Facebook).
- Bewertungen und Rezensionen (auf Shop- oder Bewertungsplattformen).
- Kommentare und Forenbeiträge (in Communities, Blogs, bei YouTube).
- Unboxing- oder Tutorial-Videos.
- Hashtag-Campaigns (z. B. #MeineWeledaRoutine).

Warum UGC so wertvoll ist

- Authentizität und Vertrauen: Menschen vertrauen echten Nutzererfahrungen meist mehr als Unternehmenskommunikation.
- Reichweite und Engagement: UGC wird häufig geteilt und erreicht so neue Zielgruppen organisch.
- Kostenersparnis: Marken nutzen vorhandene Community-Inhalte statt teurer Eigenproduktionen.
- Community-Bindung: Wer selbst teilhaben darf, fühlt sich stärker mit der Marke verbunden.

BIG IN INNOVATION

Wie mit Innovationen umgehen

Innovation beginnt nicht mit einem Tool, sondern mit einer Haltung. In diesem Teil geht es darum, wie E-Commerce-Unternehmen neue Wege gehen, Denkblockaden lösen und echte Innovation leben – ohne sich dabei zu verlieren.

Trends filtern!
Relevante Innovationen aus China und den USA erkennen

Der E-Commerce kommt Anfang 2025 langsam wieder in Fahrt, doch westliche Anbieter stehen weiterhin unter starkem Druck durch chinesische Player wie Temu, SHEIN und TikTok. Die Geschwindigkeit, mit der diese Unternehmen wachsen, ist beeindruckend, während geforderte EU-Regulierungen noch auf sich warten lassen. Doch welche Trends werden den europäischen Markt beeinflussen? Welche sind es wert, adaptiert zu werden? Und nach welchen Kriterien sollten Unternehmen diese Trends bewerten?

Sowohl die USA als auch China prägen die globale E-Commerce-Landschaft entscheidend – aber auf unterschiedliche Weise. Die USA setzen viele strukturgebende und technologisch tiefgreifende Trends, die später weltweit adaptiert werden (z.B. KI-gestützte Commerce-Systeme, *Privacy-first-Marketing, Subscription Economy*). China ist oft schneller im Ausprobieren und führt bei nutzergetriebenen Commerce-Trends wie *Livestream-Shopping, Gamification* oder *Community-Buying*. Weltweit erfolgreiche Marken lernen von beiden Seiten: Tech-Exzellenz aus den USA trifft auf Kundenerlebnis-Radikalität aus China. Die Trends im Detail:

China setzt aktuell mehr sichtbare Anwendungstrends:

1. Social Commerce ist dort Alltag – *Douyin* & *WeChat* als Shopping-Plattformen sind Vorbilder für TikTok Shop & Co.
2. Livestreaming ist nicht Add-on, sondern Kernverkaufskanal.
3. Gamification, *Mini-Apps*, *QR-Ökonomie* und *Mobile-first-Commerce* sind dort oft zwei bis drei Jahre voraus.

Die USA treiben mehr technologische und plattformbasierte Innovationen:

1. *Generative AI* und Personalisierung (z. B. Amazon, *Shopify Magic*, *Klaviyo AI*).
2. *Composable-Commerce* und *Headless-Systeme*.
3. *Connected TV*, Voice-Commerce, AR-Experiences.
4. *Creator Economy* und *Paid-Social-Optimierung* (Meta, Google, Pinterest).

Woher kommt der Wind of Change: Chinas Social-Commerce Revolution

Eindeutig China! China steht im globalen Rampenlicht, wenn es um soziale Commerce-Revolution, Livestream-Wahnsinn und Community-Shopping geht. Global gesehen, werden Chinas trendgetriebene Praxisinnovationen aktuell stärker diskutiert – sowohl in der Breite als auch in strategischen Diskussionen. Allen voran: der TikTok Shop.

TikTok Shop in Deutschland: Abwarten und Videos kreieren

Ein Thema, das die Branche derzeit heiß diskutiert: Wird TikTok Shop den klassischen D2C-Shop ablösen? Während TikTok die Einführung seiner Shopping-Funktion in Deutschland immer wieder verschoben hat, sind die Thesen über den potenziellen Einfluss breit gefächert. Manche erwarten eine revolutionäre Veränderung der deutschen E-Commerce-Landschaft, während andere skeptisch bleiben. Und dennoch: Mitte des Jahres 2025 ist TikTok Shop in Deutschland gestartet, und seitdem flattern die Hiobsbotschaften rein. Im April:

»Es ist immer hart, der First Mover zu sein … Seit Monaten warten wir auf TikTok Shop. Ich sehe eine große Chance für uns, da wir schon seit fünf Jahren sehr erfolgreich über Instagram Live verkaufen und beraten. Jetzt steht bei uns alles auf GO! Und dann erfahren wir letzte Woche, dass unsere Produktgruppe gar nicht existiert und auch nicht vorgesehen ist … Jetzt heißt es wieder Türklinken putzen, Anträge ausfüllen, 100x bitte sagen und hoffen, dass sich jemand erbarmt. Hay TikTok: Für das Jahr 2025 wird der Umsatz im Marktsegment ›Farbe, Tapeten & Zubehör‹ in Deutschland auf etwa 2,05 Milliarden Euro geschätzt 😉«, schreibt Erik Reintjes, Geschäftsführender Gesellschafter von MissPompadour GmbH, einem E-Commerce-Shop für Farben, von dem wir noch viel hören werden.

Im Juni 2025 dann der nächste Schlag: ABOUT YOU deaktiviert den TikTok Shop – ohne ein Wort. Ende März startete in Deutschland der TikTok Shop. ABOUT YOU positionierte sich neben hitschler International GmbH & Co. KG und einigen anderen als First Mover. Für hitschler funktioniert das sehr gut (siehe **Abbildung 28**). Sie werden von TikTok auf der K5-Bühne als Testimonial benannt.

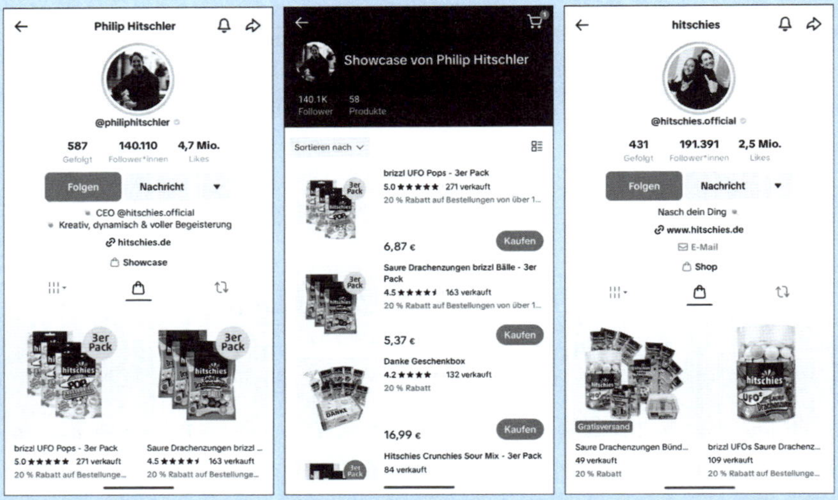

28 TikTok-Shopping-Kanäle der hitschler International GmbH & Co. KG: Personen-Account und Marken-Account

ABOUT YOU startete tägliche Live-Shopping-Sendungen über den eigenen Kanal. CEO Tarek Müller zog nach einer Woche ein Fazit: »Eher enttäuschend.« Jetzt wurde der TikTok Shop bei ABOUT YOU still abgeschaltet, Nutzer und Nutzerinnen werden wieder zur Webseite weitergeleitet. Was lernen wir daraus?

1. Der TikTok Shop ist in seiner Dynamik so neu auf dem Markt, dass man innerhalb von wenigen Wochen keine riesigen Umsätze erwarten kann. Nutzer und Sellerinnen müssen sich gleichermaßen orientieren. Was in Deutschland funktioniert und was nicht, wissen wir erst in einigen Monaten.

2. TikTok ist kein Teleshopping. Live-Shopping-Formate im klassischen Teleshopping-Stil funktionieren auf TikTok (noch) nicht. Entertainment bedeutet nicht Dauerverkauf.
3. Viraler Content schlägt Dauerwerbesendung. Auch ein Blick über den Teich zeigt: Einschlägig erfolgreich sind virale Videos. So etwas zu »hitten«, ist aber eher Zufall – davor steht eine lange Explorationsphase mit vielen Videos. Was mag meine Community, was kommt gut an? Auf welchen Trend muss ich aufspringen?
4. Creator first. Wer sich in den USA Shops wie Halara (Fashion) ansieht, stellt fest: Die meisten Verkäufe laufen über Creator, nicht über den Shop selbst. Das bedeutet: Wer verkaufen will, muss nicht nur auf eigenen Content setzen, sondern auch sehr strategisch auf das *Affiliate-Programm* für Influencer setzen! Creator kennen ihre Communities!

Die Empfehlung lautet »Abwarten und Videos kreieren«, meint Marilyn Repp, Founderin der The Community Building Company.

Die Potenziale und Herausforderungen von TikTok Shop für deutsche Marken lassen sich mit Fakten gut auf den Punkt bringen.

- 21,8 Millionen potenzielle Kunden nutzen TikTok in Deutschland – davon verwenden 78 % der Jugendlichen die App ein bis drei Stunden täglich, 22 % sogar mehr als drei Stunden. Diese riesige Möglichkeit der Discovery einfach ungenutzt zu lassen, wäre fahrlässig.
- Underpriced Attention: Unternehmen, die früh dabei sind, profitieren von niedrigen Werbekosten und sammeln wertvolle Learnings für zukünftige Ads und User-generated Content.
- Geeignete Produktkategorien: in den USA und UK performen besonders Beauty- und Personal-Care-Produkte mit niedrigen Preispunkten. Vielleicht ein Grund, warum es bei den Hitschlers funktioniert – die Produkte sind günstig.
- Hoher Content-Aufwand: TikTok erfordert eine stetige Content-Produktion, um Viralität zu erzeugen.

Die zentrale Frage bleibt: Welche Bedeutung wird der eigene Shop in Zukunft haben, wenn Nutzer direkt dort kaufen, wo sie unterhalten werden? Meine Antwort: Wenn es bequem ist, werden Kunden es nutzen. Die Entwicklung wird ähnlich verlaufen wie beim mobilen Shopping. Langsam, aber stetig. Und mit Social Commerce behält man wenigstens den Direktzugang zur Zielgruppe. Dazu später mehr.

Ist Live-Commerce das neue „organisch“?: Das sind die Erfolgsfaktoren

Und was ist mit Live-Commerce – ist das die Lösung für sinkende organische Reichweite in Social Media – also der Content, der ohne bezahlte Werbung veröffentlicht und verbreitet wird? Auch das Potenzial von Live-Commerce bleibt umstritten: In China ist es ein etablierter Markt, während es in den USA und Europa noch in den Kinderschuhen steckt. Dennoch haben deutsche Unternehmen wie Super Streusel, Douglas oder DM bereits erfolgreiche Proof of Concepts geliefert.

Organische Reichweite in sozialen Netzwerken ist immer schwieriger zu erzielen. Die Lösung? Pfiffiger, interaktiver Content, der hängen bleibt. Erfolgsfaktoren für Live-Commerce sind:

- *Hosts* (*Key Opinion Leaders*) interagieren mit den Zuschauern und bauen Vertrauen auf.
- Attraktive Angebote wie Rabatte und zeitlich begrenzte Deals erzeugen *FOMO*.
- Der Gebrauch von nutzergenerierten Inhalten sorgt für Community-Einbindung.
- Nahtloses Einkaufserlebnis – Produkte können direkt im Livestream gekauft werden.

Der Live-Commerce-Markt ist im Westen mit 50 Milliarden Dollar Umsatz 2023 noch klein im Vergleich zu China (753 Milliarden), aber bis 2026 wird ein fünffaches Wachstum erwartet.

Gruppenkäufe, Gruppenzwang: China jubelt, Deutschland sagt nein, danke

Während in China Gruppenbestellungen boomen und durch soziale Netzwerke sowie Rabatte befeuert werden, wirkt das Konzept aus europäischer Sicht eher fremd. Für mich als E-Commerce-Beraterin bleibt das Thema – mit Blick auf den hiesigen Markt – eine nette Randnotiz ohne echtes Potenzial. Warum? Europäische Konsumenten ticken anders:

- *Individualität schlägt Masse*: Die meisten möchten selbst entscheiden, was sie wann wie kaufen – nicht im Kollektiv.
- *Datenschutz statt Gruppenzwang*: Der Wunsch nach Privatsphäre ist hoch, soziale Kaufmodelle wirken schnell aufdringlich.
- *Zersplitterte Märkte*: Anders als in China fehlt es hier an zentralen Plattformen, die Gruppenkäufe effizient abwickeln könnten.

Was in Asien funktioniert, lässt sich nicht eins zu eins nach Europa übertragen. Gruppenkäufe mögen spannend klingen – bleiben bei uns aber wohl ein Exot im digitalen Einkaufswagen.

Ein neues Handy in 25 Minuten: Onlineeinkäufe nahezu in Echtzeit geliefert mit Instant Retail

Ein Trend, auf den aber immer mehr große Player aufspringen, ist *Instant Retail*. In Deutschland experimentiert MediaMarktSaturn beispielsweise damit. Instant Retail bezeichnet eine neue Form des Handels, bei der Kunden ihre Einkäufe nahezu in Echtzeit erhalten – also nicht morgen oder übermorgen, sondern innerhalb von Minuten oder wenigen Stunden. Was früher wie Zukunftsmusik klang, ist heute Realität in vielen urbanen Gebieten: Amazon Prime Now, Apotheken-Expressdienste oder Click-&-Collect-Angebote großer Händler wie MediaMarkt-Saturn treiben den Trend voran.

Möglich wird das durch hyperlokale Logistik: Kleine, strategisch platzierte Lager (Dark Stores) sorgen dafür, dass Produkte in unmittelbarer Nähe verfügbar sind. Alternativ werden die Produkte in den realen Stores gepickt. Bestellungen erfolgen in Sekunden über das Smartphone, während automatisierte Systeme im Hintergrund Verfügbarkeit, Routen und Prozesse optimieren.

Der Grund für den Boom liegt auf der Hand: Kundenerwartungen haben sich verändert. Heute zählt nicht nur, was man kauft, sondern vor allem, wie schnell man es bekommt. Zumindest in manchen Fällen: Die Butter ist aus, morgen ist Kindergeburtstag. In diesen Fällen gewinnen Anbieter, die Geschwindigkeit,

Komfort und reibungslose Abläufe liefern. Gleichzeitig verstärkt Mobile Commerce diesen Effekt, denn viele Käufe sind spontan – wie und je schneller der Wunsch erfüllt wird, desto wahrscheinlicher ist der Abschluss. Ein Beispiel: Wir bestellen nicht mehr nur mobile first – also über das Smartphone. Wir bestellen, während wir etwas anderes machen, nebenbei übers Handy. Ich dünge den Rasen, ah, da fehlt ein Pflänzchen, bestelle ich gleich. Zwei Klicks am Handy – done. Der Tintenkiller ist aus, ah, den bestelle ich schnell auf dem Weg zum Sportplatz. Mein Sohn braucht ihn morgen in der Schule, okay. »Wer liefert bis heute Nachmittag?«. Nicht alle agieren so. Aber viele. Ich auch.

Doch Instant Retail ist nicht nur Chance, sondern auch Herausforderung. Hohe Logistikkosten, Personalmangel, begrenzte Sortimente und ökologische Fragen (z.B. Verpackungsmüll) stellen Händler vor große Aufgaben. Wer sich hier differenzieren will, muss Geschwindigkeit mit Nachhaltigkeit, Effizienz und Markenwerten verbinden.

Kurz gesagt: Instant Retail ist keine Spielerei, sondern ein Symptom eines tiefergehenden Wandels im Konsumverhalten. Wer morgen noch relevant sein will, sollte heute darüber nachdenken, wie er seine Marke ins Jetzt bringt und das Thema Verfügbarkeit und Lieferung ganz oben auf die Liste der Entwicklungsprojekte setzen. Während Unternehmen hierzulande mit Liefermodellen experimentieren, legt China vor:

Freshippo (Hema) von Alibaba liefert Lebensmittel in 30 Minuten. MediaMarktSaturn ist in Zusammenarbeit mit UBER bei 90 Minuten.

- In-Store-Picking ist Standard – nutzt auch UBER für MediaMarktSaturn.
- Effiziente Zustellmodelle – Lieferungen per E-Roller mit Drop-off-Stationen in öffentlichen Gebäuden und Hotels. Auch daran versuchen sich manche in Deutschland.

Aus meiner Sicht birgt die Beherrschung der letzten Meile in Zusammenhang mit schneller Lieferung tatsächlich das letzte große Differenzierungsmerkmal für E-Commerce-Shops.

»Sofort-Lieferung« in 90 Minuten – wie funktioniert das?

MediaMarktSaturn und UBER haben eine deutschlandweite Partnerschaft vereinbart, um Onlinebestellungen innerhalb von 90 Minuten zuzustellen. Wie machen sie das genau?

- *Sofort-Lieferung*: MediaMarkt und Saturn bieten eine Option für die schnelle Lieferung von Onlinebestellungen an.
- *UBER Direct*: Die Zustellung erfolgt in Kooperation mit UBER Direct, einem White-Label-Lieferservice von UBER.
- *Bestellvorgang*: Kunden können Produkte in den Warenkorb legen und die »Sofort-Lieferung« auswählen.
- *Abholung*: UBER-Fahrer holen die Bestellung in einem teilnehmenden MediaMarkt oder Saturn-Markt ab.
- *Lieferung*: Die Bestellung wird innerhalb von 90 Minuten an den Kunden geliefert.
- *Verfügbarkeit*: Die Sofort-Lieferung ist in allen größeren Städten in Deutschland verfügbar.
- *Zeitliche Einschränkung*: Die Sofort-Lieferung steht an jedem Öffnungstag bis zwei Stunden vor Marktschließung zur Verfügung.
- *Abdeckung*: Die Märkte sollen bis Ende 2025 flächendeckend angebunden werden.

Ein eindrucksvolles Beispiel aus der Praxis: Auf der E-Commerce Berlin Expo wirft Michael Jaschek von MediaMarktSaturn das Handy eines Zuhörers auf den Boden, um zu demonstrieren, wie wichtig eine schnelle Lieferung ist. Innerhalb von 25 Minuten erhielt der Zuhörer ein neues Handy – geliefert vom Markt in Berlin Steglitz.

Trend oder Trugbild? Bloß nicht blind China oder die USA kopieren

Die Frage bleibt, wie Unternehmen neue Trends bewerten sollten und wann es Zeit ist, aufzuspringen.

Meine Faustregel:

1. Gesunder Menschenverstand vor Hype:
   Nur weil ein Trend in China oder den USA durch die Decke geht, heißt das nicht, dass er eins zu eins auf den europäischen Markt übertragbar ist. Wer blind kopiert, zahlt Lehrgeld.

2. Einfach schlägt kompliziert:
   Shopping-Erlebnisse, die intuitiv, unterhaltsam und nahtlos funktionieren, haben langfristig die besseren Karten.
3. Machbarkeit und Relevanz prüfen:
   Passt der Trend zur eigenen Marke, zu den Kunden und zu den internen Ressourcen? Komplexe Pilotprojekte ohne echte Perspektive blockieren oft mehr, als sie bewegen.
4. Technologie ist Mittel, nicht Selbstzweck:
   KI, Live-Commerce oder neue Plattformen sind Werkzeuge – aber ohne klares Ziel und passenden Use Case sind sie nur teure Experimente.
5. Timing ist (fast) alles:
   Wer zu früh dran ist, riskiert Ressourcenverschwendung und Demotivation. Wer zu spät kommt, verliert den Anschluss. Entscheidend ist nicht nur, Trends zu erkennen, sondern sie klug zu adaptieren – genau dann, wenn sie marktreif und relevant sind.

Take-away

Der E-Commerce in Europa steht an einem Wendepunkt: Asiatische Player setzen neue Maßstäbe in Geschwindigkeit und Innovation. Während einige Trends wie Instant Retail, Social und Live-Commerce großes Potenzial für den deutschen Markt bieten, sind andere – wie Gruppenkäufe – kulturell weniger kompatibel. Unternehmen sollten neue Entwicklungen nicht blind übernehmen, sondern strategisch bewerten: Ist der Trend einfach, effizient und unterhaltsam? Dann lohnt sich ein Test.

Zwei Gesichter der KI-Revolution

Agentic Commerce und Experience Commerce

Willkommen in einer neuen Ära des E-Commerce. Einer Ära, die nicht länger zwischen Mensch und Maschine entscheidet, sondern beide Pole strategisch miteinander verwebt. Die neue Welt des Onlineshoppings ist nicht nur schneller und personalisierter, sie ist intelligenter, intuitiver und emotionaler zugleich. KI wird das ganze »E-Commerce-Spiel« noch einmal drehen. Umso wichtiger ist es, dass ich strategisch auf E-Commerce blicke. Strategisch-technologisch. Denn viele Disziplinen, wie Preisvergleiche, SEO, Content-Erstellung, lassen sich bereits mit KI automatisch umsetzen. Wie schon beschrieben, bleiben vermutlich nur noch die Entscheidungen über die Strategie, das Menschliche, das Emotionale. Möglicherweise übernimmt den ganzen anderen Rest, die rationalen Entscheiudungen, zukünftig das Shopsystem bzw. automatisierte »Agents«, doch dazu später. Das heißt, es ist exorbitant wichtig, auf dem Laufenden darüber zu bleiben, welches Shopsystem am effizientesten, automatisiertesten und damit am profitabelsten ist. Zwei entscheidende Strömungen prägen diese Entwicklung: *Agentic Commerce* und *Experience Commerce*.

Agentic Commerce: Wenn Maschinen uns Kaufentscheidungen abnehmen

Der Begriff »Agentic« stammt von »Agent« – also von digitalen Agenten, die Entscheidungen für uns treffen. Agentic Commerce beschreibt einen Trend, in dem rationaler Konsum zunehmend automatisiert wird. Also wiederholtes Kaufen von Dingen, die man einfach braucht. Künstliche Intelligenzen, Algorithmen und smarte Geräte übernehmen die Rolle des rationalen Einkäufers – Produkt finden, auswählen, Preise vergleichen, bezahlen (siehe **Abbildung 29**). Sie wissen, wann wir unser Shampoo nachbestellen sollten, welches Druckerpapier unser Büro bevorzugt und welches Katzenfutter am besten zu unserer Samtpfote passt, und das in Bruchteilen einer Sekunde – ohne dass wir selbst einen Finger rühren müssen.

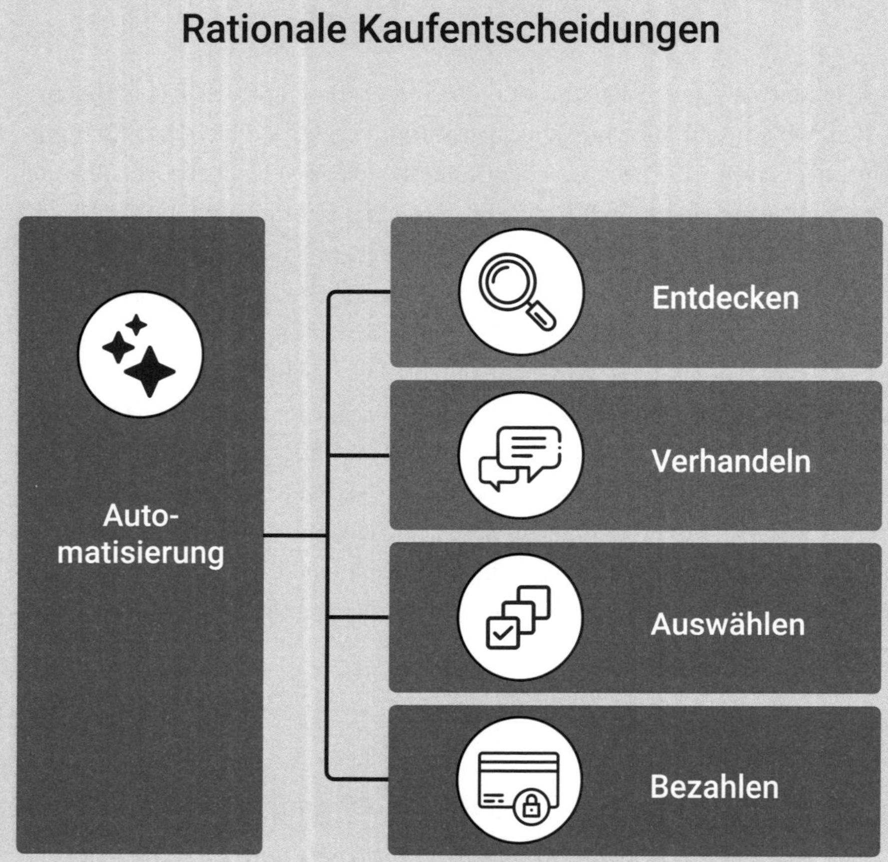

29 *Rationale Kaufentscheidungen: KI-Agenten übernehmen. (Quelle: Shopware)*

Sebastian Hamann, Founder & Co-CEO von Shopware, ist sich sicher: Jeder von uns wird mindestens einen persönlichen KI-Agenten haben.

Diese Entwicklung verändert nicht nur, was wir kaufen, sondern auch wie wir kaufen:

- *Auto-Replenishment*: Verbrauchsgüter wie Waschmittel, Kaffee oder Windeln werden automatisch nachbestellt, noch bevor sie ausgehen. Amazon Dash war der Anfang – die nahtlose Integration in Smarthomes ist die Zukunft.
- *Subscription-Intelligenz*: Intelligente Abos lernen aus unserem Verhalten, pausieren, variieren oder erweitern sich selbstständig.
- *Predictive Logistics*: Systeme wissen im Voraus, was wir bald brauchen – und lagern Produkte bereits vor, um Lieferzeiten gegen null zu reduzieren.

Hier ist der Einkauf ein rationaler Akt, der mit maximaler Effizienz gestaltet wird. Kunden wollen hier keine Inspiration – sie wollen, dass etwas einfach funktioniert. Wie sind wir da hingekommen? Zunächst gab es nur die Large Language Models – ChatGPT & Co. 2022 haben wir angefangen, in diese Systeme kleine Aufgaben einzutippen. Ein Beispiel: Schreibe mir einen Text, suche eine Quelle. Alleine von August 2024 bis Mai 2025 hat sich die Zahl der wöchentlichen aktiven Nutzer von ChatGPT vervierfacht – auf ca. 800 Millionen (siehe **Abbildung 30**). Im April 2025, war sogar von einer Milliarde Gesamt-Nutzerkonten die Rede – laut Äußerungen von OpenAI-CEO Sam Altman auf der TED-Bühne.[1]

Ab 2023 wurde diese Technologie dann in andere Plattformen eingebaut – Microsoft, Apple, Google und Meta sind aufgesprungen und haben beispielsweise die intelligente Suche erweitert. 2027 wird es einen weiteren Entwicklungsschritt geben, da sind sich viele sicher. Jeder von uns wird einen KI-Helfer, einen AI-Agenten haben, der als digitaler Zwilling von uns selbst agiert (siehe **Abbildung 31**).

1 Quelle: *www.forbes.com/sites/martineparis/2025/04/12/chatgpt-hits-1-billion-users-openai-ceo-says-doubled-in-weeks/*

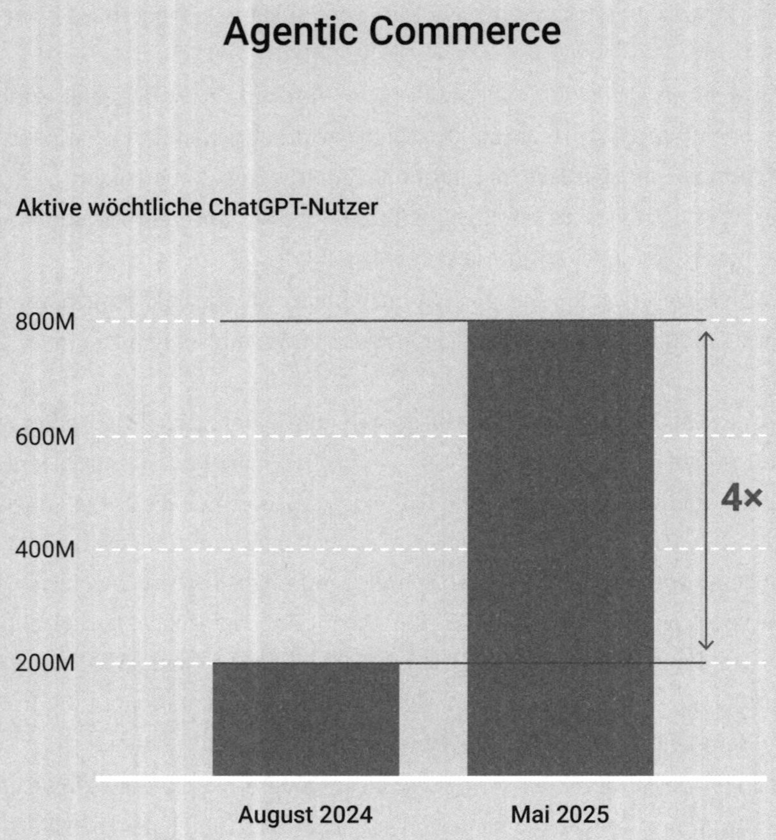

30 *Wöchentliche Nutzer von ChatGPT: innerhalb von zehn Monaten vervierfacht. (Quelle: Shopware)*

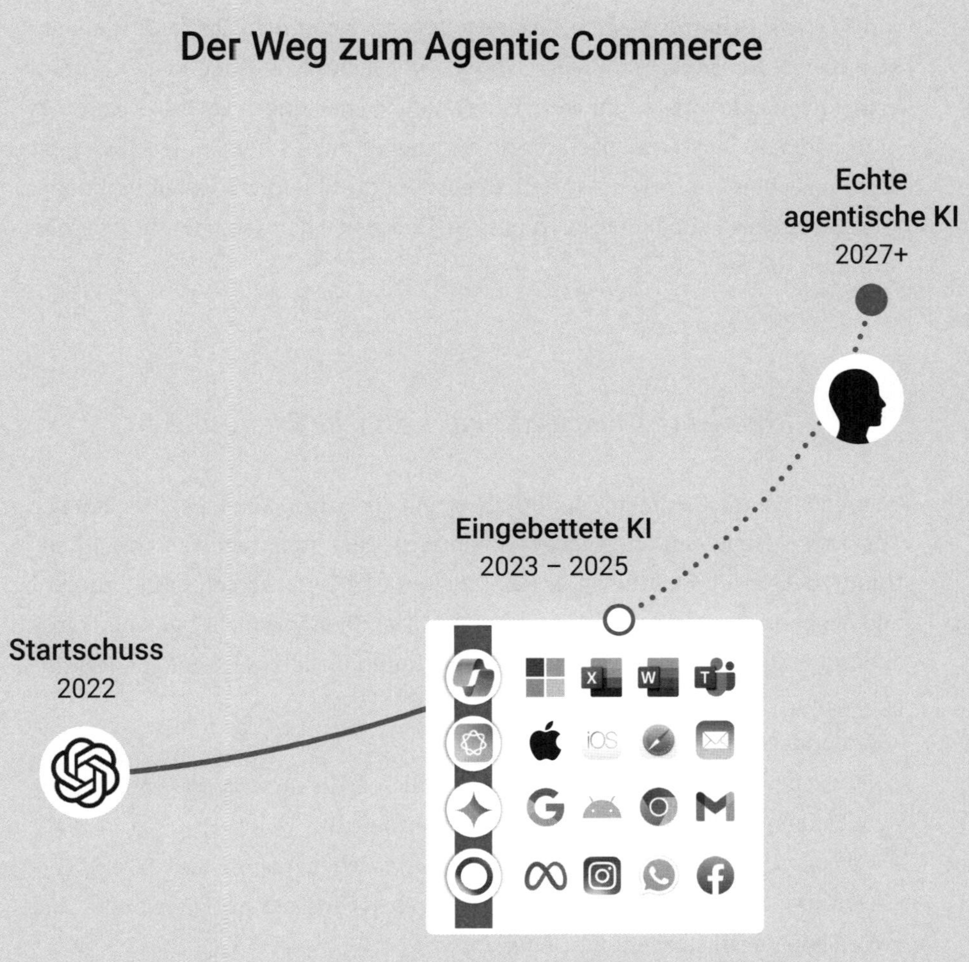

31 *Von der Marke zum Datenpunkt: Prognose für die Entwicklung von Agentic Commerce. (Quelle: Shopware)*

Was bedeutet das für Marken? Werden sie zum bloßen Datensatz für einen KI-Agenten – ein Datenpunkt, der für automatische Kaufentscheidungen genutzt wird? Oder schaffen es Marken, zu einem Erlebnis zu werden, das berührt und im Kopf bleibt? Neben den rationalen, von Algorithmen getriebenen Käufen wird es immer auch emotionale, sinngetriebene Kaufentscheidungen geben. Schaffen es Unternehmen, ihre Verkaufsplattform zu einem Erlebnisraum zu machen, liegt darin ein echter Wettbewerbsvorteil. Es entsteht die Chance, nicht nur funktional relevant zu sein – sondern bedeutungsvoll. Und genau hier setzt die zweite große Strömung an.

Experience Commerce: Für sinnliche Erfahrungen

Während Agentic Commerce auf Effizienz und Entlastung setzt, geht Experience Commerce genau den entgegengesetzten Weg: Hier steht der Mensch im Zentrum – mit seinen Emotionen, Leidenschaften und Bedürfnissen nach Sinn, Stil und Zugehörigkeit. Dieser Trend erkennt an, dass Shopping nicht nur eine Transaktion ist, sondern ein Erlebnis, das uns berühren, inspirieren oder gar verwandeln kann.

Experience Commerce bedeutet:

- *Storytelling statt Datenpunkte*: Kunden wollen nicht nur wissen, was ein Produkt kann – sie wollen fühlen, warum es sie betrifft.
- *Community & Co-Creation*: Die Grenzen zwischen Käufer und Marke verschwimmen. Kunden gestalten aktiv mit, geben Feedback in Echtzeit oder sind Teil einer exklusiven Brand-Community.
- *Sinnliche Touchpoints*: Auch online kann sinnliches Erleben geschaffen werden – durch interaktive Produktinszenierungen, AR/VR-Erlebnisse oder Live-Shopping mit echten Menschen.
- *Vertrauen durch Haltung*: Marken gewinnen nicht durch Rabatte, sondern durch Haltung. Purpose, Nachhaltigkeit und Authentizität sind entscheidende Währungen.

Die technischen Lösungen dafür gibt es bereits. Shopware macht »Digitale Sales Rooms« möglich, bei denen man sich zu zweit durch den Shop klicken kann und dabei in Echtzeit in einem Video-Chatraum spricht, siehe **Abbildung 32**. Diese Funktion ist prädestiniert für B2B-Shops, aber auch sehr mächtig für B2C-Shops. Das gilt auch für Gamification-Ansätze. Virtuelle Anproben oder Produktfittings von Produkten im Raum sind ebenfalls machbar. Ein Anwendungsfall wäre beispielsweise: Passt die Kaffeemaschine in die Küchenzeile?

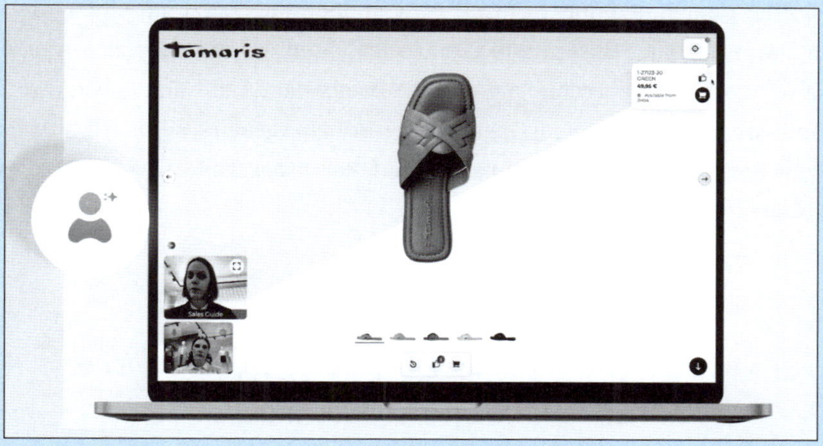

32 *Marke als Erlebnis, Mensch im Zentrum: die Umsetzung von Experience Commerce (Quelle: Shopware)*

Menschliche Erfahrungen – Experience Commerce – sind nicht mehr nur eine Option, sie sind ein differenzierender Faktor im E-Commerce. Experience Commerce ist emotional, subjektiv und menschlich. Hier geht es nicht darum, wie effizient ein Produkt geliefert wird, sondern darum, wie sehr es sich richtig anfühlt.

Die neue Welt des Onlineshoppings hat schon begonnen: Agentic Commerce für automatische, rationale Einkaufentscheidungen und Experience Commerce für emotionale, menschlich getriebene Momente. Wir stehen zwischen der alten Welt, in der alles selbst gemacht wird, und den neuen Möglichkeiten. Was Unternehmen jetzt tun müssen? Um sich in dieser neuen Shopping-Welt zu behaupten, braucht es wieder einmal strategische und technologische Anpassungen:

- *Systeme integrieren*: Daten, KI, Logistik und Content müssen miteinander sprechen. Nur so entsteht ein nahtloses Kundenerlebnis.
- *Customer Journey neu denken*: Der Funnel ist tot. Statt linearer Kaufprozesse gibt es Aha-Momente – mal automatisiert, mal emotional geprägt.

- *Hybrid denken*: Nicht jeder Kunde will immer das Gleiche. Ein und derselbe Kunde kann morgens im Agentic-Modus sein (»Kaffee ist leer«) und abends im Experience-Modus (»Ich gönn mir was Besonderes«).
- *Tech + Touch kombinieren*: Technologie darf nicht kalt wirken – sie muss den Menschen dienen. Wer automatisiert, sollte auch emotionalisieren.

Sebastian Hamann, Founder & Co-CEO von Shopware, setzt auf einen offenen Community-Ansatz: Wissen und Produktneuheiten werden transparent geteilt, andere Agentur- und Technologiepartner bauen darauf auf und geben ihre Erkenntnisse zurück. Nach dem Open-Source-Prinzip »geben – aufbauen – zurückgeben« entsteht so ein Innovationskreislauf, der das gesamte Ökosystem für KI-gestützte Produktsuche voranbringt.

AI-Agenten: Wenn E-Commerce-Verantwortliche einen virtuellen Copiloten haben

Das Prinzip des AI-Agenten hat Shopware auch für E-Commerce-Verantwortliche übersetzt: AI Copilot, ein Chatagent, der Anpassungen auf der Plattform Shopware nicht nur vorschlägt, sondern auch ausführen kann (siehe **Abbildung 33**).

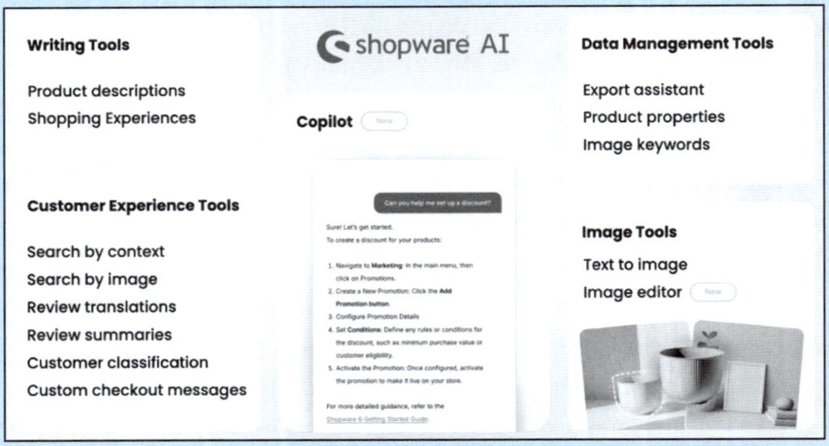

33 *Rundumservice: Funktionalitäten des Shopware AI Copilot (Quelle: Shopware)*

Die Basis dafür: Unter dem Projektnamen »Shopware Nexus« wird eine Plattform entwickelt, die sämtliche Systeme und Datenquellen miteinander verbindet.

Ein zentrales Problem im E-Commerce ist nach wie vor die Datenintegration: Viele Unternehmen verlieren Monate bis Jahre, bis sie ihre diversen Systeme und Datenbestände verknüpft haben. In der Praxis zeigt sich, dass mehr als 50% aller Projekte allein in Integrationsaufwand und Wartung fließen. Heraus kommt manchmal eine »Spaghetti-Architektur«, die Geschwindigkeit und Innovationskraft stark hemmt.

Die optimale Lösung automatisiert genau diese Orchestrierung: Sie macht Daten lesbar, konsistent und sofort nutzbar. Darauf aufbauend, setzen KI-Agenten selbstständig Kriterien, um Markt- und Kundendaten zu analysieren. Ein Beispiel: Der Agent erkennt, dass Produkt A höhere Margen bietet als B, dass in München gerade warme Temperaturen herrschen und Hautpflegeprodukte zum Sonnenschutz besonders gefragt sind. Er schlägt automatisch eine Rabattaktion vor, erstellt die Landingpage, generiert kontextualisierte Bilder in Echtzeit – und alles passt zur lokalen Wetterlage und zur Zielgruppe. Auch für B2B-Shops ist das nutzbar (siehe **Abbildung 34** und **Abbildung 35**).

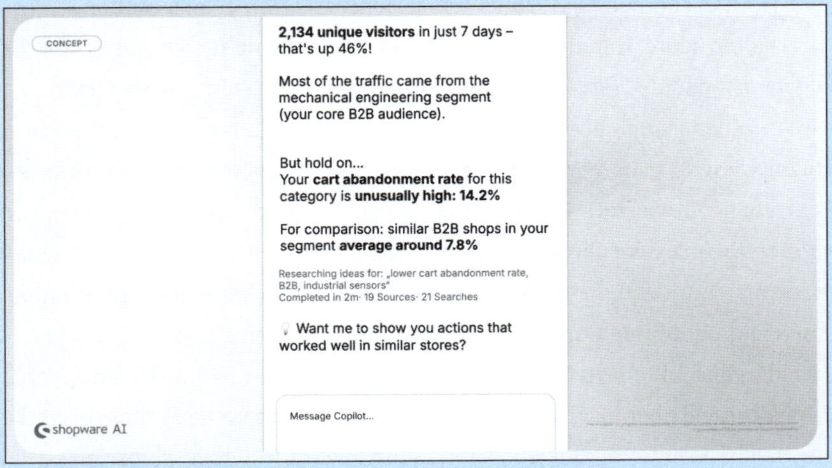

34 *Echtzeit-Reporting: Shopware AI Copilot (Konzept) (Quelle: Shopware)*

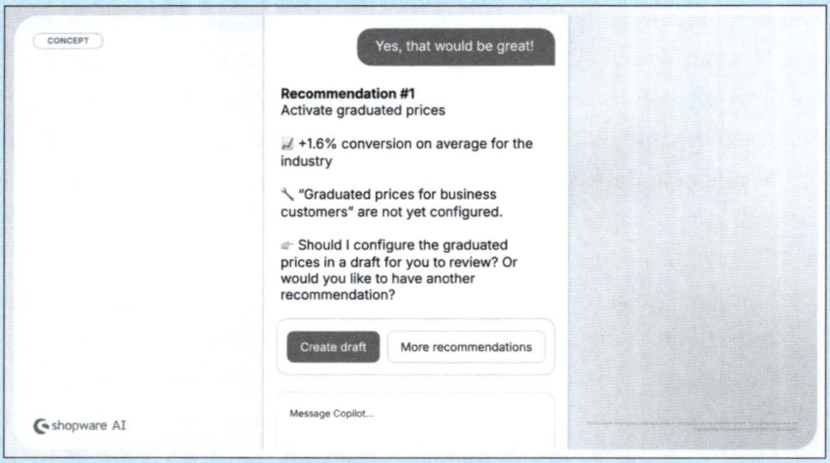

35 *Empfehlungen auf Basis des Markts: Shopware AI Copilot (Konzept) (Quelle: Shopware)*

Der Clou: Wertvolles Branchen-Know-how muss nicht in eine KI eingegeben werden. Stattdessen füttert man das System mit historischen Daten und Regeln, sodass es lernen kann und die skalierenden Hebel erkennt. Teams werden so entlastet, erhalten klare Handlungsempfehlungen und können sich auf strategische Aufgaben konzentrieren – nicht auf das tägliche Jonglieren von Systemen.

»Wir geben damit den Mitarbeitenden einen AI-Agenten an die Hand, der Echtzeitwissen zusammenbringt. Stellen Sie sich vor, eine Kampagne könnte von der Strategieentwicklung bis zur finalen Ausspielung komplett von einer künstlichen Intelligenz gesteuert werden. Dann wird sofort deutlich, worauf es wirklich ankommt: vertikale Expertise – das spezifische Branchen- und Unternehmenswissen, das über Jahre aufgebaut wurde«, sagt Sebastian Hamann.

Niemand möchte sein wertvolles Inhouse-Know-how in eine KI eintippen und so für alle verfügbar machen. Deshalb muss man historische Kampagnen-, Kunden-, Logistik- und regionalen Daten anonymisiert in ein geschlossenes Modell einspeisen, das ausschließlich in einem geschützten Netzwerk läuft, sodass geistiges Eigentum sicher und unter Kontrolle bleibt.

Die KI lernt daraus, welche Maßnahmen in welcher Situation den größten Erfolg versprechen: Sie analysiert externe Daten – Live-Klickzahlen, Social-Media-Trends, Wetterdaten und Lagerbestände und gleicht sie mit internen Daten ab –

Conversion-Rate, Produktportfolio usw. Auf dieser Grundlage generiert sie automatisch zielgruppenspezifische Werbemittel, optimiert Budget-Allokation und Zeitplan und schlägt passgenaue Kampagnenlayouts vor.

Ich bin überzeugt, dass wir gerade am Beginn einer neuen Ära im E-Commerce stehen. In den nächsten zwölf Monaten könnte sich das Gesicht des Onlinehandels radikal wandeln – von statischen Shops zu selbstlernenden, intelligenten Systemen. Wer jetzt einen AI-Agenten einsetzt, der in Echtzeit alle relevanten Informationen bündelt, wird deutlich schneller, agiler und wettbewerbsfähiger sein. Das Prinzip des Agentic Commerce wird also auch genutzt, um den Verkauf für Händler zu vereinfachen.

Was können wir daraus mitnehmen? Auch die Wahl des richtigen Shopanbieters wird über die Wettbewerbsfähigkeit und die Schnelligkeit am Markt entscheiden.

Take-away

Die neue Welt des E-Commerce ist kein Ort, an dem der Mensch gegen die Maschine verliert. Es ist ein Raum, in dem die Maschine dem Menschen dient – und der Mensch inspiriert, was die Maschine tun soll. Agentic Commerce befreit uns von alltäglich notwendigen Einkäufen. Experience Commerce schafft Erlebnisse. Wer beides intelligent orchestriert, wird nicht nur verkaufen – er wird *bedeutsam* für die Kunden.

Social Commerce

Große Chancen für Early Adopters

Da zu sein, wo der Kunde ist, ist essenziell. Marken wie KoRo – ein Pure-Online-Player für haltbare, genussvolle Lebensmittel in Großpackungen – haben deshalb den Sprung in die Supermärkte gewagt. Lebensmittel werden noch zum Großteil dort gekauft. Wenn man das weiterdenkt – überlegt, wo Menschen sich heute größtenteils aufhalten –, kommt man schnell zu der Erkenntnis, dass Social Media als Verkaufsplattform keine schlechte Idee ist: Social Commerce. Social Commerce ist so viel mehr als TikTok Shop. Social Commerce macht Schluss mit der Trennung von Unterhaltung und Einkauf. Was bisher ein klassischer Onlineshop war, ist zunehmend ein Livestream, die Kommentarspalte unter Social-Media-Posts, ein WhatsApp oder ein Broadcast Channel. Social Media wird zur Verkaufsfläche – mit neuen Regeln, neuen Formaten und gewaltigem Potenzial (siehe **Abbildung 36**).

Schon heute entdecken 67 % der Nutzer neue Produkte und Marken über TikTok. Max Burianek, der für den deutschen TikTok Shop verantwortlich ist, betont: »Der Shop macht das Entdecken von Produkten zu einem nahtlosen Erlebnis.«

Ein Blick über den Tellerrand in Richtung Instagram spricht meiner Meinung nach für sich. Eine Studie von HubSpot zeigt, dass 37 % der Social-Media-Marketer angaben, dass 25 bis 50 % der Zuschauer innerhalb der ersten 30 Tage nach der Veröffentlichung eines Shoppable-Posts auf Instagram diesen durchgeklickt haben. Etwa ein Drittel dieser Marketer berichteten, dass 25 bis 50 % dieser Klicks in Käufe umgewandelt wurden. Gleichzeitig schätzten 40 %, dass eine ähnliche Zahl von Klicks zu anderen nicht kaufbezogenen Conversions führte, wie z. B. E-Mail-Abonnements oder Content-Downloads.

Diese Zahlen sind beachtlich und wachsen weiter. Bereits 2024 gab jeder vierte Social-Media-Nutzer an, in den letzten drei Monaten ein Produkt direkt über Social-Media-Apps gekauft zu haben. Zudem prognostizieren 84 % der Social-Media-Marketer, dass Social-Media-Shopping Websites von Drittanbietern und sogar Marken-Websites als bevorzugten Einkaufsweg ablösen wird. Doch trotz dieses Potenzials verkaufen derzeit nur etwas mehr als die Hälfte der Marken direkt über soziale Medien – was eine große Chance für Early Adopters darstellt.[2]

2 Steigert Instagram-Shopping den ROI? Neue Daten darüber, wie man Genehmigungen erhält, Produkt-Tags hinzufügt und tatsächlich Verkäufe tätigt: *https://blog.hubspot.com/marketing/instagram-shopping-data*

Community ist Wettbewerbsvorteil

Live Stream

Kommentar-
spalten

WhatsApp
Channel

Broadcast
Channel

Social Commerce: die passende Plattform zu deiner Strategie

Social Commerce ist heute über viele Plattformen möglich – nicht nur über die klassischen sozialen Netzwerke, sondern auch über Messenger wie WhatsApp, Telegram & Co. sowie Livestreaming-Apps, wie Twitch, Instagram Live und LinkedIn Live. Da sich das Verbraucherverhalten hin zum Entdecken und Kaufen von Produkten direkt in sozialen Feeds verschiebt, müssen Marken wissen, welche Plattformen für ihre Strategie am besten geeignet sind. Netzwerke, die integrierte Storefronts, Shoppable-Content-Formate wie Posts und Videos, Live-Shopping und nahtlose Check-out-Erlebnisse bieten, werden zu wesentlichen Bestandteilen einer Social-Commerce-Strategie. Es folgt ein Überblick über die wichtigsten Plattformen bzw. Social-Media-Kanäle für Social Commerce:

Instagram: Produkte in Stories entdecken

In einem Feed voller Inspiration gewinnt, wer sein Produkt kaufbar macht. Reichweite ohne Shopping-Funktion ist wie ein Schaufenster ohne Tür. Instagram ist der perfekte Ort für Inspiration – es ist bildstark, es ist der Kanal, in dem die Zielgruppen entdecken – in dem die Entscheidung für den Kauf fällt.

Dazu kommt: Mit seinen integrierten Shopping-Tools, der riesigen aktiven Nutzerbasis und dem leistungsstarken Influencer-Netzwerk eignet sich Instagram sehr gut, um die Produktentdeckung und den Kauf direkt in Feeds und Stories zu fördern.

Vor allem Marken aus den Bereichen Mode, Beauty, Wohnkultur, Lebensmittel und Getränke, Reisen und Lifestyle profitieren in diesem Social-Commerce-Netzwerk. Wer Instagram als echten Vertriebskanal nutzen will, sollte drei Stellschrauben besonders ernst nehmen:

Erstens: Konsequent auf Shoppable Content mit Produkt-Tags setzen. Die Möglichkeit, Produkte direkt in Reels, Beiträgen oder Stories zu verlinken, reduziert Reibungsverluste im Kaufprozess erheblich. Laut Sprout Social setzen erfolgreiche Marken zunehmend darauf, nicht ihren gesamten Produktkatalog zu bewerben, sondern gezielt Hero-Produkte in aufmerksamkeitsstarkem Content zu inszenieren. Beispiele für Produkt-Tags findest du in **Abbildung 37**.

37 *Instagram Ad mit Produkt-Tag*

Zweitens: Influencer-Marketing wirkt – aber am besten im Kleinen. Marken sollten gezielt mit Nano- und Micro-Influencern zusammenarbeiten. Ihre Zielgruppen sind meist deutlich engagierter, was sich direkt in Interaktionen und Conversions widerspiegelt. Der Schlüssel liegt in der Authentizität: Wenn ein kleiner Creator mit begrenzter Community ein Produkt empfiehlt und dieses über Produkt-Tags sofort kaufbar ist, entsteht eine besonders glaubwürdige und wirksame Customer Journey. Wichtig dabei: Die Performance dieser Kooperationen sollte regelmäßig gemessen und optimiert werden – etwa durch individuelle Links oder integrierte Insights.

Drittens: Social Listening und Echtzeitinteraktion sind zentrale Erfolgsfaktoren. Marken, die aktiv zuhören und schnell auf Kommentare, Trends oder Kundenfragen reagieren, erzielen im Schnitt mehr Engagement. Besonders effektiv ist es, auf virale Challenges oder Trendwellen frühzeitig aufzuspringen und sie mit den eigenen Produkten zu verknüpfen. Wer hier gut aufgestellt ist, kann nicht nur die Reichweite deutlich steigern, sondern auch den Abverkauf direkt beeinflussen.

Diese drei Hebel – Shoppable Content, gezieltes Influencer-Marketing und datengestützte Interaktion – machen den Unterschied zwischen einem gut gemeinten Instagram-Auftritt und echtem Social-Commerce-Erfolg.

Facebook: Spannend für lokale Firmen

Facebook bietet Zugang zu ca. drei Milliarden Menschen. Grund genug, um sich zu platzieren. Für Unternehmen, die direkt an Verbraucher (B2C) verkaufen, etwa in den Bereichen Bekleidung, Elektronik, Konsumgüter und Haushaltswaren, kann Facebook ein effektiver Vertriebskanal sein. Der Unterschied zu Instagram?

Facebook erlaubt mehr Community-zentriertes Verkaufen (z.B. durch Gruppen oder Kommentare). Instagram dagegen setzt auf schnelle visuelle Verführung mit direkt eingebetteten Kaufelementen.

Meiner Erfahrung nach profitieren besonders lokale Unternehmen auf Facebook, vor allem lokale Einzelhändler, Dienstleister, Gastronomie und Second-Hand-Anbieter. Aber! Bei fast allen mittelständischen E-Commerce-Unternehmen, deren Zahlen ich kenne, ist der Umsatz über Facebook größer als der über Instagram. Das mag an der Zielgruppe liegen – tendenziell ist sie in Facebook etwas älter, und diese Käufergruppen sind etwas kaufkräftiger.

Mein Tipp: Man sollte nicht entweder Facebook oder Instagram machen, sondern lieber beide. Oder keine, dafür dann YouTube oder TikTok.

YouTube: Der stärkste Umsatzkanal

YouTube nutzt die Macht von Videos für detaillierte Produktgeschichten, Demos, Anleitungen und Rezensionen. Dieser Ansatz trägt dazu bei, Vertrauen aufzubauen, und lässt deine Marke zuverlässiger erscheinen, insbesondere wenn du Empfehlungen von Creators einbeziehst. Es ist eine großartige Möglichkeit, Kunden über die eigenen Produkte zu informieren, bevor sie sich für den Kauf entscheiden. Aus meiner Sicht ist es der umsatzstärkste Kanal für mittelständische E-Commerce-Unternehmen – vorausgesetzt, sie verstehen es, gute Videos zu produzieren.

YouTube eignet sich am besten für Artikel aus der Elektronik, Beauty (insbesondere für Tutorials), aus den Bereichen Hobbys und Spiele sowie für Bildungsprodukte und Artikel für Autos. Es eignet sich auch hervorragend für alle DIY-Produkte oder -Dienstleistungen, die mit einer visuellen Erklärung oder einem tieferen Blick wirklich glänzen.

YouTube hat ebenfalls Social-Commerce-Funktionen, die es YouTubern und Marken ermöglichen, Produkte direkt in ihren Videos, Shorts und Livestreams zu markieren und hervorzuheben.

Mein Tipp: Günstige und zugleich hochwertige Videos zu produzieren, war nie so einfach wie jetzt mit KI. Unternehmen sollten sich dringend mit den entsprechenden Tools auseinandersetzen. Auch wenn es nicht immer ein High-End-Video braucht – je lebensnaher und authentischer die Videos sind, desto besser funktionieren sie. Die Hitschlers machen es vor – wie der Abschnitt »TikTok Shop in Deutschland: Abwarten und Videos kreieren« zeigt.

TikTok: Von Gen Z bevorzugt?

TikTok gilt als die Plattform mit dem ausgeklügeltsten Algorithmus. Dieser erkennt in Perfektion, bei welchem Inhalt die Nutzer hängen bleiben, und spielt artverwandte Beiträge aus. Zweimal zu lange auf einen Beitrag über Autos geguckt – schon mehren sich Beiträge zu Autos im Feed. TikTok gilt als Suchmaschine, die vor allem bei der Generation Z und den Millennials gut ankommt. Meine Erfahrung ist das nicht. TikTok ist inzwischen in fast allen Generationen und in allen Branchen angekommen.

Für Einzelhändler ist es einfacher denn je, mit TikTok Geld zu verdienen, seit die Plattform Social-Commerce-Funktionen eingeführt hat. Unternehmen können jetzt einen TikTok Shop einrichten, um ihre Produkte zu präsentieren und Käufe direkt in der App zu fördern. Mit dieser Funktion können sie Videos mit

Einkaufsmöglichkeiten erstellen und den Zuschauern sogar ermöglichen, direkt in ihren TikTok-Live-Übertragungen einzukaufen (siehe dazu **Abbildung 38**).

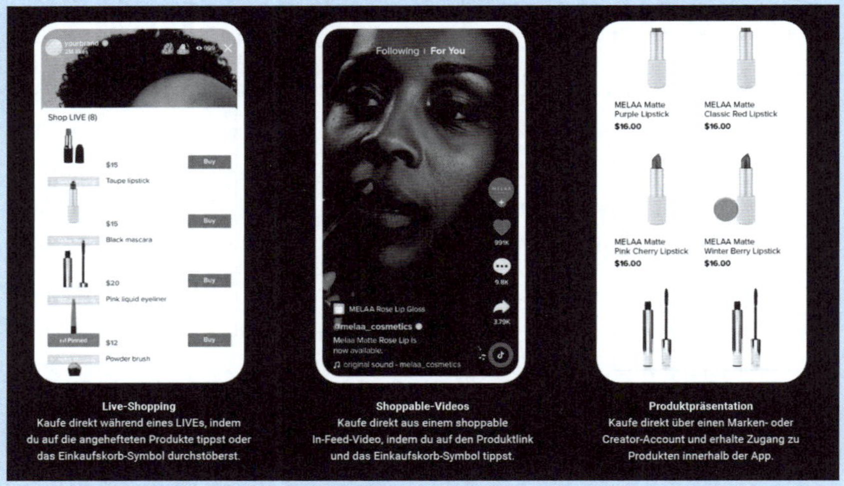

38 *Die Möglichkeiten des TikTok Shop*

TikTok Shop bietet auch ein Affiliate-System. Creator oder Influencerinnen können Produkte von Händlern in ihren Videos verlinken. Wenn ein Verkauf darüber zustande kommt, erhalten sie eine Provision (meist prozentual vom Umsatz). Für Händler bedeutet das: Sie bauen sich ein Netzwerk an Partnern auf, die aktiv ihre Produkte pushen. Mehr zum Thema TikTok Shop findest du im Abschnitt »TikTok Shop in Deutschland: Abwarten und Videos kreieren«.

WhatsApp: Der High-Touch-Verkaufskanal

Wo Vertrauen zählt, zählt der direkte Draht: WhatsApp eignet sich perfekt für erklärungsbedürftige Produkte und hochwertige Dienstleistungen. WhatsApp ist die perfekte Plattform für die direkte, personalisierte Eins-zu-eins-Kommunikation. Es eignet sich hervorragend für einen High-Touch-Kundenservice, die Pflege qualifizierter Leads und eben auch für die Bereitstellung gezielter Angebote oder Updates direkt an Kunden, die sich angemeldet haben. Außerdem hilft es, stärkere, privatere Beziehungen zu Kunden aufzubauen.

WhatsApp ist eine großartige Social-Commerce-Plattform für Marken, die beratungsintensive Produkte anbieten (z. B. Luxusgüter, Automobile, B2B-Dienstleistungen). Ein gutes Beispiel ist der WhatsApp-Kanal von MissPompadour, siehe **Abbildung 39**. Ob Produkttests durch Umfragen, direkte Promotion, die Konvertierung in ein Treueprogramm oder die App als verkaufsfördernder Kanal – all das gelingt besonders gut und authentisch über persönliche, unmittelbare Kommunikation auf einem Kanal wie WhatsApp, der sonst dem Austausch mit Freunden vorbehalten ist.

39 *Beispiele für die Kommunikation in WhatsApp (Quelle: WhatsApp MissPompadour)*

Twitch: Baut starke emotionale Bindungen zur Marke auf

Was früher der Aston Martin im James-Bond-Film war, ist heute Product Placement auf Twitch über Links, QR-Codes, Partnerprogramme oder eben live. Der Unterschied? Man kann interagieren. Das eignet sich besonders für Gaming-Zubehör, Tech- oder Food-Produkte.

Kochshow 2.0: TV war gestern – heute brutzeln wir live auf Twitch! Wo erreicht man neue Zielgruppen noch effektiver als in einem digitalen Raum, in dem jede Sekunde zählt und jeder Klick eine Community in Bewegung setzt? Genau hier liegt die Stärke von Live-Cooking auf Twitch – eine Plattform, die ursprünglich für Gaming-Enthusiasten geschaffen wurde und heute als Hotspot für trendbewusste Foodies glänzt. Während klassische Kochsendungen im Fernsehen oft hinter festgelegten Drehbüchern und starren Zeitplänen gefangen sind, entfaltet sich im Livestream auf Twitch ein lebendiges Spektakel: Köche und Influencerinnen jonglieren mit Zutaten, beantworten Fragen in Echtzeit und verwandeln trockene Theorie in greifbare Praxis. Dieses unmittelbare Zusammenspiel aus Action, Interaktion und Entertainment macht den Reiz von Live-Cooking aus.

Stell dir vor, du sitzt zu Hause in deiner Küche, drückst auf LIVE und siehst, wie aus grünem Pulver von Greenforce in wenigen Augenblicken zartes, aromatisches »Fleisch« entsteht – ganz ohne Tierleid. Die Magie des Moments besteht darin, dass Zuschauende jeden einzelnen Schritt miterleben: Sie sehen das Anrühren, spüren die Spannung, wenn das Ganze in der Pfanne zischt, und sammeln dabei nicht nur theoretisches Wissen, sondern finden Spaß und Vertrauen in der Zubereitung pflanzlicher Gerichte. Dieser visuelle Nervenkitzel steigert die Authentizität ungemein. Anstatt nur Rezepttafeln zu studieren oder sich trockene Erklärungen anzuhören, können Neugierige direkt kommentieren: »Wie viel Wasser hast du gerade hinzugefügt?«, »Welches Gewürz schmeckt besonders intensiv?« und bekommen sofort eine Antwort. Durch diese interaktive Dynamik fühlen sich Zuschauerinnen nicht mehr als passive Konsumenten, sondern als Teil einer lebendigen Community – ein Erlebnis, das klassische Kochformate mit TV-Charakter niemals bieten, sagt Anne Köhler, ehemals Chief E-Commerce Officer bei Greenforce.

Doch Live-Cooking auf Twitch ist nicht nur ein reines Spektakel; es spricht vor allem ein junges, digital affines Publikum an, das sich für Nachhaltigkeit, Gesundheit und innovative Ernährung begeistert. Greenforce als Marke profitiert hier von einem Multiplikatoreffekt: Influencerinnen und Influencer mit treuer Fangemeinde demonstrieren, wie aus einer kleinen Packung pflanzlichen Pulvers erstaunliche Klassiker wie Spareribs, Bifteki, Bratwurst oder Smoky-BBQ-Grillsteaks entstehen können. Das Publikum erkennt sofort, dass es für dieses Kochvergnügen keine exotischen Superfoods oder Profiküchengeräte benötigt – ein einfacher Mixer, heißes Wasser und eine Pfanne genügen. Genau diese Niedrigschwelligkeit weckt Neugier, senkt die Hemmschwelle und animiert dazu, das Gesehene gleich selbst auszuprobieren.

Gleichzeitig baut dieses Format eine starke emotionale Bindung zur Marke auf, weil die Creators nicht nur Rezepte vorführen, sondern auch ihre Persönlichkeit einfließen lassen. Wenn eine Influencerin live verrät, dass sie zum ersten Mal vegan kocht, schmunzelt, improvisiert oder spontan nachwürzt, entsteht eine ehrliche, authentische Atmosphäre: Fehler werden nicht verschwiegen, sondern als Teil des Lernprozesses gefeiert. Dieses »Mit-fühlen-Können« erzeugt Vertrauen und Authentizität in einer Form, die perfide Marketingkampagnen und abgespiegelte Studioaufnahmen nicht erreichen können. Die Folge sind begeisterte Zuschauerinnen und Zuschauer, die ihre positiven Eindrücke selbstständig in ihren Netzwerken teilen – eine schier unbegrenzte Mundpropaganda, die sich viral verbreitet.

Schließlich entfaltet Live-Cooking auf Twitch seine Strahlkraft kanalübergreifend: Vorab werden Streams auf Instagram, YouTube, Facebook und Blogs angekündigt, im Livechat wächst die Community zusammen, und nach dem Event sorgen Highlight-Clips auf YouTube dafür, dass die Inhalte auch Wochen später noch neue Zuschauer gewinnen. Diese permanente Sichtbarkeit über verschiedene Plattformen hinweg sichert Greenforce eine dauerhafte Präsenz in der digital vernetzten Food-Szene. Mehr noch: Sie etabliert das Prinzip, dass vegane Genussmomente nicht irgendwo im Off, sondern mitten im pulsierenden Leben stattfinden. Und genau das ist der Grund, warum Live-Cooking auf Twitch heute so erfolgreich funktioniert. Es ist weit mehr als Kochen – es ist ein interaktives Erlebnis, das Herz und Gaumen gleichzeitig anspricht und die Art, wie wir über Essen denken, nachhaltig verändert.

Pinterest: Oft unterschätzter Performancesieger

Pinterest ist mit Cut-outs und Collagen shoppable. Nutzerinnen und Nutzer können Bilder aus Pins ausschneiden (»Cut-outs«) und daraus digitale Collagen erstellen – ähnlich wie eine Moodboard-Funktion, nur interaktiv. Der Clou ist: Diese Collagen sind shoppable, also direkt mit Kaufmöglichkeiten verknüpft.

Das bedeutet konkret:

- Du siehst z. B. einen Pin mit einem Kleid.
- Du schneidest nur das Kleid aus (Cut-out).
- Dann kombinierst du es mit ausgeschnittenen Accessoires aus anderen Pins, um ein komplettes Outfit zusammenzustellen (Collage).
- Jedes dieser Elemente kann angeklickt werden, um es direkt zu kaufen oder weitere Produktinfos zu sehen.

Das Ziel dahinter ist Inspiration und Kauf nahtloser machen. Statt nur Ideen zu sammeln, sollen User direkt im kreativen Prozess einkaufen können.

»Pinterest wird zur persönlichen Sandbox eines Nutzers zum Erkunden, Verfeinern und Visualisieren. Unsere Vision ist es, dass alle Produkte in Collagen eingekauft werden können, genau wie alles andere auf Pinterest«, sagt Sabrina Ellis, Chief Product Officer bei Pinterest (siehe dazu **Abbildung 40**).

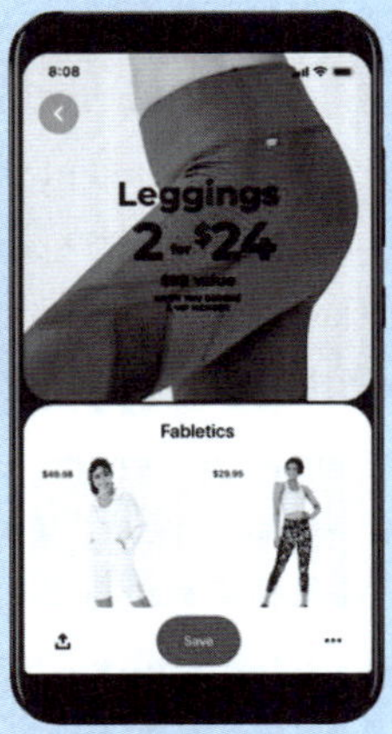

40 *Pinterest-Cut-out*

Fazit zu Social Commerce

Hier ein Überblick über die Kanäle und ihre Stärken:

Plattform	Stärke	Ideal für
TikTok	Virale Impulse & Creator-Dynamik	Trendprodukte, Gen Z
Instagram	Visual Commerce & Markenaufbau	Fashion, Beauty, Lifestyle
Facebook	Community & Reichweite	etablierte Zielgruppen
YouTube	Video-Reviews & Tutorials	Tech, DIY, Education
WhatsApp	Eins-zu-eins-Commerce & Beratung	lokale Anbieter, Serviceprodukte, DIY
Pinterest	Inspiration wird Kauf	Interior, Hochzeiten, Food
Twitch	Live-Formate	Gaming, Food

8 *Stärken der Social-Commerce-Plattformen*

Social Commerce ist kein Selbstläufer – und auch kein Schnellschuss. Wer hier punkten will, braucht mehr als nur einen TikTok-Account oder hübsch verpackte Reels. Erfolgreicher Social Commerce erfordert strategisches Denken, ein gutes Gespür für die eigene Zielgruppe und vor allem: Geduld.

Statt jedem Hype hinterherzulaufen, sollten Unternehmen Social Commerce als das begreifen, was es wirklich ist: ein neuer Vertriebskanal mit Community-Potenzial. Der Schlüssel liegt in relevanten Inhalten, authentischer Kommunikation und gezielter Integration von Commerce-Funktionen in die Social-Media-Erfahrung.

Wer unterhält, statt nur zu verkaufen, gewinnt Vertrauen. Wer mit Creators kooperiert, statt nur Kampagnen zu schalten, erreicht echte Menschen. Und wer testet, misst und lernt, kann langfristig echten Impact erzeugen.

Social Commerce funktioniert nicht durch Lautstärke, sondern vor allem durch Nähe. Wer das versteht, wird nicht nur verkaufen, sondern auch Beziehungen aufbauen. Und das ist in einer fragmentierten Werbewelt mehr wert als jeder Like.

Die Folge? Communities sind im Marketing Trend.

Community Building
Die neue Sau im Dorf oder Zukunft des E-Commerce?

Community ist gerade DAS Buzzword im Marketing. Selten ist Community drin, wo Community draufsteht. Warum kommt dieser Trend jetzt? Was bedeutet Community überhaupt? Und wie packt man das strategisch an? Wir erleben aktuell den Übergang von der Attention Economy zur Community Economy. Social-Media-Feeds sind überfüllt, organische Reichweite sinkt, Paid Ads werden teurer. Parallel wächst das Bedürfnis nach echter Zugehörigkeit: Menschen wollen nicht mehr nur konsumieren, sondern mitreden, mitgestalten, mitverdienen.

Das befeuert den Wandel:

1. *Social Media wird Dialog*: Algorithmen belohnen Interaktion – Marken müssen Beziehungen statt Reichweite aufbauen.
2. *Ownership*: Durch unberechenbare politische Manöver hinsichtlich der Regularien im Datenschutz haben Unternehmen das Bedürfnis, ihre Kontakte auf eigenen Plattformen zu versammeln.
3. *Partizipation als Erwartung*: Von Discord-Votes bis Live-Co-Creation – Kundinnen und Kunden wollen Entscheidungen beeinflussen. Co-Creation ist ein massiver Hebel für kundenzentrierte Produkte. Ideen aus der Community verkürzen den Weg vom Insight zum Launch und senken Flop-Risiken.
4. *Echte Events*: Micro-Events, Meet-ups, Clubhouses sind gerade im Trend. Nach der Pandemie haben die Menschen Lust auf echte Treffen. Immer mehr Brands nutzen die Emotionen von echten Events für den Markenaufbau.
5. *Rasende CAC*: Der durchschnittliche Customer Acquisition Cost liegt 2025 bereits bei etwa 70 Dollar – fast doppelt so hoch wie vor fünf Jahren![3] Für viele Unternehmen lohnt es sich deshalb eher, auf Word of Mouth und einen höheren Customer Lifetime Value zu setzen – also: Community Building.

Was ist eine Community? Was ist eine Audience?

In den letzten Jahren haben wir Audiences aufgebaut: möglichst viele Follower und Reichweite. Der größte Unterschied zwischen den beiden Konzep-

3 Quelle: *https://userpilot.com/blog/average-customer-acquisition-cost/*

ten? Der Grad des Vertrauens. Während eine Audience in erster Linie zuhört, konsumiert und sich auf eine zentrale Stimme – meist die der Hosts – fokussiert, lebt eine Community vom Miteinander. Hier kommunizieren die Mitglieder nicht nur mit dem Host, sondern vor allem untereinander. Es entsteht ein starkes Wir-Gefühl, das über reine Inhalte hinausgeht – die Menschen identifizieren sich mit der Gruppe, fühlen sich zugehörig und bringen sich aktiv ein. Sie teilen Erfahrungen, unterstützen sich gegenseitig, entwickeln Formate gemeinsam weiter und schaffen so echten Mehrwert. Communities basieren auf Vertrauen, wachsen organisch und sind auf langfristige Beziehungen angelegt. Die Struktur folgt dabei nicht der klassischen Sender-Empfänger-Logik, sondern einer Netzwerklogik: Verbindungen bestehen nicht nur zum Zentrum, sondern zwischen den Mitgliedern selbst. Ziel ist nicht Reichweite, sondern Engagement, Austausch und gemeinsame Entwicklung. Im Konzept des Community Building liegt sehr viel Kraft für den Markenaufbau, weil gezielt Emotionen entstehen.

Worauf kommt es an? Community-Strategin und Handelsexpertin Marilyn Repp empfiehlt:

1. *Kontrolle abgeben*: Die Marke ist Gastgeberin, nicht Regisseur. Regeln ja, Skripte nein. Die Richtung der Inhalte und Formate sollten nicht starr vorbestimmt sein, sondern flexibel an die Wünsche der Community-Mitglieder anpassbar sein.
2. *Menschen als Gesichter*: Menschen folgen Menschen. Gründerinnen, Community-Manager und Power-User werden sichtbar in einer echten Community. Authentizität schlägt Logo!
3. *Build in Public*: Roadmaps, Prototypen, Fehler transparent teilen. Hier können Menschen schon viel früher im Produktzyklus Feedback zu geben. Vertrauensaufbau durch Offenheit.
4. *Hybride Formate*: Digitale Touchpoints halten Kontakt, reale Events vertiefen Beziehung.
5. *Schnelle Entscheidungen*: Je kürzer der Weg von Feedback zu Feature, desto höher das Engagement.
6. *Rollen definieren*: Hosts, Moderatorinnen sorgen für Struktur. Markenbotschafter sind die Königsdisziplin.

7. *Metriken tracken*: Interaktionsrate, Deckungsbeitrag, Verkäufe durch Weiterempfehlung: Community ist messbar.
8. *Value first, Sales second*: Inhalte, Hilfestellung und Anerkennung schlagen Rabattcodes.

In den USA investieren Unternehmen bereits erhebliche Summen in »Community-as-a-Service«-Tools. Auch in Europa ist von einer steigenden Dynamik bei Tools wie Bevy, Mighty Networks oder Circle auszugehen.Wie geht man es an? Klein starten, aber jetzt – und am besten in einer Nischenzielgruppe. Dazu braucht es: Verantwortung abgeben und den Willen, Fortschritte zu messen, zu lernen und zu skalieren. Community ist kein Trend. Sie ist die Rückkehr zum Kern des Handels: Menschen tauschen Werte, weil sie einander vertrauen. Wer das versteht, baut nicht nur Netzwerke, sondern Zukunft.

Take-away

Social Commerce und Community bilden keinen Trend zum Mitlaufen, sondern ein Kanal zum Mitgestalten. Wer seine Zielgruppe wirklich versteht, auf authentische Inhalte setzt und strategisch testet, kann neue Umsatzpotenziale erschließen – aber nur, wenn Community und Commerce clever zusammenspielen.

GEO statt SEO

Sichtbar sein bei ChatGPT, Perplexity, Gemini & Co.

Die Art und Weise, wie Menschen im Internet nach Informationen, Produkten und Marken suchen, verändert sich rasant. Tools wie ChatGPT, Google Gemini, Microsoft Copilot und viele mehr sind auf dem besten Weg, klassische Suchmaschinen in vielen Bereichen zu ergänzen oder gar abzulösen. Sie liefern nicht mehr nur eine Liste von Links, sondern direkt formulierte Antworten, Empfehlungen und kontextbezogene Informationen. Unternehmen, die hier nicht auftauchen, verlieren Sichtbarkeit – selbst wenn sie in traditionellen Suchmaschinen wie Google oder Bing gut platziert sind.

Damit beginnt eine neue Ära der digitalen Sichtbarkeit: Statt nur in den Google-Rankings aufzutauchen, geht es jetzt darum, in den generativen Antworten dieser Systeme vorzukommen. Der Begriff *GEO* (*Generative Engine Optimization*) beschreibt genau diese Herausforderung. Neben OpenAIs ChatGPT haben sich mehrere leistungsstarke Tools etabliert, die zukünftig für die Sichtbarkeit von Unternehmen und ihren Produkten relevant werden. Man könnte sagen, es sind die neuen Gatekeeper: Die Top-4-KI-Tools neben ChatGPT:

1. *Google Gemini*: Googles KI-gestützter Chatbot, der in die Google-Suche integriert ist und Suchergebnisse zunehmend durch generierte Inhalte ergänzt.
2. *Microsoft Copilot* (inkl. *Bing Chat*): Direkt in Microsofts Office-Produkte und Bing integriert, basiert auf GPT-4 und wird bereits in vielen Unternehmenskontexten genutzt.
3. *Anthropic Claude*: Ein besonders auf Datenschutz und kreative Anwendungen fokussierter KI-Assistent, beliebt bei technikaffinen Zielgruppen.
4. *Perplexity AI*: Eine Art chatgetriebene Suchmaschine, die auf nachvollziehbare Quellen verweist und transparente Antworten bietet.

Diese Tools entscheiden zunehmend darüber, welche Marken, Produkte oder Services in den digitalen Dialogen sichtbar sind. Die Regeln, nach denen sie Informationen gewichten, unterscheiden sich von Um GEO gerecht zu werden, braucht es einige ergänzende Maßnahmen zur klassischen SEO-Optimierung – und das macht GEO so essenziell.

Was ist Generative Engine Optimization (GEO)?

GEO bedeutet, Inhalte, Strukturen und Signale so zu gestalten, dass sie von generativen KI-Systemen erkannt, verstanden und in ihre Antworten integriert werden. Es geht nicht mehr nur darum, von Algorithmen indexiert zu werden, sondern Teil der generierten Antwort zu sein.
Im Unterschied zur Suchmaschinenoptimierung (SEO), die auf Keywords, Backlinks und technische Performance setzt, verlangt GEO:

- strukturierten, hochwertigen Content, der Probleme löst, Fragen beantwortet und klar aufbereitet ist,
- Vertrauensaufbau über Autorität, beispielsweise durch Zitate in Foren wie Reddit oder Expertenportalen, sowie
- noch bessere technische Zugänglichkeit, etwa durch *Schema-Markup*, strukturierte Daten und semantische Klarheit.

Die Sichtbarkeit in KI-Systemen hängt von mehreren entscheidenden Faktoren ab. Zunächst spielen Qualität und Struktur der Inhalte eine zentrale Rolle. KI-Modelle bevorzugen klar formulierte, thematisch fokussierte und logisch aufgebaute Inhalte. Besonders hilfreich sind FAQs, Anleitungen, Begriffserklärungen und Use Cases, da sie der KI ermöglichen, Informationen leichter zu erfassen und in Antworten zu integrieren.

Ebenso wichtig ist die Verlinkung mit reputationsstarken Quellen. Erwähnungen in vertrauenswürdigen Medien wie Wikipedia, Fachportalen oder Branchenpublikationen wirken sich positiv auf die Relevanzbewertung durch KI-Systeme aus. Unternehmen, die in solchen Quellen präsent sind, erscheinen mit deutlich höherer Wahrscheinlichkeit in generativen Antworten.

Auch die Aktivität auf offenen Plattformen trägt zur Sichtbarkeit bei. Viele KI-Modelle greifen auf Inhalte aus öffentlich zugänglichen Foren wie Reddit, Stack-Exchange oder Quora zurück. Wer hier durch fundierte Beiträge auffällt, beeinflusst indirekt die Trainingsbasis der Systeme – ein nicht zu unterschätzender Hebel.

Schließlich sind technische Signale ein weiterer entscheidender Aspekt. Strukturierte Daten, Schema.org-Markup und semantisch sauberer HTML-Code helfen der KI, Inhalte besser zu interpretieren. Sie fungieren als eine Art Orientierungshilfe, um den Kontext und die Bedeutung von Informationen korrekt einzuordnen.

Schon heute lassen sich Menschen Produkte über ChatGPT & Co. vorschlagen. In **Abbildung 41** und **Abbildung 42** sieht man das Ergebnis meiner Suche nach Laufschuhen für meinen Bedarf.

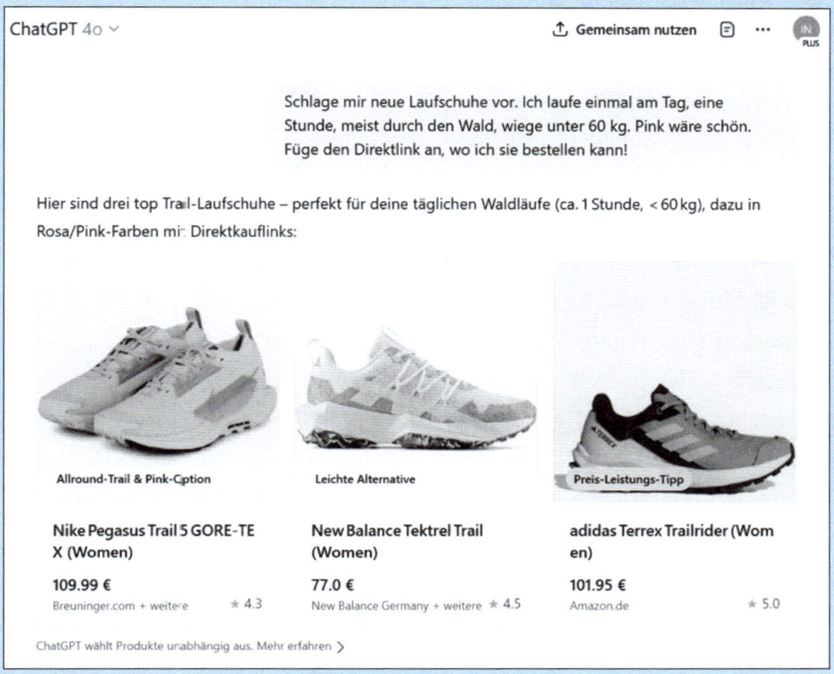

41 *Welche Marken sind sichtbar, welche nicht? …*

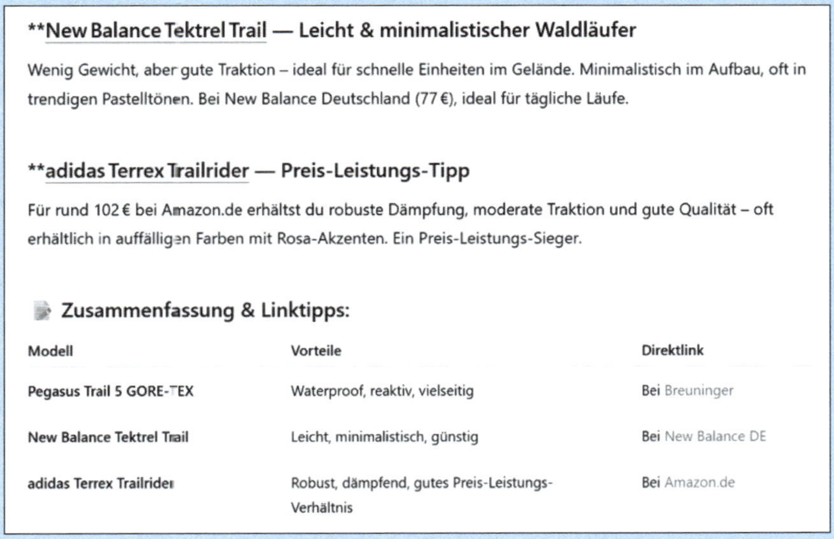

42 *… Das Ergebnis meiner Produktsuche auf ChatGPT.*

Generative Engine Optimization ist dabei keineswegs nur ein technisches Thema. Vielmehr betrifft es sämtliche Bereiche der Kommunikation – von PR und Content-Marketing über SEO bis hin zu Social Media und strategischer Markenführung. Unternehmen sollten abteilungsübergreifend daran arbeiten, eine kohärente digitale Markenidentität zu entwickeln. Eine GEO-optimierte Pressearbeit etwa zeichnet sich dadurch aus, dass Pressemitteilungen klare Aussagen, relevante Schlüsselbegriffe und zitierbare Formulierungen enthalten – nicht nur für Menschen verständlich, sondern auch maschinenlesbar.

Darüber hinaus gewinnt das Monitoring zunehmend an Bedeutung. Unternehmen müssen sich fragen, in welchen KI-Systemen sie erwähnt werden, wie ihre Produkte dort dargestellt sind und in welchem Kontext sie auftauchen. Erste Tools zur Analyse von KI-generierten Suchergebnissen und Antwortfeldern befinden sich bereits in der Entwicklung und werden zukünftig eine Schlüsselrolle im digitalen Reputationsmanagement spielen.

Der Erfolg von GEO-Maßnahmen lässt sich bislang schwerer messen als bei klassischer Suchmaschinenoptimierung. Dennoch gibt es erste Ansätze, um den Impact sichtbar zu machen. Dazu zählen die gezielte qualitative Beobachtung generativer Suchergebnisse – beispielsweise bei Google oder Perplexity –, die Erfassung von Markennennungen in KI-Antworten sowie der Vergleich mit Wettbewerbern. Zusätzlich können langfristige KPIs wie Sichtbarkeit, Traffic-Qualität und die Wahrnehmung der Marke im digitalen Raum hilfreiche Indikatoren sein.

Unternehmen, die jetzt strategisch in GEO investieren, sichern sich frühzeitig einen Platz in der digitalen Wahrnehmung von morgen. Denn generative KI-Systeme entwickeln sich rasant zur ersten Anlaufstelle für Nutzer und Nutzerinnen, die auf der Suche nach Antworten, Empfehlungen oder Produktempfehlungen sind. Wer dort nicht vorkommt, wird schlicht übersehen. GEO ist deshalb weit mehr als ein neuer Marketingtrend – es ist ein strategisches Spielfeld, auf dem Inhalte, Technik und Vertrauen ineinandergreifen. Ziel ist es nicht nur, gefunden zu werden, sondern im richtigen Moment als relevante, vertrauenswürdige Marke präsent zu sein. Unternehmen, die das verstehen und umsetzen, werden nicht nur sichtbarer – sie gestalten aktiv mit, welche Marken in den digitalen Gesprächen der Zukunft eine Rolle spielen.

Take-away

Im Zeitalter generativer KI reicht klassische SEO nicht mehr aus. Nur wer Inhalte gezielt für KI-Systeme optimiert, strukturiert und vertrauenswürdig positioniert, wird in Antworten sichtbar. GEO ist kein Techniktrick, sondern ein strategisches Zusammenspiel aus Content, Relevanz und digitaler Markenführung – und damit ein Muss für zukunftsfähige Unternehmen. Starte jetzt damit, zu lernen, was zu deiner Sichtbarkeit in den KI-Systemen beiträgt.

Reddit

Zuhören, an der Diskussion beteiligen, Vertrauen gewinnen

Wer sich intensiver mit künstlicher Intelligenz auseinandersetzt oder regelmäßig mit ChatGPT arbeitet, stellt schnell fest: Immer wieder fließen Perspektiven, Tonlagen oder sogar Inhalte ein, die nicht nur stark an Reddit erinnern, sondern deren Quellenangabe auch tatsächlich Reddit ist. Das ist kein Zufall. Reddit zählt zu den prägendsten öffentlichen Diskussionsplattformen im Netz – zum einen wegen seines Umfangs, aber zum anderen auch wegen der Tiefe und Echtheit der Gespräche. Genau das macht Reddit für KI-Modelle, aber auch für Unternehmen so relevant.

Reddit ist ein digitales Abbild realer Meinungen, Diskussionen und sozialer Reibung. Anders als auf vielen kuratierten Plattformen entstehen Inhalte hier in Echtzeit, ungeschönt, subjektiv und oft meinungsstark. Das macht Reddit zu einem kulturellen Resonanzraum: Es ist ein Ort, an dem nicht nur Wissen, sondern auch Perspektiven, Emotionen und Kontexte geteilt werden. Für Sprachmodelle wie ChatGPT, die auf das Verstehen menschlicher Sprache und Denkmuster angewiesen sind, war und ist Reddit über Jahre hinweg eine zentrale Trainingsquelle. Nicht wegen seiner Faktenfülle, sondern wegen seiner Sprachvielfalt, seiner Nuancen und seiner Nähe zum echten Dialog. Wenn also in einer KI-Antwort der typische Ton von Reddit mitschwingt, dann deshalb, weil dort gelernt wurde, wie Menschen wirklich sprechen, denken und sich gegenseitig herausfordern.

Genau das macht Reddit auch für Unternehmen interessant – allerdings nicht im klassischen Sinne eines Werbekanals. Denn Reddit ist alles andere als leicht zu bespielen. Die Plattform folgt nicht den Mechanismen von Instagram, Facebook oder LinkedIn. Sie funktioniert nicht über schöne Bilder, kurze Claims oder Retargeting-Logik. Vielmehr ist Reddit ein Raum, in dem Vertrauen durch Relevanz entsteht – und Relevanz durch Beteiligung. Marken, die hier erfolgreich sein wollen, müssen Teil der Diskussion werden, nicht bloß Initiatoren von Kampagnen.

Das bedeutet auch: Werbung auf Reddit ist nur dann wirksam, wenn sie sich nicht wie Werbung anfühlt. Nutzerinnen und Nutzer sind extrem sensibel gegenüber Manipulation, PR-Sprache oder unechten Accounts. Wer versucht, Reddit als simplen Reichweitenkanal zu nutzen, wird ignoriert oder – schlimmer – öffentlich auseinandergenommen. Umgekehrt zeigt sich aber auch: Unternehmen, die die Sprache und die Kultur der Plattform verstehen, können Vertrauen aufbauen, Zielgruppen erreichen, die anderswo kaum ansprechbar sind, und sogar wertvolle Erkenntnisse für Produktentwicklung, Marktforschung oder Serviceverbesserung gewinnen.

Reddit eignet sich besonders dann als Kanal, wenn erklärungsbedürftige Produkte, technische Zielgruppen oder tiefere Beratungskontexte im Spiel sind. Gerade im B2B-Bereich bietet die Plattform Potenzial, das bislang nur wenige Unternehmen ausgeschöpft haben. Die Communities in spezialisierten Subreddits diskutieren offen über Herausforderungen, Tools, Anbieter und Lösungen – ein echter Datenschatz für alle, die zuhören wollen. Statt Werbebudgets in Sichtbarkeit zu investieren, können Unternehmen hier Relevanz über Substanz gewinnen.

Im Ergebnis lässt sich sagen: Reddit ist keine Plattform für oberflächliche Markenkommunikation. Für KI-Modelle wie ChatGPT ist Reddit ein Spiegel menschlicher Sprache. Für Unternehmen ist es ein Gradmesser dafür, ob ihre Kommunikation echten Mehrwert liefert. Wer hier nicht nur sendet, sondern zuhört, reflektiert und Teil der Diskussion wird, gewinnt keine Klicks, sondern Vertrauen. Und genau das ist heute die Währung, die zählt.

Reddit ist kein Werbekanal wie jeder andere. Wer auf dieser Plattform erfolgreich kommunizieren will, muss ihre Kultur verstehen – und bereit sein, sich auf echte Interaktion statt auf klassische Markenbotschaften einzulassen. Der Einstieg beginnt nicht mit dem Senden, sondern mit dem Zuhören. Unternehmen, die Reddit professionell nutzen, beobachten zunächst die relevanten Subreddits, also die themenspezifischen Foren innerhalb der Plattform, in denen sich Communities zu Nischenthemen austauschen. Dabei geht es nicht nur darum, ob ein Thema diskutiert wird, sondern wie: In welchem Ton spricht die Community? Welche Fragen tauchen häufig auf, welche Sichtweisen dominieren? Diese Beobachtungsphase ist essenziell, weil Reddit eine sehr feinsinnige Gesprächskultur entwickelt hat.

Ein weiterer zentraler Aspekt für Unternehmen ist die Authentizität. Reddit erkennt sehr schnell, ob ein Beitrag echten Mehrwert bietet oder nur verdeckte Werbung ist. Deshalb empfiehlt Reddit selbst sowie Markenberater, mit einem transparenten, offiziellen Account aufzutreten – im besten Fall sogar personifiziert, etwa durch einen Mitarbeitenden, der im Namen der Firma agiert. Dabei gilt: Nicht jeder Kommentar muss marketinggetrieben sein. Viel wichtiger ist es, sich mit Expertise und Lösungskompetenz in bestehende Diskussionen einzubringen. Unternehmen, die Erfahrungen oder Hintergrundwissen teilen, das anderen Nutzerinnen und Nutzern weiterhilft, gewinnen auf Reddit an Glaubwürdigkeit – oft sogar deutlich schneller als über klassische Paid-Kanäle.

Gerade wegen dieser Glaubwürdigkeitslogik funktionieren klassische Werbeformate auf Reddit nur bedingt. Zwar gibt es ein offizielles Werbenetzwerk – die sogenannten Reddit Ads –, doch erfolgreiche Kampagnen setzen nicht auf Reichweite, sondern auf Kontext. Native Ads, die wie reguläre Beiträge erscheinen, performen deutlich besser als offensichtliche Banneranzeigen. Studien und Fallbeispiele zeigen, dass Unternehmen, die ihre Ads wie einen inhaltlichen Beitrag gestalten, mit deutlich höheren Engagement-Raten rechnen können. Reddit selbst empfiehlt daher, Anzeigen nicht als Push-Botschaft zu verstehen, sondern als Beitrag zur Diskussion, der neugierig macht und nützlich ist. Gelingt das, sind Reddit Ads ein wirksames Mittel, um gezielt Communities zu erreichen, die sich mit traditionellen Social Ads kaum aktivieren lassen.

Ein besonders wirksames Format, das Reddit selbst fördert, ist das sogenannte AMA – *Ask Me Anything*. Dabei stellen sich Personen aus einem Unternehmen (z.B. Gründerinnen, Entwickler oder Expertinnen) der Community und beantworten in Echtzeit Fragen. Unternehmen wie Adobe, Duolingo oder kleinere SaaS-Anbieter haben dieses Format erfolgreich genutzt, um eine intensive, vertrauensbildende Verbindung zu ihren Zielgruppen aufzubauen. AMAs wirken besonders stark, wenn sie nicht als PR-Show, sondern als echter Einblick in Menschen, Produkte und Prozesse gestaltet sind. Dieses Ungefilterte erzeugt Nähe – und Mut zur Offenheit.

All diese Maßnahmen funktionieren jedoch nur, wenn Unternehmen bereit sind, sich an die ungeschriebenen Gesetze der Plattform zu halten. Dazu gehört der respektvolle Umgang mit bestehenden Regeln in den einzelnen Subreddits ebenso wie die Fähigkeit, Kritik nicht reflexhaft abzuwehren, sondern konstruktiv damit umzugehen. Wer auf Reddit aktiv wird, muss mit ehrlichem Feedback rechnen – wird aber dafür mit echter Aufmerksamkeit belohnt. Reddit funktioniert nicht über kurzfristige Kampagnen, sondern über langfristige Präsenz und Relevanz.

Zusammenfassend lässt sich sagen: Reddit ist kein Kanal für platte Werbebotschaften oder rein performanceorientiertes Push-Marketing. Aber für Unternehmen, die bereit sind, sich ehrlich mit ihrer Zielgruppe auseinanderzusetzen, stellt Reddit eine strategisch wertvolle Plattform dar – sowohl für Marktforschung als auch für Community Building, für Thought Leadership ebenso wie für den Dialog über erklärungsbedürftige Produkte. Es ist ein Kanal für Marken mit Haltung, Substanz und echter Gesprächsbereitschaft. Wer nicht nur kommunizieren, sondern verstanden werden will, findet hier einen Resonanzraum – kritischer, direkter, aber auch nachhaltiger als viele andere digitale Kanäle.

Take-away

Reddit ist kein Werbekanal – es ist ein Resonanzraum für Relevanz. Wer hier erfolgreich sein will, muss zuhören, echten Mehrwert bieten und Teil der Diskussion werden. Nicht Sichtbarkeit zählt, sondern Substanz.

Irrtümer realisieren!

Warum Baumaschinen, Müsli und Einlagen doch online gekauft werden

Meine berufliche Karriere begann 2006 bei Dräxlmaier, einem familiär geführten deutschen Automobilzulieferer mit Sitz in Vilsbiburg, Niederbayern. Nach der

Gründung 1958 hat sich das Unternehmen mit Premium-Komponenten für Fahrzeuginnenräume und Elektrik weltweit etabliert. Es hat heute ca. 70.000 Mitarbeiter. 2006 war der Gedanke, ein Auto online zu kaufen, geradezu absurd. »In ein Auto muss man sich reinsetzen«, hieß es damals. »Man muss es fahren, erst dann entscheidet man.« Schließlich handelt es sich nicht um einen Spontankauf für 2,50 Euro.

Fast 20 Jahre später ist die Realität eine völlig andere. Heute kann man nicht nur Autos, sondern nahezu alles online erwerben – von Lebensmitteln über maßgefertigte Schuheinlagen bis hin zu hoch spezialisierten Baumaschinen. Ein Beispiel: Ich habe mein Auto online gekauft, ohne es jemals – auch nicht im Showroom – live gesehen zu haben. Und doch begegne ich immer noch Menschen, die sagen: »Essen online bestellen? Das würde ich niemals tun!« Dabei erzählen die Zahlen eine andere Geschichte.

14.000 Euro Preisunterschied: Von Tesla lernen

Seit einigen Jahren ist der Onlineverkauf auch in der Automobil- und Mobility-Branche angekommen. Warum? Ganz einfach: Online kann rund um die Uhr verkauft werden – ohne Manpower. Im Vergleich zum klassischen Autohaus, wo Händler oft nur begrenzte Informationen über ihre Kunden haben, ermöglicht E-Commerce eine Vielzahl an Daten für gezieltes *Remarketing*. Zudem lassen sich Cross- und Upselling-Strategien automatisiert umsetzen. Das und viele andere Entwicklungen tragen dazu bei, dass Kunden eher auf Onlineangebote reagieren.

Was ist Remarketing?

Remarketing ist eine Online-Marketing-Strategie, bei der Nutzer, die eine Website oder einen Onlineshop besucht, aber keinen Kauf abgeschlossen haben, gezielt erneut angesprochen werden. Dies geschieht durch personalisierte Anzeigen auf anderen Webseiten, in sozialen Medien oder per E-Mail. Ziel ist es, potenzielle Kunden zurück auf die Website zu führen und sie zur Conversion (z. B. Kauf, Anmeldung) zu bewegen. Typische Remarketing-Methoden:

- *Display-Anzeigen*: Nutzer sehen Banner oder Videoanzeigen auf anderen Websites.
- *Dynamisches Remarketing*: Nutzer bekommen spezifische Produkte angezeigt, die sie sich angesehen haben.
- *E-Mail-Remarketing*: Nutzer erhalten personalisierte Erinnerungsmails, z. B. zu nicht abgeschlossenen Warenkörben.

Die Pandemie hat diesen Wandel beschleunigt, sie hat sozusagen dazu beigetragen, dass sich weitere Käufergruppen, beispielsweise auch ältere Menschen, mit Onlinekäufen beschäftigt und Erfahrungen gesammelt haben. Die Folge ist Vertrauen in Onlineangebote. E-Commerce hat sich aus der Not heraus weiter etabliert. Aber auch die steigenden Kosten für lokale Geschäfte machen digitale Verkaufswege unumgänglich. Dennoch beobachte ich, dass viele deutsche Automobilhersteller noch immer mit den gleichen Herausforderungen kämpfen und im Vergleich zu amerikanischen Playern wie Tesla hinterherhinken.

Autos sind erklärungsbedürftige Produkte – sie benötigen Beratung, Service und Vertrauen. Wie kann das online abgebildet werden? Unternehmen setzen auf Chatfunktionen, Produktfinder, smarte Filter und eine intuitive Navigation. Ein Beispiel für eine moderne Lösung ist Live-Videoberatung. purpleview ermöglicht es beispielsweise, sich per Video mit einem Berater zu verbinden, Verträge digital zu unterzeichnen oder eine Fahrzeugpräsentation direkt im Showroom durchzuführen.

Doch wie machen es die großen deutschen Marken? BMW und Mercedes bieten mittlerweile einen Onlineshop für Fahrzeuge an. Die Customer Journey ist gut durchdacht, allerdings mit einigen Inkonsistenzen. Ein Beispiel: Im Shop stehen zwei Modelle mit vierstelligem Preisunterschied nebeneinander – das gleiche Modell in der gleichen Farbe mit dem gleichen Motor und der gleichen Ausstattung. Der Unterschied? Der Händler. Für den Verbraucher ist diese Transparenz zwar gut, für die Marke jedoch weniger vorteilhaft. Tesla hingegen macht es deutlich besser. Innerhalb von zwei Klicks landet der Kunde beim Wunschprodukt und kann es konfigurieren. Der Check-out-Prozess ist schlank, verständlich und innerhalb weniger Minuten abgeschlossen. Keine verwirrenden Angebote nebeneinander. Was steckt dahinter? Die Strategie ist anders – deutsche Anbieter sind

Marktplatz ihrer Händler – Tesla verkauft selbst. Doch selbst Tesla hat noch Luft nach oben:
- Die Möglichkeit zur Newsletter-Anmeldung ist kaum sichtbar,
- automatische Warenkorb-Reminder existieren nicht,
- Live-Videoberatung wäre ein potenzieller Gamechanger, und
- es fehlt eine klare Cross- und Upselling-Strategie – dazu gleich mehr.

Der Fakt bleibt: Autos lassen sich sehr wohl online verkaufen, aber es könnte besser gemacht sein.

Meister im Cross- und Upselling: Von mymuesli lernen

Die Automobilbranche hat also noch Nachholbedarf – und das gilt auch für andere Branchen. Ein weiteres spannendes Beispiel ist der Food-Bereich. Ich möchte keine Negativbeispiele aufzählen, sondern die positiven. Ein Unternehmen, das man sich definitiv genauer anschauen sollte, ist mymuesli. Ich bin bekennender Fan – nicht nur, weil ich Müsli mag, sondern weil mymuesli ein Meister im Up- und Cross-Selling ist. Sie verstehen es, den Kunden bei jedem Touchpoint zu einem Zusatzkauf zu animieren:
- Beim Klick aufs Produkt werden mir das 4er- und das 6er-Pack angeboten.
- Bleibe ich stark und lege nur das eine Produkt in den Warenkorb, erfolgt nach dem Klick direkt ein Pop-up, das mich darauf hinweist, dass ich mir die Versandkosten spare, wenn ich für 49,05 Euro noch weiter einkaufe – darunter wird mir direkt angezeigt, was andere Kunden ebenfalls kauften.
- Bleibe ich stark und klicke trotz des verlockenden Angebots auf den Button ZUM WARENKORB, um auszuchecken, bekomme ich im Warenkorb noch einmal den Hinweis auf den Vorteil einer kostenlosen Lieferung angezeigt, wenn ich zusätzlich für 49,05 Euro einkaufe, plus darunter direkt aktuelle Angebote und Empfehlungen.

Insgesamt hat mich mymuesli fünfmal dazu animiert, mehr zu kaufen. Und das hätte funktioniert, denn natürlich hätte ich das 6er-Pack Bircher Müsli, das ja nicht schlecht wird, bestellt, um mir die Versandkosten zu sparen. Damit erhöht mymuesli nicht nur ihren Warenkorbwert, sondern stellt auch sicher, dass ich direkt bei ihnen und nicht über einen Händler kaufe – wo vermutlich weniger Marge für sie hängen bleibt. Genial.

Dieses System ist perfekt durchdacht – und eines der besten Beispiele für exzellenten E-Commerce. Es ist im Grunde genommen die IKEA-Taktik. Ich schlendere durch den Laden, will eigentlich nur schnell und gezielt einen Blumentopf kaufen, und auf der vorgegebenen Route zum Ausgang nehme ich noch zig andere Dinge mit. Das funktioniert auch hervorragend online.

Einlegesohlen und Bagger: E-Commerce kennt keine Grenzen

Aber was ist mit Produkten, die maximal personalisiert sind? Get-steps zeigt, dass selbst maßgefertigte orthopädische Einlagen problemlos online verkauft werden können. Das Konzept ist denkbar einfach: Der Kunde bestellt seine Einlagen online und erhält ein Abdruckset per Post. Er nimmt zu Hause selbst seine Fußabdrücke und füllt einen Fragebogen aus. Das Abdruckset wird kostenfrei an die Get-steps-Werkstatt zurückgeschickt. Dort fertigen Orthopädieschuhmacher die perfekten Einlagen – passend für die Schuhe des Kunden. Zusätzlich gibt es ein 100-tägiges Rückgaberecht.

Dieses Modell zeigt, dass selbst »maßgeschneiderte« Produkte in einem medizinischen Bereich kein Hindernis für den Onlinehandel darstellen. Und wenn es um große Maschinen geht? Auch das geht! Nicht nur Lebensmittel und Schuhe, auch schwere Baumaschinen können zum Beispiel online vermietet werden.

Zeppelin Rental macht es vor: Über eine einfache Suchmaske gibt der Kunde ein, welches Gerät er benötigt für welchen Zeitraum in welcher Region. Anschließend kann er es mit wenigen Klicks in den Warenkorb legen und den Bestellprozess anstoßen. Anders als bei klassischen Onlinekäufen wählt der Kunde allerdings zusätzlich den Einsatzort und die Lieferart aus. Selbst hochpreisige, spezialisierte Produkte lassen sich also erfolgreich online an den Kunden bringen. Selbst der Bagger passt in den Warenkorb. Und das funktioniert fantastisch, sagt Martina Feyerabend, Senior Sales Consultant Contract/Reward Management bei Zeppelin Rental.

Take-away

Der E-Commerce hat keine unüberwindbaren Grenzen. Wenn weder die Größe eines Produkts noch Individualisierung oder Haltbarkeit ein Hindernis für den Onlinehandel darstellt, bedeutet das eines: Es gibt keine echten Hürden im E-Commerce – nur Herausforderungen, die gelöst werden können. Ob Auto, Müsli, Schuheinlagen oder Baumaschinen: Der digitale Vertrieb hat sich längst bewährt.

Influencer
Entwickeln statt kaufen!

Influencer können viel bewegen, viel Reichweite für die Marke aufbauen – oder viel kosten, ohne Wirkung zu zeigen. Der Erfolg ist oft schwer planbar, und ein unbedachter Moment kann dem Markenimage schnell schaden – wie das Beispiel Adidas und Kanye West eindrucksvoll zeigt. Statt auf kurzfristige Aufmerksamkeit zu setzen, lohnt sich ein anderer Weg: Marken, die Influencer gezielt und strategisch einbinden – sei es als langfristige Partner oder sogar als eigene Markenbotschafter –, bauen echte Nähe zur Zielgruppe auf. Das schafft Vertrauen, Kontinuität und Reichweite mit Substanz.

Dass dieser Ansatz funktioniert, zeigen Vorreiter wie die Goodlife Company und Störtebekker. Sie setzen nicht auf einmalige Postings, sondern auf glaubwürdige Persönlichkeiten, die ihre Marken mittragen und verkörpern – Tag für Tag.

Organisches Social Media: Das sympathische Gesicht des Störtebekker-Barbiers

Martin Picard, Founder & CEO von Störtebekker, gründete Störtebekker als Einzelunternehmen – mit einer klaren Vision: die Werte klassischer Barbershops ins heimische Badezimmer zu bringen. Als Fan traditioneller Rasur und hochwertiger

Materialien wie Leder brachte er Ende desselben Jahres das erste Produkt auf den Markt – einen Rasierhobel im eleganten Lederetui.

Seitdem wächst das Unternehmen stetig. Heute besteht das Team aus fünf engagierten Mitarbeitenden, die mit Leidenschaft neue Produkte entwickeln und vermarkten. Die Produktpalette rund um traditionelle Rasur- und Bartpflege wird kontinuierlich erweitert. Störtebekker verfolgt dabei einen hohen Anspruch: hochwertige Produkte kombiniert mit einem Premium-Service, der die Erwartungen der Kunden übertrifft. Die Werte des Unternehmens? Qualität, exzellenter Service und Loyalität – genau das, was einen exklusiven Barbershop ausmacht.

Doch wie wird aus einer Nischenmarke eine starke, erfolgreiche E-Commerce-Brand? Eine Marke wird erst dann wirklich erfolgreich, wenn die Menschen nicht nur ihre Produkte lieben, sondern auch das Gesicht dahinter. Genau das hat Störtebekker verstanden und auf eine Strategie gesetzt, die viele Unternehmen unterschätzen: organisches Social Media Marketing mit einer echten Persönlichkeit.

Statt auf klassische Influencer-Kooperationen zu setzen, arbeitet Martin Picard mit seinem persönlichen Barbier zusammen – einem charismatischen Entertainer, der gut aussieht, locker vor der Kamera spricht und vor allem: absolut authentisch ist.

Gemeinsam entwickelten sie ein Content-Format, das in kürzester Zeit viral ging. Innerhalb von sechs Monaten erreichten sie auf TikTok 90.000 Follower, YouTube wuchs auf 40.000 Abonnenten. Im August 2025, nur kurze Zeit später, sind es bereits rund 82.000 Abonnenten auf YouTube und ca. 190.000 Follower auf TikTok – und das komplett ohne bezahlte Werbung.

Das Ergebnis? Rund 25 % der Neukundenumsätze im eigenen Onlineshop lassen sich direkt auf diese organische Social-Media-Strategie zurückführen. Die einzigen Kosten? Produktionskosten für die Videos.

Marken wie Trigema oder Snocks sind Vorreiter dieser Strategie: Unternehmen, die ihr Gesicht zeigen – sei es durch Gründer, Mitarbeiterinnen oder Partner –, bauen eine tiefere Bindung zur Community auf. Es geht darum, die Marke nahbar zu machen, Prozesse transparent zu zeigen und Menschen zu involvieren – und das alles auf unterhaltsame Weise.

Besonders spannend: Die besten Markenbotschafter sind oft diejenigen, die gar nicht erst versuchen, Influencer zu werden. Sie konzentrieren sich einfach auf ihre Leidenschaft – und genau das macht sie vor der Kamera so authentisch. Im Fall von Störtebekker entsteht so nicht nur eine starke Personenmarke, sondern auch ein neues Businessmodell.

Natürlich bedeutet das auch eine gewisse Abhängigkeit – schließlich ist die Marke eng mit der Person verknüpft. Doch es ist eine Win-win-Situation. Der Barbier von Störtebekker profitiert ebenfalls: Gemeinsam mit Störtebekker hat er eigene Produkte entwickelt, die er nun in seinem Barbershop verkaufen kann. Ohne diese Partnerschaft wäre eine so professionelle Produktentwicklung für ihn allein kaum möglich gewesen. Gleichzeitig wächst seine eigene Bekanntheit – er wird auf der Straße erkannt, bekommt direkte Rückmeldungen von Kunden und erlebt, dass Menschen seinetwegen in den Onlineshop kommen. Diese Wertschätzung ist nicht nur gut fürs Ego, sondern auch fürs Geschäft. Zusätzlich verdient er an den verkauften Produkten mit.

Störtebekker beweist eindrucksvoll, dass erfolgreiches Social Media Marketing nicht einfach bedeutet, einen Influencer zu engagieren. Viel wertvoller ist es, mit einer authentischen Persönlichkeit gemeinsam ein Business aufzubauen. Genau nach diesem Prinzip arbeitet beispielsweise auch HejNatural (Goodlife Company GmbH) mit der größten Sportinfluencerin Deutschlands, und das mit großem Erfolg. Die Vorteile sind vielfältig:

- *Geringere Kosten*: Keine teuren Influencer-Honorare. Ein Beauty-Influencer mit 80.000 Followern auf Instagram und guter Engagement-Rate kann 1.500 bis 3.000 Euro pro *Sponsored Post* verlangen – plus mehr für *Story-Bundles*, *Reels* oder Exklusivität hinsichtlich des Wettbewerbsverbots.
- *Authentizität*: Die Person steht langfristig für die Marke und sorgt für Glaubwürdigkeit.
- *Win-win-Situation*: Die Influencer profitieren von der Marke und umgekehrt.

Studie belegt: Langfristige Influencer-Kooperationen und KI werden immer wichtiger

Influencer, die natürlich in das Unternehmenskonzept eingebunden sind, können oft eine stärkere Kundenbindung aufbauen als externe Werbegesichter. Die Performance-Marketing-Agentur MAI xpose360 zeigt in einer aktuellen Studie, dass langfristige Influencer-Kooperationen immer wichtiger werden:

- 72 % der Unternehmen planen steigende Investitionen ins Influencer-Marketing.
- 68 % der Influencer erwarten höhere Einnahmen.
- 41 % der Unternehmen investieren bereits zwischen 10 und 25 % ihres Online-Marketing-Budgets in Influencer-Marketing.
- 15 % investieren sogar bis zu 50 % und 7 % über 50 %.[4]

Die Tendenz geht dabei weg von einmaligen Werbeposts hin zu dauerhaften Kooperationen. 2025 stehen Authentizität und echtes Storytelling im Fokus. Laut der Studie setzen 70 % der Experten auf transparente und glaubwürdige Inhalte. Besonders *Nano- und Mikro-Influencer* profitieren davon, da sie eine engere Bindung zu ihrer Community haben.

Ein weiteres spannendes Thema ist KI. Bereits 80 % der Unternehmen nutzen KI-Tools zur Content-Erstellung und zur Influencer-Analyse. Gleichzeitig werden KI-Influencer immer relevanter, also durch KI generierte Personen bzw. Gestalten, die als Influencer agieren.

Trotz der positiven Entwicklung bleiben Herausforderungen bestehen:

- 92 % der Unternehmen haben Schwierigkeiten, den *Return on Invest* (*ROI*) von Influencer-Kampagnen exakt zu berechnen.
- 35 % der Unternehmen beklagen Fake-Follower und manipulierte Engagement-Raten.

Meine Handlungsempfehlungen für Unternehmen:

- Langfristige Partnerschaften aufbauen anstelle einmaliger Deals.
- Mikro- und Nano-Influencer integrieren, da sie oft eine loyalere Community haben.
- Klare KPIs setzen, um Kampagnen messbar zu machen.
- Plattformspezifische Strategien entwickeln: TikTok für virale Inhalte, Instagram für Branding, YouTube für Erklärvideos, LinkedIn für Business-Content.
- Authentizität vor Hochglanzwerbung stellen.

Potenzial hat Influencer-Marketing auch, wenn es darum geht, das Thema *Health Claims* anzugehen. Unternehmen wie COLLIDE oder Bears with benefits könnten

4 Quelle: *https://onlinemarketing.de/social-media-marketing/studie-state-of-german-influencer-marketing-2025*

auf Influencer setzen, um Gesundheitsversprechen – die strengen gesetzlichen Regelungen unterliegen – glaubhaft zu transportieren. Hier kann die direkte Empfehlung durch Influencer eine höhere Glaubwürdigkeit bieten als klassische Werbung.

Wichtig zu beachten ist allerdings, dass Influencer keine Health-Claim-Aussagen tätigen dürfen! Dennoch können sie die Produkte bzw. deren Inhaltsstoffe etc. zumindest erklären, aber eben ohne Health-Claim-Aussagen. »Darauf briefen wir sie auch«, sagt Eloy Gut, Founder & Managing Partner bei COLLIDE beverages & more GmbH. Die Follower kaufen dann die Produkte, weil sie überzeugt wurden. Die Influencer müssen die Marke bzw. das Produkt glaubwürdig rüberbringen – das ist die Grundlage.

Take-away

Den passenden Influencer zu finden, der tatsächlich performt, ist oft ein Try-and-Error-Spiel. Viele Unternehmen berichten, dass die meisten Influencer nicht die gewünschten Ergebnisse liefern. Um diesem Dilemma zu entgehen, sollten Unternehmen überlegen, welche internen Mitarbeiterinnen oder Partner sie motivieren können, als authentisches Gesicht der Marke aufzutreten oder – im besten Fall – gemeinsam das Business aufzubauen.

Fairness zählt

Warum sozial, transparent und menschlich sein die neue Nachhaltigkeit ist

Nachhaltigkeit spielt im E-Commerce nur eine Rolle, solange der Preis tragbar ist. Das ist ein schmaler Grat. Denn durch Retouren, Verpackung und Lieferung ist echte Nachhaltigkeit, wie wir sie im klassischen Sinne verstehen, schwer zu realisieren. Wie geht es also trotzdem? Nachhaltigkeit bedeutet vor allem, die Bedürfnisse der Gegenwart zu befriedigen, ohne die Möglichkeiten zukünftiger Generationen zu gefährden. Es ist ein Handlungsprinzip, das ökologische, ökonomische und soziale Aspekte gleichermaßen berücksichtigt. Zu den Grundprinzipien der Nachhaltigkeit gehören: Förderung sozialer Gerechtigkeit, Gestaltung einer zukunftsfähigen Gesellschaft und ein verantwortungsbewusster Umgang mit natürlichen Ressourcen. Eine zukunftsfähige Gesellschaft basiert aus meiner Sicht hauptsächlich auf dem Aspekt der Menschlichkeit.

Nachhaltig sozial: congstars sympathischer Umgang mit Problemen

Ein Beispiel für eine kluge Haltung im Markt liefert congstar. Das Telekommunikationsunternehmen steht vor der Herausforderung, sich in einer Branche zu behaupten, in der sich alles um den Preis pro Gigabyte dreht. Darüber habe ich mit Karen Mauer, Head of Digital Sales bei congstar, gesprochen. Die Differenzierung erfolgt durch Fairness.

congstar hat sich mit dem Markenversprechen, der fairste Mobilfunk- und Internetanbieter am deutschen Markt zu sein, einen nachhaltigen Kundenstamm von über sieben Millionen Kundinnen und Kunden aufgebaut. Dabei setzt das Unternehmen nicht nur auf transparente und ehrliche Kommunikation, sondern auch auf richtig guten Service und ein bestmögliches digitales Kundenerlebnis. Doch eine Marke glaubwürdig, fair und nachhaltig zu positionieren, ist eine echte Herausforderung – gerade in einem Markt, der durch Intransparenz und komplizierte Fußnoten dominiert wird.

Wie macht congstar also den Unterschied? Sie fragen sich bei der Entwicklung neuer Produkte konsequent: Was müssen wir schaffen, um anders zu sein? Besonders in Zeiten steigender Lebensmittelpreise und wachsender finanzieller Belastung für die Kunden hat congstar eine bemerkenswerte Haltung entwickelt. Statt säumige Zahler mit Mahnungen oder Inkassoverfahren zu überziehen, suchen sie das Gespräch. congstar ruft betroffene Kunden proaktiv an und fragt, wo der Schuh drückt. Dabei stellte sich heraus, dass viele ganz offen sagen, dass sie ihre Rechnung aufgrund der steigenden Lebenshaltungskosten nicht zahlen können. Statt Sanktionen bietet congstar Lösungen: Stundungen, flexiblere Ratenzahlungen – aber keine Mahnungen, kein Inkasso.

Diese Haltung zeigt sich in der Kundenbindung: Die Retention-Rate ist über Plan, die Loyalität hoch. Kunden werden gehalten, die Kundenbeziehung wird aktiv gemeinsam weiterentwickelt. Menschlichkeit im E-Commerce zahlt sich aus – auch wenn der Kaufprozess digital und anonym verläuft, braucht es bei Problemen echte, menschliche Interaktion. Sozial sein und transparent erklären ist die neue »Nachhaltigkeit« – oder wie ich es nenne: einfach Mensch sein. Weiterempfehlung ist ein Nebeneffekt, aber nicht der Hauptwirkungsfaktor. Diese Haltung bedeutet für mich, ein Stück weit Einfluss zu nehmen auf die Art, wie wir miteinander umgehen, und damit das Vorleben kooperativer Werte statt einer rein profitgetriebenen Vorgehensweise.

Nachhaltig menschlich: Die Learnings von Outfittery und Goodlife

Ein weiteres Beispiel für Menschlichkeit im E-Commerce ist Outfittery. Das Unternehmen hat sich dem personalisierten Shopping verschrieben und bietet Männern und mittlerweile auch Frauen eine individuelle Stilberatung. Kunden geben über einen Fragebogen ihre Vorlieben, Größen und ihr Budget an. Anhand dieser Informationen stellt ein persönlicher Stylist eine kuratierte Outfit-Box zusammen, die direkt nach Hause geliefert wird. Was gefällt, wird behalten, der Rest kann kostenfrei zurückgesendet werden. Dieses Konzept vereint maßgeschneiderten Service mit einem risikofreien Einkaufserlebnis. Ist das ein menschlicher Service? Ich meine: Ja.

Menschlichkeit ist auch der Schlüssel zum Erfolg im Influencer-Marketing. Doch wo liegen die Grenzen? Dazu habe ich mit Lie-Pei Wu, Head of E-Commerce bei der Goodlife Company, gesprochen. Sie arbeitet mit Deutschlands bekanntester Sportinfluencerin zusammen und hat dabei wertvolle Erkenntnisse gewonnen.

Der Schlüssel zum Erfolg liegt darin, die Community-Mechanismen zu verstehen. Influencer-Marketing ist schwer zu steuern, da es stark von der individuellen Influencer-Persönlichkeit abhängt. Die Zielgruppe des Influencers und die des Produkts müssen sich decken – Authentizität ist essenziell. Dabei sollte man nicht nur auf Follower-Zahlen setzen. Ein großer Influencer bedeutet oft hohe Streuverluste. Klüger ist es, mit einem Makro-Influencer zu starten, der bereits Performance zeigt. So lässt sich testen, wie das Produkt bei der Kernzielgruppe ankommt und welche Content-Strategien funktionieren. Erst dann lohnt sich der Schritt zu größeren Influencern.

Größere Influencer haben oft weniger Verkaufs-, aber mehr Reichweiten-Power. Unternehmen sollten sich daher genau ansehen, welche Influencer wirklich zur Marke passen. Hier setzen Tools an: Mit einer KI-gestützten Technologie analysieren sie jeden Beitrag und jede Zusammenarbeit, um markenkonforme Creators zu identifizieren. Statt Excel-Tabellen gibt es eine zentrale Plattform, um Influencer-Kampagnen effizient zu steuern.

Doch trotz aller Daten bleibt eine entscheidende menschliche Hürde: Wie interagiert ein Influencer mit seiner Community? Wenn er überzeugend und authentisch ist, können enorme Umsätze generiert werden. Fehlt diese Glaubwürdigkeit, verpufft die Wirkung. Entscheidend ist nicht die Follower-Anzahl, sondern die Menschlichkeit und die Authentizität des Influencers. Ein Beispiel: Wenn ein Influencer auf den Malediven Urlaub macht und dort Content produziert, in dem ein deftiges Produkt beworben wird, passt das nicht zur Umgebung – das spiegelt sich dann in den KPIs wider.

Wichtiger als eine langfristige Strategie ist daher das Wissen um die Mechanismen. Nur wer versteht, was funktioniert und was nicht, kann Influencer-Marketing effektiv nutzen. Am Ende zählt die Qualität der Beziehung – genau wie im gesamten E-Commerce. Menschlichkeit, Fairness, Authentizität und Transparenz sind die neue »Nachhaltigkeit« – und sie sind entscheidend für den Erfolg.

Nachhaltig auf Augenhöhe: Mentoren gewinnen Talente und Loyalität

Der E-Commerce ist ein Hochgeschwindigkeitsgeschäft. Täglich werden neue Trends geboren, Plattformen ändern ihre Algorithmen über Nacht, Konsumentenverhalten wandelt sich in Echtzeit, und der Wettbewerbsdruck ist gnadenlos. Inmitten dieser Dynamik stehen Führungskräfte, die den Spagat zwischen operativer Exzellenz und strategischer Weitsicht meistern müssen. Doch was oft übersehen wird: In dieser digitalen, datengetriebenen Welt sind es die Menschen, die den Unterschied machen. Führung im E-Commerce ist deshalb nicht nur eine Frage von KPIs, sondern vor allem von Haltung.

Viele Teams im E-Commerce arbeiten unter hohem Druck. Marketingkampagnen müssen performen, Umsatzziele erreicht, Retourenquoten gesenkt und Margen verbessert werden. Das verlangt ständige Anpassung, Experimentierfreude und oft auch das schnelle Verwerfen von Strategien, die gestern noch richtig schienen. Für Führungskräfte entsteht daraus eine enorme Verantwortung: Sie müssen Tempo halten und zugleich Orientierung geben – in einem Umfeld, das von Unsicherheit geprägt ist. Doch wer nur auf Effizienz pocht, verliert schnell das Wichtigste: die Menschen hinter den Zahlen.

Gerade im digitalen Handel, wo vieles automatisiert, virtualisiert und anonymisiert wird, ist es umso entscheidender, dass Führung greifbar bleibt. Menschen wollen gesehen werden – auch (und gerade) in digitalen Teams. Sie wollen verstehen, warum sie etwas tun, welchen Beitrag sie leisten und was das große Ganze ist. Es reicht nicht, Ziele zu setzen und Ergebnisse einzufordern. Es braucht Führungspersönlichkeiten, die zuhören, die Unsicherheiten ernst nehmen, die Nähe schaffen – auch über Distanz hinweg. Die nicht nur fordern, sondern auch fördern, so Sergej Kosyrev, Leitung E-Commerce & Online-Marketing bei der Lucky Bike.de GmbH.

Menschlichkeit in der Führung heißt nicht, weich zu sein oder keine Entscheidungen zu treffen. Im Gegenteil. Es bedeutet, mutig zu kommunizieren, transparent zu sein, auch Fehler einzugestehen und sich verletzlich zu zeigen. Wer so führt, schafft Vertrauen. Und Vertrauen ist die Währung, mit der sich Mitarbeiterinnen und Mitarbeiter langfristig binden lassen – in einer Branche, die für ihre hohe Fluktuation bekannt ist.

Viele Unternehmen unterschätzen diesen Faktor. Sie investieren in Tools, in Prozesse, in Automatisierung – aber vernachlässigen die Kultur. Dabei entscheidet gerade sie darüber, ob ein Team auch unter Druck zusammenhält, ob Menschen Verantwortung übernehmen, ob Innovation entsteht. Eine Kultur, in der Führung auf Augenhöhe passiert, in der Feedback erwünscht ist, in der Leistung zählt, aber der Mensch nicht untergeht.

Besonders jüngere Generationen, die mit digitalen Technologien aufgewachsen sind, erwarten keine autoritären Chefs, sondern Mentoren. Sie wollen Sinn, Entwicklungsmöglichkeiten und ein echtes Miteinander. Wer das bieten kann, gewinnt – nicht nur Talente, sondern auch Loyalität.

Führung im E-Commerce erfordert also zweierlei: analytische Schärfe und emotionale Intelligenz. Beides zusammen ergibt die Fähigkeit, auch in chaotischen Phasen Klarheit zu schaffen. Teams brauchen Leitplanken, keine Kontrolle. Sie brauchen Vertrauen statt Mikromanagement. Und sie brauchen Führungskräfte, die sie inspirieren – nicht nur mit Visionen, sondern mit echtem Interesse an ihren Fähigkeiten, Sorgen und Ideen.

Vielleicht ist das die größte Herausforderung: in einer Welt, die sich immer schneller dreht, den Menschen nicht zu verlieren. Weder als Kunden noch als Mitarbeiterin oder Mitarbeiter. Wer das versteht, führt nicht nur ein Unternehmen – er gestaltet Zukunft.

Take-away

Nachhaltigkeit im E-Commerce ist eine komplexe Herausforderung – Retouren, Verpackung und Lieferketten erschweren echte ökologische Verantwortung. Doch wahre Nachhaltigkeit geht über reine Umweltaspekte hinaus. Verantwortung, Transparenz und Menschlichkeit sind langfristig erfolgreicher als rein profitorientierte Maßnahmen. Wer Fairness beweist, menschlich ist, gewinnt nicht nur Kundenloyalität und Mitarbeiter, sondern schafft auch eine zukunftsfähige Marke.

BIG IN NO RETURNS

Rentabilität maximieren

Retouren sind keine Nebensache – sie sind ein Geschäftskiller. Dieser Teil zeigt, wie durch kluge Prozesse, bessere Kommunikation und ein tieferes Kundenverständnis aus einer Retourenquote ein Wettbewerbsvorteil wird und wie du profitabler bist durch weniger Rabatte, weniger Wareneinsatz.

Retourenquote auf 4 % senken

Von den Besten lernen

Retouren – der stille Killer im Fashion-E-Commerce. Sie fressen Margen, belasten die Logistik und bringen Händler an ihre Grenzen der Profitabilität. Doch was, wenn genau dieses Problem der Schlüssel zu deinem Erfolg sein könnte? Was, wenn Retouren nicht der Untergang, sondern das größte Potenzial sind? Was, wenn 4 % Retourenquote tatsächlich machbar wäre? Visionäre Unternehmen zeigen, es ist machbar: Mit den richtigen Ansätzen lassen sich Retouren nicht nur drastisch senken, sondern in einen mächtigen strategischen Vorteil verwandeln. Der Weg aus der Kostenfalle beginnt hier.

Die wohl größte Herausforderung hinsichtlich Retouren hat die Fashion-Branche: Es ist ein Kampf gegen Zeit, Saisonalität und Rabattschlachten. Im E-Commerce gibt es kaum eine Branche, die mit so vielen Unwägbarkeiten und Kurzfristigkeiten kämpft wie der Fashion-Bereich. Anders als im B2B-Sektor, wo Produkte über Jahre hinweg optimiert und perfektioniert werden können, bleibt Modehändlern nur ein kurzes Zeitfenster, um ihre Artikel bestmöglich darzustellen und zu verkaufen.

Nehmen wir das Beispiel eines Zahnarztbohrers: Dieses Produkt verändert sich kaum, demnach lässt sich das Angebot kontinuierlich weiterentwickeln und verbessern. Beschreibungen, technische Daten und Darstellungen werden so präzise abgestimmt, dass es kaum zu Missverständnissen zwischen Produkt und Kunde kommt. Retouren sind in diesem Segment eine Seltenheit.

Doch Modeartikel? Die haben ein Ablaufdatum. »In unserer Branche beträgt die Zeit, in der der Artikel zum Schwarzpreis verkauft wird, meist nur wenige Wochen«, erklärt ein langjähriger Head of E-Commerce einer renommierten Marke aus der Fashion-Branche. »Und das schränkt unsere Möglichkeiten massiv ein.« Ein Kleid, das heute designt wird, muss in sehr kurzer Zeit verkauft sein – oder es landet im Sale.

Saisonalität verschärft das Problem. »Sommerkleider müssen wir bereits ab Ende Januar bewerben«, sagt er. »Und wenn es Sommer wird, landen sie mit Rabatten von bis zu 70 % im Ausverkauf.« Diese Dynamik hat sich in der Branche festgesetzt und wirkt wie ein unaufhaltsamer Kreislauf. Einzelne Marken haben kaum die Möglichkeit, aus dieser Schleife auszubrechen. Ab Mai warten die Kunden nur noch auf Rabatte. Der Markt hat sie darauf konditioniert.

Und dann gibt es da noch die großen Aktionstage wie Black Friday. Die Annahme, dass hohe Rabatte automatisch höhere Retourenquoten verursachen, stimmt jedoch nicht immer. »Wir haben analysiert, wie sich die Retourenquote mit steigenden Rabatten verändert,« sagt er. »Zu unserer Überraschung verhält es sich oft genau umgekehrt.« Kunden, die mit hohen Rabatten einkaufen, retournieren weniger – vielleicht, weil sie das Gefühl haben, ein Schnäppchen gemacht zu haben.

Sind Rabatte der Schlüssel? Nein. Definitiv nicht. Wir brauchen eine neue Denkweise. Wir müssen die Retourenquote verstehen und gezielt managen. Es geht nicht darum Preise zu reduzieren, sondern vielmehr darum, Kunden bewusst zu machen, welche Auswirkungen ihre Kaufentscheidungen haben.

Man könnte meinen, dass Kundinnen und Kunden, die Dinge kaufen, die sie nicht unbedingt brauchen, diese auch häufiger retournieren. Doch das ist nicht zwangsläufig der Fall. Wir wissen es nur, wenn wir uns die Daten anschauen. Annahmen können im Retourenmanagement oft trügerisch sein – echte Antworten liefert ausschließlich eine detaillierte Analyse.

Ein weiteres Problem wird jedoch direkt durch die Praxis vieler Marktplätze gefördert: Auf Plattformen wie ABOUT YOU wird Kunden aktiv empfohlen, zwei Größen in den Warenkorb zu legen. Natürlich geht eine davon zurück. Und natürlich ist das für ABOUT YOU ein kleineres Problem, da die Versand- und Retourenkosten beim Händler liegen.

Noch drastischer zeigt sich die Situation bei Zalando. Bei Retourenquoten von bis zu 80 % wird es mit der Marge schnell eng. Zalando verlangt nicht nur hohe

Provisionen, die Artikel werden auch oft mehrmals hin- und hergeschickt, bevor sie tatsächlich verkauft bleiben – wenn überhaupt.

Das Problem ist, dass es sich summiert. Retouren verursachen zum einen direkte Kosten, zum anderen ziehen sie auch eine Kette von zusätzlichen Aufwänden nach sich. Jeder Artikel muss erneut geprüft, gebügelt, neu verpackt und etikettiert werden. Und in manchen Fällen landet das Produkt nach der Retoure direkt im Müll, weil es nicht mehr verkaufsfähig ist.

Die Bedeutung in Zahlen wird klar, wenn man den Einfluss auf die Profitabilität betrachtet. Ein Unterschied von nur ein oder zwei Prozentpunkten bei der Retourenquote kann riesige Auswirkungen auf die Gewinnmargen haben. Gerade bei einem Marktplatz wie Zalando, wo die Retourenquoten manchmal doppelt so hoch sind wie auf Plattformen wie Amazon, wird die Belastung spürbar.

Beispielrechnung: So wirkt sich eine Senkung der Retourenquote um zwei Prozentpunkte auf den Gewinn aus

- Umsatz pro Jahr: 10 Millionen €
- Durchschnittlicher Warenkorbwert: 75 €
- Retourenquote aktuell: 50%
- Marge nach Retouren und Logistikkosten (brutto): 40%
- Retourenkosten pro Sendung (Bearbeitung, Logistik, Wertverlust): 10 €

Um 2 % geringere Retourenquote (auf 48 %):

- 2.666 weniger Retouren
- Direkte Ersparnis: 2.666 × 10 € = 26.660 €
- Umsatz: 2.666 × 75 € = 199.950 €
- Rohertrag (40%): ca. 79.980 €

Gesamteffekt bei 2% weniger Retouren: ca. 79.980 € mehr Rohertrag pro Jahr. Schon kleinste Verbesserungen der Retourenquote können massive Auswirkungen auf die Profitabilität haben.

Man könnte sagen, Marktplätze sind eine Honigfalle. Marktplätze wie Zalando und Amazon locken Händler mit unkomplizierter Infrastruktur und Reichweite, häufig in Zielgruppen, die man aus eigener Kraft nicht erreicht. So lassen sich schon auch neue Käuferschichten erschließen. Außerdem braucht man kein eigenes Personal, keine eigenen Systeme. Doch mit der Reichweite kommen auch die Probleme: hohe Gebühren und extreme Retourenquoten. Selbst eine geringe Retourenquote im eigenen Shop kann dann nur wenig ausrichten, wenn 70 % der Umsätze über Marktplätze gemacht werden.

Die Abhängigkeit zeigt sich auch in einem anderen Punkt: Kundendaten. »Wir haben zehn Jahre lang über Marktplätze verkauft«, berichten manche Anbieter. »Jeden Tag 2.000 bis 3.000 Bestellungen. Aber am Ende dieser zehn Jahre haben wir keine Kundendaten – keine einzige Adresse, keinen direkten Kontakt.« Die Daten bleiben bei den Marktplätzen, und damit fehlt den Händlern eine entscheidende Ressource für den langfristigen Aufbau von Kundenbeziehungen.

Die Marktplätze selbst sind hier nicht das Problem, sondern die Art und Weise, wie Händler sie nutzen. Ohne eine klare Strategie für Retourenmanagement und Kundendaten bleiben sie eine Quelle für Umsatz – eine Suchmaschine –, aber selten für nachhaltigen Erfolg. Auf Marktplätzen generiert eine Marke vor allem Käuferinnen und Käufer, aber eben kaum Kundschaft. Dessen muss man sich bewusst sein. Die Lösung liegt darin, das Marktplatzgeschäft intelligent zu steuern, statt sich von ihm abhängig zu machen. Nur so können Händler langfristig profitabel bleiben. Das eigentliche Problem zeigt sich, wenn der Marktplatzumsatz so hoch wird, dass Händler nicht mehr darauf verzichten können. Ab einem gewissen Punkt ist man abhängig, und es wird schwer, sich dann aus dieser Spirale wieder zu befreien.

Wie senkt man die Retourenquote? Indem man sich von Marktplätzen unabhängiger macht? Ja, und auch durch einen Mix aus strategischen Maßnahmen, die kanalübergreifend wirken:

- Genau ausrechnen, welchen Anteil ein Marktplatz im Gesamtumsatz haben darf, damit es rentabel bleibt. Ein Marktplatz ist für manche Unternehmen eher als Suchmaschine zu sehen statt als reiner Absatzkanal. Das Verhältnis, das ich im Rahmen eines Anbieters für Sicht- und Sonnenschutz mal ausgerechnet habe, beträgt 75 % Umsatz im eigenen Shop und der Rest über Marktplätze wie Amazon oder eBay. Pauschal kann man das jedoch nicht sagen, es muss errechnet werden.
- Hochwertige Bilder, detaillierte Größenangaben und präzise Beschreibungen helfen, Missverständnisse zu vermeiden. Als Nächstes könnte man sich Maßnahmen für den eigenen Shop und die Bewerbung der Produkte überlegen. Ei-

nige Unternehmen haben kreative Ansätze entwickelt, um die Retourenquote zu senken. Hier einige Beispiele aus der Praxis:

- Bewusstsein schaffen: Intersport beispielsweise setzt auf Nachhaltigkeit als Hebel: In A/B-Tests haben sie herausgefunden, dass im Onlineshop ein Hinweis im Check-out hilft. »Du hast deinen Artikel bereits in einer anderen Größe im Warenkorb liegen. Der Umwelt zuliebe! Hilf uns, überflüssige Retouren zu vermeiden.« Dadurch werden 15 % weniger Bestellungen des gleichen Produkts in zwei Größen getätigt. Nachhaltigkeitshinweise, wie sie Intersport nutzt, können ein guter Anfang sein. Kunden müssen verstehen, dass Retouren nicht nur für Unternehmen, sondern auch für die Umwelt belastend sind. Diese Maßnahme zeigt Wirkung, auch wenn sie nicht alle Probleme löst.
- Personalisierung und Präzision: Einige Unternehmen setzen auf außergewöhnlich individuelle Maßnahmen, um die Retourenquote effektiv zu senken – und gleichzeitig das Kundenerlebnis zu verbessern. »Beim Herrenausstatter sobs.de spielt der Fokus auf Qualität und individuelle Betreuung eine entscheidende Rolle«, sagt Malte Wiggers, Head of E-Commerce. Das Sortiment umfasst hochpreisige Produkte wie handgefertigte Sakkos für bis zu 15.000 Euro oder Hemden ab 300 Euro. Selbst das günstigste Produkt, ein Einstecktuch, kostet 80 Euro. Was hier heraussticht, ist der Service nach der Bestellung: Kunden erhalten Pflegehinweise für ihre handgemachten italienischen Schuhe sowie handgeschriebene Dankeskarten – personalisiert mit ihrem Namen und Titeln wie »Dr.«. Zudem wird auf Wunsch der Kontakt zu einem exklusiven Schneider vermittelt, um die Kleidung perfekt anzupassen. Dieser Service steigert nicht nur die Kundenzufriedenheit, sondern minimiert auch Rücksendungen, da die Produkte auf die individuellen Bedürfnisse der Käufer abgestimmt werden.
- Datenbasierte Größenpräzision: Wenn ein Kunde normalerweise Größe L bestellt, aber plötzlich Größe S wählt, wird er durch den Fitfinder auf eine mögliche Fehlentscheidung hingewiesen. »Wird ein bisschen eng«, könnte die automatisierte Nachricht lauten, die den Kunden dazu bringt, seine Auswahl zu überdenken. Zalando nutzt diese Technologie beispielsweise. An sich eine gute Idee, aber aufwendig in der Umsetzung, denn jedes Kleidungsstück muss präzise in eine Größe eingeordnet werden.

- Eine andere, datengetriebene Herangehensweise verfolgt Tredy Fashion. Hier wird Ware gezielt nur an Kunden ausgespielt, die eine niedrige Retourenquote haben. Das Unternehmen setzt auf eine technische Lösung, die die bisherigen Bestellungen und das Kaufverhalten der Kunden analysiert. Zusätzlich hat Tredy ein Belohnungsprogramm eingeführt: Kunden, die im Laufe des Jahres weniger retournieren, sammeln Punkte, die gegen Gutscheine eingetauscht werden können. Diese Kunden werden zudem zu exklusiven Events eingeladen und erhalten spezielle Newsletter mit individuell abgestimmten Empfehlungen. Dieses Programm hat die Retourenquote des Unternehmens um beeindruckende 5 % gesenkt – von 40 % auf 35 %.
- Eine weitere Idee für weniger Retouren: der alte Trick der Personalisierung. Kunden, die personalisieren, denken, sie können nicht retournieren. Das stimmt nicht, zumindest nicht, wenn die Ware wieder verkaufbar ist. Selbst wenn der Name individuell angedruckt oder aufgestickt wird, heißt es nicht, dass der Händler die Ware nicht wieder verkaufen kann, und dennoch – es funktioniert.

Und dann gibt es noch eine ganze Reihe an strategisch übergreifenden Maßnahmen, die die Kosten von Retouren abfangen oder minimieren: Maßnahmen, die beispielsweise bei der Bewerbung ansetzen. Der Fair Fashion Online Shop Loveco hat einen pragmatischen Ansatz entwickelt, um Retouren und deren Kosten zu minimieren, ohne dabei auf Kundenzufriedenheit zu verzichten, wie Marike Heycke, Leitung Marketing bei Loveco verrät. Statt ausschließlich auf die Reduktion der Retourenquote zu setzen, konzentriert sich das Unternehmen darauf, die Kosten und Abläufe rund um Rücksendungen effizienter zu gestalten.

Eine der Maßnahmen ist die telefonische Größenberatung, bei der Kunden individuell beraten werden, um Fehlkäufe zu vermeiden. Obwohl dieser Ansatz zeitaufwendig ist, hilft er, die Zahl der Retouren zu reduzieren und die Kundenzufriedenheit zu erhöhen.

Für Kunden, die dennoch retournieren möchten, bietet Loveco eine umweltfreundliche Alternative: Rückgaben können direkt in den stationären Stores abgewickelt werden. Dort haben Kunden außerdem die Möglichkeit, ein Alternativprodukt direkt mitzunehmen – eine Strategie, die sowohl Retourenkosten als auch den Versandaufwand reduziert.

Ein weiterer Fokus liegt auf einer differenzierten Ansprache der Kunden und auf einer gezielten Steuerung des Sortiments: Kunden mit hoher Retourenquote erhalten bewusst Empfehlungen für Produkte, die weniger größen- oder passformabhängig sind. Kundinnen mit niedriger Retourenquote werden hingegen gezielt auf passende Artikel aufmerksam gemacht. Dazu kommt das Produkt-Clustering. Produkte mit hoher Retourenquote werden speziell ausgewertet und entweder ausschließlich in den stationären Stores angeboten oder gar nicht mehr beworben – weder online noch offline. Artikel, die also erfahrungsgemäß häufig retourniert werden, werden bewusst aus dem Online-Marketing ausgeschlossen. Dies verhindert, dass sie breit gestreut beworben werden und unnötige Rücksendungen verursachen.

Und dann gibt es natürlich auch noch die klassischen Maßnahmen, die man bei Luxusmarken sowie bei anderen hochpreisigen Artikeln wie Abendkleidern häufig sieht: der Einsatz von speziellen Sicherungsetiketten. Diese Etiketten sind am Produkt angebracht und können nur durch Entfernen des Siegels gelöst werden. Das Signal ist klar: Wird das Etikett entfernt, ist die Rückgabe ausgeschlossen. Diese Maßnahme schützt Händler vor dem »einmaligen Tragen« von Kleidung und senkt die Retourenquote spürbar.

Take-away

Retouren sind eine der größten Herausforderungen im Fashion-E-Commerce, doch anstatt sie nur als Kostenfalle zu betrachten, sollten Händler sie als strategische Chance nutzen. Dreh den Spieß um! Mit datengetriebener Analyse, smarter Kundenkommunikation und durchdachten Maßnahmen können vorab Retouren verhindert werden. Der Schlüssel liegt außerdem in der richtigen Balance zwischen Marktplatzabhängigkeit, präziser Produktdarstellung und innovativen Anreizen für bewusste Kaufentscheidungen.

Passt, passt nicht, passt

Wie geht Größenberatung, die wirklich nützt?

Nie war es einfacher, online einzukaufen – und gleichzeitig nie so herausfordernd, das richtige Produkt auf Anhieb zu finden. Jeder Kunde ist einzigartig, doch die Standardisierung von Größen und Passformen führt immer wieder zu Fehlkäufen und hohen Retourenquoten. Dazu kommt, dass auch immer mehr Branchen die E-Commerce-Bühne betreten, die eine komplette Individualisierung erfordern. In der Medizintechnik beispielsweise mit individuell gefertigten Einlagen oder Bandagen.

KI-gestützte Größenberater, virtuelle Umkleidekabinen und maßgeschneiderte Einlagen sind nur einige Beispiele dafür, wie Unternehmen das Einkaufserlebnis grundlegend verändern. Durch die Kombination von Kundendaten, maschinellem Lernen und intelligenten Empfehlungssystemen entsteht ein neues Maß an Genauigkeit – mit dem Ziel, Fehlkäufe zu minimieren und die Kundenzufriedenheit zu maximieren.

Zalandos virtuelle Umkleidekabine: Endlich eine passende Jeans

Zalando hat es sich zur Aufgabe gemacht, die Frustration des Onlineshoppings zu minimieren und Kunden eine passgenaue Größenempfehlung zu liefern. Endlich – würde ich sagen. Dafür wurde die virtuelle Umkleidekabine entwickelt, die inzwischen mit einer Körpermesstechnologie ausgestattet ist. Kunden können nun einen 3-D-Avatar basierend auf ihren eigenen Maßen erstellen. Diese Avatare ersetzen die bisherigen statistischen Modellierungen, die lediglich Größe, Gewicht und Geschlecht berücksichtigen.

»Jeder Körper ist einzigartig«, erklärt Pelin Anli Bedirhanoglu, Director of Product bei Zalando. »Durch die Integration unserer Körpermesstechnologie in die virtuelle Umkleidekabine können Kunden nun Avatare erstellen, die ihre individuelle Körperform genau widerspiegeln.« Du siehst das in **Abbildung 43**.

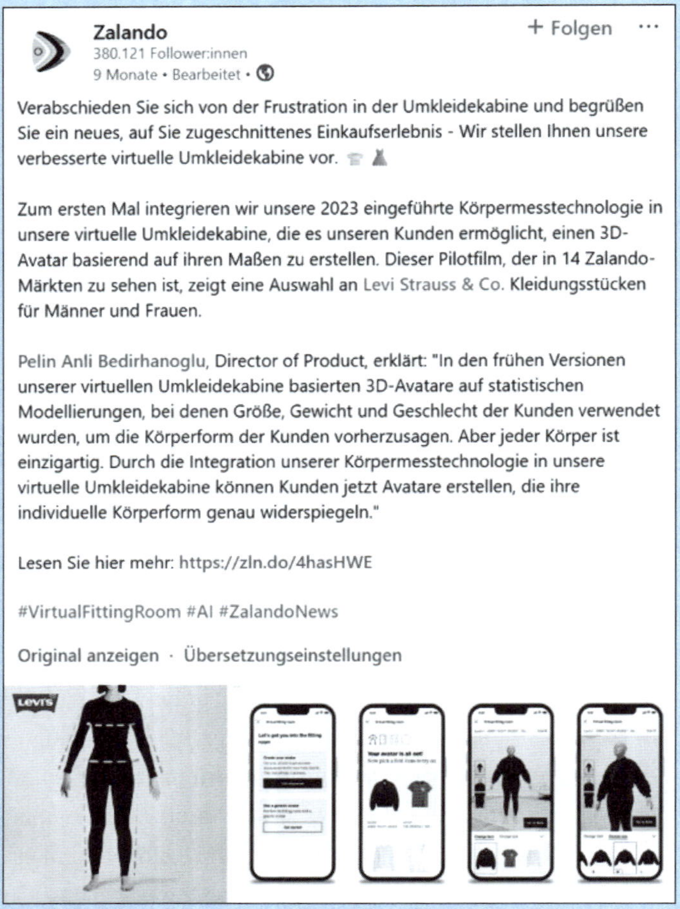

43 *Jeder Körper ist einzigartig: Zalandos Größenberater-Strategie*[1]

Es gibt bereits vielversprechende Ergebnisse. Das neue Feature ist aktuell in 14 Zalando-Märkten verfügbar[2] und könnte langfristig zu einer erheblichen Senkung der Retourenquote führen. Die Zusammenarbeit mit Levi Strauss ist aus

1 Quelle: *www.linkedin.com/feed/update/urn:li:activity:7252581649152925696*

2 Quelle: *https://corporate.zalando.com/en/technology/zalando-enhances-its-virtual-fitting-room-enabling-customers-create-3d-avatar-their-body*

meiner Sicht kein Zufall. Alexander Diedrich, ehemaliger Head of E-Commerce North Europe, hat mir in einem Gespräch verraten, dass es für Kunden derzeit schier unmöglich ist, die richtige Passgröße ihrer Jeans zu finden.

Datenabgleich zwischen Kunden und Designern: Beenden digitale Berater den Größenfrust der Modeunternehmen?

Viele Fashion-Händler denken in diese Richtung und haben Pilotprojekte mit digitalen Tools, digitalen Größenberatern, gestartet. Der Schlüssel zur Genauigkeit liegt in der direkten Anbindung an die Maßdatenbanken der Designer. Diese detaillierten Informationen dienen als Grundlage, auf der Kunden ihre individuellen Maße angeben können. Der Größenberater vergleicht die Daten und empfiehlt daraufhin die optimale Größe – maßgeschneidert auf den Kunden und das jeweilige Kleidungsstück.

Im Gegensatz zu traditionellen Größenberatern, die lediglich auf historischen Bestellungen basieren – wie es Zalando lange Zeit praktizierte und teilweise noch tut –, gehen sie einen Schritt weiter. Die herkömmliche Methode, bei der Kunden die Größe empfohlen wird, die sie bisher bestellt haben, oder bei der auf die Maße des Models auf den Produktfotos verwiesen werden, ist längst überholt. Diese Angaben haben sich in der Praxis als nicht ausreichend erwiesen, um Retouren effektiv zu reduzieren. Ob sich die digitalen Berater durchsetzen werden und einen echten Mehrwert bieten, wird sich noch zeigen.

Take-away

Digitale Größenberater oder Zalandos virtuelle Umkleidekabine lösen ein zentrales Problem des Onlineshoppings – die Unsicherheit bei der Passform. Eine spannende Technologie, die sich anzuschauen lohnt, um Retourenquoten zu senken.

Das schwarze Loch umgehen

Black Friday rentabel ignorieren

In den letzten Jahren hat sich der E-Commerce zu einer Arena entwickelt, in der Rabatte nicht mehr die Ausnahme, sondern die Regel sind. Besonders im vierten Quartal rund um die Tage von Black Friday und Cyber Monday kämpfen Unternehmen um die Gunst der Konsumenten, um das Vorweihnachtsgeschäft möglichst früh abzugreifen. Doch trotz des kurzfristigen Umsatzbooms bleibt die Situation für viele Händler heikel – besonders für diejenigen, die auf hohe Rabatte angewiesen sind, um ihre Jahresbilanz zu retten.

Ein Head of E-Commerce bei einem Unternehmen aus den Top-10-Marktplatzpartnern von Zalando/ABOUT YOU in Mainstream-Fashion, bringt es auf den Punkt: »Es ist ein sehr umsatzrelevantes Quartal. Für manche Firmen das umsatzstärkste im Jahr. Wenn man das vermasselt, kann man das ganze Jahr vergessen.« Er ist hier aber nicht allein, besonders für Elektronikanbieter wie MediaMarktSaturn oder Expert entscheidet das vierte Quartal über das Jahresergebnis. Diese Abhängigkeit vom vierten Quartal setzt Unternehmen enorm unter Druck. Der Wettbewerb ist härter denn je – und das Rabattspiel hat eine neue Dimension erreicht.

Rabatte, die früher als gezielte Anreize oder als besonderer Bonus für treue Kunden galten, sind heute zu einem notwendigen Übel geworden. Sie haben das Kaufverhalten verändert und die E-Commerce-Landschaft nachhaltig beeinflusst. Vor zehn Jahren gab es Rabatte deutlich seltener – 5 % Nachlass für eine Newsletter-Anmeldung oder ein Gutschein über 5 Euro waren gängige Anreize. Diese kleinen Rabatte hatten damals einen entscheidenden Vorteil: Sie waren strategisch. Unternehmen nutzten sie, um etwas Wertvolles zu erhalten – Kundendaten und die Chance, langfristige Beziehungen aufzubauen.

Heute ist der Rabattmarkt überflutet. Zuerst reichten 10 %, dann 15 %. Bald kauften Kunden nur noch, wenn die Rabatte bei 20 %, 30 % oder mehr lagen. Und jetzt? Es scheint keine Obergrenze mehr zu geben. 70 % Rabatt und mehr – alles schon gesehen. Statt eine Win-win-Situation zu schaffen, hat sich das Rabattspiel zu einem einseitigen Rennen entwickelt, bei dem vor allem die Unternehmen verlieren.

Radikal ehrlich: MissPompadour sagt den Black Friday ab

Es gibt jedoch auch einen Gegenentwurf zu diesem rabatthungrigen Spiel. Erik Reintjes, der Gründer von MissPompadour, hat eine klare Meinung dazu (siehe **Abbildung 44**). Warum verziehen wir unsere Kunden mit diesen Rabattschlachten?, fragt er auf LinkedIn. Was er damit meint: Wir machen es Kunden zu bequem oder zu einfach – so sehr, dass sie unrealistische Erwartungen entwickeln. Gute Produkte, guter Service – das sollte ausreichen. Und Kunden, die das zu schätzen wissen, zahlen auch den regulären Preis.

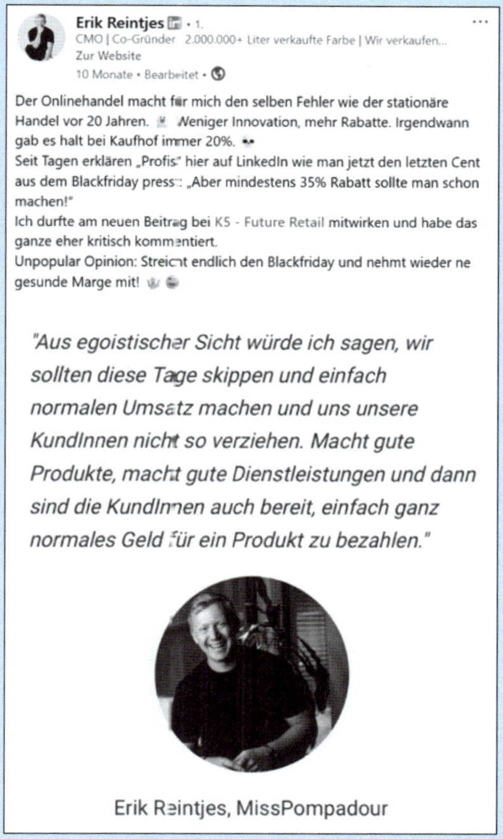

44 *Haltung zahlt sich auch monetär aus. Erik Reintjes auf LinkedIn.*

Für Erik ist der Black Friday keine Strategie, sondern ein Symptom eines tiefer liegenden Problems: »Der Onlinehandel macht denselben Fehler wie der stationäre Handel vor 20 Jahren«, kritisiert er. »Weniger Innovation, mehr Rabatte. Und am Ende verlieren wir alle.«

Sein Ansatz ist radikal, aber inspirierend: Statt sich auf diese eine Woche im Jahr zu fixieren, sollte man das ganze Jahr über kontinuierlich Umsatz machen. Ein Black Friday bringt langfristig keine loyalen Kunden.

Und er hat recht. Diese Strategie birgt enorme Risiken, denn die hohen Rabatte zerstören langfristig die Gewinnmargen. Wenn ein Unternehmen seine Jahresziele nur durch Rabatte erreichen kann, verliert es die Kontrolle über den Wert seiner Produkte. Kunden werden dazu erzogen, nicht mehr zum Normalpreis zu kaufen.

Der Versuch, während der Cyber Week möglichst viele Kunden zu gewinnen, hat sich inzwischen zu einem dauerhaften Sprint entwickelt. Früher war die Cyber Week simpel. Am Black Friday und am Cyber Monday wurden gute Rabatte geboten. Ein klarer Fokus, der für alle funktionierte. Doch mit der Zeit wurde das Konzept immer weiter ausgedehnt:

Erste Veränderung: Warum nicht in das Wochenende verlängern? Statt nur Freitag und Montag zu nutzen, wurden die Top-Deals auf Samstag und Sonntag ausgedehnt. Mehr Zeit für die Kunden, mehr Chancen für Umsatz. Klingt vernünftig, oder?

Nächste Stufe: Lass uns doch schon am Montag mit der Black Week starten! Schließlich sollte man der Konkurrenz einen Schritt voraus sein. Also wurden die besten Angebote nicht mehr am Black Friday, sondern bereits zu Beginn der Woche rausgehauen.

Und dann kam der Singles Day: Am 11. November starteten viele Händler mit Rabatten – Wochen vor der Cyber Week. Warum warten, wenn man die Aktionstage einfach vorziehen kann?

Heute? Die Rabatte beginnen oft schon im Oktober. Und damit entsteht ein riesiges Dilemma: Wann sollen Kunden kaufen? »Es fühlt sich an, als gäbe es keine Obergrenze mehr«, beschreibt die E-Commerce-Expertin Oliwia Bökemeier, ehemals bei flaconi und OCEANSAPART. Die hohe Zahl an Retouren, die mit jeder Rabattaktion einhergeht, explodiert. Die Kunden sind genauso ratlos wie die Händler. Kaufen sie früh, etwa am Singles Day, und sehen später bessere Angebote, schicken sie die Ware zurück. Dann bestellen sie erneut – oft bevor die erste Rücksendung überhaupt verarbeitet und eingelagert wurde. Retouren- und Versandkosten explodieren, und die Lager laufen über.

»Der Wahnsinn nimmt seinen Lauf.« Oliwia beschreibt das Chaos, das in den letzten Monaten des Jahres entsteht: »Wir sprechen nicht mehr von einer geordneten Aktion, sondern von einem systematischen Durcheinander. Und das Problem ist: Am Ende bleibt nichts hängen.«

Die Antwort auf das Rabattdilemma liegt in langfristigen Strategien. Händler müssen wieder lernen, den Wert ihrer Produkte zu kommunizieren und nicht nur über Rabatte zu verkaufen. Dies bedeutet, Innovation, Qualität und Service in den Vordergrund zu stellen. Denn nur so kann man eine echte Kundenbindung schaffen, die über den kurzfristigen Umsatz hinausgeht. Hierauf zahlt ein Konzept wie die 90-minütige Lieferzeit von MediaMarktSaturn in Zusammenarbeit mit UBER ein. Wenn Fernseher oder Handy kaputt ist, möchte man sofort für Ersatz sorgen. Das ist ein echter Mehrwert.

Der Schlüssel liegt darin, das ganze Jahr über Umsatz zu generieren, ohne sich ausschließlich auf das vierte Quartal zu verlassen. E-Commerce sollte nicht nur ein einmaliges Geschäft sein, sondern eine kontinuierliche Reise, die durch konstante Werte und eine starke Markenidentität getragen wird. Welche Werte?

Emotion, Inspiration, Vertrauen: Die Rolle von User-generated Content und Community im Rabattspiel

Das Erfolgsmodell von MissPompadour ist ein rundes Zusammenspiel aus Nischenfokus, Content-Marketing, Technologie und persönlicher Erlebnisqualität. Das Unternehmen setzt auf Qualität statt Rabatt, Community statt Akquiseschlacht, Service statt Self-Service. Statt über den klassischen Baumarkt geht MissPompadour direkt an Endkunden – mit Premium-Preisen für hochwertige, nachhaltige Farben. Wie schaffen sie das? Farben will man doch sehen, bevor man sie kauft? MissPompadour setzt radikal auf: »Wer nur verkauft, ohne zu erzählen, wird übersehen.« Diese Erkenntnis haben viele E-Commerce-Unternehmen noch nicht verinnerlicht. MissPompadour macht es vor: Der Erfolg des Onlineshops basiert nicht nur auf einem exzellenten Produkt, sondern vor allem auf der Art und Weise, wie es verkauft wird. Nicht mit reinen Produktbeschreibungen oder Preisschildern, sondern mit Emotionen, Inspiration und Vertrauen.

MissPompadour hat früh verstanden, dass Farbe mehr ist als ein Produkt – sie ist ein Lebensgefühl. Die Markenkommunikation transportiert genau das. Statt sich auf technische Details oder Preisvorteile zu konzentrieren, inszeniert MissPompadour Farbe als Werkzeug für Veränderung. Jede Farbdose wird zur Eintrittskarte in ein neues Raumgefühl, jeder Anstrich zum Statement.

Dazu nutzt das Unternehmen gezielt Content-Formate, die inspirieren:

1. *Before/After-Stories*: Kundinnen und Kunden zeigen stolz, wie sie ihre Küche, ihr Schlafzimmer oder ihre Kommode mit MissPompadour-Farben verwandelt haben. Diese Bilder bauen sie in alle Kommunikationskanäle ein – vom Shop über die Social-Media-Kanäle bis zu den Werbekanälen.
2. *Video-Tutorials*: Professionell, aber persönlich erklärt – vom Streichen der Heizkörper bis zum Veredeln alter Möbel.
3. *Anwendungstipps in Blogform*: Kompakt, lösungsorientiert und gut bebildert.

Dieser Content erfüllt zwei zentrale Aufgaben: Er reduziert Kaufbarrieren – und er lädt die Marke emotional auf.

Klassischer Onlinehandel leidet oft an einer Vertrauenslücke. Besonders in Nischen, in denen Kunden wenig Vorwissen haben. MissPompadour begegnet dieser Unsicherheit mit gezielter Aufklärung – nicht belehrend, sondern empowernd. Statt auf »Hard Selling« zu setzen, nimmt die Marke ihre Community mit und auf Augenhöhe an die Hand.

Hier zeigt sich das wahre Potenzial von *Content-Commerce*: Menschen kaufen nicht, weil sie etwas verstehen, sondern weil sie sich verstanden fühlen. Die Sprache ist freundlich und ermutigend – kein Fachchinesisch. Es wird nichts »verkauft«, es wird geteilt: Tipps, Erfahrungen, Ideen. Die Marke agiert wie eine gute Freundin, nicht wie ein Vertriebler.

Ein weiterer Erfolgsfaktor: MissPompadour hat es geschafft, ihre Community aktiv in den Content-Prozess einzubinden. Die private Facebook-Gruppe mit über 40.000 Mitgliedern ist weit mehr als ein Supportforum. Sie ist Ideenquelle, Feedback-Kanal und Marketingmaschine zugleich. Kunden posten ihre Ergebnisse, helfen sich gegenseitig mit Tipps – und tragen damit zur Markenbildung bei. Dazu kommt ein YouTube-Kanal sowie, super spannend, der WhatsApp-Kanal. Er bietet einen Zugang zu den Kunden gleich neben den eigenen Freunden, und das täglich, direkt, persönlich, schnell.

Der Kunde wird Mitgestalter – und fühlt sich wertgeschätzt. Seine Beiträge, wie Vorher-nachher-Bilder, werden gezielt weiterverwendet als User-generated Content, Testimonials und als Inspiration für neue Produkte oder Blogartikel. Genau das schafft nachhaltige Kundenbindung. Der Kunde wird Teil von MissPompadour, nicht Käufer des Shops oder von Farbe.

Während andere E-Commerce-Marken ihre Budgets in Performance Marketing und Rabattaktionen investieren, geht MissPompadour einen anderen Weg. Statt kurzfristiger Conversion-Optimierung steht langfristiger Markenaufbau im Fokus. Dann kann man gut auf Black-Friday-Kampagnen und Rabattschlachten verzichten. Die Formel lautet: Inspiration + Wissen + Community = Vertrauen = Conversion.

Take-away

Content ist nicht der Weg zum Verkauf. Content ist der Verkauf – nur besser. Wer in der heutigen Zeit im E-Commerce bestehen will, muss mehr bieten als schnelle Lieferzeiten und gute Preise. Er muss Geschichten erzählen, Probleme lösen und Menschen begeistern.

Wachsen ohne Wareneinsatz

Wie lässt sich die Katze im Sack verkaufen?

Im E-Commerce ist das Wachstum oft ein Balanceakt zwischen der Maximierung von Umsatz und der Minimierung von Risiken. Ein wesentliches Problem für viele Unternehmen liegt im hohen Wareneinsatz. Die Lösung: Wachsen ohne Wareneinsatz. Klingt paradox? Doch tatsächlich gibt es innovative Vertriebsstrategien, die es ermöglichen, genau dies zu erreichen.

Traditionell verlassen sich viele Unternehmen auf präzise Forecasts, um den Wareneinsatz zu steuern. Ziel ist es, den Lagerbestand so zu managen, dass keine Waren unverkauft bleiben und Kapital gebunden wird. Doch was passiert, wenn die Prognosen ins Leere laufen oder sich Märkte plötzlich verändern? Die Frage, die sich stellt, ist: Wie kann man den Wareneinsatz minimieren, um möglichst wenig Kapital zu binden?

Eine Antwort auf diese Herausforderung bieten zwei clevere Vertriebsstrategien: der Verkauf von Gutscheinen und Überraschungsboxen. Diese Ansätze ermöglichen Unternehmen, den Wareneinsatz geringer zu halten und gleichzeitig den Umsatz zu steigern, ohne sich in starre Planungsschemata zu verstricken.

No Show, Full Profit: Das stille Kapital der Gutscheine

Gutscheine bieten eine elegante Möglichkeit, den Wareneinsatz zu entkoppeln. Anstatt konkrete Produkte im Vorfeld festzulegen, erwerben Kunden Gutscheine, die sie später für eine breite Produktauswahl oder spezifische Kategorien einlösen können. Das hat den Vorteil, dass das Risiko von Fehlplanungen und überschüssigen Beständen, womit Kapital gebunden ist, etwas reduziert werden kann. Doch es gibt noch einen weiteren entscheidenden Vorteil von Gutscheinen: Sie haben eine No-Show-Quote. Schätzungen zufolge werden etwa 20 % der ausgegebenen Gutscheine nie eingelöst. Dies bedeutet, dass Unternehmen einen Teil des Umsatzes erzielen, ohne dass der Wareneinsatz in voller Höhe realisiert werden muss. Diese »geschenkte« Marge erhöht die Rentabilität und bietet zusätzliche Flexibilität. Das Konzept ist für manche Unternehmen eine Kernstrategie, bei Jochen Schweizer oder mydays beispielsweise. Aber auch Erlebnisanbieter wie die Therme Erding profitiert von dieser Systematik.

Überraschungsboxen: Weniger Retouren, höhere Kundenbindung

Und was kann man tun, wenn die Ware schon auf Lager liegt? Überraschungsboxen bieten eine weitere Möglichkeit, den Wareneinsatz flexibel zu steuern. Bei dieser Strategie kaufen Kunden eine Box, deren Inhalt sie erst beim Öffnen entdecken. Es handelt sich dabei um eine sorgfältig zusammengestellte Auswahl aus früheren Kollektionen und Musterteilen, die speziell auf den aktuellen Warenbestand und die Marktlage abgestimmt sind. Diese Boxen bieten nicht nur ein aufregendes Einkaufserlebnis, sondern ermöglichen dem Unternehmen auch, überschüssige oder saisonale Produkte zusammenzuführen und zu einem attraktiven Gesamtpaket zu bündeln. So wird das Risiko eines falschen Forecasts und von Fehlbeständen reduziert und gleichzeitig der Lagerbestand entlastet.

Mit dieser Strategie schaffen Unternehmen wie NEW|BAV beispielsweise nicht nur ein besonderes Einkaufserlebnis, sondern sie reduzieren auch den Need, mehr Ware einzukaufen oder zu produzieren. Kunden sehen den Überraschungseffekt und die kuratierte Auswahl als Mehrwert. Gleichzeitig werden Restbestände sinnvoll verwertet, ohne dass sie als klassische Sales-Ware angeboten werden müssen.

NEW|BAV ist ein Onlineshop, der sich durch mehr als nur den Verkauf von Mode auszeichnet. Mit einer klaren Ausrichtung auf hochwertige Herrenbekleidung und einer starken Partnerschaft mit Sky Sport News und Sky Next Generation schafft NEW|BAV eine Verbindung zwischen sportlicher Inspiration und modischer Raffinesse. Der Shop nutzt über zehn Jahre Erfahrung im Inhouse-Druck, um einzigartige Designs anzubieten. Dabei wird der Einkauf nicht als bloße Transaktion, sondern als persönliches Erlebnis verstanden, bei dem Kundenservice und Liebe zum Detail im Vordergrund stehen. Laut den Gründern ist die Retourenquote verschwindend gering – nur 4 bis 8 % der Waren kommen zurück. Für die Fashion-Branche, in der Quoten bis zu 70 bis 80 % realistisch sind, ist das ein unfassbar guter Wert. Die Überraschungsboxen tragen erheblich dazu bei.

»Mit unserer Ü-Box hebst du dich von der Masse ab und bleibst immer im Trend«, heißt es in der Produktbeschreibung. Und tatsächlich – die Ü-Box hat es geschafft, einen Hype zu erzeugen, der nicht nur eine hohe Retourenquote eliminiert, sondern auch die Kundenbindung stärkt. Ein Beispiel, das zeigt: Mit Kreativität und einer klaren Strategie lassen sich selbst große Herausforderungen wie hohe Warenbestände meistern.

Take-away

Im E-Commerce geht es oft darum, Risiko zu minimieren und Profitabilität zu steigern. Zwei clevere Strategien, die dabei helfen, sind der Verkauf von Gutscheinen und der von Überraschungsboxen. Gutscheine ermöglichen es, den Wareneinsatz zu entkoppeln, und bieten durch eine hohe No-Show-Quote zusätzlichen Deckungsbeitrag. Überraschungsboxen ermöglichen es, überschüssige Produkte flexibel zu verkaufen und gleichzeitig ein spannendes Einkaufserlebnis zu bieten.

BIG IN LEARNINGS

Offenheit ist King

*Fehler sind erlaubt. Wiederholungen nicht.
Hier teile ich echte Learnings aus 15 Jahren E-Commerce –
mit all den Stolpersteinen, Aha-Momenten und Erkenntnissen,
die wirklich den Unterschied machen.*

Luxus online verkaufen
Die Magie der Empfehlungsketten

Der E-Commerce hat in den letzten Jahren viele Branchen revolutioniert – doch beim Thema Luxus stellt sich immer wieder die Frage: Kann man wirklich hochwertigen Luxus mit Warenkörben im mittleren fünfstelligen Bereich online verkaufen? Viele Expertinnen und Markeninhaber zögern, das exklusive Erlebnis und die personalisierte Beratung, die den Luxusmarkt ausmachen, in den digitalen Raum zu übertragen. Dies ist teuer, aufwendig, und viele Luxusmarken sind damit überfordert. Shops, die kein ausuferndes Erlebnis bieten und oft einfach gehalten werden, funktionieren trotzdem. Es zeigt sich, einfach gehaltene Shops verkaufen ebenfalls – wenn auch auf eine besondere Art und Weise.

Ein interessanter Aspekt des Luxusmarkts besteht darin, dass der Kaufimpuls oft nicht im Onlineshop entsteht. Sophie Friedl, langjährige CEO und Leaderin für diverse Luxusmarken wie Salvatore Ferragamo, Freywille, ROECKL Handschuhe & Accessoires sowie TAMARA COMOLLI erklärt, dass gerade im Luxussegment der Impuls häufig vor Ort ausgelöst wird – sei es durch den persönlichen Kontakt im Geschäft oder durch Empfehlungen im Freundeskreis. Diese emotionale Verbindung spielt eine entscheidende Rolle. Wie funktioniert das beispielsweise? Kundinnen kommen in eine Stadt, kaufen sich im Laden Ohrringe für 30.000 Euro und bestellen später online nach. Der Kauf ist hier nicht nur eine Transaktion, sondern die Verlängerung einer persönlichen Erfahrung – Vertrauen in die Marke besteht bereits. Der Shop wird zum Wiederkäufertool.

Sophie spricht von einer Kettenreaktion, die durch einen einzigen Kontakt ausgelöst werden kann. Die Kundin empfiehlt das Produkt Freunden und Bekannten, und plötzlich entstehen Bestellungen – nicht nur im Laden, sondern auch im digitalen Kanal. Menschen, die nie persönlich im Geschäft waren, kaufen das Produkt online, oft ohne es je in den Händen gehalten zu haben. Diese Empfehlungsketten, unterstützt durch persönliche Erfahrungen, beweisen, dass der Onlinekauf von Luxus durchaus funktionieren kann, wenn der erste Kontakt emotional und authentisch ist.

Ein weiteres faszinierendes Beispiel für den Erfolg von Luxus im Onlinebereich kommt von Malte Wiggers, Head of E-Commerce bei SOBS. Er sagt: »Bei SOBS führen wir ausschließlich die besten italienischen Modemarken für Herren – jede mit ihrer eigenen Geschichte, Tradition und einzigartigen Philosophie. Von handgefertigten Anzügen bis hin zu eleganten Schuhen und Accessoires bieten wir nur das Beste, was die italienische Modewelt zu bieten hat.« Der Shop? Eher Standard. Und das ist kein Showstopper. Denn SOBS verkauft keine Anzüge – was sie eigentlich verkaufen, ist Image. Heißt: Das Erfolgskonzept, um die exklusive Welt des Luxus mit E-Commerce zu verbinden, ist, Kunden selbst zu Influencern zu machen. Sie werden nicht nur als Käuferin oder Käufer, sondern auch als Markenbotschafter gewonnen. Das bedeutet: Die Strategie ist, gezielt auf die Stärke des persönlichen Netzwerks zu setzen. Und darüber hinaus noch viel mehr:

»Wir haben letztens ein Sakko für 15.000 Euro online verkauft«, sagt Malte. Wie machen sie das? Der einzelne Kunde ist ständig im Kopf des Unternehmens. Sie überlegen, was sie den Kunden Gutes tun können. Die Flasche Rotwein zum Geburtstag. Mag der Kunde rote Hemden und kommt eines neu ins Sortiment, schicken sie es dem Kunden. Wenn ein Kunde anruft und sagt: »Ich brauche ein Hemd in Blau von einer bestimmten Marke, mach mir das bitte auf Maß.«, dann können sie das realisieren. Die Daten haben sie. Das ist der Herrenschneider 2.0. Eine Frage, die sich stellt: Was passiert, wenn der Kunde ein, zwei oder sechs Kilo zugenommen hat? Das Hemd sitzt jetzt ein bisschen spack. »Dann schicken wir ihn zum lokalen Schneider – zu geprüften Partnern aus unserem Netzwerk«, sagt Malte.

Diese Strategie spiegelt eine grundlegende Erkenntnis wider: Der Verkauf von Luxusprodukten braucht nicht unbedingt hochpreisige Werbung, aufwendige Onlineshops oder exklusive Verkaufsräume. Vielmehr spielt die persönliche Empfehlung, die durch reale oder digitale Netzwerke verstärkt wird, eine entscheidende Rolle. Der Kauf von Luxusprodukten online hat weniger mit rein funktionalen Aspekten zu tun, sondern viel mehr mit einem Gefühl der Zugehörigkeit und dem Streben nach einem Lebensgefühl. Es ist das »Wow, dein Sakko ist aber schick, wo hast du das gekauft?«, was den Kunden zum Influencer macht plus das »Wohin dürfen wir Ihnen eine Flasche Rotwein zum Geburtstag senden«, was den Kunden hält. *Word of Mouth* nennen wir das im Marketing. Weiterempfehlung.

Malte bringt einen weiteren Aspekt ins Spiel. Kunden aus Korea bestellen schon auch mal Anzüge für 4.500 Euro über Plattformen wie eBay. Das ist kein Einzelfall. Zum einen sind es viele Kunden, zum anderen gibt es Kunden, die jedes Quartal einen neuen Anzug für mindestens 4.500 Euro bestellen. Es ist bemerkenswert, dass diese Kunden nicht in exklusiven Boutiquen einkaufen, sondern auf einer Plattform, die traditionell eher für günstige Massenwaren bekannt ist. Der Onlinekauf von Luxusmode, der normalerweise in exklusiven Läden stattfindet, hat hier eine völlig andere Dimension angenommen. Kunden sind bereit, hohe Beträge online auszugeben, um einen Anzug zu kaufen, weil die Plattform ihr Vertrauen hat und das Produkt inkl. Service Exklusivität auf andere Weise anspricht. Das ist eine kulturelle Besonderheit. Und genau darum geht es. Andere Kulturen haben andere Erwartungen. Das Vertrauen der Kunden wird hier durch Bewertungen, Empfehlungen und die Qualität der Produkte aufgebaut, was die Notwendigkeit eines physischen Ladens ein Stück weit obsolet macht.

Bewertungen – kein spannendes Thema – seien aber hier einmal erwähnt. Natürlich tragen Bewertungen anderer Kunden dazu bei, das Vertrauen in den Shop erheblich zu steigern. Insbesondere bei Neukunden. Die Wahrheit dahinter: Nicht alle Bewertungen sind echt, manche sind gekauft, es gibt eine ganze Industrie dahinter. Nur als kleiner Hinweis an dieser Stelle.

Die Zukunft des Luxusmarkts im E-Commerce wird nicht in der Frage liegen, ob Luxus online verkauft werden kann, sondern wie er verkauft wird. Die Mischung aus emotionaler Bindung, persönlichen Empfehlungen und der richtigen Plattformstrategie ist entscheidend. Der Impuls, Luxus zu kaufen, kann im Geschäft entstehen, doch der Kauf selbst kann bequem von zu Hause aus erfolgen. Entscheidend ist die Kombination aus persönlicher Erfahrung und digitaler Flexibilität.

Die Unternehmen, die es verstehen, Kunden zu Fans oder Influencern zu machen, werden erfolgreich sein. Es geht nicht nur um die Produkte selbst, sondern auch darum, wie man eine authentische, vertrauensvolle Verbindung zu seinen Kunden aufbaut – sowohl offline als auch online. In dieser Welt, in der die Grenze zwischen digital und analog immer mehr verschwimmt, wird der Luxusmarkt flexibler und zugänglicher, ohne seine Exklusivität zu verlieren.

Das alles gilt nicht nur für Luxusprodukte. Jede Marke kann als Geschenk verkauft werden und sich Kundenloyalität und Word of Mouth zunutze machen!

»Als Teenager bin ich immer gerne zu Douglas gegangen, wenn ich ein Geburtstagsgeschenk für eine Freundin gesucht habe – nicht nur wegen der Auswahl, sondern vor allem wegen der liebevollen Verpackung«, erzählt Silva Imken, Leitung Marketing & Vertrieb bei Dr. Hauschka Schweiz. »Jede Schachtel wurde in zartes Geschenkpapier gehüllt und mit einer Schleife verziert. Dann begann Douglas, auf Standardtüten umzusteigen, und dieses persönliche Erlebnis ging verloren. Als der E-Commerce aufkam, erlebte man online dieses besondere Einkaufserlebnis erneut: Pakete, die wie kleine Geschenke ankamen, mit Seidenpapier, Schleifchen, Proben und handschriftlichen Karten. Du hast nicht nur bequem von zu Hause aus bestellt, sondern dich bei jeder Lieferung umsorgt und wertgeschätzt gefühlt – fast wie an Weihnachten. Inzwischen haben viele Händler erkannt, dass Seidenpapier und Extras ins Geld gehen, und haben sie durch Füllmaterial und lieblosen Standard ersetzt. Genau dieses besondere ›Auspackgefühl‹ hält Dr. Hauschka Schweiz in seinem Onlineshop am Leben: Jede Bestellung wird in hochwertiges Seidenpapier gewickelt, mit zartem Geschenkband verziert und enthält exklusive Proben sowie ein kleines Geschenk. Wir haben festgestellt, dass gerade dieses liebevolle Detail viele Kundinnen und Kunden dazu motiviert, direkt bei uns zu kaufen«, sagt Silva Imken. Das ist nicht nur liebevoll, das ist mitgedacht. Das ist der Kunde als Mensch, nicht nur als Besteller.

Take-away

Luxusprodukte können online gekauft werden, wenn der Kaufimpuls durch persönliche Erlebnisse oder Empfehlungen entsteht – sei es im Laden oder durch Freundinnen und Freunde. Der Schlüssel liegt in der Kombination aus persönlicher Erfahrung und digitaler Flexibilität – der Luxusmarkt ist im digitalen Raum genauso erfolgreich, wenn Vertrauen und Exklusivität richtig vermittelt werden. Die Königsdisziplin: Kunden zu Fans oder sogar zu Influencer zu machen.

B2B-E-Commerce

Personalisierte Kundenerlebnisse, egal welches B du bist

Natürlich unterscheidet sich der B2B-Handel in vielen Punkten vom B2C-Geschäft. Bestellmengen sind größer, die Kundenbindung ist enger, die Entscheidungsprozesse sind oft komplexer und ziehen sich durch mehrere Abteilungen. Auch die Preisgestaltung ist selten öffentlich – meist handelt es sich um individuelle Konditionen, die auf Verhandlungen und Rahmenverträgen beruhen. Dazu kommt: B2B ist nicht gleich B2B – ein Unternehmen im Pharma-Handel hat völlig andere Anforderungen als ein Unternehmen in der Baubranche, was wiederum hinsichtlich der IT-Systemauswahl eine Herausforderung ist.

Doch gerade, weil die Anforderungen im B2B-Bereich spezifischer sind, lohnt sich die digitale Transformation hier besonders. Denn sie schafft Klarheit, Geschwindigkeit und Skalierbarkeit. Immer größer wird auch der Veränderungsdruck. Die neue Generation von Einkäufern ist digital aufgewachsen und erwartet dieselbe intuitive Benutzerführung, wie sie sie aus ihrem privaten Konsumverhalten kennt. Gleichzeitig wächst der Effizienzdruck in Unternehmen. Prozesse sollen schneller, automatisierter und transparenter ablaufen.

Shopsystemanbieter haben darauf bereits reagiert. Shopware ermöglicht beispielsweise in ihrem Shopsystem Mitarbeitermanagement, Terminplanung, Vertragsmanagement – Disziplinen, die man eigentlich nicht klassisch in Shopsystemen findet.

Erfolgreiche B2B-Anbieter setzen auf personalisierte Kundenerlebnisse – etwa durch individuelle Preisansichten, Bestellhistorien, automatisierte Angebote oder Self-Service-Portale, über die Kunden eigenständig Bestellungen auslösen, Rechnungen abrufen oder Lieferzeiten einsehen können.

Das Ergebnis: weniger Aufwand im Vertrieb, höhere Kundenbindung und mehr Transparenz für alle Beteiligten, so André Hollerith, Head of E-Commerce bei der Pharmaserv GmbH. Die Pharmaserv GmbH ist Standortbetreiber des Pharma und Life Science Park in Marburg. Mit ihrem Onlineshop bieten sie Kunden wie BioNTech, Siemens, CSL und vielen weiteren eine Bestellplattform für medizinische Verbrauchsartikel und Desinfektionsmittel bis hin zur persönlicher Schutzausrüstung. Die intuitive Onlineabwicklung ist ein echter Wettbewerbsvorteil.

Die große Chance darüber hinaus? Wer einmal online verkauft, kann effizientes Online-Marketing betreiben – und es auch auswerten. Neukundenakquise wird so digital und damit skalierbar, was bedeutet: Unternehmen müssen keine Heerscharen an Außendienstmitarbeitenden durch die Gegend schicken. Dazu kommt, dass B2B-Bestandskunden automatisiert und individuell angeschrieben werden können, was zu Mehrumsatz ohne menschlichen Einsatz im Vertrieb führt.

Auch die Plattformökonomie hat längst Einzug in den B2B-Bereich gehalten. Immer mehr Unternehmen listen ihre Produkte auf Marktplätzen wie Amazon Business oder Unite formerly Mercateo. Sie verändern damit den Markt grundlegend.

B2B-Unternehmen müssen jetzt investieren, experimentieren und vereinfachen. Wer heute keine moderne digitale Customer Journey bietet, verliert morgen Kunden – nicht an billigere, sondern an einfachere Anbieter.

Der Wandel vom klassischen Vertriebsmodell hin zu digitalen Einkaufserlebnissen ist keine Frage von Technik, sondern von Organisation, Geschäftsmodell und Leadership. Erfolgreiche B2B-Unternehmen begreifen diesen Schritt nicht als Ergänzung, sondern als Neudefinition ihrer Wertschöpfungskette. Diese drei Tipps haben sich bewährt:

1. **Vom Sales Push zur Demand Activation: Paradigmenwechsel im Vertrieb**
   Statt Kundenbeziehungen reaktiv zu verwalten, müssen Unternehmen digitale Nachfrage erzeugen und aktiv steuern. Das bedeutet:
   - Vertrieb nicht ersetzen, sondern neu denken: Der persönliche Vertrieb wird zur »High-Touch-Komponente« eines digital orchestrierten Kaufprozesses.
   - Inbound Demand statt Outbound Cold Calls: Digitale Signale (Nutzerverhalten, Klickpfade, Warenkorbabbrüche) ermöglichen gezielte Kontaktaufnahme zur richtigen Zeit.
   - Account Intelligence aufbauen: Das Wissen darüber, wer sich wann wie lange mit welchen Produkten beschäftigt, ist das neue Gold des Vertriebs.

   Ein B2B-Kunde möchte nicht mehr überzeugt werden – er will befähigt werden, selbstbestimmt zu kaufen.
2. **Systemische Integration: vom Touchpoint zum Transaktionsökosystem**
   Es geht nicht um einen Webshop, sondern um die Integration des digitalen Einkaufs in das bestehende Geschäftsmodell:
   - Nahtlose ERP-/CRM-/PIM-Integration: Der digitale Einkaufskanal wird zum aktiven Bestandteil der Liefer- und Wertschöpfungskette und ist kein isolierter Kanal.
   - Individualisierte Einkaufswelten pro Kunde: Preise, Sortimente, Logiken – alles wird abhängig vom Kundentyp und der bisherigen Beziehung gestaltet.

- APIs statt statischer Schnittstellen: Interoperabilität mit Procurement-Systemen auf Kundenseite.

Digitalisierung bedeutet nicht, PDF-Kataloge ins Netz zu stellen – sondern Prozesse dynamisch, modular und anschlussfähig zu gestalten.

3. **Enablement statt Widerstand: die Organisation befähigen**

   Die größte Hürde ist oft intern zu finden:

   - Vertriebsanreize neu definieren: Wer wird belohnt – der, der persönlich verkauft, oder der, dessen Kunde online bestellt?
   - Change-Management auf Management-Level: Der digitale Wandel muss auf C-Level unterstützt und strategisch verankert sein.
   - Mitarbeitende befähigen: Durch Schulungen, digitale Playbooks, KPI-Transparenz interne Champions aufbauen.

   Digitaler Einkauf beginnt mit analogem Mut. Ohne kulturellen Wandel scheitert jede Plattform.

Take-away

B2B-E-Commerce ist kein Shopprojekt. Es ist die Neudefinition des Vertriebs: integriert, automatisiert, kundenzentriert. Wer nur digitalisiert, statt zu transformieren, bleibt analog – trotz Technik. Erfolgreich ist, wer den Einkauf skalierbar und intelligent integriert.

E-Commerce als Grenzfall

Was können wir von der Politik fürs Verkaufen lernen?

Im E-Commerce dreht sich viel um Zahlen, Algorithmen und Skalierung – doch am Ende bleibt eine einfache Wahrheit bestehen: Menschen kaufen von Menschen. Marken sind keine reinen Logos oder Produktpaletten, sondern Identifikationssymbole. Wer eine bestimmte Brand trägt, kauft nicht nur ein Produkt, sondern ein Lebensgefühl. »Ich trage diese Brand, weil ich sein will wie eine andere Person.« Dieses Prinzip gilt nicht nur für Mode oder Luxusgüter, sondern auch für jegliche andere Produktkategorie, es gilt für B2C, für B2B, selbst für politische Überzeugungen.

Eine starke politische Brand führt dazu, dass Menschen Politik »kaufen«. Starke Politiker funktionieren wie starke Marken. Sie stehen für Werte, Identität und ein bestimmtes Lebensgefühl. Donald Trump, Robert Habeck, Alice Weidel – sie alle haben eine klare Zielgruppe und sprechen gezielt deren Emotionen an. Sie inszenieren sich selbst als Produkt und verkaufen nicht nur ihre politischen Programme, sondern vor allem eine Vision, die ihre Wähler teilen wollen. Das Erfolgsrezept? Klare Kommunikation, Emotionalität und eine starke Persönlichkeit. Genau wie im E-Commerce entscheidet nicht nur das Produkt selbst, sondern die Geschichte, die es erzählt.

Wenn für E-Commerce und Politik die gleichen Dinge funktionieren

Ich bin weiß Gott nicht politisch festgelegt und möchte auch nicht sagen, dass gut ist, was die eine oder andere Partei macht. Ich finde aber schon spannend, was gerade in der politischen Landschaft passiert, wie Politik Reichweite schafft und welche E-Commerce-Mechanismen selbst für den politischen Rahmen funktionieren. Eine Schlüsselerkenntnis: Die Wahl des Kommunikationskanal kann über Erfolg entscheiden. TV = anonym. Menschen sitzen vor einer Scheibe, schauen zu. Social Media: Menschen sitzen auch vor einem Bildschirm, aber können mitmachen, und zwar indem sie Fragen stellen. Mit etwas Glück bekommen sie eine Antwort.

Ein Beispiel: Die AfD setzt in ihrer digitalen Kommunikation auf direkte, ungefilterte Botschaften. Sie nutzt Plattformen wie Telegram, das Pendant zu WhatsApp. Um volle Kontrolle über die eigenen Botschaften zu haben und unabhängig von der Berichterstattung etablierter Medien zu sein, hat die AfD inzwischen auch ein Netzwerk aus eigenen Kanälen in den sozialen Medien aufgebaut: Instagram, TikTok, X, YouTube, Facebook. Sowohl die Partei und die Fraktionen als auch Abgeordnete selbst wollen in diesen Kanälen direkt und ungefiltert mit Bürgerinnen und Bürgern kommunizieren.

Bereits bei der vergangenen Bundestagswahl machte die AfD Wahlkampf fast ausschließlich in ihren eigenen digitalen Echoräumen. Knapp 560.000 Abonnenten hat der YouTube-Kanal der AfD-Fraktion insgesamt. Zum Vergleich: Die SPD-Fraktion kommt bei YouTube auf weniger als 40.000 Abonnenten, die Unionsfraktion auf ca. 30.000. Mehr und mehr läuft die direkte Ansprache der AfD an die eigene Anhängerschaft allerdings nicht nur über YouTube, sondern vor allem über TikTok.

Bei der vor allem unter den 14 bis 19-Jährigen beliebten Video-App kommt der Kanal der AfD-Fraktion auf gut 600.000 Follower. Zum Vergleich: Die SPD-Fraktion kommt auf gerade mal knapp 90.000 Abonnenten. Der Fokus auf Social Media verändert bei der AfD in Teilen sogar die Art und Weise, wie im Parlament gesprochen wird.

AfD-Abgeordnete schreiben ihre Reden genau so, dass sie auf TikTok verwendet werden können. Es gehe darum, »knackiges Material für Social Media zu produzieren«, räumte der parlamentarische Geschäftsführer der AfD-Bundestagsfraktion, Götz Frömming, ein. Für die Rekrutierung neuer Anhänger ist außerdem Instagram ein wichtiges Medium, wie eine Recherche des Netzwerks Correctiv aus dem Jahr 2020 zeigte. So ist etwa die Jugendorganisation der AfD, die Junge Alternative (JA), auf Instagram aktiv.[1]

Neu ist die Strategie nicht. Wir kennen das bekannte Beispiel – Elon Musk kaufte X, um unabhängiger von den klassischen Medien zu werden. Der Rest ist Geschichte. Was bedeutet das für den E-Commerce? Menschen kaufen nicht nur Fakten – sie kaufen Emotionen auf nahbaren Kanälen. Eine Marke muss ein Gefühl vermitteln, eine Community aufbauen, Identifikation schaffen.

Die Macht der persönlichen Ansprache ist eindrücklich. Das wissen auch hoch professionelle Unternehmen wie beispielsweise PAYBACK. Wer hat sie nicht schon gehört – die Kassiererin, die beim Bezahlen fragt: »Haben Sie eine PAYBACK-Karte?« Dieser Moment ist kein Zufall, sondern ein bewusst gesetzter psychologischer Trigger. Der Kunde wird direkt angesprochen, so fällt die Entscheidung für eine PAYBACK-Mitgliedschaft leichter. Für PAYBACK ist es der wichtigste Kundenkontaktpunkt und Vertriebskanal.

Übertragen auf die Politik: Menschen reagieren auf persönliche Ansprache. Haustürwahlkampf, individuelle Social-Media-Nachrichten, direkte Videoansprachen – all das schafft Vertrauen. Ein Politiker, der direkt mit seinen Wählern spricht, wird erfolgreicher sein als einer, der nur allgemeine Kampagnen fährt.

---

1 Quelle: *www.deutschlandfunk.de/kommunikationsstrategien-rhetorik-afd-neue-rechte-100.html*

Genauso funktioniert auch erfolgreicher E-Commerce: Wer seine Kunden persönlich anspricht – sei es per E-Mail, per Chat oder über exklusive Community-Angebote –, schafft eine Bindung, die keine KI-gestützte Massenkampagne ersetzen kann. Das ist insbesondere spannend, weil sich mit dem Einsatz generativer KI das Volumen an Content vervielfacht hat. Jeder kann jetzt schreiben. Jeder kann jetzt vernünftige Slogans entwickeln, jeder kann jetzt spannende Geschichten erzählen. Da ist Authentizität wichtig.

HolidayCheck hat sich deshalb bewusst gegen einen vollständigen KI-Einsatz entschieden. Warum? Weil echte Interaktionen mit echten Menschen mehr Vertrauen schaffen. Kunden vertrauen den Erfahrungen anderer mehr als anonymen, KI-generierten Texten – etwa im Kundenservice.

Genau wie HolidayCheck und PAYBACK auf authentische, echte Kundenbegegnungen setzen, tun es Politiker.

Take-away

Im E-Commerce geht es nicht nur um Produkte, sondern auch um Identifikation. Marken verkaufen nicht nur Artikel, sondern auch ein Lebensgefühl. Wie bei politischen Marken: klare Kommunikation und emotionale Ansprache sind entscheidend. Die Wahl der richtigen Kanäle, wie Social Media, verstärkt die Nähe zur Zielgruppe. Unternehmen, die authentisch kommunizieren, schaffen Bindungen, die keine KI ersetzen kann.

Genialität erkennen

Von Volvo, Amorelie und der Bundeswehr lernen

Genialität ist oft unsichtbar – bis man genau hinschaut. E-Commerce lebt von Innovation. Doch oft suchen Unternehmen nach Inspiration in den immer gleichen Erfolgsgeschichten: Amazon, Apple, Zalando. Dabei liegt Genialität oft dort, wo man sie nicht erwartet. Was können wir von einem Automobilhersteller wie

Volvo lernen? Oder von der Bundeswehr, einer Organisation, die auf den ersten Blick nichts mit E-Commerce zu tun hat?

Die besten Strategien in Marketing und Vertrieb entstehen nicht immer in der Branche selbst, sondern durch das Übertragen genialer Konzepte aus anderen Bereichen.

Volvo ist nicht einfach eine Automarke – es ist die Marke für Sicherheit. Während andere Hersteller mit Leistung, Design oder Prestige werben, hat Volvo früh erkannt: Menschen kaufen keine Autos, sie kaufen Vertrauen. Der Clou? Volvo hat nicht nur Sicherheit verkauft, sondern Sicherheit zum Markenkern gemacht. Schon in den 1950er-Jahren erfand das Unternehmen den Dreipunkt-Sicherheitsgurt – und entschied sich, das Patent freizugeben, um die gesamte Autoindustrie sicherer zu machen. Das Unternehmen setzte immer wieder auf Innovationen, die dem Kunden einen echten Mehrwert boten, anstatt nur das nächste »schnellste Modell« auf den Markt zu werfen.

Was bedeutet das für den E-Commerce?

- Finde dein »Sicherheitsversprechen«: Was ist dein einzigartiges Verkaufsargument, das dich unverwechselbar macht?
- Sei konsequent in deiner Botschaft: Volvo spricht seit Jahrzehnten über Sicherheit – und das zahlt sich aus. Konsistenz ist ein Erfolgsfaktor.
- Verkaufe nicht nur Produkte, sondern auch ein Gefühl: Volvo verkauft kein Auto, sondern das gute Gefühl, seine Familie sicher ans Ziel zu bringen. Dein E-Commerce sollte nicht nur Produkte verkaufen, sondern die Lösung eines Problems oder das Erfüllen eines Wunschs.

Was macht die Bundeswehr? Sie »verkauft« keinen physischen Gegenstand, sondern eine Entscheidung: den Eintritt in eine Institution. Dabei steht sie vor einer gewaltigen Herausforderung – denn sie muss junge Menschen davon überzeugen, sich freiwillig für eine der anspruchsvollsten Karrieren überhaupt zu entscheiden. Und wie macht sie das? Mit Employer Branding auf höchstem Niveau. Ob durch spektakuläre Social-Media-Kampagnen, YouTube-Dokus oder Recruiting-Events – die Bundeswehr setzt gezielt auf Storytelling, um eine emotionale Verbindung zur Zielgruppe herzustellen. Sie zeigt nicht nur Fakten (»Sicherer Job, gutes Gehalt«), sondern erzählt Geschichten über Abenteuer, Teamgeist und persönliche Weiterentwicklung.

Was können E-Commerce-Unternehmen daraus lernen?

- Recruiting ist Marketing: Gute Mitarbeiter zu gewinnen, ist genauso wichtig, wie Kunden zu gewinnen.
- Storytelling verkauft auch »unsichtbare Produkte«: Wer ein schwieriges oder erklärungsbedürftiges Produkt hat, muss eine Geschichte erzählen, die das Produkt greifbar macht.
- Emotion schlägt reine Information: Die besten Kampagnen verkaufen ein Lebensgefühl – sei es im Recruiting oder im Onlineshop.

Die Marke Amorelie hebt sich durch eine sorgfältige Produktauswahl und einen respektvollen Umgang mit dem Thema Sexualität ab. Sie hat es geschafft, ein sensibles Thema ansprechend und geschmackvoll zu präsentieren und dadurch ein breites Publikum anzusprechen. Das Engagement für Qualität und Kundenzufriedenheit hat Amorelie zu einer führenden und modernen Marke im europäischen Erotikmarkt gemacht.

Was lernen E-Commerce-Unternehmen daraus?

- Respektvoller Umgang mit sensiblen Themen: Dies fördert nicht nur das Vertrauen der Kunden, sondern öffnet Türen zu breiteren Zielgruppen.
- Kuratierte Produktauswahl statt Massenangebot: Dies reduziert nicht nur die Komplexität, sondern stärkt auch das Vertrauen der Kunden in die Marke.
- Starke Markenpositionierung und klare Kommunikation: Informative Inhalte können nicht nur das Vertrauen der Kunden gewinnen, sondern auch deren Kaufentscheidung positiv beeinflussen.

Inspiration findet man überall. Genialität im E-Commerce bedeutet, über den Tellerrand hinauszuschauen. Denn am Ende gilt: Genialität zu erkennen, ist der erste Schritt, um sie selbst zu nutzen.

Innovation beginnt mit Perspektivwechsel. Die besten Ideen für deinen E-Commerce findest du nicht immer bei deinen direkten Wettbewerbern, sondern dort, wo du sie nicht erwartest. Die Frage ist nicht ausschließlich: Was macht meine direkte Konkurrenz? Die Frage ist: Was berührt Menschen – egal in welcher Branche? Denn am Ende geht es immer um dasselbe: Vertrauen, Emotion, Haltung. Ob im Autohaus, bei der Bundesweh oder im Schlafzimmer.

Deswegen hier meine Top-4-Impulse und die passenden Fragen zur Umsetzung:

1. Finde deinen emotionalen Markenkern: Was »verkaufst« du jenseits deines Produkts? Freiheit? Ruhe? Sicherheit?
2. Erzähle echte Geschichten: Wo kannst du echte Kunden, Teammitglieder oder Probleme sichtbar machen?
3. Sei radikal konsistent: Welche Botschaft zieht sich durch dein gesamtes Marketing – von Shop bis Newsletter?
4. Beobachte andere Branchen: Was macht eine Airline oder eine Klinik besonders? Und was davon kannst du übertragen?

»Oft setzen sich neue Erkenntnisse durch die Beobachtung des Wettbewerbs durch«, erklärt Torsten Schwarz, Herausgeber der marketing-Börse. Kritisch merkt er jedoch an, dass zu selten ein Blick über den Tellerrand in andere Branchen geworfen wird. Wir müssen es besser machen.

Take-away

Genialität im E-Commerce kann oft aus unerwarteten Quellen geschöpft werden. Unternehmen neigen dazu, Erfolgsgeschichten aus ihrer eigenen Branche zu kopieren, doch wahre Innovation kommt häufig aus ganz anderen Bereichen. Und damit schließt sich der Kreis zu meiner eingangs beschriebenen eigenen Geschichte: Genialität im E-Commerce bedeutet, über den Tellerrand zu blicken und bewährte Konzepte aus anderen Bereichen zu adaptieren.

Canvas, Kompass, Klarheit

Dein Fahrplan für morgen

E-Commerce ist eine Riesenchance – aber nur für die, die wissen, was sie tun. Wachstum passiert nicht zufällig, es folgt einem Plan. Und genau darum geht es in diesem Buch. MAKE IT BIG! steht nicht nur für große Visionen, sondern auch für smartes, fokussiertes Handeln. Nicht 100 Dinge tun, sondern 5 – aber die erfolgreich. MAKE IT BIG! steht auch für eine Methode, die zeigt, wie man aus Potenzial Rentabilität schafft – Schritt für Schritt. Wie greifen die Themen ineinander, was muss ich als kleines, mittleres oder großes Unternehmen als Nächstes tun, und wo stehe ich überhaupt?

Ich möchte noch mal das große ganze Bild zeichnen. Die in diesem Buch aufgezeigten Best Practices sind für manch kleines Onlineunternehmen nicht machbar. Mit TV-Werbung einzusteigen, wäre vielleicht spannend, aber für die meisten finanziell die pure Überforderung. Deshalb möchte ich in **Tabelle 9** mit einer E-Commerce-Wachstumsmatrix, einen Überblick geben, um zu zeigen, worauf sich kleine, mittlere und große Unternehmen in der Regel konzentrieren sollten – jeweils mit Fokus auf die größten Hebel und Stellschrauben, abgestimmt auf ihre typischen Ressourcen und Wachstumsphasen:

Disziplin	**Kleine Unternehmen (0–2 Mio. €)**	**Mittlere Unternehmen (2–20 Mio. €)**	**Große Unternehmen (20+ Mio. €)**
Plattform & Shop	einfache Lösung (Shopify, WooCommerce), Fokus auf Shopgeschwindigkeit	Headless-/Custom-Lösungen prüfen, Prozesse automatisieren	skalierbare Architektur mit PIM, ERP und CRM
Produkt & Marge	enges Sortiment, hohe Marge, klare Positionierung	**Sortiment erweitern, Daten nutzen (Bestseller/Flops)**	Category Management, globales Sourcing
Traffic & Marketing	Fokus auf Performance (Social Media, Google), organisch starten, Newsletter-Abonnenten aufbauen, Barter-Deals	**Skalierung mit Retargeting, User-generated Content und Influencern**	Multi-Channel-Kampagnen, Branding und TV
Conversion & UX	klarer Funnel und Check-out, Trust-Elemente, schnelle Ladezeit, Mobile-First-Design	A/B-Tests, Usability-Checks	Personalisierung, datengetriebene UX

9 *E-Commerce-Wachstumsmatrix*

Disziplin	Kleine Unternehmen (0–2 Mio. €)	Mittlere Unternehmen (2–20 Mio. €)	Große Unternehmen (20+ Mio. €)
CRM & Retention	**E-Mail-Automation, Loyalty manuell starten**	Segmentierung, Trigger-Logik, Customer-Lifetime-Optimierung	CRM-Team, Loyalty-Programme, App-Integration
Social & Community	authentische Inhalte, Community aufbauen	Creator-Kampagnen, Direktnachrichten skalieren	Markenbotschafter, Großkampagnen, Influencer-Netzwerke, UGC-Management
Analytics & KPIs	Basis-Tracking (GA4, Meta), Fokus auf Umsatz, Durchschnittlicher Warenkorbwert, Conversion-Rate, Return on Ad-spend, Wiederkäuferrate	Funnel-Analysen, CLV, Attribution, BI-Tool einsetzen	eigene Dashboards, Datenintegration über alle Kanäle des Markts und des Wettbewerbs
Logistik & Fulfillment	Start mit Fulfillment-Partnern	eigenes Lager oder hybride Lösungen prüfen	skalierbare Logistik, Cross-Border, Same-Day-Angebote
Organisation & Team	2 bis 5 Personen, Allrounder, Fokus auf Umsetzung	Spezialisierung: Performance, Content, Tech	Matrixstrukturen, crossfunktionale Squads
Internationalisierung	Nur DACH oder einzelne Tests mit Marktplätzen	Lokalisierung, Sprachversionen	**globale Expansion mit Team und Partnern**
Brand & Kreativität	klare Story, Founder-driven, einfache Visuals	Kampagnen A/B-Tests, erste große Markenkooperationen	**Full Funnel Creatives, High-End-Branding, TV und Events**
Finanzen & Skalierung	Fokus auf Break-even und Marge	Investitionsplanung, Invest in Wachstum	Profit und Loss nach Kanälen, Produkten, Geschäftsbereichen

9 *E-Commerce-Wachstumsmatrix (Forts.)*

Disziplin	Kleine Unternehmen (0–2 Mio. €)	Mittlere Unternehmen (2–20 Mio. €)	Große Unternehmen (20+ Mio. €)
KI & Automatisierung	KI für Text und Bild (Canva, ChatGPT usw.)	KI für Personalisierung, Chatbots, Datenanalyse, Vorhersagen	KI im gesamten Stack (Prognose, Content, Ops)

9 *E-Commerce-Wachstumsmatrix (Forts.)*

Diese Matrix bietet eine erste Orientierung dahin gehend, wo je nach Reifegrad eines Unternehmens meist der größte Hebel für Wachstum liegt (gefettete Schrift). Sie reicht vom pragmatischen Fokus auf »schnell verkaufen« bis hin zur strategischen Skalierung über mehrere Kanäle und Märkte.

Wichtig: Die operativen Grundlagen – wie Produktentwicklung, Einkauf, Logistik, Shopsystem oder Zahlungsabwicklung – sind Voraussetzung. Sie müssen ohnehin reibungslos funktionieren, damit Skalierung überhaupt möglich ist. Jeder Schritt baut auf dem nächsten auf – siehe **Abbildung 45**.

Welche Skalierungsfaktoren im Einzelfall den größten Effekt haben, hängt stark vom jeweiligen Unternehmen und dessen Entwicklungsstand ab. Die Matrix zeigt meine Sichtweise – basierend auf Erfahrung mit unterschiedlichen Geschäftsmodellen und Branchen.

Natürlich gibt es Elemente, die nicht weggelassen werden können, etwa ein funktionierendes Team oder das Shopsystem. Andere Maßnahmen wie User-generated Content sind zwar kein Muss – aber ein deutlicher Effizienz-Booster. Ohne sie geht's vielleicht auch. Aber eben nicht so gut.

Man kann es sich vorstellen wie in der Formel 1: Was bringt der Fokus auf Geschwindigkeit – etwa perfekt getimte Boxenstopps –, wenn es keine Fans gibt, die das Rennen verfolgen?

Die Marktplatzstrategie ist außen vor. Viele kleine Unternehmen starten auf Amazon oder eBay und ergänzen dann den eigenen Shop – was auch sehr gut funktioniert. Beispiele: SNOCKS und Bears with benefits.

Was bleibt – und was kommt. Die K5-Konferenz im Juni 2025 hat einmal mehr gezeigt, wie dynamisch der E-Commerce ist – und wie sehr sich unsere Spielregeln verändern. In der Eröffnungs-Keynote brachte Sven Rittau, Veranstalter der K5, es auf den Punkt: »Be water, my friend.«

Was sind große Hebel für die Skalierung

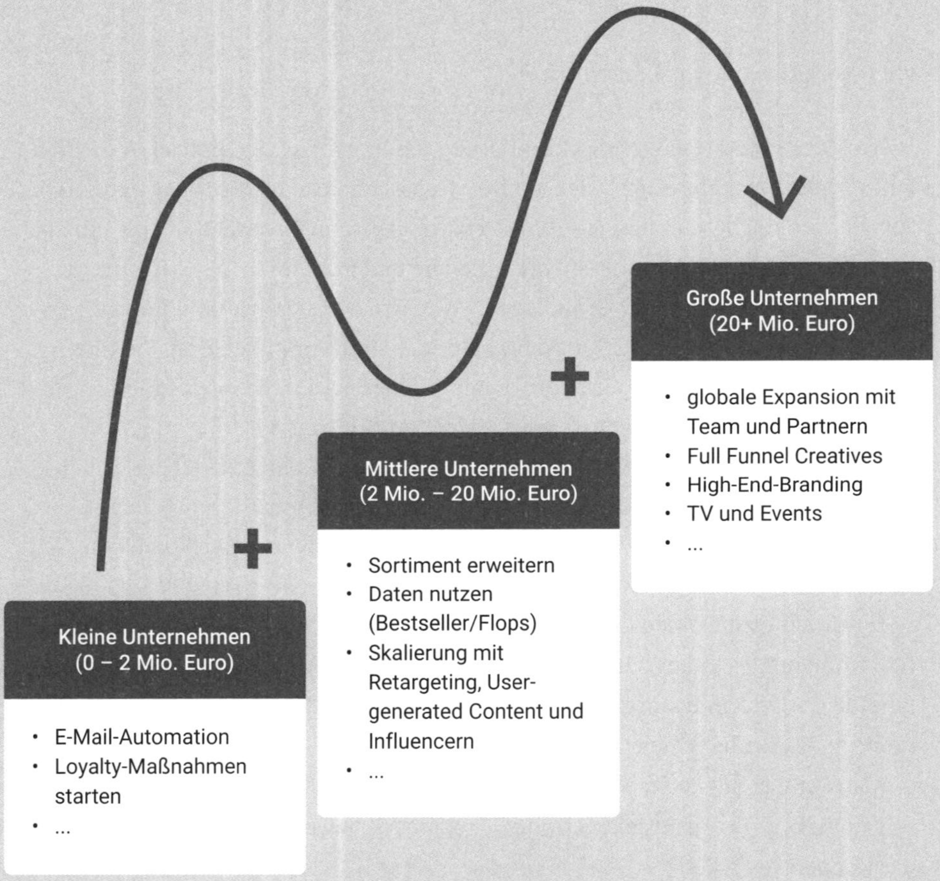

Flexibilität, Offenheit und die Fähigkeit, sich anzupassen, sind heute wichtiger denn je. Denn: Die Wege, über die Kundinnen und Kunden Produkte entdecken, vergleichen und kaufen, haben sich verschoben – radikal. Früher folgte die Customer Journey einer klaren Abfolge: Inspiration über Social Media, Suche über Google, Kauf im Shop. Heute ist sie zersplittert – es gibt viel mehr Kanäle für Inspiration, Suche und Kauf, und KI wird einige davon übernehmen.

Heißt, der Kundenzugang läuft über KI-gestützte Plattformen wie TikTok (Social Commerce), ChatGPT, AI-Kaufagenten, Amazon & Co. (Retail Media). Dazu kommt: Heute suchen wir über ChatGPT, zukünftig sucht der KI-Agent für uns. GEO wird relevant. SEO ist dafür die Grundlage. Der Stand: Der Anteil an Umsatz über ChatGPT war im Zeitraum zwischen 15. Mai 2025 und 10. Juni 2025 in einer Auswertung über 50 Onlineshops nur bei 0,065 %.[2]

Aber wenn der Kundenzugang zunehmend wegbricht, ist Social Commerce damit nicht mehr optional, sondern essenziell. Er gibt Brands wenigstens die Möglichkeit, da zu sein, wo die Kunden sind. Es besteht wenigstens weiter ein Kundenzugang, den du selbst beeinflussen kannst.

Wer seine Zielgruppen heute nicht da erreicht, wo sie sich digital aufhalten, wird abgehängt. Da zu sein, wo der Kunde ist, wird zentral. Das gilt übergreifend. KoRo, ein reines Onlineunternehmen für Food, platziert sich beispielsweise im Retail. Das Erfolgsgeheimnis? Produkte im Onlineverkauf testen, die Bestseller in den Handel bringen. Von Weiterempfehlung profitieren. Der Retail profitiert von online und der Onlinehandel vom Retail.

Die Frage, ob Same Day Delivery überhaupt relevant ist, ist damit beantwortet. Ja klar, hochgradig für Food – 5 % der Lebensmittel in Deutschland werden heute schon online gekauft und geliefert – Tendenz steigend. Die Food-Delivery-Unternehmen – Lieferando, Wolt usw. haben Macht. Sie weiten ihr Portfolio aus. Sie haben einen Kundenzugang, sie haben den Zugang zur Haustür. Macht euch also keine Sorgen um ChatGPT, macht euch Sorgen über die Food-Delivery-Unternehmen (siehe **Abbildung 46**) – sie haben immer einen Grund, vor der Haustür zu stehen.

Karo Junker de Neui, Geschäftsführerin bei Etribes, brachte es auf den Punkt: E-Commerce muss weg vom maschinellen Transaktionsdenken – hin zu echter Empathie. Wenn Produkte austauschbar sind und Entscheidungen immer häufiger automatisiert werden, gewinnt, wer emotional andocken kann. Nicht Preis und Usability allein entscheiden, sondern Gefühl, Relevanz und Timing.

---

2 Präsentation Mario Träger, K5, Kunden aus seinem Produktportfolio

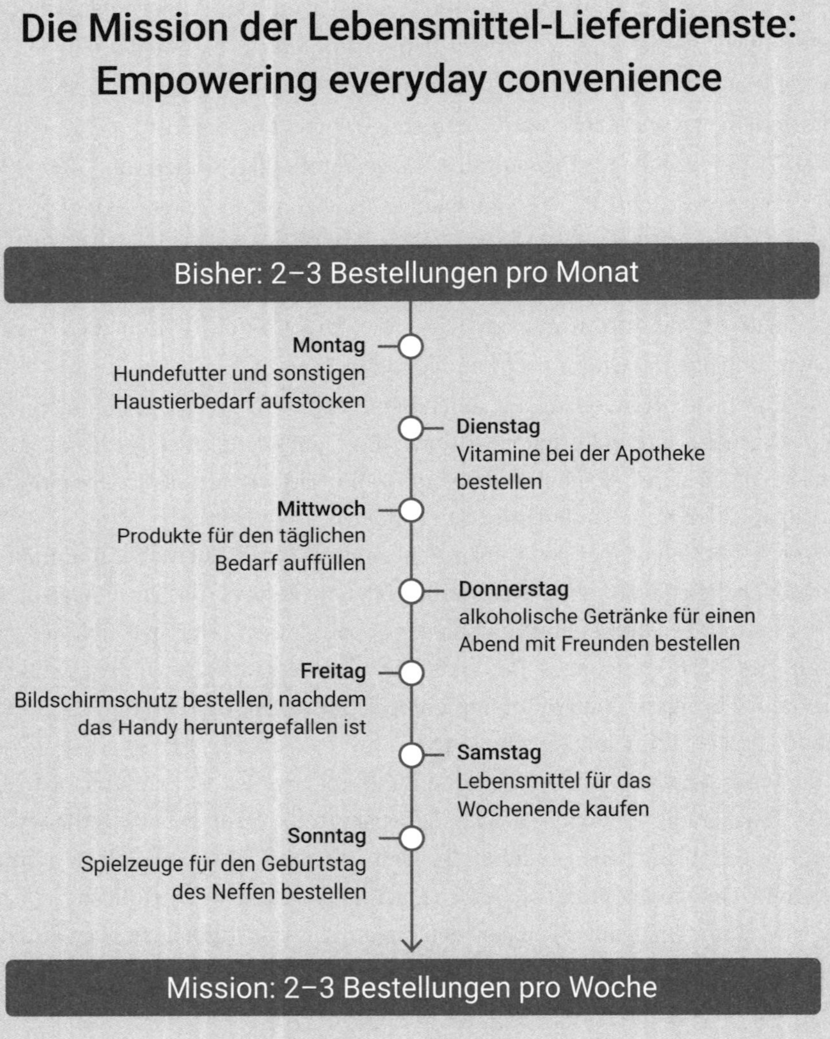

46 *Für den Kunden jeden Tag relevant sein – die Lieferando Strategie (Quelle: Lieferando)*

Marken, die ihre Geschichte erzählen können, ihre Werte greifbar machen und echte Nähe schaffen, haben nichts zu befürchten – auch nicht von KI-Agenten. Denn am Ende kauft der Kunde das Produkt. Der Umsatz fällt der Brand zu – so oder so. Der Kunden kauft bei der Brand, wo er sich verstanden fühlt.

Fail fast – fail cheap! Ein weiterer zentraler Impuls, den wir von China lernen können: Fehler sind kein Rückschritt, sondern Lernsprung. Der Ansatz »Fail fast, fail cheap« muss Teil der E-Commerce-DNA werden. In Deutschland brauchen wir oft viel zu lange. In drei Monaten schaffen wir manchmal nur einen Vorstandstermin – da haben andere Unternehmen schon ein Geschäftsmodell getestet. Wer schneller lernt, testet und anpasst, ist im Vorteil.

KI-Agenten werden künftig vieles übernehmen: Preisvergleiche, Usability-Optimierung, sogar Empfehlungen. Aber noch sind wir nicht dort. Tarek Müller, Co-Founder & Co-CEO von ABOUT YOU, brachte es humorvoll auf den Punkt: »Auf den PowerPoint-Slides ist das schon alles Realität, in der Praxis sind wir noch bei den Slides von vor zehn Jahren.« Ein Plädoyer, seine Hausaufgaben – die Basics – gut zu machen.

Der Wandel ist da – und wird schneller. Die Tools, Technologien und Plattformen verändern sich – exponentiell. Aber der Erfolgsfaktor bleibt menschlich – wer schnell ist, seine Kunden kennt, empathisch kommuniziert und kanalübergreifend denkt, wird auch in der KI-Zukunft relevant bleiben.

»Be water« heißt nicht, alles mitzumachen, sondern sich anpassen zu können, ohne sich selbst zu verlieren. Wasser ist flexibel, Wasser kann schnell sein, Wasser kann Steine formen durch Beständigkeit. Dazu braucht es ein offenes Herz für Veränderungen, einen gesunden Verstand für die Themen, die Motivation zum Tun und vor allem: Daten!

Für Gründer, Entscheiderinnen und Macher, die nicht länger im Nebel stochern, sondern ihren E-Commerce strategisch auf Kurs bringen wollen: Wachsen ist kein Wunsch – es ist eine Methode. Und deine beginnt genau hier. Denn erfolgreicher E-Commerce lebt nicht von Glück, sondern von Präzision: von der Fähigkeit, Trends zu erkennen, sich anzupassen und konsequent das Richtige zu tun. Egal, ob du gerade startest oder skalieren willst – MAKE IT BIG! zeigt dir, wo du ansetzen kannst. Nicht mit Buzzwords, sondern mit Substanz. Nicht mit Druck, sondern mit Richtung.

Dazu ist dein Wettbewerb kein Nebenschauplatz, er ist das Spielfeld. Ohne die Daten – Spielregeln – hast du keine Chance auf Erfolg. Die Nummer-eins-Spielregel im E-Commerce lautet deshalb:

Ohne eigene Daten steuerst du nicht – du wirst gesteuert.

Im E-Commerce entscheidet nicht nur das Produkt über den Erfolg, sondern, wer es wann und wie verkauft. Der Wettbewerb ist kein Störgeräusch, sondern ein strategischer Kompass. Wer ihn versteht, sieht mehr: nicht nur die Mitbewerber, sondern auch die Lücken dazwischen. Denn der Markt ist in Bewegung. Ständig. Und genau das ist die Chance. Wer analysiert, was andere tun – und was sie eben nicht tun –, erkennt Muster, Versäumnisse, Potenziale. Man muss nicht im selben Teich fischen wie alle anderen, wenn man weiß, wo das Wasser klar ist.

Mit einer präzisen Markt- und Wettbewerbsanalyse lässt sich viel mehr erreichen als nur ein Überblick: Man erkennt, welche Produkte wirklich gefragt sind, wo die Nachfrage steigt, welche Positionierung funktioniert – und vor allem, wo man sich anders, besser, relevanter platzieren kann. Das Ergebnis? Strategische Klarheit. Weniger Blindleistung im Marketing. Weniger totes Kapital im Lager. Und: mehr Umsatz mit exakt den Produkten, die Kundinnen und Kunden wirklich suchen, bevor es der Wettbewerb merkt.

Heute geht das – beispielsweise mit meinem Tool MARKETLEAD – in Echtzeit. Ein Kunde macht jetzt 36-mal so viel Umsatz in einer Kategorie – durch eine einfache Maßnahme, die vier Wochen Umsetzung bedurfte. Einfach so. Nicht sechs Monate Entwicklungszeit, kein monetärer Invest, einfach nur Klarheit darüber, was funktioniert. Ein Benchmark der eigenen Performance gegen den Markt und den Wettbewerb. Vom Wettbewerb lernen, was für ihn offenbar funktioniert, und die Fehler nicht mehr machen müssen. Das spart Unmengen an Zeit, Geld und Motivation. Und mit der Vergangenheit zu vergleichen, ist ohnehin kein legitimer Vergleich – Wetter war anders, Nachfrage war anders, der Wettbewerb anders aufgestellt.

Doch der wahre Vorteil liegt tiefer: in der Möglichkeit, nicht nur zu reagieren, sondern proaktiv zu steuern. Wer versteht, welche Strategien im Markt gerade funktionieren – ob beim Pricing, in der Kampagnenführung oder im Kanal-Mix –, kann daraus konkrete Maßnahmen für das eigene Unternehmen ableiten. Man kann sich die Bausteine – Daten – beschaffen und zusammenbauen. Und dann wird ein Bild entstehen, das man lesen kann. Das gibt Möglichkeiten, zu kapieren statt zu kopieren, wo man dem Wettbewerb hinterherläuft.

Und man kann jetzt nicht sagen: »Wir sind noch klein.« – Alle haben einmal klein angefangen. Mitte 2025 reiht sich eine Insolvenz an die nächste in den Schlagzeilen. Und nein: Das liegt selten am Produkt oder am Geschäftsmodell. Es liegt fast immer an den Entscheidungen, die Menschen treffen. Etwa 20 % der Verantwortlichen werden Entscheidungen treffen, die auf einen Exit hinauslaufen. Nicht, weil das Geschäftsmodell schlecht ist. Nicht, weil das Produkt versagt. Sondern, weil man falsche oder zu späte Entscheidungen trifft.

Also: Ist es wichtig genug? Ist es profitabel genug, sich die relevanten Daten zu besorgen und konsequent in den Prozess einzubauen? Ich finde schon. Und das Beste: Die Tools, die Methoden, die Daten – alles ist vorhanden, es braucht nur jemanden, der sie richtig liest und einsetzt. Wachstum ist kein Zufall. Es ist eine Folge präziser Entscheidungen. Und die beginnen mit einer einfachen Frage: Was macht der Markt – und was machen wir besser? In MAKE IT BIG! haben wir jetzt gut 300 Seiten miteinander verbracht, aber E-Commerce-Strategie ist kein Thema für nur 300 Seiten. Ich konnte mit diesem Buch nur einen kleinen Einblick geben, Impulsgeber für den Moment sein. Wenn man sich länger damit beschäftigt, möglicherweise so wie ich 15 Jahre, stellt man fest: so ist es.

Der Erfolg im E-Commerce kommt mit einem offenen Herzen für Veränderungen, einem gesunden Verstand für die Themen und der Motivation zum Tun. Ich hoffe, dazu konnte ich euch mit diesem Buch motivieren.

ANHANG

Danke!

Danke an meinen Mentor Oliver für die Idee, die Motivation und den glauben in mich. Ohne dich gäbe es mein Unternehmen und dieses Buch nicht.

Danke an Andreas Küffner, dass du mich auf die Reise geschickt hast.

Ein Extradank geht an meinen Mentor fürs Buch, Thomas Pyczak. Lieber Thomas, ein riesiges Danke für die unfassbare Inspiration, Unterstützung, Geduld und dafür, dass du nicht aufgegeben hast.

Beim Rheinwerk Verlag danke ich meinem Lektor Stephan Mattescheck für die gute und geduldvolle Zusammenarbeit.

Ich möchte auch meinen aktuellen und ehemaligen Mitarbeiterinnen und Mitarbeitern danken für das Vertrauen in mich als Leader. Dieses Buch hat viele gute Erinnerungen wieder hochgeholt.

Danke an meine Partner und Kunden, die mir das Vertrauen schenken. Durch euch kann ich meinen Job erst richtig gut machen.

Ich danke meinem Sohn und meinem Mann, die mir die Zeit für dieses Buch geschenkt haben. Danke Leo, dass ich deine Mom sein darf! Du bist toll!

Und natürlich: Danke an dich, liebe Leserin, lieber Leser. Dass du dieses Buch in der Hand hältst, ist das schönste Kompliment. Auf der Bühne stelle ich mich immer mit Zahlen vor – 15-100-3. Ich möchte dieses Buch auch mit Zahlen beenden: 120-1.000-2. Für dieses Buch habe ich 120 Interviews geführt –120, es sind ca. 1.000 Stunden meiner eigenen Zeit reingeflossen – 1.000, und es ist innerhalb von 2 Jahren entstanden. 120-1.000-2. Jetzt ist es deins – viel Spaß damit!

Dieses Buch ist nicht im stillen Kämmerlein entstanden, sondern durch die Interviews, inspirierende Gespräche, Diskussionen, Zweifel, Mutmacher, Korrekturen und jede Menge Kaffee.

Danke an alle, die mich begleitet, motiviert, wieder angeschoben oder einfach still mitgefiebert haben. Danke an die Menschen, die ihre Strategien und Ideen geteilt haben, ob im direkten Gespräch oder auf der Bühne. Danke an alle, die ihr Feedback gegeben und mich daran erinnert haben, warum ich das hier mache.

- Aida Oca Temprado, Head of E-Commerce, Bijoux Indiscrets und E-Commerce Specialist bei We Are Mammas
- Alexander Diedrich, ehemals Head of E-Commerce North Europe bei Levi Strauss & Co. und Head of E-Commerce bei J.LINDENBERG

- Alexander Graf, Co-Founder & Co-CEO der Spryker Systems GmbH
- Alice Lottes, Co-Founder Livlig53 bei REHAU
- André G. Krell, Geschäftsführer der flaschenpost marketing services GmbH
- André Hollerith, Head of E-Commerce der Pharmaserv GmbH
- Andreas Billker, Senior Market Activation Manager Pringles & Cheez-it DACH bei Kellanova
- Andreas Cüppers, Director of Marketing bei PAROOKAVILLE
- Andreas Fetzer, Geschäftsführender Gesellschafter bei Samen-Fetzer GmbH & Co. KG
- Andreas Küffner, Unternehmer, Küffner Group
- Andreas Osler, Geschäftsführer bei Weisshaus Shop
- Anne Köhler, ehemals Chief E-Commerce Officer bei GREENFORCE
- Astrid Linser, ehemals Director E-Commerce & Growth bei Bears with benefits® und CRM Manager bei Zalando SE
- Axel Sonnenstuhl, Sales Manager D2C, E-Commerce bei Tisso Naturprodukte GmbH
- Bruno Kollhorst, Leiter Kooperations- und Eventmarketing bei Die Techniker
- Carl-Frederic Korn, Head of E-Commerce & Online Marketing bei Krüger Dirndl GmbH
- Charlotte Dehnert, Co-CEO von HEY HOLY
- Christian Friedsam, Sales E-Commerce Manager bei Panto Heimtier
- Christian Kettl, Head of E-Commerce der LOWA Sportschuhe GmbH
- Christian Seidel, Head of Digital Sales bei Faber-Castell Group, Head of E-Commerce bei Zwiesel Kristallglas AG, Head of E-Commerce bei FC Bayern München
- Christoph André Müller, Managing Director & CTO bei Coffee Circle
- Christopher Mitchell, Senior Director of Marketing (EMEA) bei Razer Inc.
- Claus Schwarz, Digital Marketing Manager bei Deuter Sport GmbH
- Daniela Sichting, Geschäftsführerin und Gründerin bei Super Streusel
- Diana Schuhmacher, Head of Marketing & E-Commerce bei HUNTER International GmbH
- Eloy Gut, Founder & Managing Partner bei COLLIDE beverages & more GmbH
- Enrico Martini, Founder bei Tulips SpA
- Erik Reintjes, Geschäftsführender Gesellschafter und Gründer der Miss-Pompadour GmbH

- Fabian Haustein, Chief Digital Officer (CDO) bei der UNGER GmbH & Co. KG
- Felix Harms, Co-Founder, Managing Director bei Tabbler
- Franziska Müller von der Ahé, CEO und Co-Founder bei Glutamat
- Freddy Strauss, Co-Founder & Co-CEO, Future Faces GmbH
- Giorgio Ghezzi, Global Head of Ecommerce and Omnichannel bei Läderach
- Gökhan Kaya, Lead E-Commerce Marketing der REWE Group
- Hendrik Dettmann, Director E-Commerce, Data & Analytics bei Danone
- Irina Schmitz, Unit Lead Commerce & Retail beim Bundesverband Digitale Wirtschaft (BVDW)
- Jan Schoenmakers, Managing Director bei HASE & IGEL
- Jenny Fleischer, CEO und Managing Director bei Babymarkt GmbH
- Jochen Mumme, Vice President bei VIU Eywear und Head of Marketing der jufico GmbH
- Jochen Wienand, Sales & Partner Manager bei der purpleview GmbH
- Johannes Altmann, Founder Shoplupe GmbH und pinops consumer research
- Johannes Diehl, Head of E-Commerce bei FRANK WALDER Frankenwälder E. Held GmbH & Co. KG
- Johannes Lankowsky-Daut, Head of E-Commerce & Digital Marketing bei der Fuchs Gruppe
- Johannes Montag, Head of E-Commerce bei der Betty Barclay Group
- Julia Remmele, Vice President Customer Experience bei MANN + HUMMEL
- Julian Schweiger, CMO der Privatbrauerei Schweiger GmbH & Co. KG
- Kai Schmidt, Head of Social Media bei HolidayCheck AG
- Karen Mauer, Head of Digital Sales bei congstar
- Katharina Alberter, Head of E-Commerce bei Stabilo International GmbH
- Katharina Fesl, Head of E-Commerce der Huber Holding AG
- Kristin Brüggemann, Performance Marketing Managerin bei Ludwig von Kapff GmbH
- Kristina Mertens, Marketing Lead bei everstox
- Kristina von Troschke, Chief Marketing Officer bei schleich®
- Lars Zirpins, bis Anfang 2025 Chief Marketing Officer bei Weleda, Geschäftsführer & Chief Marketing Officer bei LOGOCOS Naturkosmetik
- Lena Derrix, Marketing Specialist DACH bei Boels Rental
- Lie-Pei Wu, Head of Ecommerce (Hej Natural | Naturally PAM | èla Cosmetics) bei der Goodlife Company

- Lisa Babenko, ehemals Innovation & OmniCommerce Head bei Accenture und Head of Strategy & Innovation Services & Solutions bei MediaMarktSaturn
- Luca Michas, CMO bei der Smile Versicherung
- Ludwig Schirmer, ehemals Head Of Digital Unit, Develey Senf & Feinkost GmbH und Head of B2C Europe bei AIR
- Malte Wiggers, Head of E-Commerce bei SOBS Köln
- Manuel Azevedo, Senior Manager Digital Performance & Analytics bei Montblanc
- Marc Damerow, Leiter digital Marketing bei tegut
- Marcus Maier, Geschäftsführer der Therme Erding
- Marie Lang, Ex-Profi-Kickboxerin, Keynote Speakerin
- Marike Heycke, Leitung Marketing bei Loveco
- Marilyn Repp, Founder, CEO der The Community Building Company
- Mario Fürst, Founder & CEO bei Kloster Kitchen
- Mark Hoffmann, Head of E-Commerce Solutions bei Villeroy & Boch
- Markus Lump, Leiter Werbemittelproduktion bei Erwin Müller Versandhaus GmbH
- Markus Meyer, Chief Digital Officer bei eismann Tiefkühl-Heimservice GmbH
- Martin Kaltenbach, COO bei schleich®
- Martin Picard, Founder & CEO bei Störtebekker
- Martina Feyerabend, Senior Sales Consultant Contract/Reward Management bei Zeppelin Rental
- Mathias Würdemann, Performance Marketing Specialist bei InnoGames
- Melanie Joos, Geschäftsführerin bei MeNature
- Michael Jaschek, Senior Manager Logistics Sourcing & Partners bei MediaMarktSaturn
- Michael Rudnick, CEO bei Naturawerk Gebr. Hiller GmbH & Co. KG
- Miriam Laux, Head of E-Commerce bei SHW Schmiedetechnik
- Moritz Möller, Vorstand Marketing und Produkt bei VEGANZ
- Mr. Undercover bei IKEA
- Dr. Nadja Well, Interim Managerin, Macherin für Transformation & Wachstum
- Natalia Trescher de Juana, ehemals Lead E-commerce & Online Accounts bei LIEBESKIND BERLIN, Business Development Category Premium bei Zalando
- Nico Winkelhaus, Head of Digital Marketing bei PAYBACK

- Niklas Adamkiewicz, Geschäftsführer, Director E-Commerce bei E-GERRY WEBER Digital GmbH
- Nila McCallum, E-Commerce Account Manager bei ghd
- Nils Neumann, Geschäftsführer der NEW-BAV GmbH
- Oliver Breitfeld, Chief Digital Officer bei Horze International GmbH
- Oliver Stiefenhofer, CEO & Founder der AYB Group
- Oliwia Bökemeier, E-Commerce-Expertin bei Flaconi und OCENASAPART
- Pascale Schmökel, Inhaber von Kutami
- Pelin Anli Bedirhanoglu, Director of Product bei Zalando
- Peter Beckmann, Geschäftsleiter der Theo Wormland GmbH
- Philip Clas, Chief Digital & Marketing Officer bei TEVEO
- Philipp Behnen, CTO & Partner bei HASE & IGEL
- Philipp Ehlert, Geschäftsführer der Gustav Ehlert GmbH & Co. KG
- Pia Vetter, Head of E-Commerce, Marketplace Manager der sanotact GmbH
- Rainer Berthan, CEO und Vorstand der Bauerfeind AG
- Riccardo Magno, Global Head of eCommerce bei Red Bull
- Rik Strubel, ehemaliger CMO bei Westwing
- Sarah Grohé, Geschäftsführende Gesellschafterin von ehrlich textil
- Sarah Sunderbrink, Head of Socia & Influencer Marketing bei Zooplus
- Sebastian Bär, Gründer der Joe Nimble GmbH
- Sebastian Hamann, Founder & Co-CEO bei Shopware
- Sergej Kosyrev, Leitung E-Commerce & Online-Marketing der Lucky Bike.de GmbH
- Silke Reuter, Geschäftsführerin, CEO der Adelholzener Alpenquellen GmbH
- Silva Imken, Leitung Marketing & Vertrieb bei Dr. Hauschka Schweiz
- Simon Mundt, Head of eCommerce & Marketing der WALTER Werkzeuge Salzburg GmbH
- Sophie Friedl, ehemalige CEO TAMARA COMOLLI und Retail Director Salvatore Ferragamo, Roeckl Handschuhe & Accessoires GmbH & Co. KG
- Stefan Peper, Senior Productmanager bei der Fielmann AG
- Stefan Wenzel, Independent Board Advisor bei stefanwenzel.com
- Dr. Stephan Eckhardt, ehemals Geschäftsführer des Vergleichsportal Finanzen bei CHECK24
- Stephan Widmer, CEO bei Beliani Group
- Steven Mattwig, CEO bei Niche-Beauty.COM GmbH, Glow25

- Sven Böhme, ehemaliger Head of Online Marketing bei Intersport und Head of Marketing bei Fahrrad-XXL.de
- Sven Rittau, Veranstalter der K5 Future Retail
- Tanja Strunk, Referentin Onlinemarketing bei der Pronova BKK
- Tarek Müller, Co-Founder & Co-CEO bei ABOUT YOU
- Dr. Thomas Märtz, ehemals CEO der VEDES AG
- Thomas Wohlfahrt, Geschäftsführer der Venta Luftwäscher AG
- Thorsten Schapmann, Global Media Director bei Beiersdorf
- Timm von Dressler, Geschäftsführer der Ecom Brands GmbH
- Timo Bethlehem, Managing Director bei meinemarkenmode.de
- Timo Emmert, ehemals Geschäftsführer/E-Commerce Deutschland bei MediaMarktSaturn und Country Finance Lead Germany bei Just Eat Takeaway.com (Lieferando)
- Tobias Stork, Head of E-Commerce & CRM bei Takko Fashion
- Torsten Dall, Head of Marketplace Marketing & E-Commerce Analytics bei WMF Group
- Torsten Schwarz, Herausgeber, CEO der marketing-Börse GmbH
- Vada Prosquill, Geschäftsführerin, Leaders in Heels
- Verena Schlüpmann, Geschäftsführerin der K5 Future Retail
- Viliana Grancharov, E-Commerce-Manager bei CODELLO Lifestyle Accessories GmbH
- Wolfgang Grupp jun., Geschäftsführender Gesellschafter bei TRIGEMA W. Grupp KG
- Wolfgang Post, Teamlead Online Marketing & E-Commerce der animonda petcare GmbH
- Yael Farkas, Head of Digital Intelligence bei Douglas

Und alle, die in all den Jahren meiner Karriere ihr Know-how mit mir geteilt haben!

Reichweite, Performance, Rentabilität

Welche Abschnitte zahlen auf das Thema Reichweite ein:

- Gummibärchen als Beautyprodukt: Das Flywheel in Schwung bringen und effektiv managen
- Generation Z gewinnen: Wie Social Commerce und Werte den Unterschied machen
- Von wegen Nische! Mit Games im E-Commerce gewinnen
- Welchen Wein trinkt eigentlich Joko? Etwas verkaufen, was die Kunden probieren wollen
- Premium-Geschirr und Badartikel: Übergreifender Shop oder Einzel-Shop
- Echte Beziehungen, lebenslang: Die Customer Lifetime verändert die DNA des Unternehmens
- »Möchten Sie Ihren Kassenbon per Mail erhalten?« Analoge mit digitalen Daten verknüpfen
- Fake-Produkte und -Shops überfluten das Web: Originale durch Relevanz schützen
- Back to the Roots! Printkataloge und Geschenke als Wettbewerbsvorteil
- Intelligente Internationalisierung: Schnell, smart, skalierbar
- Warum eigentlich nicht? Erfolgreich neue Geschäftsmodelle integrieren
- Social Media bedeutet Verbindung: Wie passen Abverkauf und Community zusammen?
- Trends filtern! Relevante Innovationen aus China und den USA erkennen
- Social Commerce: Große Chancen für Early Adopters
- Community Building: Die neue Sau im Dorf oder Zukunft des E-Commerce?
- GEO statt SEO: Sichtbar sein bei ChatGPT, Perplexity, Gemini & Co.
- Reddit: Zuhören, an der Diskussion beteiligen, Vertrauen gewinnen
- Irrtümer realisieren! Warum Baumaschinen, Müsli und Einlagen doch online gekauft werden
- Influencer: Entwickeln statt kaufen!

Welche Abschnitte zahlen auf das Thema Performance ein:

- Wachsen ohne Risiko: Affiliate- oder Influencer-Marketing oder beides?
- 140 Millionen oder scheitern: Die Stellschrauben für profitables Wachstum
- Timing ist alles: Wie Krüger Dirndl den E-Commerce-Grand-Prix fährt
- Lückenlose Erfolgsmessung von Werbung: Mit Big Data und KI das Spiel ändern
- Die Macht der Marktplätze: Warum Retail Media eines der wichtigsten Werbethemen ist
- KI kontern! So navigieren Möbelhändler strategisch durch die Marktveränderungen
- Amazon strategisch managen: Warum du deinen B2B-Kunden die Buybox gönnen solltest
- Zwei Gesichter der KI-Revolution: Agentic Commerce und Experience Commerce
- Fairness zählt: Warum sozial, transparent und menschlich sein die neue Nachhaltigkeit ist
- B2B-E-Commerce: Personalisierte Kundenerlebnisse, egal welches B du bist
- Genialität erkennen: Von Volvo, Amorelie und der Bundeswehr lernen

Welche Abschnitte zahlen auf das Thema Rentabilität ein:

- Perfekt personalisieren: Vom Datengold auf der letzten Meile bis zur Hyper-Personalisierung
- Den Wettlauf um den besten Preis gewinnen: Wie stationärer Handel das Onlinegeschäft ausbalancieren kann
- Weg vom teuren Klick: Profitabilität revolutionieren mit Apps und Elastic Offering
- Made in Schwarzwald: Wie schafft man es, als mittelständisches Traditionsunternehmen im E-Commerce zu bestehen?
- Preiskämpfe gewinnen: Wie Premium-Marken Temu & SHEIN standhalten
- Abos entscheiden über Profitabilität! Wie du sie erfolgreich verkaufst
- Retourenquote auf 4 % senken: Von den Besten lernen
- Passt, passt nicht, passt: Wie geht Größenberatung, die wirklich nützt?
- Das schwarze Loch umgehen: Black Friday rentabel ignorieren
- Wachsen ohne Wareneinsatz: Wie lässt sich die Katze im Sack verkaufen?
- Luxus online verkaufen: Die Magie der Empfehlungsketten

Glossar

Affiliate-Programm: Ein Affiliate-Programm belohnt Partner für die Vermittlung von Käufen oder Leads. Es ist ein performancebasiertes Modell im Online-Marketing.

Analytische KI: Analytische KI analysiert große Datenmengen, erkennt Muster und unterstützt Entscheidungen. Sie wird z.B. für Prognosen, Segmentierungen und Marktanalysen genutzt.

Average Order Value (AOV): Der AOV gibt den durchschnittlichen Bestellwert pro Kunde an. Er hilft dabei, den Gesamtumsatz besser zu verstehen und gezielt zu steigern.

B2B (Business-to-Business): B2B bezeichnet Geschäftsbeziehungen zwischen Unternehmen. Hier kaufen Firmen bei anderen Firmen ein, etwa für Rohstoffe, Software oder Dienstleistungen.

B2C (Business-to-Consumer): B2C beschreibt Geschäftsmodelle, bei denen Unternehmen an Endkunden verkaufen. Typisch sind Onlineshops, Einzelhändler oder Dienstleister, die Produkte oder Services Verbrauchern direkt anbieten.

Barter-Deals: Bei Barter-Deals wird Werbung oder Leistung gegen eine andere Leistung getauscht – ohne Geldfluss. Typisch im Medien- oder Veranstaltungsbereich.

Buybox: Die Buybox ist das hervorgehobene Kaufangebot auf einer Online-Produktseite (z. B. bei Amazon), das der Kunde mit einem Klick in den Warenkorb legen kann und das meist dem Anbieter mit dem besten Gesamtpaket aus Preis, Lieferzeit und Verkäuferleistung gehört.

C2B (Consumer-to-Business): Beim C2B-Modell bieten Privatpersonen Unternehmen ihre Leistungen oder Inhalte an, z.B. über Plattformen für Freelancer oder durch Produktbewertungen. Der Kunde wird hier zum aktiven Marktteilnehmer.

C2C (Consumer-to-Consumer): C2C meint den Handel zwischen Privatpersonen, oft über Onlineplattformen wie eBay oder Vinted. Nutzer verkaufen, meist ohne Zwischenhändler, direkt an andere Nutzer.

Category Management: Category Management organisiert Produkte im Handel nach Kundennutzen statt nur nach Lieferant. Ziele sind Umsatzsteigerung und eine verbesserte Sortimentsstruktur.

Click-Through-Rate, Klickrate (CTR): Die Click-Through-Rate misst, wie oft ein Link oder eine Anzeige angeklickt wird – im Verhältnis zu den Impressionen. Eine hohe CTR zeigt Relevanz und Interesse.

Closed Loop Attribution: Closed Loop Attribution verbindet Marketingdaten mit Verkaufsergebnissen, um genau zu messen, welche Maßnahmen zu welchen Umsätzen führen. So wird Marketing transparent und optimierbar.

Community-Buying: Community-Buying motiviert Gruppen zum gemeinsamen Einkaufen – oft mit Rabatten bei Sammelbestellungen. Es kombiniert soziale Dynamiken mit E-Commerce-Strategien.

Composable Commerce: Composable Commerce erlaubt es, digitale Verkaufssysteme modular aufzubauen – flexibel, individuell und skalierbar. Es ersetzt starre Komplettlösungen durch anpassbare Komponenten.

Connected TV: Connected TV bezeichnet internetfähige Fernseher, über die Streaming, Apps und gezielte Werbung möglich sind. Es verbindet klassisches TV mit digitalem Marketing.

Content-Commerce: Content-Commerce verknüpft Inhalte und Verkauf nahtlos – z.B. durch Blogartikel mit Kaufoption oder Inspirationen im Magazinstil. Ziele sind Information, Vertrauen und Conversion.

Conversion-Rate: Die Conversion-Rate zeigt, wie viele Besucher einer Website eine gewünschte Handlung ausführen – z.B. einen Kauf oder eine Anmeldung. Sie ist ein zentraler Erfolgsfaktor im Online-Marketing.

Creator Economy: In der Creator Economy verdienen Content-Creator über Plattformen Geld mit Reichweite, Content oder Produktplatzierungen. Sie sind wichtige Partner im modernen Marketing.

Customer Journey: Die Customer Journey beschreibt den Weg eines Kunden vom ersten Kontakt bis zum Kauf – und darüber hinaus. Sie hilft, Touchpoints gezielt zu gestalten.

Customer Relationship Management (CRM): CRM beschreibt die systematische Pflege von Kundenbeziehungen, meist unterstützt durch Software. Ziel ist es, Kundenzufriedenheit und -bindung zu steigern.

Data-driven Advertising: Data-driven Advertising nutzt Kundendaten, um Werbung personalisiert und zielgerichtet auszuspielen. Es erhöht die Relevanz und Effizienz von Werbekampagnen.

Datengovernance: Datengovernance umfasst Regeln, Prozesse und Verantwortlichkeiten für den Umgang mit Daten im Unternehmen. Ziele sind Sicherheit, Qualität und gesetzeskonforme Nutzung.

Digital out of Home (DOOH): DOOH bezeichnet digitale Außenwerbung wie Bildschirme an Bahnhöfen, Flughäfen oder in Städten. Die Inhalte lassen sich in Echtzeit anpassen und gezielt ausspielen.

Entertainment Commerce: Entertainment Commerce verbindet Shopping mit Unterhaltung – z. B. über Livestreams, Shows oder interaktive Formate. Ziel ist ein emotionales, ansprechendes Kauferlebnis.

First-Party-Daten: First-Party-Daten sind Informationen, die ein Unternehmen direkt von seinen Kunden erhebt – z. B. über Website-Tracking oder Kundenkonten. Sie sind besonders wertvoll und DSGVO-konform.

FOMO-Marketing: FOMO steht für **Fear of Missing Out** – Marketing mit künstlicher Verknappung, limitierten Angeboten oder Countdown-Timern. Es erzeugt Dringlichkeit und aktiviert spontane Kaufentscheidungen.

Fulfillment: Fulfillment umfasst alle Schritte nach dem Onlinekauf: Lagerung, Verpackung, Versand und gegebenenfalls Retouren. Ein effizientes Fulfillment ist entscheidend für die Kundenzufriedenheit.

Gamification: Gamification nutzt spielerische Elemente wie Punkte, Levels oder Belohnungen, um Nutzerverhalten zu beeinflussen. Im E-Commerce steigert es Engagement und Kundenbindung.

Generative Engine Optimization (GEO): GEO beschreibt Maßnahmen zur Optimierung von Inhalten für KI-gestützte Suchmaschinen und Antwortsysteme. Ziel ist Sichtbarkeit in generativen Suchergebnissen.

Generative KI: Generative KI erstellt eigenständig Inhalte wie Texte, Bilder oder Videos. Sie wird in Marketing, Design und Kundenservice eingesetzt, um Prozesse zu beschleunigen und kreative Lösungen zu liefern.

Headless Systeme: Headless Commerce trennt Frontend und Backend eines Shops. So lassen sich Inhalte flexibel ausspielen – z.B. in Web, App, Social Media oder Voice Interfaces.

Hosts: Hosts sind Moderatoren oder Markenbotschafter – etwa bei Livestreams oder Events. Sie präsentieren Produkte, führen durch Inhalte und stärken die Markenbindung.

Impressions: Impressions geben an, wie oft ein Werbemittel angezeigt wurde – unabhängig davon, ob es angeklickt wurde. Sie messen die Sichtbarkeit einer Kampagne.

Incrementality: Incrementality misst den tatsächlichen zusätzlichen Effekt einer Marketingmaßnahme. Ziel ist es, herauszufinden, ob eine Kampagne echten Mehrwert bringt – oder nur vorhandene Kunden beeinflusst.

Interaktionen: Interaktionen bezeichnen jegliche Handlungen von Nutzern mit Inhalten – z.B. Likes, Kommentare, Shares oder Klicks. Sie sind ein Gradmesser für Relevanz und Engagement.

Key Opinion Leaders (KOLs): Key Opinion Leaders sind einflussreiche Persönlichkeiten mit starker Glaubwürdigkeit in einer Nische. Sie prägen Meinungen und beeinflussen Kaufentscheidungen.

Live-Shopping: Live-Shopping ist ein Mix aus Liveshows und Shopping-Events. Produkte werden live erklärt und beworben, oft mit direkter Kaufoption.

Livestream-Shopping: Livestream-Shopping verbindet Unterhaltung und Verkauf – Produkte werden live präsentiert und direkt kaufbar gemacht. Besonders erfolgreich in Asien, zunehmend auch in Europa.

MARKETLEAD: Ein KI-gestütztes Tool für Markt- und Wettbewerbsanalyse, mit dem sich Wettbewerbsvorteile, Marktlücken und Umsatzhebel erkennen lassen.

Media-Mix: Der Media-Mix beschreibt die Kombination verschiedener Werbekanäle wie TV, Social Media, Print oder Display Ads. Ziel ist ein ausgewogener Einsatz für maximale Reichweite und Wirkung.

Media-Mix-Modelling: Media-Mix-Modelling analysiert die Wirkung einzelner Kanäle im Marketing-Mix mithilfe statistischer Modelle. So lässt sich das Budget effizienter verteilen und optimieren.

Mini-Apps: Mini-Apps sind kleine Anwendungen innerhalb von großen Plattformen wie WeChat oder TikTok. Sie ermöglichen Käufe oder Services, ohne das Ökosystem zu verlassen.

Mobile-first-Commerce: Mobile-first-Commerce bedeutet, dass E-Commerce-Angebote zuerst für Smartphones optimiert werden. Der mobile Einkauf wird zur Norm, nicht zur Ausnahme.

Omnichannel: Omnichannel-Strategien verknüpfen verschiedene Vertriebskanäle nahtlos miteinander – z.B. Onlineshop, Filiale und App. Ziel ist ein konsistentes Kundenerlebnis.

Organische Reichweite: Organische Reichweite beschreibt die Anzahl der Nutzer, die Inhalte ohne bezahlte Werbung sehen. Sie entsteht durch Relevanz, Interaktion und gutes Timing.

Paid-Social-Optimierung: Die Optimierung bezahlter Social-Media-Kampagnen umfasst Targeting, Creatives, Budgetsteuerung und A/B-Tests. Ziele sind maximale Effizienz und Performance.

Performance Marketing: Performance Marketing umfasst alle Online-Marketing-Maßnahmen, deren Erfolg messbar ist – z.B. durch Klicks, Leads oder Sales. Budget wird dort eingesetzt, wo messbare Resultate erzielt werden.

Point of Sale (POS): Der POS ist der Ort, an dem ein Produkt verkauft wird – im Laden oder online. Er ist entscheidend für Kaufentscheidungen und Marketingmaßnahmen.

Privacy-first-Marketing: Privacy-first-Marketing setzt auf datenschutzfreundliche Strategien – z.B. mit First-Party-Daten und transparenter Kommunikation. Es gewinnt an Bedeutung in Zeiten von Cookie-Einschränkungen.

Programmatic Advertising: Programmatic Advertising bezeichnet den automatisierten, datengetriebenen Einkauf von Onlinewerbeflächen in Echtzeit. Es ermöglicht eine zielgenaue und effiziente Ausspielung von Werbung.

Proof of Concept: Ein Proof of Concept (PoC) ist der Nachweis, dass eine Idee technisch oder wirtschaftlich umsetzbar ist. Er reduziert Risiken vor größeren Investitionen.

Publishing: Publishing meint das gezielte Veröffentlichen von Inhalten – z.B. auf Blogs, Social Media oder in Medien. Im E-Commerce stärkt es Markenbekanntheit, Sichtbarkeit und Kundenbindung.

QR-Ökonomie: Die QR-Ökonomie beschreibt den Einsatz von QR-Codes im Handel – etwa für mobile Zahlungen, Produktinfos oder Kampagnen. Sie verbindet offline mit online.

Real-Time Bidding: Real-Time Bidding ist ein automatisierter Auktionsprozess für digitale Werbung, bei dem Anzeigenplätze in Millisekunden versteigert werden. So erreicht Werbung gezielt die richtige Zielgruppe.

Reddit: Reddit ist ein soziales Netzwerk, in dem Nutzer in themenspezifischen Foren (Subreddits) Inhalte teilen und diskutieren. Es gilt als Meinungsbarometer und Trendquelle.

Remarketing: Remarketing spricht Nutzer erneut an, die bereits Interesse gezeigt haben – z.B. durch gezielte Anzeigen nach Website-Besuch. Es erhöht die Conversion-Wahrscheinlichkeit.

Retail Media: Retail Media bezeichnet Werbeformate auf Handelsplattformen wie Amazon oder Zalando. Händler vermarkten ihre eigenen Flächen und bieten Marken gezielte Werbemöglichkeiten direkt am Kaufentscheidungsort.

Retail Media Networks (RMNs): RMNs sind digitale Werbenetzwerke großer Einzelhändler, die Werbeflächen auf ihren Plattformen für externe Marken öffnen. Sie ermöglichen präzises Targeting direkt im Shopping-Kontext.

Return on Invest: Return on Invest ist ein alternativer Begriff für Return on Investment (ROI). Er zeigt, wie effizient eingesetztes Kapital Gewinn erzeugt hat.

Return on Investment (ROI): Der ROI misst die Rentabilität einer Investition, indem er Gewinn und eingesetztes Kapital ins Verhältnis setzt. Ein hoher ROI zeigt, dass sich eine Investition finanziell gelohnt hat.

Robotische Prozessautomatisierung (RPA): RPA automatisiert repetitive Aufgaben mithilfe von Softwarerobotern. Im E-Commerce wird sie etwa für Bestellabwicklungen oder Kundensupportprozesse eingesetzt.

Schema-Markup: Schema-Markup ist strukturierter Code, der Suchmaschinen zusätzliche Informationen über Inhalte gibt. Es verbessert die Darstellung in Suchergebnissen (z.B. Rich Snippets).

Sistrix: Sistrix ist ein SEO-Tool zur Analyse der Sichtbarkeit von Websites in Suchmaschinen. Es liefert Daten zu Rankings, Keywords, Wettbewerbern und technischen Optimierungsmöglichkeiten.

Social Listening: Social Listening analysiert öffentliche Onlinegespräche über Marken, Produkte oder Themen. So lassen sich Trends früh erkennen und Kundenbedürfnisse besser verstehen.

Subscription Economy: In der Subscription Economy bieten Unternehmen Produkte oder Services im Abo-Modell an. Das schafft wiederkehrende Umsätze und stärkere Kundenbindung.

Unique Selling Point (USP): Ein USP ist das Alleinstellungsmerkmal eines Produkts oder Unternehmens, das es klar von der Konkurrenz abhebt. Er beantwortet die Frage: Warum sollte der Kunde genau bei dir kaufen?

Usability (UX): Usability beschreibt die Benutzerfreundlichkeit einer Website oder Anwendung. Eine gute UX sorgt dafür, dass Nutzer einfach, schnell und zufriedenstellend ans Ziel kommen.

User-generated Content: Mit User-generated Content werden Inhalte bezeichnet, die von Nutzern erstellt werden – z.B. Bewertungen, Fotos oder Erfahrungsberichte. Sie steigern Vertrauen und Glaubwürdigkeit.

Videoviews: Videoviews geben an, wie oft ein Video angesehen wurde. Sie sind eine wichtige Metrik für die Reichweite und Attraktivität von Video-Content.

Word of Mouth: Word of Mouth ist Mundpropaganda – also Empfehlungen von Kunde zu Kunde. Authentische Empfehlungen gehören zu den wirksamsten Formen des Marketings.

Index

D

E

F

G

L

M

N

O

P

Q

R

S

T

U

V

W

Y

Z

So werden aus Verkaufsprozessen Erfolgsgeschichten

Möchten Sie das Verhalten Ihrer Kunden wirklich verstehen? Die erfahrene Verhaltensökonomin Katharina Stapel teilt mit Ihnen wertvolle Erkenntnisse und Strategien. Lernen Sie, das Kundenkaufverhalten zu entschlüsseln, und steigen Sie in die Grundlagen der Verhaltensökonomie und die Psychologie des Kaufens ein. Praxisnahe Tipps und Fallstudien zeigen Ihnen, wie Sie Ihre Website für bessere Kundenbindung und Conversion optimieren können.

351 Seiten, broschiert, in Farbe, 29,90 Euro, ISBN 978-3-367-10198-6
www.rheinwerk-verlag.de/5905